U0541285

西南财经大学全国中国特色社会主义政治经济学研究中心
国家经济学拔尖学生培养基地
"中国经济学"规划教材

中国宏观经济学

China Macroeconomics

主　编◎陈晓玲　刘书祥
副主编◎曾志远　杨海涛　邹　红

中国社会科学出版社

图书在版编目（CIP）数据

中国宏观经济学/陈晓玲，刘书祥主编. -- 北京：中国社会科学出版社，2024.9. --（"中国经济学"规划教材）. -- ISBN 978-7-5227-4301-1

Ⅰ．F123.16

中国国家版本馆 CIP 数据核字第 20242AD068 号

出 版 人	赵剑英
责任编辑	王　衡
责任校对	王　森
责任印制	郝美娜

出　　版	中国社会科学出版社
社　　址	北京鼓楼西大街甲 158 号
邮　　编	100720
网　　址	http://www.csspw.cn
发 行 部	010-84083685
门 市 部	010-84029450
经　　销	新华书店及其他书店
印　　刷	北京明恒达印务有限公司
装　　订	廊坊市广阳区广增装订厂
版　　次	2024 年 9 月第 1 版
印　　次	2024 年 9 月第 1 次印刷
开　　本	787×1092　1/16
印　　张	16
插　　页	2
字　　数	370 千字
定　　价	68.00 元

凡购买中国社会科学出版社图书，如有质量问题请与本社营销中心联系调换
电话：010-84083683
版权所有　侵权必究

序

千秋基业，人才为本；百年大计，教育为先。面对世界百年未有之大变局，站在新的历史起点上，经济学人才的培养面临着新的挑战。人才培养涵盖教材体系建设和学科体系建设等多个要素和环节。其中教材体系是人才培养的重要依托，教材体系建设直接关系人才培养的方向和质量。

为落实国家教育立德树人的根本任务，西南财经大学经济学院推出了"中国经济学"规划教材系列，《中国宏观经济学》是其中的宏观经济学教材。在习近平新时代中国特色社会主义思想的指导下，本教材在系统阐明宏观经济学基础理论的同时，运用理论分析中国四十多年改革开放的实践，使宏观经济学理论更加鲜活，使学生能够将理论与现实经济相结合，拓展宏观理论边界，强化对中国宏观经济运行的深度思考，力争做到"立足中国实际，解决中国问题"，提升学生对宏观经济学学习的体验感和学习热忱。

这本教材是一本初级宏观经济学教材，沿着宏观经济发展脉络深入浅出地介绍了短期经济波动和长期经济增长的主流宏观经济理论，力求将宏观经济学经典理论阐述得更加清晰、透彻。

本教材是践行习近平总书记提出中国哲学社会科学发展需彰显"中国之路、中国之治、中国之理"、构建中国自主知识体系的一个尝试。宏观经济学理论与中国宏观经济实践相结合才能更好地理解中国宏观经济运行的规律和宏观经济政策运用的理论逻辑和现实效果。改革开放四十多年，中国走了一条与西方发达国家不同的经济复兴道路。本教材通过运用中国大量翔实的宏观经济数据和案例资料刻画了中国宏观经济运行的实践历程，分析不同发展阶段中国宏观经济的理论逻辑、典型事实和宏观经济政策，显示与西方国家经济发展的众多差异。中国经济实践与西方国家经济运行的共性和差异性有助于学生理解抽象的经济理论，感受到中国的发展不能照搬照抄西方理论，而应扎根中国大地，结合中国要素禀赋、经济结构和社会主义制度分析中国宏观经济问题，激励学生深入思考，培养批判性思维，激发学术研究热情。

本教材凝结了多位长期从事宏观经济学教学老师的思想，是集体智慧的结晶。第一章和第六章由刘书祥完成；第二章和第八章由曾志远完成；第三章由陈晓玲完成，第四章和第五章由杨海涛完成；第七章由邹红完成。

在本书付梓之际，感谢西南财经大学经济学院盖凯程院长和韩文龙教授给予的大力支持！感谢中国社会科学出版社编辑的辛勤付出！

由于编者的知识和能力所限，对于书中存在的错误和不足之处，恳请老师和同学及时指出，我们将在未来的版本中不断修正。

陈晓玲

2024 年 1 月 20 日

目　　录

第一章　导论 ··· 1

第一节　宏观经济学的研究内容 ·· 1
一　宏观经济学的研究对象和主要内容 ··· 1
二　宏观经济学与微观经济学的关系 ·· 3

第二节　中国宏观经济运行的典型事实及主要特征 ································· 4
一　中国改革开放以来的经济增长 ··· 4
二　中国宏观经济波动的总体特征 ··· 5
三　失业率和中国就业市场的变化 ··· 6
四　物价水平与中国的通货膨胀 ·· 7
五　利率水平和金融市场的变化 ·· 8

第三节　宏观经济学的研究方法 ·· 10
一　经济模型与经济预测 ·· 10
二　外生冲击与宏观经济政策 ·· 11
三　弹性价格与黏性价格 ·· 12

第四节　宏观经济学的产生和发展 ·· 13
一　宏观经济学的产生 ··· 13
二　从凯恩斯主义到新凯恩斯主义 ·· 14
三　新古典宏观经济学的兴起 ·· 15

第五节　流量与存量及本书安排 ·· 16
一　流量与存量 ··· 16
二　本书安排 ·· 16

本章小结 ··· 17
思考题 ·· 17

第二章 宏观经济总量的衡量与中国实践 …… 18

第一节 衡量 GDP …… 18
  一 什么是 GDP …… 18
  二 衡量 GDP 的方法——三面等值法 …… 20
  三 宏观经济中的恒等关系 …… 26
  四 GDP 的缺陷 …… 29

第二节 衡量物价水平 …… 35
  一 名义 GDP 和实际 GDP …… 35
  二 衡量实际 GDP …… 36
  三 价格水平的衡量 …… 37
  四 GDP 平减指数与 CPI 的差异和缺陷 …… 41

第三节 衡量劳动力市场 …… 41

第四节 中国失业调查制度的演变——城镇登记失业率和城镇调查失业率 …… 43

本章小结 …… 45

思考题 …… 45

第三章 简单均衡国民收入的决定与中国现实 …… 46

第一节 产品和服务的生产和分配 …… 46
  一 国民收入的生产 …… 47
  二 国民收入的分配 …… 48
  三 中国劳动收入份额 …… 51

第二节 产品和服务的需求 …… 55
  一 消费 …… 55
  二 投资 …… 68
  三 政府购买 …… 74

第三节 均衡国民收入的决定：收入—支出模型 …… 75
  一 计划支出 …… 75
  二 均衡国民收入的决定 …… 76

第四节 乘数原理和中国财政支出乘数 …… 78
  一 乘数原理 …… 78
  二 与政府相关的乘数 …… 80

三　比例税制下的乘数 ……………………………………………………… 83
　　四　中国财政支出乘数 …………………………………………………… 84
本章小结 ………………………………………………………………………… 86
思考题 …………………………………………………………………………… 87

第四章　经济周期理论 I：总需求 …………………………………………… 88
第一节　经济周期的典型事实 …………………………………………… 88
　　一　事实1：经济周期是不可避免、没有规律、无法预测的现象 ………… 88
　　二　事实2：经济周期具有阶段性 ………………………………………… 89
　　三　事实3：大多数宏观经济变量同时发生变动 ………………………… 89
第二节　产品市场均衡与 IS 曲线 ………………………………………… 89
　　一　IS 曲线的含义 ………………………………………………………… 90
　　二　IS 曲线的推导 ………………………………………………………… 90
　　三　IS 曲线的斜率 ………………………………………………………… 93
　　四　IS 曲线的移动 ………………………………………………………… 93
　　五　产品市场的非均衡 …………………………………………………… 95
第三节　货币市场均衡与 LM 曲线 ………………………………………… 96
　　一　货币需求 ……………………………………………………………… 96
　　二　LM 曲线的含义 ……………………………………………………… 98
　　三　LM 曲线的推导 ……………………………………………………… 100
　　四　LM 曲线的斜率 ……………………………………………………… 101
　　五　LM 曲线的移动 ……………………………………………………… 103
　　六　货币市场非均衡的经济状态 ………………………………………… 105
　　七　中国的货币政策 ……………………………………………………… 107
第四节　产品市场和货币市场的共同均衡：IS-LM 模型 ……………… 113
　　一　产品市场均衡和货币市场均衡共同实现 …………………………… 114
　　二　产品市场非均衡和货币市场非均衡的经济状态 …………………… 114
　　三　基于 IS-LM 模型的政策效应 ………………………………………… 115
　　四　财政政策调整：IS 曲线移动 ………………………………………… 115
　　五　货币政策调整：LM 曲线移动 ………………………………………… 116
　　六　政策有效性区域 ……………………………………………………… 116

第五节　总需求 119
 一　总需求曲线的含义和相关效应 119
 二　总需求曲线的推导 119
本章小结 121
思考题 121

第五章　经济周期理论Ⅱ：总需求—总供给模型与中国宏观经济政策效应 122

第一节　总供给 122
 一　总供给的含义和总供给曲线的推导 122
 二　总供给曲线的推导 124
 三　总供给曲线的移动 129
第二节　短期经济波动分析：$AD-AS$ 模型 131
第三节　宏观经济政策效应 133
 一　总需求冲击：财政政策和货币政策调整 134
 二　政府债务管理与中国地方债的影响 136
 三　总供给冲击：要素获取能力变动和要素组合能力变动 138
 四　政策有效性区间 139
第四节　中国场景中的总需求管理政策和总供给管理政策 142
 一　中国场景中的总需求管理政策 142
 二　中国场景中的总供给管理政策 143
本章小结 143
思考题 144

第六章　失业、通货膨胀和经济周期 145

第一节　失业 145
 一　失业的宏观经济学解释 145
 二　奥肯定律 149
 三　贝弗里奇曲线 150
 四　中国失业基本情况 152
第二节　通货膨胀 156
 一　通货膨胀的类型和原因 156

二　通货膨胀的影响和后果 ·· 160
　　三　通货紧缩与恶性通货膨胀 ·· 162
　　四　中国的通货膨胀基本情况 ·· 163
第三节　菲利普斯曲线 ·· 164
　　一　失业、通货膨胀与菲利普斯曲线：短期菲利普斯曲线 ····················· 164
　　二　附加预期的菲利普斯曲线 ··· 167
　　三　从总供给曲线推导出菲利普斯曲线 ··· 170
　　四　短期与长期菲利普斯曲线 ··· 171
　　五　降低通货膨胀的代价 ··· 173
第四节　经济周期 ··· 175
　　一　经济周期的定义、阶段和类型 ·· 175
　　二　第二次世界大战前的经济周期理论 ··· 177
　　三　第二次世界大战后的经济周期理论 ··· 178
　　四　中国主要经济周期理论 ·· 182
本章小结 ·· 187
思考题 ··· 187

第七章　经济增长理论与中国奇迹 ·· 188
第一节　经济增长的度量：典型事实与中国现状 ··· 188
　　一　经济增长的概念 ·· 188
　　二　经济增长的度量问题 ··· 189
　　三　关于经济增长的一些典型事实 ·· 190
　　四　中国经济增长的现状 ··· 194
第二节　新古典增长理论 ··· 195
　　一　索罗模型的基本假设 ··· 195
　　二　新古典生产函数 ·· 196
　　三　没有技术进步的新古典增长模型 ·· 197
　　四　索罗模型中的技术进步 ·· 202
第三节　趋同与内生增长 ··· 204
　　一　收入差距与经济趋同 ··· 204
　　二　内生增长的含义 ·· 205

三　AK 模型 ………………………………………………………… 206
　　四　人力资本积累模型 ……………………………………………… 207
　第四节　经济增长核算和中国奇迹 ……………………………………… 209
　　一　经济增长的决定因素 …………………………………………… 209
　　二　经济增长核算的原理和核算方程 ……………………………… 210
　　三　经济增长核算的经验结果 ……………………………………… 211
　　四　中国经济增长的奇迹 …………………………………………… 214
　本章小结 …………………………………………………………………… 215
　思考题 ……………………………………………………………………… 216

第八章　开放条件下的中国宏观经济模型 …………………………… 217
　第一节　中国产品与资本的国际流动 …………………………………… 217
　　一　国际收支 ………………………………………………………… 217
　　二　影响国际收支的因素 …………………………………………… 220
　　三　汇率及其决定 …………………………………………………… 224
　第二节　IS–LM–BP 模型 ………………………………………………… 230
　　一　国际收支平衡与 BP 曲线 ……………………………………… 230
　　二　IS–LM–BP 模型 ………………………………………………… 235
　　三　IS–LM–BP 模型下的宏观财政政策与货币政策 …………… 236
　第三节　蒙代尔—弗莱明模型 …………………………………………… 239
　　一　蒙代尔—弗莱明模型的假设条件 ……………………………… 239
　　二　蒙代尔—弗莱明模型的建立 …………………………………… 239
　　三　蒙代尔—弗莱明模型的运用 …………………………………… 242
　本章小结 …………………………………………………………………… 246
　思考题 ……………………………………………………………………… 247

第一章 导论

视频讲解

学习目标
1. 结合中国宏观经济运行的实际状况,了解宏观经济学的研究对象和主要内容。
2. 熟悉宏观经济学的研究方法及其与微观经济学的联系与区别。
3. 从宏观经济学产生和发展的历史演变中更深刻地领会宏观经济学的研究内容和方法。

第一节 宏观经济学的研究内容

一 宏观经济学的研究对象和主要内容

每当我们浏览财经新闻时,各种经济数据就会向我们袭来。从家庭消费和企业投资水平的波动到股市涨跌,从物价水平的上下起伏到金融市场利率的变化,无不牵动着我们对于宏观经济形势的判断,也影响到政府对于未来宏观经济政策的选择。我们需要思考,这些现象背后的原因是什么,又会对我们的日常生活产生什么样的影响。当我们开始思考这些问题的时候,就需要使用宏观经济学的相关理论知识和研究方法。

宏观经济的运行总是在扩张和收缩之间交替进行,经济时而扩张、时而收缩,物价和利率水平也是起伏不定的。经济因为需求扩张而进入繁荣,有时候也会进入低迷的状态。当经济处于上升阶段时,人们的投资情绪高涨,消费需求旺盛,企业销售增加,物价上升甚至还会出现严重的通货膨胀。当宏观经济下行时,就会出现失业率上升,需求萎缩,产品销售下降、物价低迷,企业产品库存增加。同时,政府也会采取适当的政策措施对经济运行进行调节和干预,尽量减轻经济波动对企业生产和人们生活带来的影响。

上述现象反映了一个国家或地区总体经济的运行状况。宏观经济学就是研究国家或地区作为一个整体经济的运行状况,以及政府政策如何影响整体经济运行的经济学分支。因此,宏观经济学主要关注这样一些问题。

1. 决定一国或地区长期经济增长的因素是什么。宏观经济学中的长期可以长到上百年的时间，在这几十年、一百年甚至更长的时间里，人们的收入水平是上升还是下降，为什么一些国家或地区收入增长更快，另一些国家或地区收入增长缓慢，甚至停滞不前或者下降。这就是经济增长（economic growth）的问题。在宏观经济学中，经济增长理论主要研究决定一个国家或地区实现经济增长的主要原因、各国经济增长差异以及经济收敛等问题。

2. 为什么会产生经济波动。国内生产总值（GDP）是衡量宏观经济运行状况最重要的指标。它是指一个国家或地区在某一时期所生产的产品和服务的价值总和。GDP 的一个重要特点是随着时间的变化而变化的，而这种变化同时又存在两种不同的变化方向。从长期看，GDP 表现出随着时间上升的趋势，也就是经济增长。从短期看，实际 GDP 有时增长更快，有时增长更慢，甚至没有增长或者出现严重的经济衰退。所谓短期，是指经过一个月、一个季度或者一年之后，经济发生了怎样的变化，总体而言是上升还是下降。当我们说到经济波动（economic fluctuation）这个概念时，总是意味着与上一个时期相比较，现在的经济是扩张还是收缩，为什么会发生这样的变化。实际 GDP 的短期波动也被称作商业周期（business cycle）。

3. 失业、通货膨胀与利率。宏观经济运行的状况特别是短期的波动，不仅反映在 GDP、消费和投资支出的波动上，还会反映在就业、物价水平和金融市场利率水平的波动上。人们为什么会失业，为什么有些年份更容易找到称心如意的好工作，而有些年份要找到一份工作却困难重重——这些问题的部分答案既与当时的宏观经济运行状况有关，也与就业市场总体的供求关系以及当地的劳动市场制度（如工资是否缺乏弹性）密切相关。至于物价水平和利率水平，它们更是经常变化的，人们需要根据这些变化调整消费支出结构和重新做出投资决策，以适应已经变化的经济环境。宏观经济学通过建立各种假说来对引起这些变化的原因及其可能的后果做出解释。

4. 对外贸易与国际收支状况。目前的世界经济早已进入全球化的时代，不同经济体之间的贸易往来和资本流动更加频繁。因此，一国的宏观经济运行不仅取决于国内自身的总体市场状况，也深受国际市场的影响。对外贸易和国际资本流动是其中的两个主要渠道。政府对贸易品的管制和其他贸易政策将显著影响产品的进出口规模，汇率水平则不仅影响产品的进出口，还会影响国际资本的流动。一些国家基于各种原因，如出于产业政策的需要，会对资本流动设置一定的限制。宏观经济学通过对这些问题的深入研究，丰富了我们对于宏观经济整体运行机制的理解。

从上述内容来看，宏观经济学的研究内容可分为两大主题，即长期经济增长和短期的经济波动。这是由于宏观经济学所涉及的主要变量，如 GDP、物价水平、利率、投资、消费、进口和出口等，都是随着时间变化而变化的，因而可以从长期和短期两个不同的角度去分析。从长期趋势看，一个国家或地区的 GDP、人均收入水平、消费和投资水平表现出随着时间而增长的趋势，这就是经济增长要研究的问题。从短期看，一国或地区的 GDP、家庭收入和消费水平、物价水平、市场利率、就业和工资状况等都会围绕长期趋势值呈现出一定范围的起伏波动，反映的是宏观经济运行的周期性变化。

二 宏观经济学与微观经济学的关系

前面我们说到,宏观经济学研究的是整体经济的运行规律。那么,这个整体又是如何形成的?作为宏观经济学研究对象的整体经济,是由不同经济主体通过市场连接起来的一个整体,因而是一个有机的整体或系统。这里仅以包括家庭和厂商的两部门经济为例。家庭向厂商提供劳动,获得收入。而厂商从家庭获得生产要素——劳动,生产并向家庭销售产品,家庭实现消费。而连接家庭与厂商的纽带和桥梁就是市场。如图 1-1 所示,在这个简化的两部门经济中,这里的市场包括产品市场和要素市场(这里主要指劳动市场)。

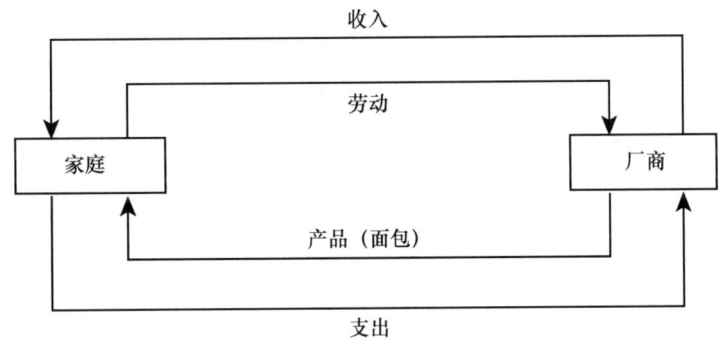

图 1-1 家庭和厂商通过要素市场和产品市场连接为整体经济

进一步分析,要素市场的另一个组成部分金融市场则起着联通储蓄与投资的作用,即家庭向金融市场(金融中介)提供储蓄,厂商从金融市场获得资金用于投资。此外,产品市场和要素市场也是实现宏观经济循环的中介和桥梁。也就是说,家庭从企业购买产品,实现消费,企业从家庭获得收入,从而再次购买生产要素,继续进行下一轮生产过程。因此,家庭和厂商通过市场相互联系、相互作用,从而构成了宏观经济这个整体。

微观经济学研究的是整体经济中的个体行为。它是关于家庭和厂商如何做出决策以及这些决策如何通过产品市场和要素市场相互影响和相互作用的研究。微观经济学最重要的理论基础是家庭和厂商在约束条件下如何进行最优化选择,以实现资源的最优配置。

现代宏观经济学更加强调宏观经济学的微观基础。比如宏观经济学对于消费总支出决定因素的研究,首先需要弄清楚单个消费者是如何进行消费决策的。由于现实中的消费者千差万别,宏观经济学对于消费者行为的研究会忽略这些消费者的具体差异,通过建立代表性消费者(representative consumers)的经济模型来描述消费者的决策行为。代表性消费者是指平均意义上的消费者,有时也称典型消费者。同样,对投资总支出的研究也是从代表性厂商(representative firms)开始的。因此,宏观经济学所研究的经济总量,并不是一个抽象的总量,而是个体变量的总和。

第二节 中国宏观经济运行的典型事实及主要特征

我们已经了解了宏观经济学的研究对象和主要内容,现在我们结合中国自改革开放以来的实际情况,从长期经济增长与短期波动两个角度,对中国宏观经济运行的总体状况做一个鸟瞰式的描述,以便加深对宏观经济学研究内容的理解。

一 中国改革开放以来的经济增长

图1-2描述了1978—2022年中国实际GDP的变化情况。纵轴以实际GDP的对数值表示。可以看出,中国的实际GDP也是随着时间变化而变化的。中国的宏观经济虽然总体上没有经历过一些欧美国家曾经出现的完全经济停滞或者严重的经济衰退,但实际GDP增长率在不同时期起伏变化,反映了经济波动的显著存在。如果我们把GDP随着时间变化的路径画出一条相对光滑的曲线,就可以更好地理解长期经济增长的趋势与短期经济波动的不同含义。

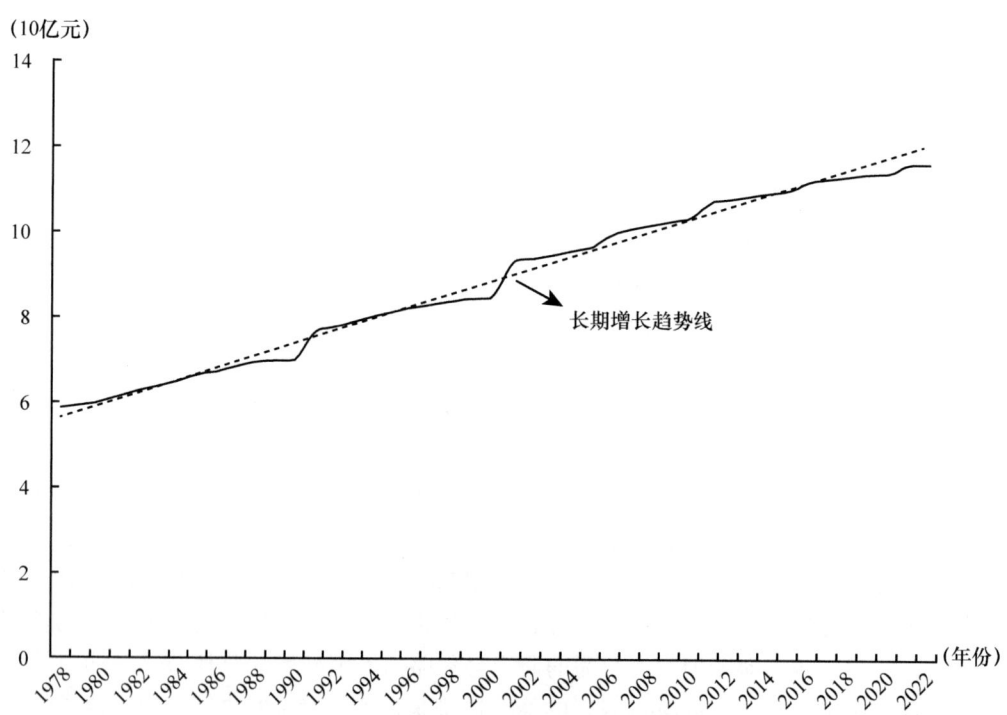

图1-2 中国的经济增长与经济波动

注:纵坐标为实际GDP的自然对数值。
资料来源:国家统计局编:《中国统计年鉴2023》,中国统计出版社2023年版。

经济增长意味着一国生产的产品和服务的总量与过去相比有了较大幅度的增加。1978年中国的实际GDP只有3593亿元，到2021年增加到114万亿元，增长了300多倍。衡量长期经济增长的一个重要尺度是年经济增长率，即每年实际GDP增长的百分比。1978—2021年，中国经济每年的平均增长率为8.9%。这个增长速度在全球主要经济体中居于前列，而且这样的高速增长持续了相当长的时间。

经济增长是人们生活水平提高和福利改善的物质基础。为了更好地衡量经济增长对实际生活的影响，宏观经济学使用人均实际GDP来表示人均的实际产出水平。人均实际GDP是指某一时期的实际GDP除以当期的人口总数。更高的人均实际GDP意味着人们拥有更多的食物、汽车、电脑、房屋以及更多或更好的医疗、教育、娱乐等服务设施或服务产品，实际生活水平得到改善。改革开放四十多年，中国的人均实际GDP也实现了快速增长，从改革开放初期的300美元左右已增加到2019年的1万美元。尽管出于人口增长的原因，人均实际GDP的增长率不及实际GDP的增长率，但中国人均实际GDP的增长速度也位居同时期世界各国的前列。

二 中国宏观经济波动的总体特征

改革开放四十多年来，中国经济虽然一直保持较高的增长速度，但不同发展阶段经济增速还是存在较大差异的。这反映了宏观经济运行的波动性特征。如图1-3所示，2000

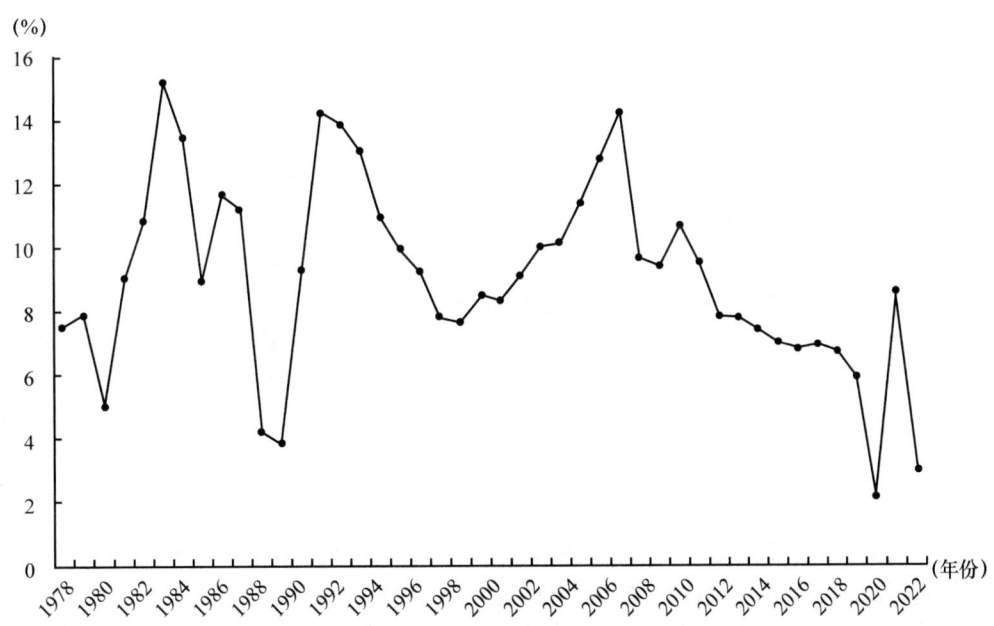

图1-3 改革开放以来实际GDP增长率的波动

资料来源：国家统计局编：《中国统计年鉴2023》，中国统计出版社2023年版。

年之前，中国实际GDP的年平均增速为7.8%，很多年份达到两位数以上的增速。但2010年之后，中国GDP的增速放缓了。这一方面主要受基数效应的影响，即经济总量的上升必然拉低经济增长的平均速度；另一方面经济增长速度的这种阶段性变化，表明中国经济已经从过去的高速增长转向中高速增长，进入了一个新的高质量发展阶段。

外生冲击是引起宏观经济总体水平波动的重要原因。比如20世纪80年代初期，随着城市经济体制改革的推进，工业生产快速增长，宏观经济进入快速扩张阶段。但由于这种经济扩张伴随严重的通货膨胀，随后政府开始进行以控制总需求为主要工具的宏观调控，经济增速逐步回落。宏观经济的短期波动也反映在季度GDP增长率的变化上。比如受2008年国际金融危机的影响，2008年第四季度GDP增长率下降到6.8%，到2009年第一季度则很快回升到7.2%。

宏观经济波动通常伴随消费水平和投资水平的波动。一般而言，消费支出的波动幅度要小于GDP，也就是说消费水平的变化比GDP的变化更为平滑。而投资支出的波动幅度则要比GDP的波动幅度大很多，是宏观经济周期性波动中最为活跃的因素。其原因在于企业的投资支出对于市场利率等因素的变化更为敏感，也更容易受到未来预期和投资情绪的影响。从历史的经验数据看，消费支出和投资支出与实际GDP的变化方向是一致的，因而它们都是顺周期（procyclical）变量。

三　失业率和中国就业市场的变化

就业市场的变化是反映宏观经济波动的重要侧面，其中一个主要指标就是失业率（unemployment rate）。失业率是指失业人口占全部劳动力人口的比率，每当宏观经济下行甚至走向衰退时，失业率会随着就业机会减少和被解雇工人的增加而上升；反过来，随着宏观经济的逐步复苏和走向繁荣，失业率就会下降。由于失业率与实际GDP的变化方向相反，在宏观经济学中被称为逆周期（countercyclical）变量。

图1-4显示的是1998—2022年中国失业率的变化。注意观察，1998—2003年失业率呈上升趋势，反映了1997年亚洲金融危机对国内经济的影响。同样的，2008年国际金融危机爆发，对全球金融市场和世界各国经济造成了不同程度的影响。在此期间，国内的失业率也出现一定程度的上升。国际市场的萎缩造成出口下降，尤其是部分中小企业面临较大的经营困难，拖累了就业的增长。随着经济的恢复，就业状况得到改善。

近年来，中国对失业统计制度进行了一些改革和优化，以便更加准确和灵活地反映经济周期和劳动力市场的变化。中国传统的失业统计主要包括城镇登记失业率，是指报告期内在劳动保障部门登记的失业人数占期末从业人员与期末实有登记失业人数之和的比。从2018年开始，统计部门定期发布调查失业率，包括全国城镇调查失业率和部分城市城镇调

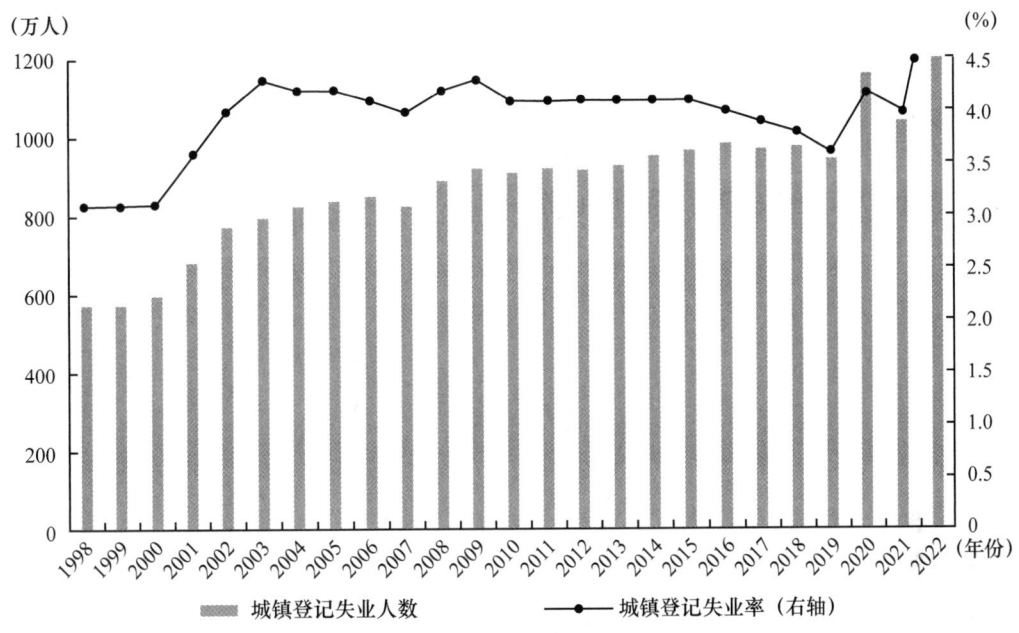

图 1-4 中国失业率的变化

资料来源：国家统计局，https://data.stats.gov.cn/easyquery.htm? cn = C01。

查失业率①。在调查失业率的统计框架之下，中国就业人口和失业人口的定义与国际劳工组织的标准相一致，因而调查失业率具有国际可比性。

四 物价水平与中国的通货膨胀

与实际 GDP 一样，全国和地区的物价水平也是随着时间变化而波动的。物价水平的变化情况我们一般使用通货膨胀率来表示。通货膨胀率（inflation rate）是指某一时期与上一时期相比，所有商品和服务的平均价格的上升比率。所谓一个时期，可以是一年、一个季度或一个月。图 1-5 提供了 1978—2022 年以 CPI 衡量的通货膨胀率的变化。观察通货膨胀的变化，可以得到几个基本结论。首先，大多数时期中国的通货膨胀率并不是很高，从长期看中国的物价水平总体上是稳定的。但 20 世纪 80 年代中后期、90 年代中期出现过比较严重的通货膨胀，有些年份高达 15% 以上甚至 20%，反映了当时宏观经济运行的剧

---

① 调查失业率，是指通过劳动力调查或相关抽样调查推算得到的失业人口占全部劳动力（就业人口和失业人口之和）的百分比。其中，就业人口是指 16 周岁及以上，在调查参考期内（通常指调查时点前一周），为了取得劳动报酬或经营收入而工作了至少 1 个小时的人，也包括休假、临时停工等在职但未工作的人口。失业人口是指 16 周岁及以上，没有工作但近 3 个月在积极寻找工作，如果有合适的工作能够在 2 周内开始工作的人。

烈波动。这主要是由于那个时期物质比较匮乏，有些商品严重短缺，生产能力不足造成的。其次，从长期看中国通货膨胀的趋势变化非常明显。2000年之前，不仅通货膨胀率较高，而且波动幅度大。21世纪之后，通货膨胀率和波动幅度都显著下降。这与整个宏观经济波动幅度的下降是相一致的。最后，根据历史经验，通货膨胀率不可能下降到零，即使平均水平也不可能。通货膨胀率的下降被称为负通货膨胀①。而通货膨胀下降、平均价格水平回落的情况，被经济学家称为通货紧缩。2010年之后，中国通货膨胀率在1.5%—5.0%波动。

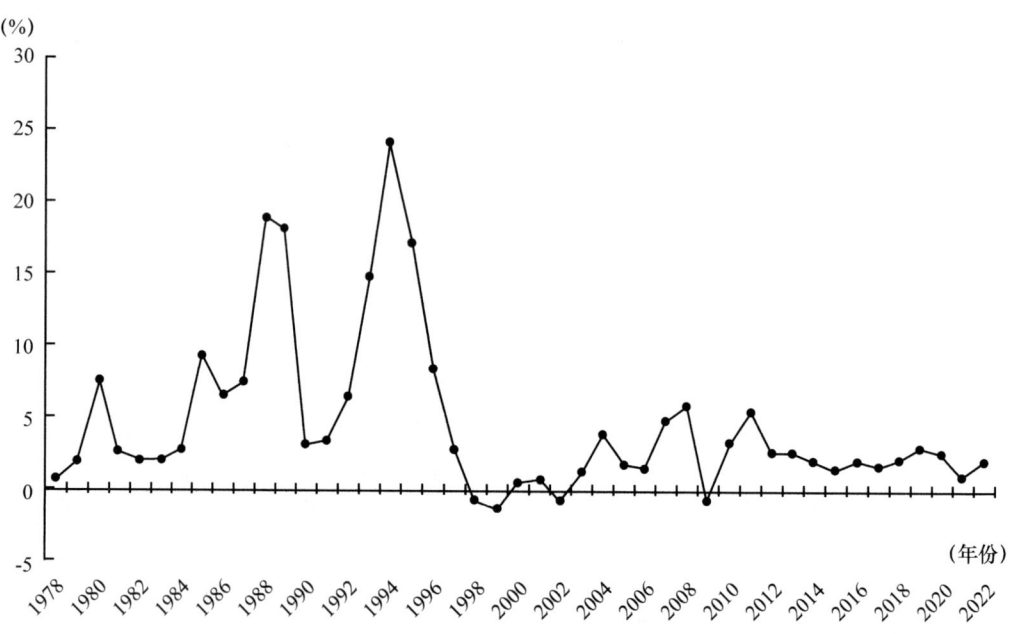

图1-5 中国通货膨胀率的变化

资料来源：国家统计局网站，https://data.stats.gov.cn/easyquery.htm? cn = C01。

五 利率水平和金融市场的变化

利率（interest rate）是指贷款人借出资金收取的费用的总额，一般用贷款金额的百分比表示。比如，某企业从银行借款100万元，利率为8%，那么该企业在贷款到期后除偿还银行100万元的本金以外，还要向银行支付8万元作为利息。利率包括存款利率、贷款利率、债券利率等不同类型的利率。利率水平的变化对人们的经济行为具有重要影响。比如当利率上升，投资和消费将出现下降。

---

① [美] 约翰·B. 泰勒：《宏观经济学》（第5版），李绍荣、李淑玲等译，中国市场出版社2006年版，第11页。

利率是与实际GDP相关的一个关键变量,因而也是反映宏观经济波动的重要变量。根据美国金融市场的运行规律,一般而言,在每次经济衰退之前利率会上升,在经济衰退期间或之后回落①。中国利率水平变化的特点则与金融体制改革的进程密切相关。随着利率市场化改革的推进,利率对投资和消费等宏观经济变量的调节作用不断增强,与宏观经济波动的关联性加大。如果将时间拉长来看,利率的变化存在阶段性的趋势。以存款利率为例,20世纪90年代中后期,利率表现出明显的下降趋势,直到2000年之后利率水平才趋于稳定,随后又开始爬升(见图1-6)。

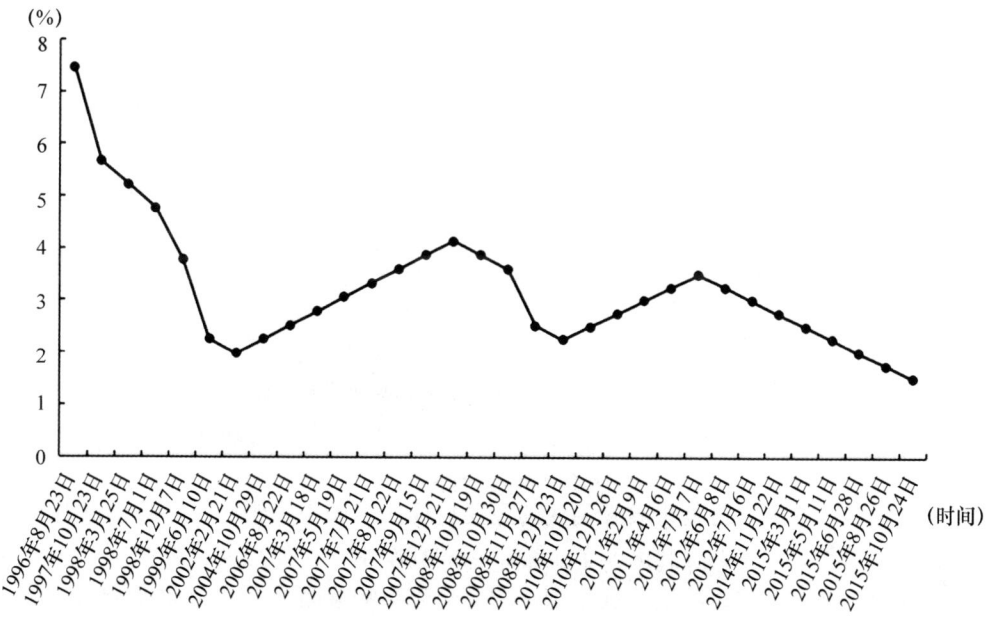

图1-6 中国金融市场1年期金融机构法定存款利率水平的变化

资料来源:历年《中国统计年鉴》。

在分析利率水平变化时,区分名义利率和实际利率是非常重要的。所谓实际利率(real interest rate)是指名义利率减去预期通货膨胀率,而名义利率(nominal interest rate)是指没有考虑通货膨胀率的贷款利率。为了保证实际利率不变,名义利率一般会随着通货膨胀率上升而上升。因此我们观察到在大多数国家,通货膨胀率与利率水平总是一起变化的。实际利率的概念有助于我们理解这种现象。此外,从利率的期限结构看,利率还可分为长期利率和短期利率。图1-7显示的是中国2002—2022年7天期银行间同业拆借利率的变化情况。同业拆借利率是中国利率市场化程度较高的利率品种,其变化能够较好地反映金融市场短期利率的波动。

---

① [美]约翰·B. 泰勒:《宏观经济学》(第5版),李绍荣、李淑玲等译,中国市场出版社2006年版,第13页。

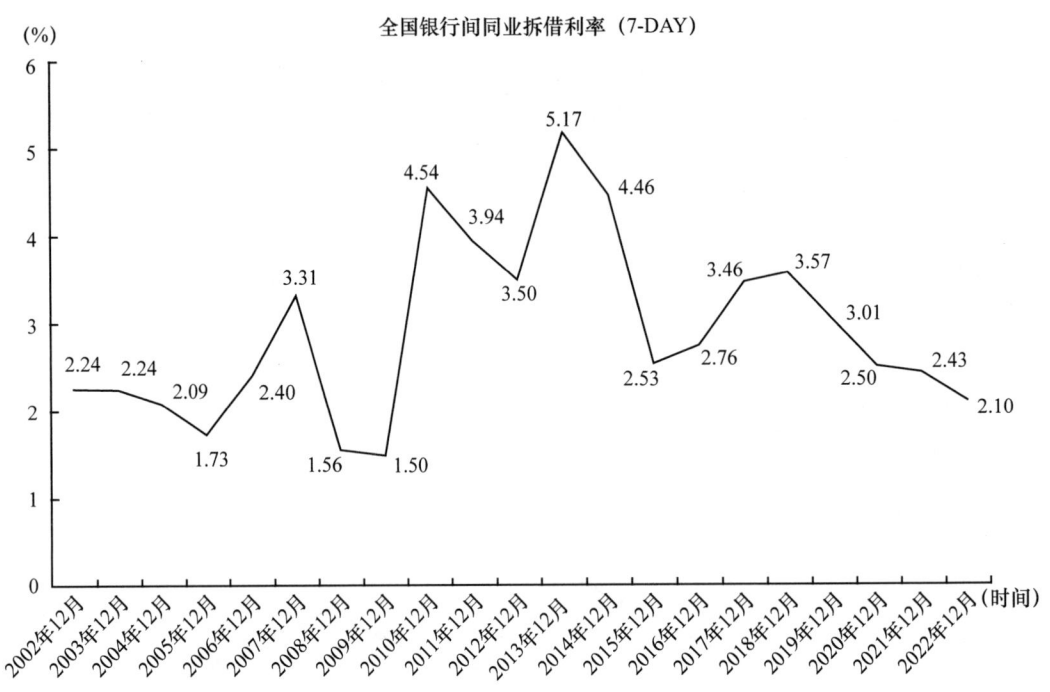

图 1-7 中国金融市场 7 天期银行间同业拆借利率的变化

资料来源：中国人民银行，http://www.pbc.gov.cn/diaochatongjisi/116219/116319/index.html。

利率也是各国中央银行货币政策关注的主要目标。美国中央银行——美国联邦储备银行主要通过联邦基金利率的变化来调节金融市场的利率水平，如短期贷款利率、企业债券利率等。同时，通过金融市场这些利率水平的变化来影响家庭消费和企业投资的决策，从而对宏观经济运行状况进行调节。对这些问题的分析属于货币政策（monetary policy）的范畴，我们会在以后的章节中更加详细地进行讨论。

第三节 宏观经济学的研究方法

一 经济模型与经济预测

与微观经济学一样，现代宏观经济学越来越多地使用经济模型（economic models）来描述经济主体（家庭、厂商、政府）的决策行为和变量之间的关系，这也使宏观经济学作为一门科学的特征越来越突出。模型是对现实世界的简化，正如地图是对实际地理位置按比例缩小，同时忽略了一些次要的因素，如街道两旁建筑物和树木的颜色。通过模型，尽管我们可能漏掉所要研究的经济关系的一些细节，却能抓住变量之间的主要联系。

经济模型表述的方法是多样化的，包括用文字描述、图形和使用数学符号表示的模型。在宏观经济学学习的初期阶段，主要通过文字描述和几何图形的方式来构建模型。随着学习的深入，就会越来越多地依赖于数学的方法来构建各种经济模型。最简单的数学模型就是利用函数关系来描述经济变量之间的关系。比如经济学中最常见的数学模型就是使用需求函数和供给函数来解释均衡价格的决定。宏观经济学中普遍采用消费函数来描述消费者的决策行为，使用劳动供给函数来描述家庭的劳动供给行为，使用投资函数来描述企业的投资决策，等等。

经济模型中的变量分为内生变量和外生变量。内生变量（endogenous variables）是指一个模型想要解释的变量。外生变量（exogenous variables）则是指引起内生变量发生变化的变量，它在模型中被视为给定的变量。也就是说，模型不需要解释外生变量本身是怎样决定的，而是将重点放在外生变量的变化是如何引起内生变量发生变化的。比如在解释关于家庭消费决策的消费函数中，内生变量是家庭的消费支出水平，外生变量则是家庭的收入水平、市场利率以及可供家庭选择的商品价格。这个模型中需要解释的是当收入水平和利率发生变化之后，家庭的消费水平会发生怎样的变化。

建立模型的一个用处就在于，它可以用来预测当外生变量发生改变后，这种变化对内生变量的影响，即内生变量会怎么变化，上升还是下降，增加还是减少，抑或是保持不变。由于政府经济政策的变化通常被视为一个外生变量，因此经济模型也可以用于对经济政策的效果进行评价。比如央行决定采取降息政策，下调金融市场的利率。如果我们想要在央行采取这项政策之前就知道该项政策可能带来的后果，那么我们可以通过构建经济模型的方法，来模拟如果央行决定采取降息政策，家庭消费和企业投资将发生怎样的变化，进而总的 GDP 和物价又将怎样变化，等等。当然，为了刻画这样的经济反应过程，我们可能需要同时使用多个方程或多个模型，才能完成这样的任务。

二 外生冲击与宏观经济政策

前面已经指出，宏观经济学的主要内容就是研究为什么会产生经济波动。宏观经济的波动可能来自总需求的变化，也可能来自总供给的变化。经济学家把引起总需求或总供给变化的外生事件称为对经济的冲击（shocks）。进一步看，我们把引起总需求变化的冲击称为需求冲击（demand shocks），把引起总供给变化的冲击称为供给冲击（supply shocks）。

外生冲击意味着外生变量的变化是无法事先预知的，因而成为一种冲击，就像飞机上突然产生的气流会引起颠簸一样。这种冲击会引起人们改变其行为，如飞行员要调整飞行姿态、改变飞行高度等。对于宏观经济学而言，引入外生冲击的一个重要目的就是利用模型来刻画，当冲击发生之后经济主体的行为会有什么样的反应。这就是宏观经济学研究中的冲击—反应机制（impulse-response mechanism）。比如在真实经济周期模型中，技术冲击是最主要的外生冲击。我们需要使用模型来模拟某种程度的技术冲击对于消费、投资、产出水平等实际经济变量的影响。更为重要的是，这些实际经济变量对于外生冲击的反应强度往往是随着时间变化而变化的。这一点反映了宏观经济学的研究特别重视经济变化的动态性（dynamics）。

在宏观经济学的研究中，"黑天鹅""灰犀牛"等突发的外生事件是我们经常引用的外生冲击的例子，因为它们对于金融市场的波动会产生广泛的影响，甚至诱发金融恐慌。从而引起资产价格的剧烈波动，甚至引发金融危机。而金融市场波动将对家庭消费、企业投资支出和就业市场产生影响，最终导致宏观经济的剧烈波动。其他一些外生冲击还包括石油危机、自然灾害等。

为了降低宏观经济的波动性，使宏观经济的运行更加平稳，及时引入政府干预是十分明智的选择。宏观经济政策的重要作用就是能够防止或减弱外生冲击对于经济的不利影响。政府制定的宏观经济政策主要有财政政策和货币政策。旨在降低宏观经济波动程度的政策措施，有时被称为稳定化政策（stabilization policy）。如果没有政府政策的干预，经济自身要恢复到之前的均衡状态，可能需要花费更长的时间，社会也会为此付出更大的代价，如更长时间的社会失业、更高的通货膨胀等。

三　弹性价格与黏性价格

由于宏观经济变量都是随着时间变化的，因此，在宏观经济学的研究中，有关工资和价格调整速度的假设特别重要。这里略加说明。

在通常使用的经济模型中，经济学家一般假定行为主体面临的经济环境是完全竞争和市场出清（market clearing），产品和服务的价格能够迅速调整，使供给与需求达到平衡。也就是说，无论是产品市场还是要素市场通常都处于均衡状态，它们的价格都位于需求曲线与供给曲线的交点。这一假设被称为市场出清。对于劳动市场而言，工资的迅速调整很快使劳动需求与劳动供给相等。产品市场和要素市场既不存在短缺也不存在剩余，因而是出清的。

但在某些经济环境下，持续的市场出清假设也许并不是完全现实的。比如，考虑到就业市场劳动合约的长期性质，短期内工资水平往往是固定不变的，尽管此时劳动力的需求和供给已经发生了变化。同样的，在产品市场上，如果考虑到调整价格本身可能存在的成本，产品和服务的价格也不是能够随时调整的。在市场出清的经济模型中我们总是假设所有的工资和价格都能够迅速调整，即价格是有弹性（flexible）的。而在另一些模型中，则需要假设价格和工资的调整非常缓慢，即价格和工资是具有黏性（sticky）的。

黏性价格的假设对于宏观经济学的研究意义非凡。在凯恩斯主义的宏观经济理论和模型中，工资刚性（wage rigidity）是一个通常的关于劳动市场的假设，它是凯恩斯经济学解释失业问题的主要理论基础。此外，宏观经济学中关于长期和短期的划分，从本质上说并非是一个关于时间长短的概念，而是与这里所说的弹性价格与黏性价格的假设有关。按照宏观经济学的一般分析方法，在短期中总是存在部分产品或生产要素的价格不能及时调整的情形，而在长期中，所有产品和生产要素的价格都是可以调整的。

第四节　宏观经济学的产生和发展

一　宏观经济学的产生

我们知道，宏观经济学作为一个体系是由英国经济学家约翰·梅纳德·凯恩斯（John Maynard Keynes）创立的。在凯恩斯之前，宏观经济思想主要体现在古典学派的相关著述中。英国经济学家亚当·斯密（Adam Smith）在《国富论》中提出了"看不见的手"这一著名论断，即市场自身的力量如同一只看不见的手引导资源配置达到最优状态，该论断为古典经济学奠定了坚实的哲学基础。亚当·斯密认为，在自由交换的条件下，追求个人利益最大化的市场主体通过市场交换的同时，能够实现每个人的利益最大化，因此政府无须对经济活动进行干预，政府只需要扮演一个"守夜人"的作用。

古典学派关于货币理论的研究对于宏观经济学的形成和发展产生广泛而深远的影响。早在18世纪，大卫·休谟（David Hume）第一次研究了一个经济体系中货币供给、国际贸易平衡与物价水平之间的关系，提出了著名的货币数量公式，即 $PQ=MV$。这意味着一国或地区的物价总水平由流通中的货币数量决定。大卫·休谟提出的货币数量公式不仅是古典经济学最著名的一项研究，也是现代货币数量论的基础。继大卫·休谟之后，古典学派的李嘉图（David Ricardo）、穆勒（James Mill）等进一步发展了货币数量论。到20世纪初，美国经济学家费雪（Irving Fisher）提出了以交易方程式为核心的"现金交易数量论"。之后，英国剑桥学派［如庇古（Arthur Cecil Pigou）、马歇尔（Alfred Marshall）］又提出了"现金余额"假说。在此基础上，现代货币主义创始人弗里德曼（Milton Friedmann）提出了更加完整的现代货币数量论[①]。

20世纪30年代的经济大萧条使"看不见的手"这一古典经济学的信条发生动摇，为现代宏观经济学的产生提供了社会土壤。这是由于在大萧条时期，大量经济资源未被充分利用而闲置，失业率上升，产出下降，这表明市场机制这只"看不见的手"并不能实现每个人利益的最大化和资源的最优配置。1936年凯恩斯出版了《就业、利息和货币通论》，标志着凯恩斯宏观经济学体系的正式确立。凯恩斯认为，产生经济衰退的根本原因在于有效需求不足。同时，由于工资和价格都存在一定程度的刚性，市场机制的调节作用并不保证经济能够实现均衡。因此，政府通过经济政策对经济活动进行适当的干预和调节，就成为宏观经济有效运行的重要前提。

---

① 袁志刚、欧阳明：《宏观经济学》（第二版），上海人民出版社2003年版，第15页。

二 从凯恩斯主义到新凯恩斯主义

自1936年凯恩斯《就业、货币和利息通论》出版以来，凯恩斯的宏观经济理论与方法很快流传开来，并逐步占据了主导地位，形成了凯恩斯主义。凯恩斯主义宏观经济学不仅包括凯恩斯本人的宏观经济理论，还包括对凯恩斯理论的发展。其中，最重要的一步就是希克斯（J. Hicks）于20世纪30年代末期提出的 IS－LM 模型，这使凯恩斯宏观经济理论具有了更明确的模型化表述。后来，随着萨缪尔森（Paul Samuelson）的经济学教科书得到推广，该模型广泛地应用于宏观经济问题的经验研究和政策分析中。

但到了20世纪五六十年代，经济学界对凯恩斯主义的看法开始出现分歧，围绕凯恩斯的宏观经济理论出现了不同的经济学流派。一方面，以弗里德曼为代表的货币主义坚持市场调节和自由竞争的经济观点，成为与凯恩斯主义相抗衡的重要力量。另一方面，在凯恩斯主义阵营内部由于对凯恩斯宏观经济思想的不同理解而出现分歧，产生了当时非常有影响的"两个剑桥之争"[①]。其中，以萨缪尔森为代表的经济学家吸收了自由主义学派的部分观点，形成了所谓的"新古典综合派"。因此，自凯恩斯主义产生以来，宏观经济学经历了百花齐放、流派纷呈的发展局面。

20世纪80年代宏观经济学迎来了一个新的发展时期，这就是新凯恩斯主义的产生。为适应理性预期学派和新古典主义的挑战，凯恩斯主义开始尝试建立包括价格黏性这一凯恩斯核心假设并基于消费者和厂商最优化选择的一般均衡模型。新凯恩斯主义的代表人物有曼昆（N. G. Mankiw）、萨默斯（L. Summers）、费尔德斯坦（M. Feldstein）、斯蒂格里茨（J. Stiglitz）、菲尔普斯（E. Phelps）以及伯南克（B. Bernanke）等。其中，曼昆提出了著名的菜单成本理论，成为新凯恩斯主义宏观经济学的重要理论基础。同时，曼昆与罗默（D. Romer）共同主编的《新凯恩斯主义宏观经济学》（两卷）是那个时期具有代表性的新凯恩斯主义论文集。

概括来说，新凯恩斯主义宏观经济学不同于传统凯恩斯主义主要之处在于，其吸收了新古典主义基于厂商和家庭行为的最优化来建立宏观经济模型的方法，同时又包含价格黏性这样的假设，因而代表了宏观经济学的最新思想综合。这种综合对宏观经济学研究方法的影响是深远的。如果某些价格和工资不能像市场出清那样变化，这将对经济主体的行为和经济政策产生很大影响。比如，根据新凯恩斯主义的宏观模型，货币量的变化对实际经济的影响就是非中性的，货币就不再仅仅是罩在实际经济上的"面纱"。沿着新凯恩斯主

---

① "两个剑桥之争"也称"剑桥资本争论"，是指后凯恩斯主义的两个学派——新古典综合派和新剑桥学派之间的争论。凯恩斯的《就业、货币和利息通论》问世后，凯恩斯的追随者对《就业、货币和利息通论》中若干论点的理解和现实问题的看法发生分歧，逐渐形成两个对立的学派，即新古典综合派和新剑桥学派。新古典综合派以萨缪尔森为主要代表，其学术中心麻省理工学院位于美国波士顿的剑桥。新剑桥学派则以英国剑桥大学为中心，其主要代表包括罗宾逊夫人（Joan Robinson）以及斯拉法（Piero Sraffa）等。故此，这两个学派之间的争论在经济学说史上名噪一时。

义的方向，产生了一批重要的宏观经济模型。比如泰勒（J. Taylor）提出的交错价格模型，已成为今天宏观经济学动态随机一般均衡模型的重要基础。

三 新古典宏观经济学的兴起

由于新古典主义宏观经济学强调宏观经济学的微观基础，加之所使用的模型高度数学化、精细化，使宏观经济学看起来更加像一门科学而受到追捧，成为当今宏观经济学的主流方向。它有两个来源。一是以弗里德曼为代表的货币主义学派，二是以卢卡斯（Robert E. Lucas）为代表的理性预期学派。

20世纪70年代由于受石油危机的影响，欧美一些国家经历了高通货膨胀与高失业并存的经济状态，经济学文献称之为"滞胀"（stagflation）。在新古典综合学派看来，根据菲利普斯曲线，高失业率与高通货膨胀率这两种现象不可能同时存在。弗里德曼等货币主义学派认为，传统凯恩斯主义所倡导的政府干预和宏观经济政策是导致经济不稳定的根源。他们提出，应该让市场机制发挥充分的调节作用，宏观经济就能达到充分就业的均衡。货币主义认为，政府唯一应该做的事情就是为市场有效运行创造良好的环境，而其最佳途径就是政府要将货币发行量控制在合理的增长范围之内。为此，弗里德曼提出了所谓的"单一货币规则"，认为这应该成为货币政策的根本指针。

理性预期学派则从另一方面向传统凯恩斯主义发起挑战，促成了新古典宏观经济学的兴起。20世纪70年代以来，美国经济学家卢卡斯等提出，政府干预带来的一个问题在于，政策制定者由于没有把公众对政府政策的预期以及对其他经济信息的反应考虑在内，因而政府干预和经济政策往往达不到预期的效果。这就是著名的"卢卡斯批判"（Lucas Critique）。新古典主义宏观经济学继承了古典学派的精髓，信奉自由竞争和市场机制的调节作用。理性预期学派在研究方法上实现了向古典学派的复归，因此被称为新古典主义。

理性预期革命使宏观经济学发生了天翻地覆的变化。该学派认为，宏观经济模型应建立在微观经济学原理的基础上，也就是说，对宏观经济现象的分析应根据家庭和厂商在约束条件下的最优化选择来得出结论。同时，该学派坚持市场出清的观点，反对凯恩斯关于工资刚性和价格黏性的基本假设，认为灵活工资和价格的模型是研究宏观经济问题最富有成效的方法。理性预期学派认为，政府干预可能会扭曲经济主体之间的本来联系，从而使经济活动偏离最优状态。理性预期学派的主要代表人物，除了卢卡斯，还包括萨金特（Thomas Sargent）、华莱士（Neil Wallace）以及巴罗（Robert Barro）等。沿着新古典宏观经济学的方向，学界产生了一批重要的宏观经济理论和经济模型。比如20世纪80年代初期，由普雷斯科特（Edward Prescott）和基德兰德（Finn Kydland）所创立的真实经济周期理论，成为当前宏观经济学界研究经济周期问题的主要模型。

第五节 流量与存量及本书安排

一 流量与存量

上文已经指出，宏观经济学研究的变量都是随着时间变化而变化的，它决定了宏观经济学的动态性质。根据变量随着时间变化的不同性质和特点，经济学家把宏观经济变量区分为两种不同的形式，即存量和流量。

所谓存量（stock），是指某一时点上的数量，而流量（flow）是指单位时间内变化的数量。在国民收入核算体系中，GDP、消费、投资、政府支出、税收、进出口都是流量变量。GDP是每个时期（如1年或1个季度）所新生产的产品和服务的价值，或者是以每个时期支出的金额来衡量的产品和服务的数量。相反，家庭在某月（年）末拥有的住房数量就是存量。

存量变量和流量变量是相互关联的，存量的变化就是流量。比如消费者在某个月末的存款余额就是一个存量，而每次存款和取款的金额数量就是流量。将款项存入银行账户会增加账户资金的存量，而从银行账户取出款项则会减少账户资金的存量。在构建理论模型来解释经济变量之间的关系时，区分流量变量与存量变量是非常重要的。以下一些例子是我们经常用到的存量和流量：个人和社会财富是存量，而个人收入、消费支出和储蓄则是流量；企业投资支出是流量，而企业拥有的资本数量则是存量；政府每年的预算赤字是流量，而政府的债务余额则是存量。

二 本书安排

本书一共八章，本章是宏观经济学导论，阐述宏观经济学的主要内容、研究方法、宏观经济学说的产生和发展，以及本书安排。通过本章的学习，学生能够初步了解宏观经济学这门学科的主要内容和学科发展。第二章是宏观经济总量的衡量。该章讨论了衡量一国总收入（总产出）指标即国内生产总值（GDP）的定义和核算方法，价格水平及劳动力市场的衡量。第三章是均衡国民收入的决定：收入—支出模型。该章开始讨论宏观经济理论，介绍国民收入的生产和要素收入分配，计划支出的构成及决定因素，均衡国民收入的含义、形成过程以及乘数原理。第四章是经济周期理论Ⅰ：总需求。该章将构建 $IS-LM$ 模型，并推导总需求。第五章是经济周期理论Ⅱ：总需求—总供给模型。该章将推导总供给，并构建总需求—总供给模型，分析宏观经济政策效应。第六章是失业、通货膨胀和经济周期。该章将讨论失业产生的原因、失业对经济的影响、通货膨胀的分类、产生原因以及对经济的影响，失业和通货膨胀的关系（菲利普斯曲线），经济周期理论以及中国的相关情况。第七章是经济增长。该章介绍了经济增长的典型事实和衡量方法、新古典增长理论、经济收敛和内生经济增长理论、经济增长核算以及中国经济增长奇迹。第八章是开放条件下的宏观经济模型。该章介绍了产品和资本的国际流动、IS – LM – BP 模型和蒙代尔—弗莱明模型。

本章小结

1. 宏观经济学的研究对象是国家或地区作为一个整体经济的运行状况，以及政府政策如何影响整体经济运行。宏观经济学的研究内容可分为两大主题，即长期的经济增长和短期的经济波动。从长期趋势看，一国或地区的 GDP 和人均收入水平表现出随着时间而增长的趋势，这就是经济增长要研究的问题。从短期看，一国或地区的 GDP、家庭收入和消费水平、物价水平、市场利率、就业和工资状况等都会围绕趋势值呈现出一定程度的起伏波动，反映的是宏观经济运行的周期性变化。

2. 作为宏观经济学研究对象的整体经济，是由不同经济主体通过市场连接起来的有机整体。现代宏观经济学更加强调宏观经济学的微观基础，越来越多地使用经济模型来描述经济主体的决策行为和变量之间的关系，经济模型中的变量分为内生变量和外生变量。

3. 建立模型的一个用处在于，它可以用来预测当外生变量发生改变后，这种变化对内生变量的影响。由于政府经济政策的变化通常被视为一个外生变量，因此经济模型也可以用于对经济政策的效果进行评价。

4. 1936 年凯恩斯《就业、货币和利息通论》的出版，标志着宏观经济学体系的正式确立。在凯恩斯之前，宏观经济思想主要体现在古典学派的相关著述中。凯恩斯主义宏观经济学不仅包括凯恩斯本人的宏观经济理论，还包括对凯恩斯理论的发展。其中，最重要的发展就是希克斯于 20 世纪 30 年代末期提出的 IS – LM 模型。新古典主义和新凯恩斯主义是当代宏观经济学的两大主要流派。

思考题

1. 为什么通常把宏观经济学的研究主题区分为长期的经济增长和短期的经济波动？
2. 你是怎样认识和看待宏观经济学与微观经济学这两者之间的关系的？
3. 你认为宏观经济学是一门科学吗？它是一门严格意义上的科学吗？

第二章 宏观经济总量的衡量与中国实践

视频讲解

学习目标

1. 理解 GDP、GNP、GDP 平减指数、CPI、失业率等概念。
2. 熟练掌握 GDP 核算的三种方法。
3. 了解改革开放以来特别是党的十八大以来中国 GDP 的变化。
4. 认识 GDP 作为衡量产出和收入水平存在的缺陷,并以此为基础,理解为什么"绿水青山就是金山银山"。
5. 区分名义 GDP 和实际 GDP。掌握如何运用 GDP 平减指数和 CPI 衡量通货膨胀。
6. 初步了解衡量劳动市场的指标。

宏观经济学以整体经济作为研究对象,考察经济的整体运行与变化。在构建宏观经济理论体系之前,首先需要了解宏观经济现象与事实,这就涉及对宏观经济现象进行衡量的问题。反映经济整体特征和现象的变量是宏观经济总量。虽然宏观经济的整体面貌需要一系列总量进行描述,但本章主要对收入、价格水平和劳动市场的相关指标进行衡量。

第一节 衡量 GDP

衡量整体经济现象的变量就是总量,与总量相对应的概念是个量,后者是衡量单个经济现象的变量。在宏观经济总量中,最为核心的总量是收入。正因为如此,一些情况下宏观经济学又被称为总量经济学或者现代收入理论。

改革开放前,中国主要沿袭苏联的物质产品平衡表体系(MPS)衡量总量收入水平。1985 年,中国开始建立 GDP 核算制度,从此 GDP 成为中国国民收入衡量的核心指标。

一 什么是 GDP

在宏观经济学中,收入是一个笼统的总量概念。从不同的视角看,有各种不同的收入形式，所以有必要对收入进行区分。在所有收入概念中，最具有代表性的是国内生产总值（GDP），因为GDP从生产的角度衡量了社会在一定时期内的总产出。

GDP是国内生产总值（国内总产值）的简称，即一定时期内一国或地区所生产的全部最终产品和服务的市场价值。

为了方便理解GDP，我们举一个简单的例子。假设经济体在年度内生产了一件衬衣，零售商向消费者出售衬衣的价格为100元，生产衬衣需要经过产棉、纺纱、织布、制衣和销售五个环节。以此为基础，正确理解GDP应该包括以下几个方面。

1. GDP是一个流量，即一定时期范围的变量，如工资、利润等。与流量相对应的是存量，存量是在某一时点范围的变量，如货币供给量、家庭财富、人口总量等。GDP是指特定时间范围经济体的产出。虽然经济体可能会统计季度甚至月度GDP，但是在宏观经济学中有意义的"一定时期内"往往是以一年为单位的。如果衬衣不是在核算年度内的产出，那么就不能计入当年的GDP；如果当年没有完成衬衣生产的全部环节，那么GDP核算就只能计算当年完成的产出部分。

2. GDP是一个地理概念，即GDP是在一国或地区范围以内的产出，有一个地理上的统计边界。比如中国国家统计局所公布的中国GDP，严格地说只是地区GDP，即不包括港澳台的大陆地区的产出。正是由于GDP的地理特性而非国民特性，GDP与GNP存在差异。GNP是国民生产总值，强调的是产出的国民属性。GNP是指一定时期内一国或地区的国民所拥有的全部生产要素生产的最终产品和服务的价值。比如外国在中国的直接投资所生产的最终产品和服务的价值将会计入中国的GDP，但是外国生产要素的报酬则不属于中国的GNP；同理，中国在他国的要素产出的产品和服务将会计入他国的GDP，但不计入他国的GNP而是计入中国的GNP。GDP与GNP的换算关系可以简单表达为：

GNP = GDP + 本国要素从外国获得的收入 − 外国要素从本国获得的收入

用NFP表示来自外国的净要素报酬，有NFP = 本国要素从外国获得的收入 − 外国要素从本国获得的收入，那么：

GNP = GDP + NFP（来自外国的净要素支付）

在上述例子中，由于衬衣是在国内生产，无论生产中是否有外国要素，GDP都是100元。如果有外资参与生产过程，且外资所带来的产出为20元，那么衬衣GNP = 100 − 20 = 80元。

3. GDP是产出概念。GDP侧重于反映经济中产品和服务的产出。在衬衣生产例子中，如果销售商按照80元购进衬衣但没有完成销售，那么衬衣就构成了销售企业的存货，虽然没有实现衬衣销售，该部分存货80元还是应该计入GDP。所以，GDP是一个产出的概念而不是销售的概念。

4. GDP是最终产品和服务的价值。最终产品是指最终在消费或者生产过程中被耗费而不是用于转卖的产出，也不是用于作为中间投入生产其他产品的产品。例如，消费者购买的面包是最终产品，因为消费者将面包作为食品消费掉了。但是，如果三明治厂商购买面包，那么面包就成为生产三明治的中间投入。一台激光机器人是最终产品，因为企业使用机器人切割钢板最终消耗了机器人资本品。如果一家企业购买激光机器人用于组装一条流水线并将流水线出售给其他企业，那么机器人只是生产流水线的中间投入。在生产衬衣的例子中，棉花是生产棉纱的中间投入，棉纱是生产棉布的中间投入，棉布是生产衬衣的中间投入，由零售商出售给消费者的衬衣就是最终产品，整个经济活动链条最终所增加的产出价值就是 100 元。按照最终产品核算 GDP 就是消费者获得的衬衣的价值 100 元，核算中不可以将衬衣的价值和其他中间投入如棉花的价值相加，否则就存在重复计算。有趣的是，最终产品的价值必然等于生产最终产品各个环节所产生的增加值之和。原因在于最终产品作为增加值是由经济活动的各个环节所创造的。在衬衣生产的例子中，消费者所获得的增加值 100 元 = 棉花增加值 20 元 + 棉纱增加值 20 元 + 棉布增加值 20 元 + 制衣增加值 20 元 + 销售商服务增加值 20 元。

5. GDP 是一个市场价值的概念。GDP 只衡量市场经济活动，非市场经济活动对人们的福利的影响是没有包括在 GDP 中的，如家务劳动、闲暇等的价值由于没有市场交换行为，没有纳入 GDP 核算。通常情况下，地下经济活动存在市场活动，但没有被统计到 GDP 中，当然在少数国家也有特例。在衬衣生产的例子中，如果一个家庭完成了衬衣生产的各个环节并为自己制衣，那么这种自给自足的经济活动也没有被计入 GDP 中。特别需要指出的是，GDP 强调的是经济活动的产出，衡量的是产品和服务的数量，产品与服务的价值必须用货币进行表达，但货币本身并不是产品与服务。比如增加一倍的货币供给并使所有产出价格上升一倍，我们会发现整体经济没有发生什么改变，或者说只是有了名义 GDP 的改变。但是，如果产出增加了，那么整体经济真实福利就增加了。

特别需要指出的是，GDP 衡量的是产品和服务的数量而不是货币，只不过产品和服务的数量需要用货币标价而已。

二 衡量 GDP 的方法——三面等值法

在宏观经济分析中，我们常常将经济区分为两部门经济、三部门经济和四部门经济。这里的部门，是指经济活动的参与主体。如果经济中只有消费者和生产者两个参加者，那么就是两部门经济；如果在两部门经济中再加入政府主体，就称为三部门经济；在三部门经济基础上加入外国部门或者开放经济部门，经济就是开放的，这就是四部门经济。严格地说，当代世界各国经济都是四部门经济。但是在宏观经济理论中，为了分析简便，我们常常假设经济为两部门经济或者三部门经济。但是，这种假设只是为了方便模型的建立而不会妨碍我们得出正确的结论。

现在假设经济只有两个部门。即经济中只有典型的家庭（消费者）和典型的企业（生产者）。家庭拥有全部生产要素，并将生产要素出售给企业，企业向家庭支付要素报酬形成家庭收入。企业使用生产要素生产产品和服务，并将产品出售给家庭，家庭用要素报酬支付产品和服务，形成经济中的支出。这样，两部门经济中就存在一个从要素投入到产品产出、要素收入到产品支出的环流关系。图 2-1 反映了这一环流关系。

从图 2-1 可以看出，两部门经济的总收入就是家庭的收入，经济中的总产出就是企

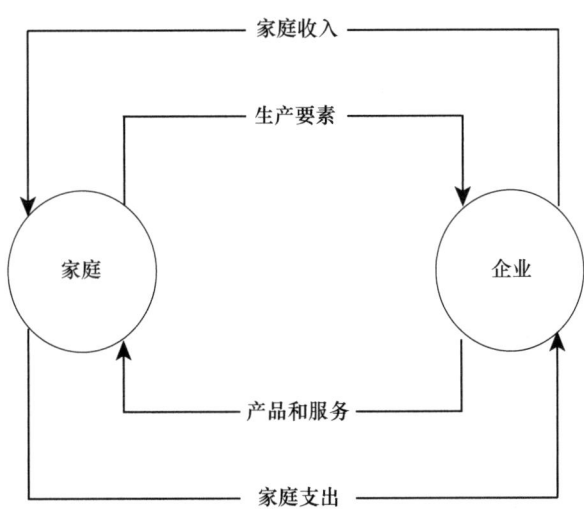

图 2-1 两部门经济中的环流关系

业生产的全部产品和服务，总支出就是家庭对产品服务的支出。在这里，由于经济活动是一次性的，所以没有企业利润留成或者未分配利润，也不存在折旧，不考虑家庭储蓄。在上述严格的假设条件下，就很容易得出经济中总产出等于总收入、总收入等于总支出的结论：

总收入 = 总产出 = 总支出

回到衬衣生产的例子。由于衬衣是最终产品，市场价值为 100 元，所以总产出为 100 元；消费者购买衬衣的支出为 100 元，所以总支出为 100 元；在两部门经济中，企业为消费者所拥有，消费者提供了生产衬衣的全部要素，所以消费者获得的总收入为 100 元。可见，无论是从产出角度、支出角度还是从收入角度看，GDP 都是 100 元。正是基于总产出等于总收入，总产出又等于总支出的恒等关系，就可以建立国民收入（GDP）核算账户，分别使用生产法、收入法和支出法核算 GDP。这就是三面等值的 GDP 核算基本原理。

为了较为完整地说明用生产法、支出法和收入法核算 GDP 的原理，我们可以列举一个较衬衣生产更为复杂的例子。假设有一个绿洲经济。绿洲和绿洲以外没有任何联系。在这片绿洲上，有消费者、生产者和政府三个经济活动参加者，经济为三部门。绿洲经济体产出苹果，产量为 1000 个，每个 2 元，苹果生产者雇佣工人并向工人支付工资 500 元，向政府缴纳增值税 150 元。其中，400 个苹果出售给消费者作为水果食用，600 个苹果作为原材料出售给饭店。饭店生产苹果派等食品，饭店的总收入为 3200 元，饭店向工人支付工资 400 元，向政府缴纳增值税 300 元。政府向所有消费者征收个人所得税 100 元。政府用全部税收向政府雇员支付工资并为绿洲提供公共产品（如国防与治安等）。根据上述经济活动，就可以分别用生产法、支出法、收入法核算该绿洲的 GDP。

表2-1　用生产法核算 GDP

单位：元

产出构成	最终产出价值	增加值
苹果	800	2000
食品	3200	2000
公共产品	550	550
GDP	4550	4550

1. 生产法

生产法是加总经济中一定时期内全部最终产品价值核算 GDP 的方法。从理论上看，按照 GDP 的定义，加总绿洲的最终产品价值就是 GDP。作为水果消费的苹果是最终产品，其价值为 $400 \times 2 = 800$ 元。食品是最终产品，其价值为 3200 元。政府提供的公共产品是最终产品，其价值为 $150 + 300 + 100 = 550$ 元。所以，绿洲经济的最终产品的市场价值为 $800 + 3200 + 550 = 4550$ 元，GDP = 4550 元。问题在于，在现实经济中，不仅最终产品难以区分，同时最终产品的清单太长，使用该方法难以准确核算 GDP。正如我们在前面所讨论的，最终产品的价值是由经济体生产最终产品的各个环节的增加值加总取得的，所以 GDP 核算可以通过核算经济体中各个行业在一定时期所生产的增加值获得。正因为如此，生产法又被称为增值法。在绿洲经济中，生产苹果的增加值为 2000 元，饭店的增加值为 3200 元 – 中间投入价值 1200 元 = 2000 元。对政府而言，政府提供的公共产品（如防务）是无法按照市场价格出售的，通常按照政府生产公共产品的成本计算公共产品价值。这里以生产成本计算的公共产品的增加值为 550 元。所以，增加值之和为 $2000 + 2000 + 550 = 4550$ 元，GDP = 4550 元（见表 2-1）。

需要指出的是，如果苹果或者食品（这里假设为食品）在生产中引入了绿洲以外的外资，在 3200 元的食品产出中外资产出为 1000 元，按照 GDP 的定义，GDP 是不变的。

2. 支出法

支出法是根据经济体对最终产品和服务的支出核算 GDP 的方法。在四部门经济中，总支出包括消费支出、投资支出、政府购买支出和净出口。

（1）消费支出。消费支出是家庭对消费品和消费性服务的支出。按照消费品属性分类，消费支出包括了非耐用消费品支出、耐用消费品支出和消费性服务支出三个部分。通常，非耐用消费品是日常消费品或者便利消费品，消费者不需要对非耐用消费品进行复杂的信息寻求和处理，购买频次很高，在消费支出中占比最大，如食品、服装、马克笔等；耐用消费品是能够为消费者长期提供消费服务的消费品，具有单位价格较高、消费者购买频次较低等特点，如家庭用冰箱、家具等；消费性服务是消费者所支出的非商品性劳务，如理发、旅游等。

消费支出是总支出的最重要组成部分。相对于其他支出如投资支出而言，消费支出的可变性较小。从长期看，家庭具有平滑消费的倾向。

（2）投资支出。投资是资本产品的形成过程。通过投资，资本品得到了增加或者更新。宏观经济学中的投资是严格区别于金融投资的。金融投资是金融资产的增加过程，如股票投资、债券投资等，这类投资并没有直接增加最终产品和服务价值，所以金融产品的交易价格是不能计入 GDP 的，但在交易中产生的服务增加值应当计入 GDP。同时，资本品作为最终产品与中间产品也是不相同的。中间产品在生产过程中会被全部消耗掉，但住宅、厂房、机器设备等资本品是在使用过程中被逐渐消耗的。一定时期以内（如一年）资本品所消耗的价值被称为折旧，折旧变化与资本品在使用过程中的物质磨损和精神磨损程度相关。假设一台机器设备价值1000万元，综合考虑到物质磨损和精神磨损，其有效使用周期为8年，那么每年平均减少的价值为125万元。平均折旧率为12.5%。

投资包括固定资产投资和存货投资两大类。固定资产投资包括住宅类固定资产投资和非住宅类固定资产投资，后者主要包括厂房、机器设备和主要工具等。

存货投资是企业的存货价值变化。企业存货包括成品存货、半成品存货和原材料、燃辅料存货。存货具有"管道功能"和"缓冲功能"。管道功能是指存货可以保障企业的生产经营活动的不间断进行；缓冲功能是指企业可以通过存货的调整（增加或者减少）应对市场均衡的改变。在宏观经济运行中，如果企业的实际存货小于企业的计划存货或者意愿存货，企业将会增加存货投资，从而导致总支出增加，产出和收入增加；如果企业的实际存货大于计划存货，企业就会减少存货水平，降低生产能力，经济中 K_1 的总支出将会减少，产出和收入将会下降，经济将会存在衰退的压力。

如果经济体中期末资本存量为 K_2，期初资本存量为 K_1，那么新增投资必然为 $K_2 - K_1$。即使经济中没有新增投资，总投资都可能大于0，因为企业将提取的折旧收入用于补充原有资本的磨损耗费形成了重置投资。如果平均折旧率为 δ，那么重置投资为 $\delta \cdot K$。设总投资为 I，那么总投资等于新增投资加重置投资。表示为：

$$I = (K_2 - K_1) + \delta \cdot K$$

可以看出，新增投资是净投资，净投资等于总投资减去重置投资。不难想象，当经济中的总投资为0时，资本存量一定处于减少状态。

（3）政府购买支出。政府包括中央政府、一般政府、非金融公共部门和综合公共部门四个层次。政府为了履行职能，必然要求购买产品和服务。所以政府购买支出是政府为了履行政府职能对产品和服务的支出，如政府的国防支出、治安支出、公共教育和公共医疗支出、道路交通支出等。需要指出的是，在政府全部预算支出中，还包括政府的转移支付、补贴和公债利息支出等，这类支出只是价值的单方面转移，转移支付只是收入的再分配而不是收入创造，不会直接产生最终产品价值，所以转移支付不属于购买支出，不计入GDP。

（4）净出口。净出口是出口和进口的差额。出口是外国对本国产品和服务的购买支出，是对本国产品和服务支出的一部分，所以计入GDP。但是，在国内总支出的产品和服务中，可能包括对进口产品和服务的支付，由于进口产品和服务是在他国或者其他地区的产出，所以在GDP核算中必须进行扣减。

如果用 C 表示消费支出，I 表示投资支出，G 表示政府购买支出，NX 表示净出口，那么用支出法核算的GDP可以表示为：

$$\text{GDP} = C + I + G + NX$$

其中，用 X 表示出口，M 表示进口，净出口 $NX = X - M$。

表 2-2　用支出法核算 GDP

支出构成	价值（元）	百分比（%）
消费支出	4000	87.91
投资支出	0	0
政府购买支出	550	12.09
净出口	0	0
GDP	4550	100

在绿洲经济的例子中，消费者的消费支出包括了对苹果的支出 800 元和对食品的支出 3200 元，共 4000 元；由于经济活动是一次性的，所以没有资本品支出或者投资支出；政府购买支出为 550 元；由于是封闭经济，净出口为 0。经济体的总支出为 4550 元（见表 2-2）。

3. 收入法

收入法是根据经济体中经济活动的参与者所获得的收入核算 GDP 的方法。在宏观经济学中，收入是一个笼统的概念。按照不同的视角，收入可以区分为国内生产总值（GDP）、国内生产净值（NDP）、国民生产总值（GNP）、国民生产净值（NNP）、国民收入（NI）、个人收入（PI）和个人可支配收入（DPI）。以 GDP 核算为基础，不同收入形式之间的关系如下：GDP - 折旧 = NDP。NDP 是国内生产净值，即一定时期内一国或地区所生产的产品与服务的净增加值。在 GDP 中，包含了资本品在生产中转移的价值即折旧。扣除该部分价值，就得到了一个"净"的概念即 NDP。所以：

$$GDP = NDP + 折旧 \quad (2-1)$$

国民收入（NI）。这里的国民收入是从狭义角度定义的，即一国范围中参与经济活动的要素报酬之和。一定时期提供生产性服务的要素包括劳动、资本、土地和企业家才能等要素，所以对应的，狭义国民收入就是工资、利息、租金和利润的总和。显然，国民收入是 NDP 的一个部分，但是二者并不相同。在产品生产与流通过程中，企业缴纳的税收为间接税，间接税不会构成要素报酬，所以应当扣除。政府对企业提供的补贴将会构成生产要素的报酬，包括在 NI 中。所以：

$$NI = NDP - 间接税 + 补贴$$

调整后还可以得到：

$$NDP = NI + 间接税 - 补贴$$

代入（2-1）式得到：

$$GDP = NI + 间接税 - 补贴 + 折旧 \quad (2-2)$$

个人收入（PI）。个人收入是经济中家庭与个人所获得的收入。在国民收入中，企业利润的一部分将会向政府缴纳公司所得税，同时企业的未分配利润也没有形成个人收入而是企业的利润留成。要素报酬中将会有一部分收入用于缴纳社会保险。同时，个人可能从政府那里获得养老金、救济金、津贴等形式的转移支付，个人也可能从政府获得非商业利息（如公债利息）。以 NI 为基础，经过调整，就可以得到个人收入 PI：

$$PI = NI - 公司所得税 - 未分配利润 - 社会保险 + 政府转移支付 + 非商业利息$$

移项得到：

$$NI = PI + 公司所得税 + 未分配利润 + 社会保险 - 政府转移支付 - 非商业利息$$

代入（2-2）式得到：

$$GDP = PI + 公司所得税 + 未分配利润 + 社会保险 - 政府转移支付$$
$$- 非商业利息 + 间接税 - 补贴 + 折旧 \qquad (2-3)$$

个人可支配收入（DPI）。个人收入中扣除个人所得税后就是个人可支配收入。DPI = PI – 个人所得税。按照最终用途，个人收入用于家庭消费，非消费部分形成了家庭储蓄。所以，DPI = 家庭消费 + 家庭储蓄。可以得到：

$$PI = DPI + 个人所得税 = 家庭消费 + 家庭储蓄 + 个人所得税$$

将 PI 代入（2-3）式得到：

$$GDP = 家庭消费 + 家庭储蓄 + 个人所得税 + 公司所得税$$
$$+ 未分配利润 + 社会保险 - 政府转移支付$$
$$- 非商业利息 + 间接税 - 补贴 + 折旧 \qquad (2-4)$$

我们可以对（2-4）式进行整理。税收是政府收入，这里将社会保险也看作政府收入，转移支付、补贴和非商业利息是政府支出，政府收入与政府支出的差值为政府净收入或者净税收。企业未分配利润和折旧可以视为企业储蓄。将家庭储蓄和企业储蓄统称为私人储蓄。从收入视角看：

$$GDP = 家庭收入 + 企业收入 + 政府收入$$

如果用 C 表示用于消费支出的收入，S 表示私人储蓄，包括了家庭储蓄和企业储蓄，T 表示净税收，所以有：

$$GDP = C + S + T$$

现在我们作出一个极端假设。如果经济中只有两部门，即不考虑政府和对外经济关系，同时经济活动是一次性的，即家庭不必在当期消费与未来消费之间进行选择，企业不必在当期生产与未来生产之间进行选择，这时就不会有税收、净出口、储蓄、投资、折旧等变量，那么就必然有：

$$GDP = NDP = GNP = NNP = NI = PI = DPI$$

再一次回到绿洲经济中。该经济为三部门经济。家庭从苹果生产者、饭店和政府那里获得的工资为 500 + 400 + 550 = 1450 元，减去税收后的收入为 1450 – 100 = 1350 元；苹果生产者和饭店的税后利润为苹果生产者利润（产出 2000 元 – 工资 500 元 – 税收 150 元）+ 饭店利润（产出 3200 元 – 中间投入成本 1200 元 – 工资 400 元 – 税收 300 元）= 2650 元。当然，由

表 2-3 用收入法核算 GDP

单位：元

收入构成	价值
工资收入	1350
利润收入	2650
税收	550
GDP	4550

于消费者是企业的所有者，最终税后利润将会为消费者获得；政府获得的税收为 150 + 300 + 100 = 550 元。加总经济活动的全部参加者的收入为 GDP = 1350 + 2650 + 550 = 4550 元（见表 2-3）。

从上述分析中可以看出，无论是使用生产法、支出法还是收入法衡量 GDP，其最终结果都是相同的。不过，在简化的绿洲经济中，没有包含投资和国际贸易。如果苹果生产者

产出不变,但是将其中100个苹果作为存货投资,那么结果会有什么改变呢?按照GDP定义,苹果产出还是1000个,苹果生产者的产出增加值仍然为2000元。只不过,消费者可能会少支付100个苹果,但生产者的存货投资支出增加了100个苹果,价值200元,相当于苹果生产者从自己那里购买了100个苹果。从收入角度看,苹果生产者的存货增加了,增加的苹果存货可以视为生产者的利润收入。所以,即使考虑到投资,GDP的核算结果也是不会发生改变的。

现在考虑存在国际贸易情形。假设绿洲由封闭经济转向开放经济。绿洲的苹果产量依然为2000元,但饭店从外国进口了200个苹果,价值400元,饭店的销售额为3600元,其他条件不变。按照生产法,绿洲的产出增加值为:苹果生产的增加值为2000元,饭店生产的增加值为产出价值3600元－苹果中间投入1200元－进口苹果中间投入400元＝2000元,政府创造的增加值550元。用生产法核算,GDP＝苹果增加值2000元＋食品增加值2000元＋政府服务增加值550元＝4550元。按照支出法,绿洲消费者对苹果的支出为800元,对食品的支出为3600元,政府对雇员的工资支出为550元,出口为0,进口为400元,净出口NX为－400元。用支出法核算,GDP＝$C+I+G+NX$＝800＋3600＋550－400＝4550元。按照收入法,消费者的税后工资收入为1350元,苹果生产者和饭店的税后利润为苹果生产者利润(2000元－工资支出500元－税收150元)＋饭店利润(3600元－中间投入1200元－进口苹果的中间投入400元－工资支出400元－税收300元)＝2650元,政府总税收为550元。所以用收入法核算,GDP＝1350＋2650＋550＝4550元。

我们已经知道,按照国民收入与产出核算账户原理(NIPA),GDP可以有收入法、支出法和生产法三种核算方法。但各国在进行GDP核算时的侧重点是不相同的。经过核算,中国2022年全年国内生产总值为1210207亿元,比2021年增长3.0%。其中,第一产业增加值88345亿元,比上年增长4.1%;第二产业增加值483164亿元,比上年增长3.8%;第三产业增加值638698亿元,比上年增长2.3%。第一产业增加值占国内生产总值比重为7.3%,第二产业增加值比重为39.9%,第三产业增加值比重为52.8%。可以看出,中国GDP核算是以生产法(增加值法)为基础的。美国2011年GDP为150940亿美元,其中消费支出107260亿美元,占支出比例71.1%,投资支出19162亿美元,占支出比例12.7%,净出口－5787亿美元,占支出比例－3.8%,政府购买支出30306亿美元,占支出比例20.1%。可见,美国GDP核算是以支出法为基础的。

三 宏观经济中的恒等关系

我们已经知道,在宏观经济中始终有总收入＝总产出＝总支出的恒等关系。由于经济活动参与者的差异,在两部门、三部门和四部门下的产出、收入与支出的内容是不相同的,但宏观经济的恒等关系始终存在。令经济中最终产出为Y,Y代表了经济中生产的全部最终产品和服务的市场价值。现在我们可以分别讨论经济在两部门、三部门和四部门下的恒等关系。

1. 两部门经济恒等关系

在两部门经济中，由于没有考虑政府和对外经济关系，所以总支出就是家庭和企业对产出的支出。消费支出为 C，这是家庭对消费品和消费服务的支出；投资支出为 I，主要是企业对资本品形成和补充的支出，当然也包括了家庭在住宅等方面的投资支出。由于是对最终产品与服务 Y 的支出，所以有 $Y = C + I$。正如收入法核算 GDP 所得出的结论，在两部门经济下，所有收入都是家庭与企业的收入，家庭收入按照用途划分为家庭用于消费的收入和家庭用于储蓄的收入，企业收入体现为企业储蓄，包括折旧收入、未分配利润等，所以总收入为家庭收入和企业收入之和。家庭收入是家庭消费与家庭储蓄之和，企业收入是企业的储蓄，所以有 $Y = C + S$，这里的 S 是私人储蓄，包括家庭储蓄和企业储蓄。两部门经济的恒等关系可以表示为：

$$C + S = Y = C + I$$

其中，Y 说明了一国收入来自生产即收入源于何处，$C + S$ 说明了收入为谁所有即收入去向何地，$C + I$ 说明了收入的最终用途即收入用在何方。也可以这样理解，宏观经济恒等关系解释了经济中收入、产出（供给）和支出（需求）之间的恒等关系。只不过这一恒等关系是一种定义恒等或者会计恒等关系，并不能说明经济是否处于均衡状态。判断经济是否处于均衡状态的关键在于分析经济中的收入是否等于计划支出或者意愿支出（想要的支出）。即使经济处于非均衡状态，上述宏观经济恒等关系也同样存在。

在恒等关系中，收入 $C + S$ 中的 C 与支出 $C + I$ 中的 C 在数量上是相同的，不过前者是指用于消费的收入，后者是指用于消费的支出。消除恒等关系两端的 C，就得到储蓄—投资恒等关系：

$$S = I$$

理解 $S = I$（总储蓄 = 总投资）这一恒等关系对于判断宏观经济均衡状态具有重要意义。如果经济中有储蓄 100 元，那么就有对应的投资支出 100 元，这是一种恒等关系，但这一恒等关系并不能反映经济是否处于均衡状态。比如在投资 100 元中，家庭的住宅投资、企业厂房投资、机器设备投资等为 70 元，实际存货投资为 30 元。如果企业希望的计划存货就是 30 元，这时实际存货就是企业所要求的存货，实际投资等于计划投资，那么经济处于均衡状态。如果企业计划存货为 20 元，实际存货就超过了计划存货，即 30 − 20 = 10 元，10 元为企业非意愿的存货投资。虽然这时恒等关系依然存在，但经济处于非均衡状态。这是因为实际存货大于计划存货，企业为了降低实际存货水平，必然会减少投资支出，压降生产能力，从而经济将会由非均衡产出向更低的均衡产出调整。反之，如果实际存货小于计划存货，企业将会增加存货，投资支出增加，产出增加，从而经济将会由非均衡产出向更高的均衡产出调整。由此可见，在 $C + S = Y = C + I$ 恒等关系中，$C + I$ 是两部门经济的实际支出，实际支出既可能大于计划支出，也可能小于计划支出。当实际支出等于计划支出时，经济处于均衡状态。必须明确的是，即使经济处于均衡状态，也不一定是充分就业要求的均衡状态。

2. 三部门经济恒等关系

现在在两部门经济的基础上引入政府部门。一方面政府向企业和家庭征税取得政府收入（为了简化分析，假设税收是政府收入的唯一形式）；另一方面政府进行支出以履行政府职能，政府支出包括政府购买产品和服务的支出以及对家庭和企业的转移支付。转移支付只是将收入从一些经济主体转移给另一些经济主体，是收入的再分配，已经包含在对家庭和企业的收入核算里，所以在 GDP 核算中，政府收入是税收减去转移支付的净税收 T。这时，三部门经济下的收入就是 $C+I+T$。从支出视角看，政府购买支出为经济体提供产品和服务，这些产品具有公共物品特征，区别于私人物品，除此以外政府购买支出形式与私人支出并无不同，所以三部门经济下的总支出为 $C+I+G$。根据总收入 = 总产出 = 总支出恒等关系，在三部门经济下有：

$$C+S+T=Y=C+I+G$$

在上式两端消去 C，有 $S+T=I+G$，移项有：

$$S+(T-G)=I$$

将税收与政府购买支出的差额看作政府储蓄或公共储蓄，所以上式体现了在三部门经济下，私人储蓄 + 政府储蓄 = 投资。因此，三部门经济下的总储蓄 = 总投资恒等关系是成立的。在 $S+T=I+G$ 中，假设政府收支平衡，即政府净税收等于政府购买支出，没有政府预算赤字或预算盈余，如果实际投资 I 大于计划投资，或者说私人储蓄 S 大于计划投资，虽然这时的恒等关系照样成立，但经济是非均衡的并会向更低的均衡收入状态调整。

私人储蓄 S 大于计划投资意味着一部分私人储蓄没有转化为意愿投资支出。如果政府在不改变税收的前提下发行债券，将私人储蓄中未转化为投资的储蓄部分转化为政府收入，通过增加政府购买支出，弥补私人计划投资的不足，则可以弥补计划总支出的不足，使经济恢复均衡状态并达到反衰退的目的。

3. 四部门经济的恒等关系

在四部门经济下，考虑到国际贸易和国际资本的流动，宏观经济恒等关系会更加复杂。我们已经知道，开放经济下有 GNP = GDP + 本国要素从外国取得的收入 – 外国要素从本国取得的收入。调整得：

GDP = GNP – 本国要素从外国取得的收入 + 外国要素从本国取得的收入

根据定义，GNP 包括了来自外国的本国要素报酬，所以四部门经济下的国民收入一定包括了本国要素从外国获得的收入，该部分收入不属于 GDP 范畴。同时，根据 GDP 定义，外国要素在本国获得的收入要计入 GDP：

$$GDP = C+S+T - 本国要素从外国取得的收入 + 外国要素从本国取得的收入$$

设 NFP 为本国从外国获得的净要素报酬。即 NFP = 本国要素从外国取得的收入 – 外国要素从本国取得的收入：

$$GDP = C+S+T-NFP$$

与两部门经济和三部门经济一样，设开放经济下本国国内产出为 Y。这时国内消费支

出为 C，投资支出为 I，政府购买支出为 G。由于在开放经济下 C、I、G 中可能包括了进口的产品和服务，用 M 表示，因而必须在总支出中扣除。外国对本国生产的产品和服务的购买是本国的出口，用 X 表示，所以在总支出中必须包含出口 X。净出口为出口与进口的差额：

$$NX = X - M$$

因此，四部门经济的总支出为：

$$GDP = C + I + G + X - M = C + I + G + NX$$

因此，四部门宏观经济恒等关系为：

$$C + S + T - NFP = Y = C + I + G + NX$$

对上式进行调整，可得：

$$S + (T - G) = I + NX + NFP$$

其中，S 为私人储蓄，$T - G$ 为公共储蓄或者政府储蓄，二者之和为总储蓄或者国民储蓄，所以：

$$国民储蓄 = I + NX + NFP$$

在开放经济条件下，总储蓄或者国民储蓄不一定等于投资，这一结论与封闭经济大不相同。当总储蓄大于总投资时，表明本国储蓄的一部分形成了对外国的净债权，或者说外国获得了本国的储蓄。国民储蓄是一个流量。如果将国民储蓄的增加看成一国财富的增加，上式反映了一国财富积累的两个主要途径：一是通过投资可以积累资本存量；二是增加净出口和获得更多外国对本国的净要素支付可以积累财富。

虽然总产出＝总收入＝总支出始终存在，但是关于收入水平究竟决定于产出水平还是决定于支出水平恰恰体现了宏观经济学流派的分歧。古典宏观经济认为，生产可以创造出足够的需求，所以产出（供给）水平决定了收入水平。凯恩斯主义认为，由于有效需求总是不足的，计划支出往往小于实际支出，所以支出水平决定了收入水平。这种流派理论差异决定了不同流派迥异的政策主张。可以这样认为，经济的收入水平是由产出水平和支出水平中的短板决定的。当计划支出不足时，由较低的支出所决定的均衡收入水平将会下降；当产出低于计划支出时，均衡收入将会增加。

四 GDP 的缺陷

在一系列收入总量中，GDP 衡量了一国或地区生产的产品和服务的数量，总量 GDP 和人均 GDP 常常被当作衡量整体经济福利的最重要指标。事实上，GDP 不一定能够准确衡量经济的福利水平，其缺陷主要体现在以下几个方面。

1. GDP 可能既计入了好的产出也计入了坏的产出。比如企业生产的增加值为 100 元，同时由于排放污染的治理成本为 20 元，经济中的 GDP 为 120 元，显然 GDP 夸大了经济活动的净福利。同理，如果烟草 GDP 和人工智能 GDP 是相同的，前者所体现的福利水平显然是低于后者的。

2. 家务劳动、闲暇等对家庭而言都是正常品，但是 GDP 并没有统计或者无法统计这些非市场经济活动的价值。

3. 政府提供的国防安全、公共教育与公共医疗等公共产品是无法按照市场价格进行交易的，因此 GDP 没有准确反映公共物品产出。解决方法是根据公共产品的生产成本衡量公共产品价值。由于人们对公共产品的偏好很难确定，用生产公共产品的成本计算公共产品可能会高估或者低估公共产品的价值。

4. GDP 无法反映地下经济活动对福利的影响。地下经济活动是没有市场准入资格的经济活动。比如走私、贩毒和色情交易是最容易受到关注的地下经济活动，在市场监管边界以外的游走商贩可能就是不太引人注意的地下经济活动。

5. GDP 核算没有考虑到收入在不同人口之间的分配问题。如果收入分配差距过大，GDP 就难以反映整体经济的福利水平。

中国经济进入高质量发展新阶段，正确认识 GDP 的福利缺陷对于指导我们的经济活动具有借鉴意义。如何增加好的产出、减少坏的产出，优化产出结构，促进收入分配合理化，尊重人资环协调，坚持"绿水青山就是金山银山"理念，对于增进经济的真实福利具有十分重要的意义。

虽然世界各国核算制度不尽相同，但自 20 世纪 80 年代以来除少数国家使用独特的核算指标以外（如不丹的国民幸福指数），绝大多数国家使用 GDP 核算收入水平。更多使用 GDP 指标而不是 GNP 指标，一个重要的原因在于全球经济的开放程度越来越高，GDP 更能体现开放经济下的产出水平，同时趋同的核算制度也便于国际比较。中国从 1985 年开始建立国民生产总值核算制度，核算方法主要借鉴西方国家较为成熟的核算方法。但中国采取的是分级核算制度，即国家统计局核算全国 GDP，各地方统计局核算本地区 GDP。这种核算方法的弊端在于地区与全国数据不对接，地区 GDP 汇总数长期高于全国数，即"数据打架"。经过一系列准备，从 2020 年开始，地方 GDP 正式由国家统计局统一核算。

专栏 2-1　　　　　　　　　　中国 GDP 年度核算说明

1. 年度 GDP 核算概况

（1）基本概念

GDP 是一个国家或地区所有常住单位在一定时期内生产活动的最终成果。GDP 是国民经济核算的核心指标，也是衡量一个国家或地区经济状况和发展水平的重要指标。

GDP 核算有三种方法，即生产法、收入法和支出法，三种方法从不同的角度反映国民经济生产活动成果。生产法是从生产过程中创造的货物和服务价值中，剔除生产过程中投入的中间货物和服务价值，得到增加值的一种方法。国民经济各行业生产法增加值计算公式为：增加值 = 总产出 − 中间投入。将国民经济各行业生产法增加值相加，得到生产法国内生产总值。收入法是从生产过程形成收入的角度，对生产活动成果进行核算。

按照这种计算方法，增加值由劳动者报酬、生产税净额、固定资产折旧和营业盈余四个部分组成。计算公式为：增加值＝劳动者报酬＋生产税净额＋固定资产折旧＋营业盈余。国民经济各行业收入法增加值之和等于收入法国内生产总值。支出法是从生产活动成果最终使用的角度计算国内生产总值的一种方法。最终使用包括最终消费支出、资本形成总额及货物和服务净出口三部分。

不变价GDP是把按当期价格计算的GDP换算成按某个固定基期价格计算的价值，从而剔除价格变化因素的影响，以使不同时期的价值可以比较。

(2) 核算范围

①生产范围

GDP核算的生产范围包括以下四个部分：第一，生产者提供或准备提供给其他单位的货物或服务的生产；第二，生产者用于自身最终消费或固定资本形成的所有货物的自给性生产；第三，生产者为了自身最终消费或固定资本形成而进行的知识载体产品的自给性生产，但不包括住户部门所从事的类似的活动；第四，自有住房提供的住房服务，以及雇用有酬家庭服务人员提供的家庭和个人服务的自给性生产。生产范围不包括没有报酬的家庭和个人服务、没有单位控制的自然活动（如野生的、未经培育的森林、野果或野浆果的自然生长、公海中鱼类数量的自然增长）等。

②生产活动主体范围

GDP生产活动主体范围包括中国经济领土范围内具有经济利益中心的所有常住单位。年度GDP数据是由国家统计局负责核算的全国数据，未包括香港特别行政区、澳门特别行政区和台湾省的地区生产总值数据。

(3) 核算单位

GDP核算主要以法人单位作为核算单位，在核算中依据法人单位从事的主要活动将其划分到不同的行业，分别计算各个行业的增加值，再将各行业增加值汇总得到GDP。

(4) 核算步骤

按照GDP核算时效性的要求，中国年度GDP要进行两次核算，第一次为GDP初步核算；第二次为GDP最终核实。一般来说，与初步核算相比，最终核实结果会有所变化。

①初步核算

2015年以前，中国季度GDP核算采用累计核算方式，第一季度到第四季度GDP初步核算数即为年度GDP初步核算数。从2015年第三季度开始，中国季度GDP核算改为分季核算方式，即分别核算第一季度、第二季度、第三季度和第四季度GDP数据，再将各季度GDP数据相加得到年度GDP初步核算数。年度GDP初步核算在次年1月20日之前完成。

②最终核实

年度GDP最终核实一般在隔年1月之前完成。年度GDP最终核实能够利用更加全面、可靠的基础资料，这些资料包括国家统计局专业统计年报资料、部门年度财务统计资料、财政决算资料等。最终核实过程中，主要根据这些资料采用生产法或收入法核算各行业增加值及 GDP。

(5) 法律依据和制度规定

GDP 核算严格遵守《中华人民共和国统计法》的规定。目前，中国 GDP 是按照《中国国民经济核算体系（2016）》的要求进行核算的，该体系采纳了联合国《国民账户体系（2008）》的基本核算原则、内容和方法。

(6) 保密性

依照《中华人民共和国统计法》第一章第九条的规定，统计机构和统计人员对在统计工作中知悉的国家秘密、商业秘密和个人信息，应当予以保密。国民经济核算人员在进行 GDP 核算时对所使用的未经公开的专业统计数据和行政记录数据严格保密，在 GDP 核算数据发布前对当期 GDP 数据也严格保密。

(7) 用户需求

年度 GDP 数据的国内用户主要是政府部门、研究机构、大学、行业协会、媒体以及社会公众。此外，国家统计局定期向联合国、国际货币基金组织、经济合作与发展组织、亚洲开发银行等国际组织提供中国年度 GDP 数据。

2. 年度 GDP 核算方法

(1) 分类体系

在年度 GDP 核算中，行业划分依据中国国民经济行业分类标准和三次产业划分标准，并采用两种分类方式。

第一种分类是国民经济行业分类，采用国家标准管理部门 2017 年颁布的《国民经济行业分类（GB/T4754-2017）》。在实际核算中采用两级分类。

第一级分类是以国民经济行业分类中的门类为基础，分为农、林、牧、渔业，工业，建筑业，批发和零售业，交通运输、仓储和邮政业，住宿和餐饮业，金融业，房地产业，信息传输、软件和信息技术服务业，租赁和商务服务业，其他服务业 11 个行业。其中工业包含采矿业，制造业，电力、热力、燃气及水生产和供应业 3 个门类行业；其他服务业包含科学研究和技术服务业，水利、环境和公共设施管理业，居民服务、修理和其他服务业，教育，卫生和社会工作，文化、体育和娱乐业，公共管理、社会保障和社会组织 7 个门类行业。第二级分类在第一级分类的基础上，细化为行业大类。

年度 GDP 初步核算的行业分类与年度 GDP 最终核实的行业分类的差别，主要是对第二级分类的细化程度不同。

第二种分类是三次产业分类，依据国家统计局 2018 年修订的《三次产业划分规定》，分为第一产业、第二产业和第三产业。第一产业是指农、林、牧、渔业（不含农、林、牧、渔专业及辅助性活动）；第二产业是指采矿业（不含开采专业及辅助性活动），制造业（不含金属制品、机械和设备修理业），电力、热力、燃气及水生产和供应业，建筑业；第三产业即服务业，是指除第一产业、第二产业以外的其他行业（剔除国际组织）。

（2）资料来源

年度GDP初步核算采用季度GDP核算方法及资料来源，此处仅介绍年度GDP最终核实的资料来源情况。

一是国家统计调查资料，指由国家统计系统实施的统计调查获得的各种年报资料，包括：农林牧渔业、工业、建筑业、批发和零售业、住宿和餐饮业、房地产业、规模以上服务业等统计调查年报资料，住户调查资料，人口与劳动工资统计年报资料，以及价格统计资料等。

二是部门年度财务统计资料，指由国家统计局统一制定制度、有关行政管理部门和部分国有企业负责收集的本行业年度财务统计资料，如交通运输部、卫生健康委、中石化集团公司汇总的所属企业或事业单位年度财务统计资料等。

三是财政决算资料，指由财政部编制的财政收支决算资料，以及中央部门所属的行政事业单位收支决算资料等。

四是行政管理部门的行政记录资料，主要包括税务总局、中国人民银行、国家金融监督管理总局，证监会等行政管理部门的相关数据，如中国人民银行的金融机构本外币信贷收支资料、税务总局分行业的税收资料等。

（3）核算方法

年度GDP初步核算方法与季度GDP核算方法相同，这里不再赘述。以下介绍年度GDP最终核实方法。

①现价增加值核算方法

农业、林业、畜牧业、渔业四个行业现价增加值采用生产法计算，其余行业现价增加值采用收入法计算。

②不变价增加值核算方法

分行业不变价增加值采用固定基期方法计算，目前每5年更换一次基期，2016—2020年不变价增加值的基期是2015年。

年度不变价GDP核算主要采用价格指数缩减法和物量指数外推法。

价格指数缩减法利用相关价格指数直接缩减现价增加值，计算不变价增加值，计算公式为：

$$\text{某行业不变价增加值} = \text{该行业现价增加值} \div \text{该行业价格指数}$$

物量指数外推法利用相关物量指标的增长速度推算不变价增加值的增长速度，然后用上年不变价增加值和推算出的不变价增加值增长速度计算得出该行业当期不变价增加值，计算公式为：

$$\text{某行业不变价增加值} = \text{该行业上年不变价增加值} \times (1 + \text{该行业不变价增加值增长速度})$$

其中，不变价增加值增长速度根据本期相关物量指标（如运输周转量、从业人员等）增长速度，以及以前年度不变价增加值增长速度与相关物量指标的增长速度之间的数量关系确定。

3. 年度 GDP 数据修订

(1) 修订的必要性

年度 GDP 初步核算数时效性很强，一般在年后 20 天左右公布。这时，由于大量的年度财务资料在时间上满足不了年度 GDP 核算的要求，核算年度 GDP 初步数所依据的基础资料都是月度资料和季度资料，据此核算出来的年度 GDP 数据有很大的推算成分。之后，随着基础资料不断增加，特别是年度财务资料陆续报送，按照各国的通行做法，应当根据更加全面、可靠的基础资料适时修订 GDP 数据。

(2) 修订程序

按照国家统计局最新改革的 GDP 核算和数据发布制度规定，中国年度 GDP 核算分为初步核算和最终核实两个步骤，最终核实是对初步核算数据的修订。在开展全国经济普查，发现对 GDP 数据有较大影响的新的基础资料，或计算方法及分类标准发生变化后，也要对年度 GDP 历史数据进行修订。

4. 年度 GDP 数据质量评估

(1) 对基础数据的评估

对于 GDP 核算所使用的各专业统计数据和行政记录数据，有关专业统计部门和行政管理部门都会对其质量进行检验，确保数据合理反映经济发展实际情况。当 GDP 核算部门得到这些基础数据后，会再次对数据的完整性、可比性和准确性进行检验，确保这些数据符合 GDP 核算的概念和要求。

(2) 对核算方法的评估

在 GDP 核算中，GDP 核算部门会根据不断发展的中国经济实际情况，依据不断完善的国民经济核算国际标准，对中国年度 GDP 核算方法进行修订，以确保核算方法的合理性。

(3) 对核算结果的评估

在核算出年度 GDP 数据后，要对 GDP 及其分项数据、GDP 与其他核算数据、GDP 与相关专业统计数据和部门统计数据的协调性进行检验，保证 GDP 数据和其他主要相关数据的相互协调和匹配。

(4) 数据的可比性

①国际可比性

《中国国民经济核算体系 (2016)》采纳了联合国《国民账户体系 (2008)》的基本核算原则、内容和方法，因而 GDP 数据具有国际可比性。

②时间序列可比性

在开展全国性的普查或计算方法及分类标准发生变化后，不仅重新核算当年 GDP 数据，而且还对 GDP 历史数据进行修订。因此所公布的 1952 年以来的年度 GDP 数据时间序列具有可比性。

> 5. 年度 GDP 数据发布
> （1）发布时间
> 年度 GDP 初步核算数一般在次年 1 月 20 日前后发布，年度 GDP 最终核实数不晚于隔年 1 月发布。
> （2）发布方式
> 年度 GDP 初步核算数在年度国民经济运行情况新闻发布会、国家统计局网站（www.stats.gov.cn）、《中国经济景气月报》上公布；年度 GDP 最终核实数在国家统计局网站（www.stats.gov.cn）以国家统计局公告的形式发布；同时，年度 GDP 最终核实数还在隔年的《中国统计摘要》和《中国统计年鉴》上公布；国家统计数据库（data.stats.gov.cn）将同步更新。

第二节 衡量物价水平

GDP 是一定时期一国或地区生产的最终产品和服务的价值，核心问题是衡量产品和服务的数量。但是我们不可能对产品和服务进行简单加总，这在技术上既不可行也没有意义。经济中的产出水平必须通过货币进行体现，因而就会涉及价格问题。从理论上说，假设经济中有 n 种产出，那么：

$$\text{GDP} = \sum_1^n Q_i P_i$$

其中，Q 为最终产品和服务数量，P 为价格水平，$i=1,2,3,\cdots,n$。在不同时期，产出水平和价格水平都可能发生变化从而导致 GDP 变化，所以就需要区别 GDP 变化中哪些变化是由于产出数量变化所引起的，哪些变化是由于价格变化所引起的，从而产生了名义 GDP 和实际 GDP 的衡量问题。

一 名义 GDP 和实际 GDP

名义 GDP 是用产品和服务的当期价格计算的最终产品和服务的市场价值。这里，当期就是最终产品和服务的产出期。假设在当期产出为 Q_1，当期价格为 P_1，那么当期名义 GDP 就是 $P_1 \cdot Q_1$，如果在当期产出为 Q_2，当期价格为 P_2，那么当期名义 GDP 就是 $P_2 \cdot Q_2$。所以名义 GDP 一定是当期产出所对应的当期市场价值。即使两期产量不变，但两期价格水平不同，那么两期的名义 GDP 也是不相同的。

实际 GDP 是以某一基期价格所计算的产品和服务的市场价值。所以，实际 GDP 是用固定价格计算的产品和服务的市场价值。计算实际 GDP，关键在于确定基期或者对比期。如果当期产出为 Q_1，基期价格为 P_0，那么当期实际 GDP 就是 $P_0 \cdot Q_1$；如果当期产出为

Q_2，基期价格为 P_0，那么当期实际 GDP 就是 $P_0 \cdot Q_2$。

由此可见，不同时期 GDP 的变化既可能是由于产量变化所引起的，也可能是由于价格变化所引起的。为什么区分实际 GDP 和名义 GDP 具有重要意义呢？如果 GDP 的变化是由于产出的变化引起的，那么这种变动就是实际变量的变化；反之，如果 GDP 的变化是由于价格的变化引起的，那么这种变化就是名义变量的变化。实际 GDP 的增加将会改善我们的福利状况。在实际 GDP 不变的条件下，名义 GDP 的增加并不会改善我们的福利状况。特别值得注意的是，选择哪一个时期作为基期，需要确定所观察时间的长度以及价格水平的变化程度。

二　衡量实际 GDP

为了方便，我们假设有下列素材：假定一国有 x、y 两种产出，x、y 分别表示两种产出的产量，价格分别是 p_x 和 p_y。1 代表第一年；2 代表第二年。

根据定义，该国第一年的名义 GDP 由第一年的当期价格决定，所以第一年名义 GDP 为：

$$\text{GDP} = x_1 p_x^1 + y_1 p_y^1$$

该国第二年的名义 GDP 由第二年当期价格决定，所以第二年名义 GDP 为：

$$\text{GDP} = x_2 p_x^2 + y_2 p_y^2$$

现在我们想要知道的是，从第一年到第二年实际 GDP 究竟是如何变化的。按照实际 GDP 定义，首先需要确定基年，从而确定固定价格，使 GDP 的变化仅仅反映实际变量的变化。

如果以第一年为基年，即以第一年的价格作为不变价格，第一年的实际 GDP 就是第一年的名义 GDP：

$$\text{GDP}_1 = x_1 p_x^1 + y_1 p_y^1$$

以第一年为基年，第二年的实际 GDP 为：

$$\text{GDP}_2 = x_2 p_x^1 + y_2 p_y^1$$

从第一年到第二年的实际 GDP 的增长指数为：

$$g_1 = \frac{\text{GDP}_2}{\text{GDP}_1} = \frac{x_2 p_x^1 + y_2 p_y^1}{x_1 p_x^1 + y_1 p_y^1}$$

我们以第一年的价格作为不变价格核算了从第一年到第二年的实际 GDP 的变化。现在产生了一个问题，既然可以以第一年为基年，选择第一年的价格作为基期价格衡量实际 GDP 变化，为什么不可以以第二年为基年，选择第二年的价格作为基期价格衡量实际 GDP 的变化呢？实际上这是符合逻辑的。如果固定第二年的价格，同样可以核算从第一年到第二年实际 GDP 的变化。

如果以第二年为基年，即以第二年的价格作为不变价格，那么第一年的实际 GDP 为：

$$\text{GDP}_1 = x_1 p_x^2 + y_1 p_y^2$$

第二年的实际 GDP 就是第二年的名义 GDP：
$$\mathrm{GDP}_2 = x_2 p_x^2 + y_2 p_y^2$$
这时，从第一年到第二年的实际 GDP 的增长指数为：
$$g_2 = \frac{\mathrm{GDP}_2}{\mathrm{GDP}_1} = \frac{x_2 p_x^2 + y_2 p_y^2}{x_1 p_x^2 + y_1 p_y^2}$$
新的问题又产生了。由于第一年和第二年 x、y 两种产出的相对价格是在变化的，所以，上述计算结果就必然会有差异。特别是当时间跨度越长的时候，相对价格的变动对实际 GDP 增长测算的影响也就会越大。为此，我们可以使用链式加权法核算实际 GDP 的变化。那么就有：
$$g = \sqrt{g_1 \times g_2}$$
从第一年到第二年的实际 GDP 的增长率为：
$$g = \sqrt{g_1 \times g_2} - 1$$
从这里可以看出，我们之所以将之称为链式加权，是因为我们使用该方法将第一期和第二期链锁起来，相当于将两种方法计算的实际 GDP 增长率进行了几何平均，从而可以更加准确地反映实际 GDP 的变化。

三　价格水平的衡量

价格水平及其变化不仅关乎家庭和企业的决策，同时也是宏观经济管理目标和宏观经济政策依据。这里需要明确的是，宏观经济学中的价格水平是经济中的整体价格水平，是以指数形式表达的加权平均水平。考察价格水平的变化，首先需要选择产品和服务篮子。如果将全部计入 GDP 的产品和服务纳入一个篮子中考察价格水平的变化，这就是 GDP 平减指数。如果仅仅选择特定消费品篮子并考察其价格水平的变化，就是消费物价指数 CPI。

1. GDP 平减指数

GDP 平减指数定义为名义 GDP 与实际 GDP 的比值，该指数表明了某一时期一篮子计入 GDP 的产品和服务的价格变化。
$$\mathrm{GDP}\,\text{平减指数} = \frac{\text{名义 GDP}}{\text{实际 GDP}} \times 100\%，\text{简写为 } \mathrm{GDP}_{d.i} = \frac{\mathrm{GDP}_n}{\mathrm{GDP}_r} \times 100\%$$
这里假设一国产出 x、y 两种产品，q_x、q_y 分别代表 x、y 的产量，p_x 和 p_y 分别代表 x、y 的价格，1 代表第一年，2 代表第二年。

根据 GDP 平减指数的定义，衡量价格水平变化必须确定基年。

（1）以第一年为基年，即将第一年价格作为衡量实际 GDP 的不变价格考察各期的价格水平

对于第一年产出而言，第一年的名义 GDP 为第一年产出的市场价值：
$$\mathrm{GDP}_n = q_x^1 p_x^1 + q_y^1 p_y^1$$
第一年的实际 GDP 是固定价格或者不变价格计算的产出的市场价值，所以第一年的

实际 GDP 就是第一年的名义 GDP：

$$\text{GDP}_r = q_x^1 p_x^1 + q_y^1 p_y^1$$

所以第一年的 GDP 平减指数为：

$$\text{GDP}_{d.i}^1 = \frac{\text{GDP}_n}{\text{GDP}_r} = \frac{q_x^1 p_x^1 + q_y^1 p_y^1}{q_x^1 p_x^1 + q_y^1 p_y^1} \times 100\% = 1，表示为 \text{GDP}_{d.i}^1 = 1$$

对于第二年产出而言，第二年物价水平与第一年不同。用第二年当期价格衡量的第二年 GDP 价值为第二年的名义 GDP。由于选择了第一年为基年，用第一年价格衡量的第二年 GDP 价值为第二年的实际 GDP。所以，第二年的名义 GDP 为 $\text{GDP}_n = q_x^2 p_x^2 + q_y^2 p_y^2$；第二年的实际 GDP 为 $\text{GDP}_r = q_x^2 p_x^1 + q_y^2 p_y^1$。所以第二年的 GDP 平减指数为：

$$\text{GDP}_{d.i}^2 = \frac{\text{GDP}_n}{\text{GDP}_r} = \frac{q_x^2 p_x^2 + q_y^2 p_y^2}{q_x^2 p_x^1 + q_y^2 p_y^1} \times 100\%$$

以第一年为基年，现在已知第一年的 GDP 平减指数和第二年的 GDP 平减指数，故从第一年到第二年 GDP 平减指数的变化可以表示为 P'_1：

$$P'_1 = \frac{\text{GDP}_{d.i}^2}{\text{GDP}^1} = (\frac{q_x^2 p_x^2 + q_y^2 p_y^2}{q_x^2 p_x^1 + q_y^2 p_y^1} \div 1) \times 100\% = \frac{q_x^2 p_x^2 + q_y^2 p_y^2}{q_x^2 p_x^1 + q_y^2 p_y^1} \times 100\%$$

（2）以第二年为基年，即将第二年价格作为衡量实际 GDP 的不变价格考察各期产出的价格水平

由于观察的基年发生了变化，即不变价格的选择发生了变化，GDP 平减指数就会变化。

对于第一年产出而言，第一年的名义 GDP 为第一年产出的当期市场价值：

$$\text{GDP}_n = q_x^1 p_x^1 + q_y^1 p_y^1$$

第一年的实际 GDP 是固定价格或者不变价格计算的产出的市场价值，现在选择了第二年为基年，所以第一年的实际 GDP 是以第二年价格衡量的第一年产出价值：

$$\text{GDP}_r = q_x^1 p_x^2 + q_y^1 p_y^2$$

所以第一年的 GDP 平减指数为：

$$\text{GDP}_{d.i}^1 = \frac{\text{GDP}_n}{\text{GDP}_r} = \frac{q_x^1 p_x^1 + q_y^1 p_y^1}{q_x^1 p_x^2 + q_y^1 p_y^2} \times 100\%$$

对于第二年产出而言，第二年的名义 GDP 就是用第二年当期价格所计算的 GDP 价值。第二年的名义 GDP 为：

$$\text{GDP}_n = q_x^2 p_x^2 + q_y^2 p_y^2$$

由于以第二年为基年，第二年的实际 GDP 同样为第二年价格所计算的 GDP 价值，因此，第二年实际的 GDP 与名义 GDP 是相同的。

第二年实际的 GDP 为：

$$\text{GDP}_r = q_x^2 p_x^2 + q_y^2 p_y^2$$

第二年的 GDP 平减指数为：

$$\mathrm{GDP}_{d.i}^2 = \frac{\mathrm{GDP}_n}{\mathrm{GDP}_r} = \frac{q_x^2 p_x^2 + q_y^2 p_y^2}{q_x^2 p_x^2 + q_y^2 p_y^2} \times 100\% = 1,\text{表示为 } \mathrm{GDP}_{d.i}^2 = 1$$

以第二年为基年,现在已知第一年的 GDP 平减指数和第二年的 GDP 平减指数,故从第一年到第二年 GDP 平减指数的变化可以表示为 P'_2:

$$P'_2 = \frac{\mathrm{GDP}_{d.i}^2}{\mathrm{GDP}^1} = (1 \div \frac{q_x^1 p_x^1 + q_y^1 p_y^1}{q_x^1 p_x^2 + q_y^1 p_y^2}) \times 100\% = \frac{q_x^1 p_x^2 + q_y^1 p_y^2}{q_x^1 p_x^1 + q_y^1 p_y^1} \times 100\%$$

由于从第一年到第二年的产出权重是在变化的,所以选择的基期不同,得出的 GDP 平减指数变化结论也不相同,从第一年到第二年的价格水平变化结果也就不同。解决这一问题与衡量实际 GDP 的方法一样,可以通过链式加权方法消除误差,得到从一个时期到另一个时期的 GDP 平减指数变化 P':

$$P' = \sqrt{P'_1 \cdot P'_2}$$

由于 GDP 平减指数反映了整体价格水平的变化,用 π 代表通货膨胀率,所以从一个时期到下一个时期的物价上升率即通货膨胀率,可以表示为:$\pi = P' - 1$。

特别需要指出的是,上述推导过程略显复杂。但是只要把握了 GDP 平减指数是名义 GDP 与实际 GDP 的比率,就理解了问题的实质。选择好基期,可以得到每一个时期的 GDP 平减指数,进而得到从一个时期到下一个时期的价格变化。由于选择的基期不同,计算结果会有差异,可以通过几何平均方法消除误差。

2. 消费物价指数(CPI)

消费物价指数是反映一定时期内特定消费品篮子整体价格水平变化的指数。与 GDP 平减指数最大的不同之处在于,CPI 所核算的篮子在特定时期是固定的,即纳入价格水平核算的消费品权重是一个固定权重。

CPI 核算步骤。第一步,选定篮子。当然,哪些消费品应该进入该篮子需要对家庭的实际消费构成进行调查,从而使 CPI 篮子整体上可以反映家庭消费的实际状况。第二步,核算观察期(预测期)家庭对消费篮子的支出水平。第三步,确定基期并核算基期家庭对相同消费篮子的支出水平。第四步,核算 CPI 并得出价格变化率。

CPI 核算公式为:

$$\mathrm{CPI} = \frac{\text{观察期特定消费品篮子的市场价格}}{\text{基期特定消费品篮子的市场价格}} \times 100\%$$

假设选定的基年消费品篮子中有 X、Y、Z 三种消费品,数量为 x、y、z,第 N 年(基年)的价格分别为 p_x^N、p_y^N、p_z^N,第 $N+1$ 年(观察期或预测期)的价格为 p_x^{N+1}、p_y^{N+1}、p_z^{N+1},从第 N 年到 $N+1$ 年的 CPI 为:

$$\mathrm{CPI} = \frac{xp_x^{N+1} + yp_y^{N+1} + zp_z^{N+1}}{xp_x^N + yp_y^N + zp_z^N} \times 100\%$$

CPI 也可以反映一国通货膨胀率。用 π 代表通货膨胀率,即 $\pi = \mathrm{CPI} - 1$。由于 CPI 是固定篮子指数,观察期和基期的篮子是确定不变的,所以 CPI 又被称为拉氏指数。

用一个简单例子说明 CPI 的衡量。假设选定的消费品篮子为大米、牛肉、服装、手机，篮子中上述消费品数量分别为 10 公斤大米，5 公斤牛肉，4 件服装，2 部手机。观察期（预测期）和基期（对比期）的单位价格分别如表 2-4 所示。

表 2-4　　　　　　　　　一篮子消费品的构成和价格　　　　　　　　　单位：元

时间	大米价格	牛肉价格	服装价格	手机价格
2020 年 5 月	10	45	200	3000
2021 年 5 月	11	50	230	2980

根据 CPI 核算公式，从 2020 年 5 月到 2021 年 5 月上述篮子消费品的价格指数为：$\text{CPI} = \frac{10 \times 11 + 5 \times 50 + 4 \times 230 + 2 \times 2980}{10 \times 10 + 5 \times 45 + 4 \times 200 + 2 \times 3000} \times 100\% = 101.61\%$。计算结果表明，如果消费者基期对消费篮子的支付为 100 元，预测期对相同篮子的支付就是 101.61 元。选择消费物价衡量价格水平，用 CPI-1 表示通货膨胀率，即 $\pi = \text{CPI} - 1$，那么 2021 年 5 月与上年同期比较或者说相邻年份的同期数据比较，通货膨胀率为 $\pi = \text{CPI} - 1 = 101.61\% - 1 = 1.6\%$，即同比通货膨胀率为 1.6%。如果我们将 2020 年 5 月的价格数据改变为 2021 年 4 月的数据，那么这种本期数据与前期数据的比较就是环比指数，这时的物价环比上升率就是 1.6%。

图 2-2 反映了中国 2019 年 CPI 篮子的构成以及家庭对篮子的支付和占比。宏观经济分析必须建立在微观基础之上。CPI 是一个宏观数据，但其结论必须建立在单个家庭的消费行为基础之上。虽然 CPI 反映了整体价格水平变化，但并不能解释某一个具体家庭的消费支出状况。这种差异缘于 CPI 核算和家庭对价格变化衡量存在篮子差异、市场差异和时间差异。

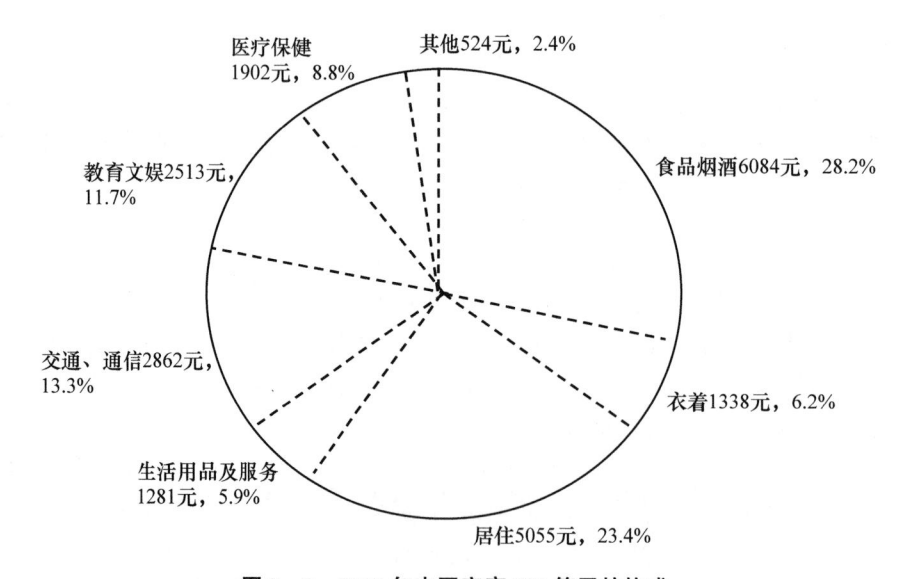

图 2-2　2019 年中国家庭 CPI 篮子的构成

资料来源：根据国家统计局数据整理。

这里可能会产生一个疑问,既然 GDP 平减指数与 CPI 都可以反映通货膨胀率,究竟哪一个更为准确。实际上,二者的表达功能近似。从较长时间看,用两种方法计算出来的通货膨胀率会有较大差异,CPI 所反映的通货膨胀率会高于 GDP 平减指数反映的通货膨胀率,这是因为 CPI 核算不像 GDP 平减指数核算那样对价格变化在时间上进行了缩减处理。由于 CPI 与家庭福利更加相关,所以许多国家更加注重 CPI 的发布。从近年的情况看,如果没有特殊情况,中国国家统计局一般会在当月 9—11 日发布上月度的同比和环比 CPI。长期以来,中国政府注重物价水平管理。与主要国家比较,中国的通货膨胀率长期处于较低水平,符合宏观经济政策目标要求。

四 GDP 平减指数与 CPI 的差异和缺陷

通过对比 GDP 平减指数和 CPI 核算方法可以看出,虽然二者都能近似地反映通货膨胀率,但是二者的差异,特别是篮子差异很大。GDP 平减指数篮子包括了计入 GDP 的所有产品和服务,但 CPI 篮子仅限于所选定的消费品和服务;GDP 平减指数是可变权重指数,是一种派氏指数,而 CPI 是固定权重指数,是一种拉氏指数。由于 CPI 篮子相对固定,但家庭消费支出的结构变化更快,所以 CPI 不一定能够及时反映人们对消费品的真实支付变化。为了解决这一冲突,每隔一段时间(如 5 年)统计部门就会对篮子进行适时调整;GDP 平减指数核算国内产出的产品和服务的价格水平变化,CPI 的核算包括了进口消费品和服务价格的变化;由于链式加权的缩减效应,与 CPI 比较,GDP 平减指数可能低估了通货膨胀率。家庭在进行消费决策时,人们会使用相对价格较低的产品替代价格上升更快的产品和服务,所以 CPI 可能高估了家庭的实际消费支出变化;由于技术进步,产品质量和技术特性会随着时间的推移而不断提高,这就可能低估了实际 GDP,从而高估了通货膨胀。

第三节 衡量劳动力市场

宏观经济中存在不同的要素市场,其中劳动力市场是最为重要的要素市场。正因为如此,宏观经济学通常将就业作为衡量经济中资源是否得到充分利用的标准。

衡量劳动力市场有一系列指标,主要包括如下。

劳动适龄人口。劳动适龄人口是经济中符合劳动年龄的法令规定同时具有劳动能力的人口。低于最低劳动年龄限制和高于退休年龄规定的人口是不包括在劳动适龄人口中的。同时,由于各种原因丧失了劳动能力的人口,即使符合劳动年龄的法令规定,也不计入劳动适龄人口中。

自愿失业人口。劳动适龄人口中自愿选择不工作的人口是自愿失业人口,主要包括在校大学生、选择不工作的家庭主夫和家庭主妇、厌恶劳动的游手好闲者、以财富收入作为收入形式而选择不工作的人、"沮丧的劳动力"等。

劳动力。劳动力又称为劳动人口，是劳动适龄人口中具备劳动能力并愿意劳动的人口。所以，劳动人口 = 劳动适龄人口 – 自愿失业人口，或者，劳动适龄人口 = 劳动人口 + 自愿失业人口。

劳动人口占劳动适龄人口的比率称为劳动参与率。中国是全球劳动参与率较高的国家之一。可能原因包括但不仅限于中国人民的勤劳品质、女性地位的不断提高等。

$$劳动参与率 = \frac{劳动人口}{劳动适龄人口} \times 100\%$$

在劳动人口中，处于工作状态的人口为就业人口。主要包括为企业和其他机构所雇用的劳动力和自主就业的劳动力。劳动人口中没有工作或者失去工作但在积极寻找工作的人口为失业人口。就业人口与劳动人口的比率为就业率，$就业率 = \frac{就业人口}{劳动人口} \times 100\%$。失业人口与劳动人口的比率为失业率，$失业率 = \frac{失业人口}{劳动人口} \times 100\%$。由于劳动人口为就业人口和失业人口之和，所以：

$$就业率 + 失业率 = 1$$

宏观经济学关于劳动市场衡量的核心指标是失业率。这是因为失业率体现了劳动市场的紧张程度。当失业率越高时，劳动市场的紧张程度低；当失业率低时，劳动市场的紧张程度高。从家庭角度看，失业率可以体现家庭进入劳动市场的难易程度。从企业角度看，失业率也反映了企业雇佣工人的难易程度。但是，用失业率反映劳动市场的紧张程度并不是一个完美的指标。比如将"沮丧的劳动力"排除在劳动力以外就可能影响劳动市场的紧张程度的准确性。

宏观经济学中，如果劳动市场是竞争的，当劳动力供给等于劳动力需求时，经济就处于充分就业状态。但是，即使充分就业的经济中，还是会有失业的存在。这是因为就业人口中一些人会因为某种原因被辞退或者对工作的偏好发生变化而离职。同时，失业人口中一部分人又会重新找到工作。在这种情况下，劳动市场的均衡并没有改变。假设 N 代表劳动人口，E 代表就业人口，U 代表失业人口，u 代表失业率。就业人口中离职人口所占比例为离职率 l，失业人口中找到工作的人所占比例为就职率 f。那么，在充分就业下由于有劳动供给等于劳动需求，所以有离职人数等于就职人数。所以始终有：

$$l \cdot E = f \cdot U$$

由于 $E = N - U$，所以 $l \cdot (N - U) = f \cdot U$。求解得：

$$\frac{U}{N} = \frac{l}{l+f}，所以 u = \frac{l}{l+f}$$

用 u_n 表示自然失业率，所以 $u_n = \frac{l}{l+f}$，即自然失业率可以表示为离职率与离职率和就业率之和的比率。因为自然失业率是劳动市场处于均衡状态的失业率，所以又被称为长期失业率或者充分就业失业率。

经济学家关心失业的成因并以失业的成因划分失业类型。摩擦性失业是由于劳动市场中信息不完全所引起的失业。由于摩擦性失业具有短期和局部特点，经济学家认为这类失业是不重要的。结构性失业是由于劳动市场中劳动供给与劳动需求之间的不匹配所引起的失业，比如需求转移所导致的部门扩张与收缩、技术革新、劳动市场缺乏流动性等所引起的失业。周期性失业是由于经济的周期波动所导致的失业，当总需求不足时，经济将会出现衰退或者萧条，产出和就业下降，失业率上升。这类失业具有极大的破坏性，特别为经济学家所重视。

第四节 中国失业调查制度的演变——城镇登记失业率和城镇调查失业率

失业调查对于宏观经济分析至关重要，其中最重要的指标就是对失业率的估算。由于不同国家在就业制度和劳动力市场构成方面存在差异，各国对失业的具体界定标准和失业统计方法也就有所区别，各国公布的失业率数据并不具有完全的可比性。

国际劳动组织（ILO）对失业者的定义是那些没有工作、正在积极寻找工作且能够立即工作（到岗）的人，而就业者是指那些在过去一周中从事了最少1个小时有收入的工作或暂时离开工作岗位（如休假）的人。目前，欧盟国家、经济合作与发展组织（OECD）国家以及其他很多国家在度量失业时都使用ILO推荐的失业定义。但各国又要考虑到自己的具体情况和发展水平的差异，因此在使用这些失业标准时都会根据自己的情况具体化，从而形成具有本国特色的失业定义和度量标准。各国的主要差别有二：一是如何计算失业率的分母。比如根据ILO的标准，作为分母的劳动力人口应该有一个年龄下限，但没有指明年龄下限是多少岁。美国选择16岁作为下限，而加拿大和欧盟则选择15岁作为下限。二是对失业者的界定。ILO的标准认为失业者应该积极寻找工作，但对"积极寻找工作"的理解各国不尽相同。美国把找工作分为"主动找工作"和"被动找工作"，后者被排除在失业者之外。由于对失业者的度量标准存在差异，研究者估算的失业率与官方失业率有可能存在较大的差别。如加拿大一份研究报告指出，当包括了失业者、就业不足者和"受挫折的劳动者"之后，该国的失业率接近18%，而官方公布的失业率则为7.8%[1]。

中国最初的失业统计中只发布城镇登记失业率数据。所谓城镇登记失业率，是根据到政府就业服务机构进行失业登记的失业人数计算得到的失业率。按照这一方法，计算登记失业率分子中的失业人员只包括一定年龄段（男性16—50岁，女性16—45岁）无业而要求就业的非农业户籍人员，计算登记失业率的分母不包括外来务工人员（扣除了使用的农

---

[1] Robinson, D., "Nice Work: if You Can Get It", *Behind the Numbers: Economics Facts, Figures and Analysis*, Ottawa: Canadian Center for Policy Alternatives, 1999.

村劳动力）。2002年底，中国城镇登记失业率约为4%。由于没有登记的失业人员被排除在失业者之外，因此一般认为，城镇登记失业率低估了中国的真实失业率，但也有学者认为城镇登记失业率也会产生某种程度上的高估[①]。

由于很长时间内中国没有发布调查失业率的相关数据，一些机构和学者利用相关调查数据对真实失业率进行了多种推算和估计，其结论差异较大。例如，根据2000年第五次全国人口普查数据，参照ILO的失业定义和统计标准中国城镇失业率为8.27%，但2002年第四季度城镇登记失业率只有4%左右。Giles等利用中国5个城市的调查数据，估算出5个样本城市2000年的失业率为14%，并根据2001年中国城市劳动调查（CULS）和2000年全国人口普查数据，推算出从1996年到2002年9月中国城市居民总体失业率从6.1%上升到11.1%，其中外来人员失业率从4.0%上升至7.3%[②]。对于中国而言，失业率估计产生争议的一个焦点在于是否应该包括到城市务工的农村剩余劳动力（外来务工人员）。

为了适应劳动市场改革的需要，更及时准确地反映劳动就业市场的变化，统计部门从1996年开始探索城镇调查失业率的统计调查。该项失业调查采用国际劳动组织建议的就业概念，把就业者定义为16岁及以上有劳动能力、在调查周内从事1个小时以上社会劳动并取得报酬或经营收入的人员，包括由于学习、休假或其他原因（如天气、设备维修等）暂时未处于工作状态的人员。失业者被定义为16岁及以上正在寻找工作的无工作人员。最初的城镇调查失业率统计调查属于工作试点范畴，相关数据仅用于某些学术研究使用，并未向社会公开发布。根据国家统计局课题组的相关研究，2000—2007年中国城镇调查失业率分别为5.30%、5.23%、5.60%、5.67%、5.53%、5.60%、5.24%、5.34%，调查失业率数据均低于6%[③]。有学者认为，这一估计结果大约低估了实际情况一个百分点[④]。

2018年4月，中国首次向社会公开发布城镇调查失业率，包括不同年龄段的失业率数据。青年失业率开始只是零星公布，后来变成了每个月定期发布。根据《中华人民共和国2022年国民经济和社会发展统计公报》，2022年全年全国城镇调查失业率平均值为5.6%，年末全国城镇调查失业率为5.5%。在某些年份，政府工作报告对政府就业目标的描述同时包括城镇登记失业率和调查失业率两项数据。例如，2019年政府工作报告提出经济社会发展的主要预期目标是：国内生产总值增长6.0%—6.5%，城镇新增就业1100万人以上，城镇调查失业率5.5%左右，城镇登记失业率4.5%以内。自2023年8月开始，全国青年人等分年龄段的城镇调查失业率暂停发布，主要原因是因为经济社会不断变化发展，统计工作需要不断完善，劳动力调查统计也需要进一步健全优化。

中国高度重视劳动市场运行状况。进入新时代以来，"保就业""稳就业"是重要的

[①] 任栋：《调查失业率与登记失业率之差异辨析》，《中国人口科学》2013年第2期。
[②] Giles, J., Park, A. and Zhang, J., "What is China's True Unemployment Rate?", *China Economy Review*, Vol. 16, 2005, 149–170.
[③] 国家统计局统计科学研究所课题组：《2007年中国全面建设小康社会进程统计监测报告》，《统计研究》2009年第1期。
[④] 任栋：《调查失业率与登记失业率之差异辨析》，《中国人口科学》2013年第2期。

宏观经济政策目标。政府通过供给侧结构性改革、强化总需求管理等宏观经济管理政策有效扩大劳动力市场需求，同时通过大力发展高等教育、职业教育优化劳动力供给，降低劳动力市场摩擦，使城镇调查失业率长期控制在较低水平。

本章小结

1. 国内生产总值（GDP）是一定时期内一国或地区所生产的全部最终产品和服务的市场价值。它是一个流量，是最终产出，是为市场所提供的产品和服务，是地理概念。一国国民收入在各部门的循环流动中存在总产出＝总收入＝总支出的恒等关系，依据该恒等关系，GDP 有三种核算方法：生产法、收入法和支出法。虽然世界各国普遍采用 GDP 衡量一国的总收入，但该指标在衡量社会福利方面存在缺陷。

2. GDP 缩减（平减）指数和消费者价格指数（CPI）是对社会一般物价水平的衡量。前者是名义 GDP 和实际 GDP 之比，后者是对消费者购买的固定一篮子产品和服务费用的衡量。

3. 劳动参与率和失业率是对劳动力市场的衡量。自然失业率是劳动力市场均衡时的失业率，它受到离职率和就职率的影响。

4. 城镇登记失业率和城镇调查失业率是不相同的。中国自 2018 年开始发布城镇调查失业率，并发布农村调查失业率。"保就业"和"稳就业"一直是中国宏观调控的重要目标。

思考题

1. 什么是 GDP？如何理解 GDP 的含义？
2. 说明如何从 GDP 调整到个人可支配收入 DPI。
3. 如何用支出法核算 GDP？
4. 说明 GDP 平减指数和 CPI 有何差异。
5. GDP 的福利缺陷体现在哪些方面？
6. 假设有一个包含三种商品的简单经济。2020 年每种商品的市场价格分别为 5 元、10 元、15 元。2020 年每种商品的产量分别为 20、25、10。请回答：

（1）2020 年名义国内生产总值是多少？

（2）利用总消费中每种商品的份额作为权数，建立一个消费价格指数。

（3）假设 2021 年三种商品价格分别上升为 6 元、12 元、17 元，产量分别上升为 21、27、11。以 2020 年为基年计算名义国内生产总值和实际国内生产总值。

（4）以 GDP 平减指数来衡量的通货膨胀率是多少？经济的真实增长率是多少？

第三章 简单均衡国民收入的决定与中国现实

学习目标
1. 了解国民收入的生产、要素收入分配以及中国劳动收入份额的变动及影响因素。
2. 掌握计划支出的构成及决定因素，了解中国的消费、投资及储蓄现状。
3. 掌握均衡国民收入的含义及形成过程。
4. 理解乘数原理，能够推导和计算各类自发支出乘数，了解中国财政支出乘数的估算。

1936 年，英国经济学家约翰·梅纳德·凯恩斯出版了《就业、利息和货币通论》一书，该著作在理论上阐述了 1927—1933 年席卷资本主义世界的大萧条产生的原因，并提出了缓解经济危机的政策主张，标志着宏观经济学的诞生。由此，短期经济波动问题成为宏观经济学研究的主题之一。本章将基于封闭经济体的收入循环流程图讨论产品和服务的生产和分配、产品和服务的需求，以及在社会一般物价水平和利率不变条件下封闭经济体均衡产出水平的决定和变动，即收入—支出模型，该模型又称为简单凯恩斯主义宏观经济模型。

第一节 产品和服务的生产和分配

上一章的国民收入循环流程图已经介绍了一个国家的货币流、产品和服务以及生产要素在经济中的循环流动过程。由封闭经济体的收入循环流程图（见图 3-1）可知，一国产品和服务的产量取决于该国企业的产出水平。那么企业的产出水平受到哪些因素的影响？企业生产产品和服务获得的收入要用于支付在生产过程中投入的生产要素的报酬。其中劳动的报酬是多少？资本的报酬又是多少？封闭经济条件下，家庭部门、企业部门和政府都会对产品和服务产生需求，因此，社会总需求由家庭部门意愿的消费、企业意愿的投资及政府购买支出构成。然而，消费、意愿投资和政府购买是由什么因素决定的？显然，企业生产的产品和服务的供给量和社会对产品和服务需求量并不必然相等，可能出现供不应求或供过于求的情况。那么，如何才能使社会总需求和社会总供给相等，实现宏观经济均衡呢？

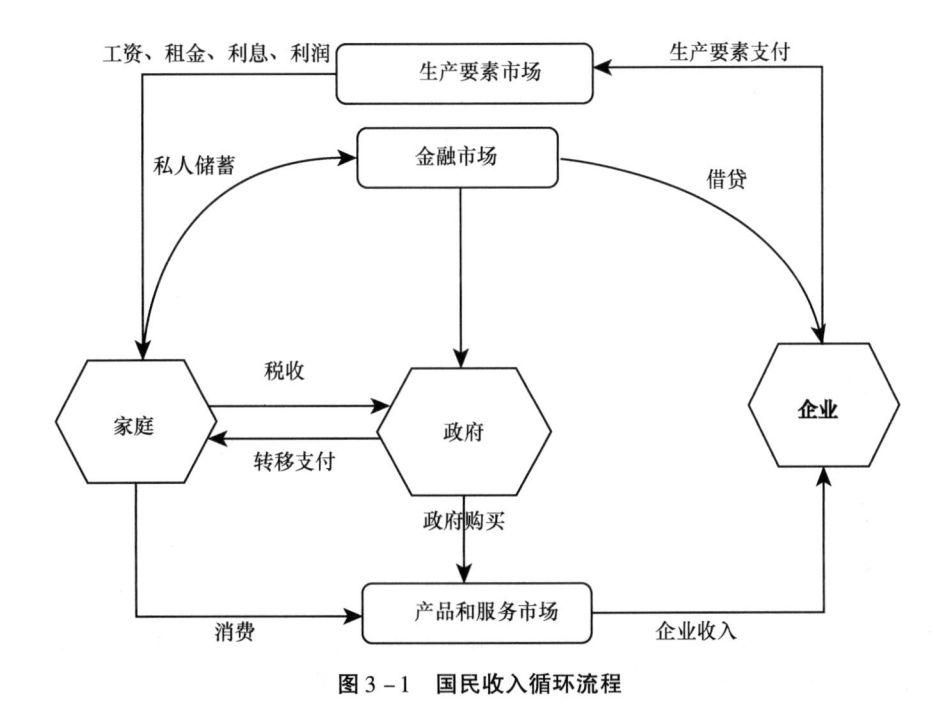

图 3-1 国民收入循环流程

一 国民收入的生产

一国产品和服务的生产水平由该国企业的生产行为决定。我们从企业生产行为出发，看看哪些因素决定企业的生产水平。产品和服务的数量取决于企业在生产过程中投入生产要素的数量以及将生产要素转化为产出所采用的生产技术，生产函数反映了投入要素与利用这些要素所能生产的最大产出之间的关系，是技术水平的体现。生产要素是用于生产产品和服务的投入品，包括资本、劳动、土地、矿产、企业家才能等，其中最重要的两种生产要素是资本和劳动。资本是人们使用工具的集合，如航空公司的飞机、服装企业的厂房、咖啡馆的咖啡机等。劳动是所有劳动者的工作时间。以一家打印店为例，打印店的电脑、复印机、装订机和切纸机等各种设备及经营场所是资本量，打印店的老板和员工的工作时间是劳动投入，打印店提供的打印服务则是产出。

生产要素在决定企业生产水平的同时，也决定了一个国家的国民收入水平。因此，一国采用一定的生产技术将生产要素转换为总产出的关系式，即总量生产函数可以表示为：

$$Y = F(K, N) \tag{3-1}$$

其中，Y 代表总产出，K 代表投入生产过程的资本存量，N 代表劳动投入量。假设生产要素得到了充分有效利用，资本未被闲置，劳动力市场处于充分就业状态，总产出是 Y。

多数生产函数都是规模报酬不变的。规模报酬不变是指所有生产要素改变相同百分比，产出也随着改变相同的百分比。如果资本和劳动都改变 λ 倍（$\lambda > 0$），用数学公式来

表示,则有:

$$\lambda Y = F(\lambda K, \lambda N) \tag{3-2}$$

(3-2) 式表明资本和劳动都改变 λ 倍,产出也改变 λ 倍,那么生产函数就是规模报酬不变的。规模报酬不变的性质对于收入分配具有重要意义。

我们分析柯布 - 道格拉斯生产函数是否具有规模报酬不变性质。柯布 - 道格拉斯生产函数的具体函数形式为:

$$Y = F(K, N) = K^\alpha N^{1-\alpha} \tag{3-3}$$

在生产函数中资本和劳动都改变 λ 倍,则:

$$F(\lambda K, \lambda N) = (\lambda K)^\alpha (\lambda N)^{1-\alpha} = \lambda (K^\alpha N^{1-\alpha}) = \lambda Y \tag{3-4}$$

由 (3-4) 式可知,在柯布 - 道格拉斯生产函数中,资本和劳动同时改变 λ 倍时,产出也改变 λ 倍,因此,柯布 - 道格拉斯生产函数具有规模报酬不变的性质。

二 国民收入的分配

依据国民收入循环流程图,国民收入通过生产要素市场会以工资、租金、利息和利润的形式从企业流向家庭,由此,一国的总产出等于总收入。一国生产过程中主要使用资本和劳动两种生产要素,因此,国民收入又可以划分为资本收入和劳动收入。然而,国民收入在资本和劳动间是如何进行分配呢?

要素收入等于要素的价格乘以要素投入的数量。要素价格由要素市场的供求决定,要素投入数量由企业利润最大化的最优决策决定。

(一) 要素价格

我们首先讨论生产要素的价格是如何决定的。要素价格是支付给每单位生产要素的报酬,劳动的价格是工资,租赁资本的价格是租金。假设生产要素市场是完全竞争性市场,单个企业无法影响要素的价格,要素价格由要素的供给和需求决定。图 3-2 是要素市场均衡图形,纵坐标表示要素价格 P,横坐标表示要素数量 Q,负斜率的曲线表示要素需求曲线 D,假设短期要素供给的数量固定不变,因此,要素供给是一条垂直线,用 S 表示。当要素需求和要素供给相等时,要素市场实现均衡,形成均衡要素价格 P^*。

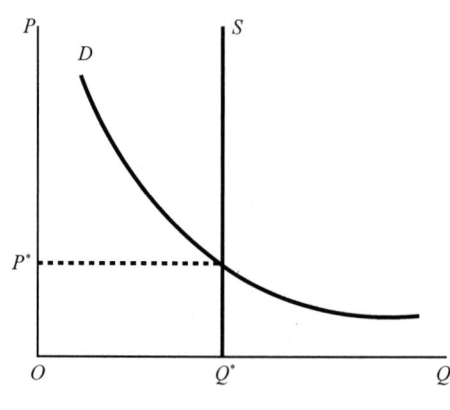

图 3-2 要素市场的均衡

由此,劳动的价格工资取决于劳动力市场的供给和需求。当劳动供给等于劳动需求时,劳动力市场实现均衡,从而形成均衡工资。同理,资本的价格租金取决于资本市场的供求均衡。在完全竞争的市场条件下,企业无法影响劳动力市场的均衡工资,只能按照均衡工资雇用工人,如果支付的劳动报酬低于均衡工资水平，则招聘不到一个员工。同样，企业只能按照市场形成的均衡租金租赁机器设备或厂房。

(二) 竞争性企业的要素需求量

生产要素的投入量取决于企业利润最大化的最优决策。假设企业面临的产品和服务市场是竞争性的，竞争性企业意味着企业对产品和要素市场的价格没有影响力，是市场价格的接受者，企业可以按照产品的市场价格出售所有产品，而不会引起市场价格的下降；企业的售价高于市场价格，则无法卖出一件产品。因此，竞争性企业将产出和要素投入的价格都视为由市场决定。企业的生产函数仍然是：

$$Y = F(K, N)$$

其中，Y 表示企业生产的产品数量，即企业产出，K 表示企业使用的机器设备和厂房的数量，N 表示企业雇用员工的工作时间。P 表示企业生产产品的销售价格，R 表示租赁资本支付的租金，W 表示雇用员工支出的名义工资。

企业经营的目标是实现利润最大化。利润是收益减去成本。企业收益来自生产产品的销售收入 PY。企业的成本是支付生产要素的费用，包括劳动力成本和资本成本，劳动力成本是工资乘以劳动投入量，即 WN，资本成本是租金乘以资本的数量，即 RK。那么，企业获得的用货币表示的利润，即名义利润可以表示为：

$$\begin{aligned}名义利润 &= 总收益 - 劳动成本 - 资本成本 \\ &= PY - WN - RK \\ &= PF(K, N) - WN - RK\end{aligned} \qquad (3-5)$$

由名义利润的表达式可知，企业利润取决于产品价格 P、资本的价格 R、劳动的价格 W，以及要素数量 N 和 K。由于竞争性市场产品价格和要素价格是给定的，因此，企业需要选择要素投入数量来实现利润最大化目标。

企业在决定生产要素的需求量时需要比较增加投入 1 单位要素为企业带来的收益和成本。前者即生产要素的边际产量，用 MP 表示，指在其他要素投入量不变时，一种投入要素每增加 1 单位所增加的产量。以劳动为例，劳动的边际产量是 MP_N，劳动投入数量和总产出的关系如图 3-3 所示，横轴表示劳动，纵轴表示产出。图 3-3 显示，在资本数量不变时，随着劳动数量的增加，总产出也随之增加，生产函数的斜率就是劳动的边际产出。多数生产函数具有生产要素边际产量递减的性质，在资本数量不变的条件下，随着劳动投入数量的增加，劳动的边际产出递减。该性质在图 3-3 中表现为生产函数随着劳动数量的增加变得越来越平坦。

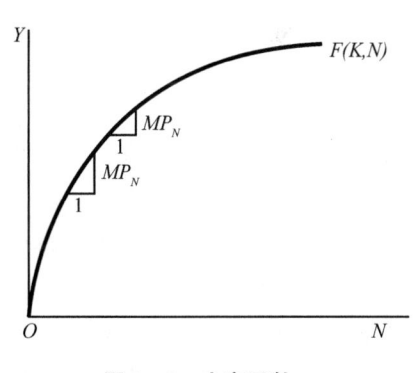

图 3-3 生产函数

企业多投入 1 单位劳动或资本的成本分别是工资 W 和租金 R。企业对劳动的需求量取决于企业多雇用 1 单位劳动对利润的影响。如果企业多雇用 1 单位劳动的边际收益 $P \times MP_N$ 大于成本 W，说明多雇用 1 单位劳动能够提高企业利润，那么企业将会继续增加劳动的雇佣，直到边际收益等于成本，企业实现利润最大化。因此，竞争性企业对劳动的需求由以下表达式决定：

$$P \times MP_N = W$$

上式也可以写为：

$$MP_N = \frac{W}{P} \quad (3-6)$$

其中，$\frac{W}{P}$表示实际工资，是货币工资能购买到的商品和服务的数量。当劳动的边际产量等于实际工资时，企业对劳动需求量是最优的，能够使企业实现利润最大化。

由于劳动边际产量递减规律，图3-4画出了劳动的边际产量和劳动雇佣量之间的关系，即劳动边际产量曲线。图形的纵轴表示实际工资，横轴表示劳动的数量。可以看出，劳动的边际产量随着企业劳动投入数量的增加而递减，该曲线向下倾斜。由竞争性企业对劳动需求的表达式可知，在任何给定的实际工资条件下，企业雇佣劳动直到劳动的边际产量等于实际工资为止。因此，劳动的边际产量曲线就是企业对劳动的需求曲线。

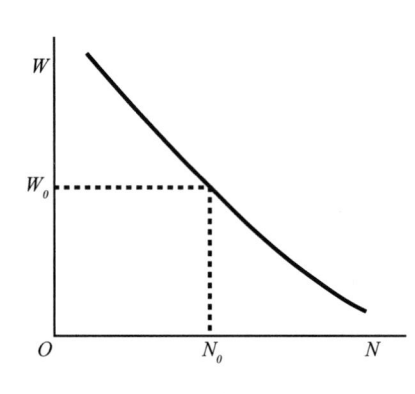

图3-4 劳动边际产量曲线

前面讨论了企业对劳动需求的决定，企业对资本的需求也同样遵循资本的边际收益等于成本这一最优化条件。因此，企业对资本需求量的表达式为：

$$P \times MP_K = R$$

上式也可以写为：

$$MP_K = \frac{R}{P} \quad (3-7)$$

其中，$\frac{R}{P}$为实际租金，是用产品数量而不是货币来衡量的资本价格。

(三) 国民收入的要素报酬的划分

在确定了企业面临的要素价格及要素需求量之后，就可以确定国民收入在劳动和资本间的分配。在完全竞争性市场条件下，企业追求利润最大化，企业按照劳动和资本的边际产量支付报酬，因此，实际工资等于劳动的边际产量，实际租金等于资本的边际产量。劳动要素获得的报酬为$MP_N \times N$，资本获得的报酬为$MP_K \times K$。企业收益扣除掉劳动报酬和资本报酬后剩余的部分为企业所有者获得的利润。

$$利润 = Y - MP_N \times N - MP_K \times K$$

由上式可以得到：

$$Y = MP_N \times N + MP_K \times K + 利润 \quad (3-8)$$

因此，国民收入可以划分为三个部分：劳动的收入、资本的收入以及利润。

在完全竞争条件下，企业对各要素支付的报酬等于其边际产量，由于生产函数规模报酬不变，因此所有生产要素获得的实际收入之和正好等于社会总产出，利润为零，这一规律被称为欧拉定理（Euler's Theorem）。依据欧拉定理，(3-8) 式变为：

$$Y = F(K,N) = MP_N \times N + MP_K \times K$$

由 (3-6) 式和 (3-7) 式，可以得到：

$$Y = F(K,N) = \frac{W}{P} \times N + \frac{R}{P} \times K$$

这里的利润为零。那么又如何解释现实经济中存在的"利润"呢？这是因为多数企业在生产过程中使用的资本是自己购买的，而不是租赁的，因此，这部分利润是对资本所有者的回报，划为资本的回报。这样，国民收入就分为劳动和资本。

三　中国劳动收入份额

中国实行的是初次分配、再分配和第三次分配协调配套的收入分配制度。其中，初次分配是指国民收入在劳动、资本、土地、技术等生产要素之间的分配，是生产要素根据其在生产中的贡献度取得报酬、参与分配的过程，如劳动所有者因提供劳动服务而获得劳动报酬（包括工资、津贴和社会保险等），资本所有者因提供不同形态的资本而获得利息、租金或红利等财产性收入，土地所有者因出租土地而获得地租。初次分配这一过程通过市场完成，它作为再分配和三次分配的基础，在很大程度上影响着收入分配的最终格局。

（一）中国劳动收入份额的动态变化趋势

在参与生产活动的各要素中，资本和劳动对产出的贡献最大，依据 2021 年国民经济核算的资金流量表，初次分配总收入中劳动者报酬占 51.55%，包含利息、红利等财产性收入，即资本收入占 35.7%，其余为政府所得的生产税净额和地租。劳动收入份额（LS）是劳动者报酬占 GDP 的比重：

$$LS = \frac{wN}{Y} \times 100\%$$

劳动收入份额是国民收入在生产要素间分配的结果，它的变化在较早时期就引起了经济学家的关注。新古典经济学中常用柯布-道格拉斯生产函数描述西方国家的总体经济生产行为，如 $Y = AK^\alpha N^\beta$，其中，α 和 β 分别是资本和劳动的产出弹性。在完全竞争条件下，要素的边际产量等于其价格，因此，劳动的收入报酬等于劳动的边际产量与劳动投入数量的乘积，即 $MP_N \times N = \beta AK^\alpha N^{\beta-1} N = \beta Y$，因此，$\beta$ 也是劳动收入的份额，也称为分配参数。β 为一个常数，说明西方国家劳动收入份额长期保持稳定，这也是著名的"卡尔多"事实之一[①]。西方国家在第二次世界大战之后的较长时间里，劳动收入份额约保持在 2/3，资本的收入份额约为 1/3。但 20 世纪 90 年代，欧洲多数国家和美国的劳动收入份额出现下

[①] Kaldor, N., "Alternative Theories of Distribution", *Review of Economic Studies*, Vol. 23, No. 2, 1955.

降趋势，这一转变再次激发了人们对劳动力份额变化研究的极大兴趣，成千上万的论文从不同时期、不同变化幅度和不同国家和地区等角度讨论劳动收入份额的下降，谷歌学术网站对"labor share"和"decline"进行联合搜索，生成了一个近十年内超过12000本书、文章和论文的列表①。可见，人们对于劳动收入份额的变化极为关注。

图3-5为中国劳动收入份额动态趋势，展现了两种方法计算得到的劳动收入份额趋势线，GDP法是劳动报酬占GDP的比重（GDP中没有扣除生产税净额）；要素法是劳动报酬占要素收入之和的比重（GDP中扣除生产税净额后的部分）。两条曲线的具体数值虽有差异，但变化趋势比较一致。总体而言，中国劳动收入份额呈现以下特征：1992—2011年，居民部门劳动报酬净额占GDP的比重持续下降，从58.8%降至45.97%；之后有所回升，但2018年之后又有所下降。许多学者对中国劳动收入份额进行测算，测算结果集中在0.4—0.6；而Gollin测算的世界平均劳动收入份额的范围在0.6—0.7，表明中国劳动收入份额明显低于世界平均水平②。对三次产业的要素收入份额进行测算发现：中国农业的劳动收入份额最高，且总体呈现下降趋势；工业劳动收入份额已处于倒"U"形变化的下降阶段；服务业劳动收入份额超过工业且逐年上升。在中国的三次产业中，农业因其劳动密集的特征而有最高的劳动收入份额，服务业居中，工业部门的劳动收入份额最低③。从地区的要素收入份额的测度发现：东部省份的劳动收入份额普遍低于西部省份，但该差异在逐年缩小。

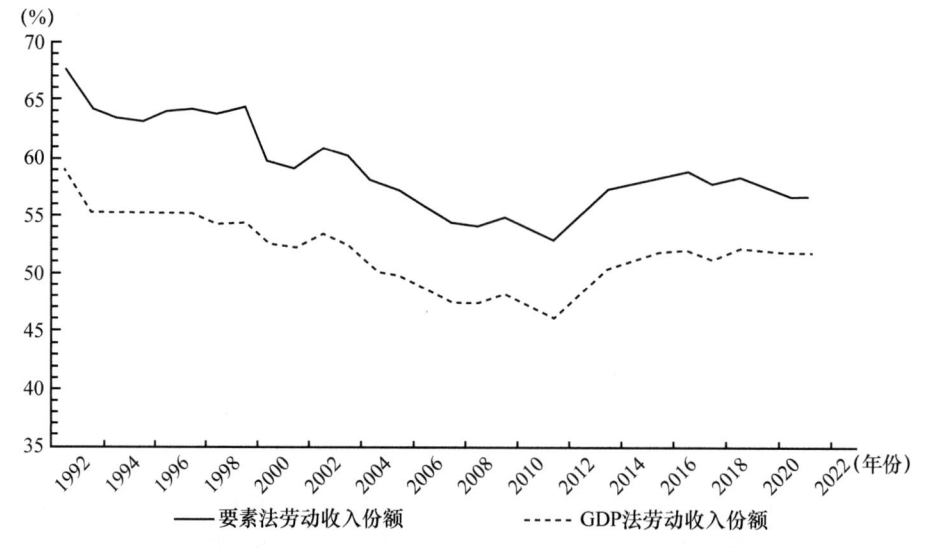

图3-5　1992—2022年中国劳动收入份额

资料来源：历年《中国统计年鉴》。

---

① Grossman, G. M., and Oberfield, E., "The Elusive Explanation for the Declining Labor Share", *Annual Review of Economics*, No. 14, 2022, pp. 93-124.

② Gollin, D., "Getting Income Shares Right", *Journal of Political Economy*, Vol. 110, No. 2, 2002, pp. 458-474.

③ 白重恩、钱震杰：《谁在挤占居民的收入——中国国民收入分配格局分析》，《中国社会科学》2009年第1期；刘亚琳、申广军、姚洋：《我国劳动收入份额：新变化与再考察》，《经济学（季刊）》2022年第5期。

（二）中国劳动收入份额偏低的原因

大量的研究分析了中国劳动收入份额变动的原因。总体而言，现有研究主要从五个方面解释中国劳动收入份额的下降：产业结构变动、劳动收入份额的周期性变动、有偏技术进步、不完全竞争以及商品和服务的全球化。

1. 产业结构变动

李稻葵等利用跨国数据和微观企业数据检验了劳动收入份额和经济发展水平间呈现"U"形变化趋势[①]。由于农业部门劳动收入份额高于工业部门，因此中国在工业化过程中，劳动力从农业部门向工业部门转移会导致整体经济劳动收入份额的下降。同时，农村剩余劳动力流向工业部门会降低工业部门劳动者工资的议价能力，从而间接影响劳动收入份额[②]。因此，2011年前中国劳动收入份额呈现下降趋势，处于"U"形的下降阶段。随着农业部门产值占比的不断减少，服务业的比重持续提高，工业比重先增后减，劳动收入份额逐渐处于"U"形的上升阶段，2012年中国第三产业增加值占国内生产总值的比重首次超过第二产业，成为国民经济第一大产业，表明中国劳动收入份额的变化趋势符合从产业结构变化角度解释的"U"形变化规律。

2. 劳动收入份额的周期性变动

国外学者较早注意到了劳动收入份额变动存在逆周期性，由于劳动力市场存在劳动合同和失业保险制度，这些劳动力市场的摩擦平滑了劳动者的收入在经济衰退期和经济扩张期之间的波动幅度[③]。Young发现，HP滤波之后的GDP和劳动收入份额的相关系数为 -0.29（以GDP为分母计算劳动收入份额）或 -0.42（以国民收入为分母计算劳动收入份额）[④]。中国在改革开放之后的30多年中保持了高速增长，同时也伴随劳动收入份额的下降，但2011年GDP增长率由9.6%下降至2014年的7.4%，之后仍持续下降，进入了经济发展新常态，同期，经济增速下降的过程中劳动收入份额逐渐上升。因此，中国劳动收入份额也表现为逆周期特征，大量实证研究也检验了这一结论[⑤]。如果劳动力市场不存在各种摩擦，工资对劳动需求和劳动生产率的变化有充分的弹性，劳动收入份额会出现顺周期特征。

3. 有偏技术进步

相关研究表明产业间的结构变化并不是引起劳动收入份额的主要原因，产业内部对资

[①] 李稻葵、刘霖林、王红领：《GDP中劳动份额演变的U型规律》，《经济研究》2009年第1期。

[②] 白重恩、钱震杰：《谁在挤占居民的收入——中国国民收入分配格局分析》，《中国社会科学》2009年第1期；李稻葵、刘霖林、王红领：《GDP中劳动份额演变的U型规律》，《经济研究》2009年第1期；翁杰、张锐：《户籍制度影响要素收入分配的机制和效应》，《中国人口科学》2017年第1期。

[③] Goodwin, R., "A Growth Cycle", In: Feinstein, C. H. (ed.), *Socialism, Capitalism and Economic Growth*, Cambridge: Cambridge University Press, 1967, pp. 54-58.

[④] Young, A., "Labor's Share Fluctuation, Biased Technological Change, and the Business Cycle", *Review of Economic Dynamics*, Vol. 7, No. 4, 2004, pp. 916-931.

[⑤] 常进雄、王丹枫：《初次分配中的劳动份额：变化趋势与要素贡献》，《统计研究》2011年第5期；马草原、王美花：《经济波动与劳动收入份额——基于省际面板数据的分析》，《财贸经济》2015年第9期。

本和劳动需求的改变才是引起劳动收入份额变动的关键因素①。随着经济的发展，资本不断积累使得资本和劳动的相对价格降低，促使企业更愿意在生产中更多地使用资本、更少地使用劳动；面对企业的需求，研发部门的研发资金也会更多地投入到如何进一步提高资本生产效率（提高资本的边际产出）的研究项目，因此，资本和劳动生产效率的提升速度存在差异，技术创新使得资本生产效率往往高于劳动，因此出现有偏技术进步。如果资本和劳动是替代关系，资本增强型的技术进步（也是劳动节约型技术）会降低劳动收入份额，如果资本和劳动是互补关系，资本增强型的技术进步（也是资本节约型技术）会提高劳动收入份额。有学者利用企业数据或省级数据的研究均发现，中国技术进步为资本偏向型（劳动节约型），这样的技术进步会降低劳动收入份额②。

4. 不完全竞争

中国资本和劳动力市场存在各种制度性因素导致生产要素市场存在不完全竞争。在资本市场，金融机构对不同所有制企业的融资需求存在差别对待，往往民营企业的融资成本更高，融资金额也受到约束，因此，民营企业倾向于减少劳动雇佣或降低工资，从而降低劳动收入份额③。在劳动力市场中，大量文献研究户籍制度对劳动收入份额的影响。由于户籍制度限制了人口的自由流动，造成劳动力市场的分割，导致某些地区由于缺少劳动力出现资本替代劳动的资本深化过程，从而降低劳动收入份额④。企业如果在某些产品市场存在垄断能力，则会通过获得超额利润而提高资本收入份额，降低劳动收入份额⑤。

5. 商品和服务的全球化

开放经济条件下，国际贸易和资本的国际流动也对中国劳动收入份额产生影响。中国在加入 WTO 之初，发挥劳动力资源充裕的比较优势，主要从事加工贸易，在参与国际分工中劳动和资本的相对价格下降地更快⑥；同时在国际贸易条件恶化的情况下，多数出口企业通过压低劳动者工资来转嫁这一影响⑦，导致中国劳动收入份额下降。此外，虽然中

---

① Karabarbounis, L., and Neiman, B., "Capital Depreciation and Labor Shares Around the World: Measurement and Implications", NBER Working Paper, No. 20606, 2014; IMF, "Understanding the Downward Trend in Labor Income Shares", in World Economic Outlook: Gaining Momentum? Washington, 2017.

② 黄先海、徐圣：《中国劳动收入比重下降成因分析——基于劳动节约型技术进步的视角》，《经济研究》2009 年第 7 期；陈宇峰、贵斌威、陈启清：《技术偏向与中国劳动收入份额的再考察》，《经济研究》2013 年第 6 期；王林辉、袁礼：《有偏型技术进步、产业结构变迁和中国要素收入分配格局》，《经济研究》2018 年第 11 期。

③ 罗长远、陈琳：《融资约束会导致劳动收入份额下降吗？——基于世界银行提供的中国企业数据的实证研究》，《金融研究》2012 年第 3 期。

④ 王宋涛、朱腾腾、燕波：《制度环境、市场分割与劳动收入份额——理论分析与基于中国工业企业的实证研究》，《南开经济研究》2017 年第 3 期。

⑤ 白重恩、钱震杰：《谁在挤占居民的收入——中国国民收入分配格局分析》，《中国社会科学》2009 年第 1 期；申广军、周广肃、贾珅：《市场力量与劳动收入份额：理论和来自中国工业部门的证据》，《南开经济研究》2018 年第 4 期。

⑥ 蒋为、黄玖立：《国际生产分割、要素禀赋与劳动收入份额：理论与经验研究》，《世界经济》2014 年第 5 期。

⑦ 张杰、陈志远、周晓艳：《出口对劳动收入份额抑制效应研究——基于微观视角的经验证据》，《数量经济技术经济研究》2012 年第 7 期。

国吸引的外商直接投资企业相对于内资企业会支付更高的工资，即产生"工资溢出"效应，然而，外资企业由于拥有更高的技术水平往往会有更高的生产率，由此产生的超额利润也会导致劳动收入份额下降①。

第二节 产品和服务的需求

由国民收入循环流程图可知，企业生产的产品和服务会出售给消费者、企业、政府和国外部门，因此，这些经济主体是产品和服务的需求者，家庭消费（C）、企业意愿投资（I）、政府购买（G）及净出口（NX）构成了一国经济的总需求，其表达式为：

$$总需求 = C + I + G + NX$$

为了简化分析，我们先考虑封闭经济条件下社会总需求的构成及决定因素，因此净出口为零。这样，社会总需求由三个部门的需求支出构成，其表达式为：

$$总需求 = C + I + G$$

接下来将分析消费、投资和政府购买。

一 消费

消费是社会总需求中的重要组成部分，不同经济发展水平国家的消费占 GDP 的比重不同。2020 年，美国消费占 GDP 的比重为 67.1%②，中国居民消费占 GDP 的比重为 37.74%，可见中国消费占 GDP 的比重还有较大增长潜力。消费水平的提升能扩大社会总需求，从而增加国民收入。同时，居民消费水平是衡量一国居民福利的重要指标，一国追求人均收入水平持续增长的根本目的是提高本国居民的福利水平。因此，需要着重讨论影响消费量的决定因素。

（一）消费函数

你平时更多的是在餐厅就餐还是自己在家做饭；如果你想换一辆新车，你会考虑什么价位的车；你是月光族吗，如果不是，那么你的储蓄是会购买银行的理财产品还是会购买基金或是股票……现实生活中，每个人会面临很多类似的选择。那么，什么因素决定着人们的消费支出水平呢？

我们先讨论家庭消费行为，然后再分析社会的总体消费行为。凯恩斯认为在影响消费支出的众多因素中，收入是影响家庭消费支出最重要的因素。假设政府对家庭的转移支付为零，家庭收入用 Y 表示，家庭收入中的一部分要向政府缴税，T 表示缴纳的固定税额，剩余的部分是家庭可支配收入（$Y-T$, disposable income）。家庭把他们的可支配收入在消

---

① 邵敏、黄玖立：《外资与我国劳动收入份额——基于工业行业的经验研究》，《经济学（季刊）》2010 年第 4 期。
② 资料来源：万得（WIND）数据库。

费和储蓄之间进行分配，其中的一部分用于消费，剩余的部分作为储蓄。通常而言，我们会发现收入越高的家庭驾驶的车越贵，在日常支出方面的花费也更多。因此，可支配收入越高的家庭，其消费支出也越多。我们用消费函数来描述消费支出和可支配收入之间的关系。该函数可以写为：

$$C = C(Y - T) \tag{3-9}$$

该函数表明，消费是可支配收入的函数，而且可支配收入和消费间是正向关系，即消费随着可支配收入的增加而增加。消费函数可以写为线性方程的形式：

$$C = \alpha + \beta(Y - T) \tag{3-10}$$

用 Y^d 表示可支配收入，消费函数也可以写为：

$$C = \alpha + \beta Y^d \tag{3-11}$$

其中，α 是自发消费支出，即家庭可支配收入为零时家庭的消费额。α 的取值大于零，因为即使家庭的可支配收入为零，他们也能够通过借贷或动用储蓄来进行消费。βY^d 是引致消费，即由于收入变化而引起的消费。β 是边际消费倾向（marginal propensity to consume, MPC），是指当期可支配收入增加 1 单位时消费增加的数量。因此，MPC 是消费支出的变化量与可支配收入变化量之比。可以表示为：

$$MPC = \frac{\Delta C}{\Delta Y^d}$$

MPC 的取值范围为 0—1，边际消费倾向大于 0，表明可支配收入和消费同向变化，即可支配收入增加（减少），消费也会增加（减少）。边际消费倾向小于 1，表明消费增加（减少）的量小于收入增加（减少）的量。例如，一个家庭的边际消费倾向为 0.6，如果该家庭的可支配收入增加了 100 元，那么其消费会增加 60 元，剩余的 40 元会储蓄起来。

图 3-6 描述了消费函数 (3-10) 式，横轴表示可支配收入，纵轴表示消费，消费曲线在纵轴上的截距是 α，即可支配收入为零时的消费数量。消费曲线的斜率是边际消费倾向 MPC，表明可支配收入每增加 1 单位所增加的消费数量。消费曲线向上倾斜，表明随着可支配收入的增加，消费也随之增加。

现实生活中，不同收入阶层家庭的边际消费倾向存在差异，也就是说边际消费倾向不是常数。而且，往往收入水平越高的家庭的边际消费倾向越低，即边际消费倾向随着收入水平的提高而递减。这样的消费曲线不再是线性的，而是消费随着收入水平的增加变得越来越平坦的一条曲线。

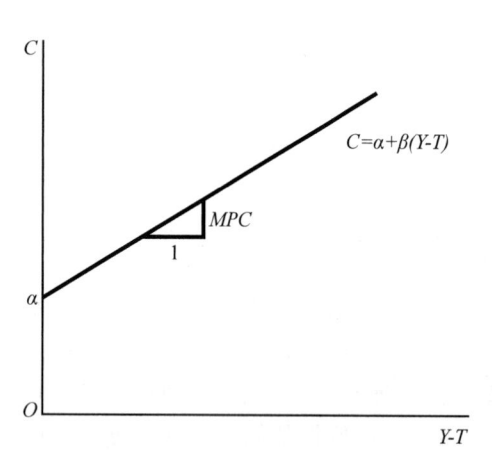

图 3-6 线性消费函数

图 3-7 画出的是边际消费倾向随着可支配收入变化的消费曲线，消费曲线上点的斜率则是对应可支配收入水平的边际消费倾向。可以看出，随着可支配收入的增加，消费曲线变得越来越平坦，说明可支配收入增加 1 单位所增加的消费数量在减少，表明边际消费倾向随着收入的增加在递减。关于这一点，我们可以试想一下，如果一个普通的职员买彩票中了 100 万元，一个亿万富翁从一个投资项目中挣了 100 万元，这增加的 100 万元收入对谁的消费影响会更大呢！

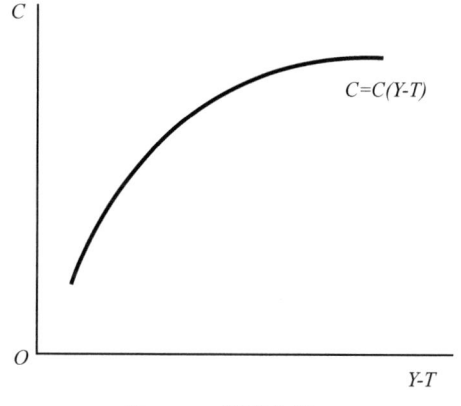

图 3-7 消费曲线

专栏 3-1　　　　　　　　　　中国居民消费曲线

图 3-8 是 2013—2022 年中国居民人均消费和人均收入数据的散点图。横坐标表示居民的人均收入，纵坐标表示居民人均消费。可以看出，总体而言，人均消费随着人均收入的增加而增加，2013 年中国人均收入为 1.8311 万元，人均消费为 1.322 万元，平均消费倾向约为 0.722。2019 年人均消费达到最高水平，为 2.1559 万元，平均消费倾向约为 0.702，与 2013 年相比有所下降。受到新冠疫情的影响，2020 年人均消费略有下降，为 2.121 万元。2019 年后中国居民的平均消费倾向持续下降，2022 年降至 0.665。

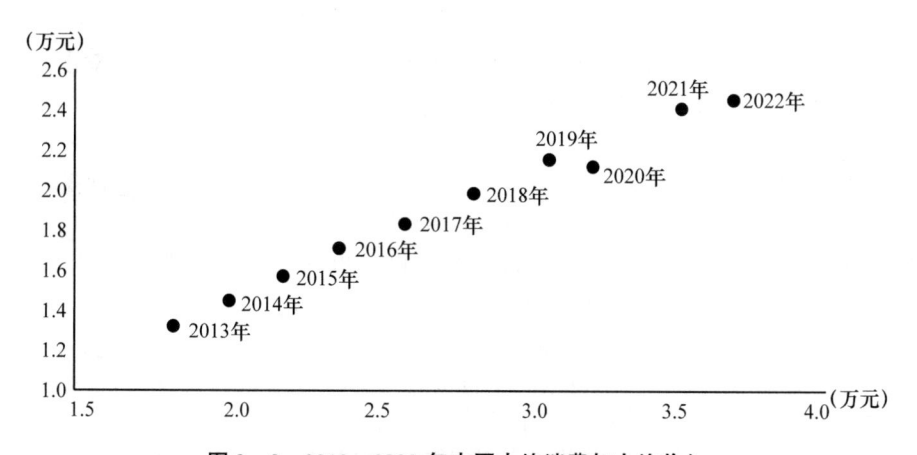

图 3-8　2013—2022 年中国人均消费与人均收入

资料来源：历年《中国统计年鉴》。

家庭消费支出总额占可支配收入的比重是平均消费倾向（average propensity to consume，APC），可以表示为：

$$APC = \frac{C}{Y^d} \quad (3-12)$$

代入线性消费函数，平均消费倾向的表达式为：

$$APC = \frac{\alpha}{Y^d} + \beta \quad (3-13)$$

由（3-13）式可知，平均消费倾向随着可支配收入的增加而减少，但平均消费倾向始终大于边际消费倾向。而且，当边际消费倾向随着可支配收入的增加递减时，平均消费倾向会随着可支配收入的增加进一步下降。图3-9反映了平均消费倾向的这一特性。

边际消费倾向递减规律是凯恩斯解释社会有效需求不足的三大心理规律之一。凯恩斯认为人们的收入随着经济的增长而增加，但由于边际消费倾向递减规律的存在，在增加的收入中，用来消费的部分所占的比例越来越小，用来储蓄的部分所占的比例越来越大。这样在收入和消费之间就出现了一个不断扩大的缺口，有效需求量降低，造成生产过剩和失业增加。

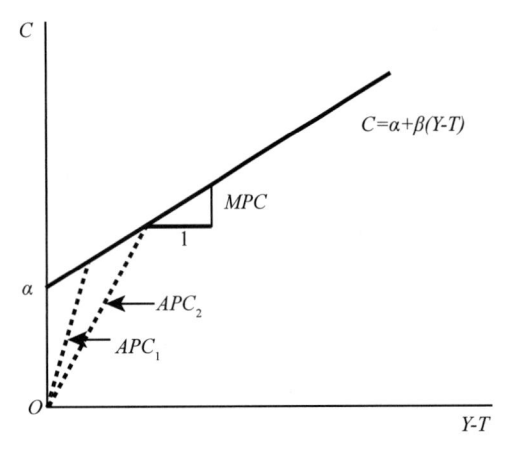

图3-9 平均消费倾向

（二）储蓄函数

一个家庭会将可支配收入在消费和储蓄之间做划分。家庭在确定消费之后，储蓄也就得以确定。储蓄是家庭可支配收入中未被消费掉的部分，同时也是一国可以用于投资新资本品的资金来源。用S表示储蓄，那么可支配收入可以表示为：

$$Y^d = C + S \quad (3-14)$$

可以得到储蓄为：

$$S = Y^d - C$$

由于消费是可支配收入的函数，因此，储蓄也是可支配收入的函数，即$S(Y^d)$。如果消费函数为（3-11）式，储蓄函数的表达式为：

$$S = -\alpha + (1-\beta)Y^d \quad (3-15)$$

其中，$(1-\beta)$为边际储蓄率（marginal propensity to saving，MPS），取值范围为0—1，指当期可支配收入增加1单位时储蓄增加的数量。

一个家庭的储蓄总额占可支配收入的比重为平均储蓄倾向（average propensity to saving，APS），表达式为：

$$APS = \frac{S}{Y^d} \quad (3-16)$$

由消费函数和储蓄函数可知,边际消费倾向与边际储蓄倾向之和为1,平均消费倾向与平均储蓄倾向之和为1:

$$MPS + MPC = 1, APS + APC = 1 \tag{3-17}$$

(三)其他消费理论

消费除了受到当期可支配收入影响,还会受到利率、物价水平、消费习惯、个人财富、预期等因素的影响。在众多影响因素中,经济学家们发现消费者在选择其消费水平时,普遍既会考虑当前收入,也会预期未来长期收入。在长期收入稳定的情况下,今天享受得越多,明天能享受的就减少。基于此,美国经济学家米尔顿·弗里德曼和莫迪利安尼等在欧文·费雪的跨期选择消费理论基础上分别提出了永久收入假说和生命周期消费理论。

1. 永久收入假说

1957年,美国经济学家米尔顿·弗里德曼提出了永久收入假说,来解释人们的消费行为。永久收入是指人们能够预计到的长期可支配收入,可以依据所观察到的若干年可支配收入的加权平均计算得到。通常距离现在的时间越近,收入的权重越大;反之,则越小。

永久收入假说认为,家庭的消费水平主要取决于家庭永久性收入,而不是家庭的当期收入。这一理论表明消费者不会对所有收入变化做出相同的反应。如果收入的增加是永久性的(如消费者获得职位升迁,收入随着职位的提升而增加),那么人们增加消费的数量会与收入的增加量大致相同。如果收入的增加是暂时性的(如一次奖励),那么人们的消费受其影响较小,人们会通过增加储蓄的方式来平滑消费。如果一个人得到永久性的每年2万元的加薪,他一年的消费也会增加2万元。但如果一个人买彩票中了2万元,他不会在短期内把这笔钱全部花掉,他会将这笔钱分摊到他后续时间中的消费。

永久收入消费理论强调如果人们经历的收入变化是随机的和暂时性的,那么这样的收入变动对人们的消费影响不大,例如,政府想通过增减税收来影响总需求的政策是不能完全奏效的,因为人们不会将因减税而增加的可支配收入立即完全用来增加消费。

2. 生命周期消费理论

美国经济学家莫迪利安尼、安多和布伦伯格提出了生命周期理论。生命周期理论认为,人们偏好于平滑消费,即希望一生能有稳定的消费水平。同时由于一生中人们的收入在不同的年龄阶段呈现不同特征:年轻时收入偏低,进入壮年或中年时收入不断增加,进入老年退休后,收入显著降低。为了维持一生的平滑消费,人们会在年轻时负债,即负储蓄,中年时进行储蓄,偿还年轻时的债务,并为老年生活做准备,老年时则动用储蓄。

根据生命周期消费理论,一个国家人口的年龄结构影响到该国的消费总量。如果一个国家的青少年和老年人的比例增大,则消费倾向会提高;如果中年人的比例增大,则消费倾向会下降。

到目前为止,我们一直讨论的是单个家庭的消费行为,即单个家庭当期可支配收入与他们对最终产品和服务的支出之间的微观经济关系。当把经济作为一个整体来看时,一国消费总水平与该国的可支配收入之间的关系同单个家庭消费的决定相同，这样一种关系被称为总消费函数。因此，总消费函数反映的是一个经济体的总消费和当期总的可支配收入之间的关系，与单个家庭的消费函数相同。

我们为什么要研究一个国家总体的消费情况呢？这是因为消费对于理解短期商业周期和长期经济增长都极为重要。短期来看，消费是总需求的重要构成部分，当消费急剧变化时，会通过对总需求的冲击而对产出和就业产生影响。长期而言，国民收入中未被消费掉的部分即储蓄可用于投资，增加新资本品，而投资是提高一国资本存量促进长期经济增长的重要推动因素。因此，一国的消费和储蓄行为是理解经济波动和长期经济增长的关键。

（四）中国的消费和储蓄

依据国民收入核算支出法，一国的 GDP 由家庭消费、企业投资、政府购买支出以及净出口构成，家庭、企业以及政府对本国产品和服务的购买称为内需，国外经济主体对本国产品和服务的购买称为外需，即本国的出口。正如前文所述，政府为社会提供公共产品和服务而发生的支出被分解为政府消费和政府投资，因此，家庭消费和政府消费之和称为总消费，企业投资和政府投资之和称为总投资。国民收入核算中，政府购买支出仅是政府消费，政府投资部分被计入社会总投资中。总消费和总投资各自占 GDP 的比重称为一国的消费率和投资率，净出口占 GDP 的比重称为净出口率。图 3-10 反映的是 1978—2022 年中国消费率、投资率和净出口率的变动情况。整体而言，中国最终消费占 GDP 的比重呈

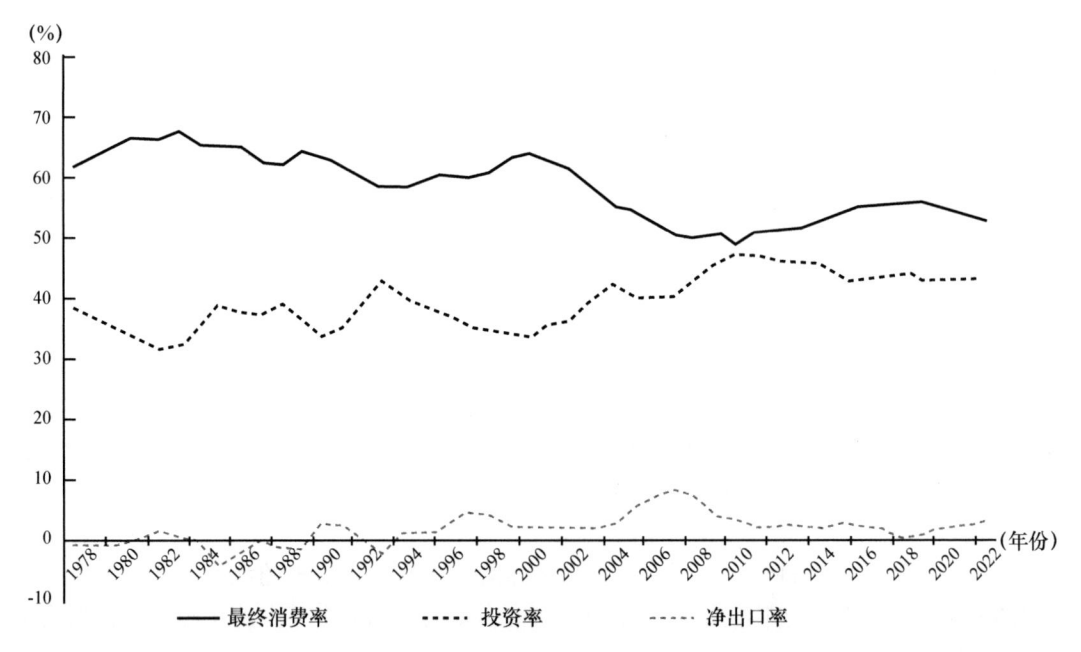

图 3-10 1978—2022 年中国最终消费率、投资率和净出口率

资料来源：国家统计局。

现下降趋势，2002年之前，中国消费率总体保持在60%之上，但之后持续下滑，到2010年最低降至49.3%，此后逐渐回升。1978—2011年，投资率总体呈上升趋势，最高达到47%，之后有所下降，但仍高于40%。净出口在1994年之后一直保持顺差，2007年达到最大值8.7%的水平，之后持续下降。

1. 中国居民消费动态趋势与国际比较

由于政府消费中包含不直接影响居民消费水平的支出，如公共安全支出、科学技术支出等，因此，最终消费率无法准确反映一国居民的消费占比。随着中国经济的增长，一个合理的居民消费率不仅关系到居民消费水平的提高、消费结构的升级优化，而且关系到中国宏观经济的平稳运行。因此，我们进一步剔除总消费中政府消费的部分，仅考察居民消费占GDP的比重，即居民消费率随着时间的动态变化情况。由于居民消费率是居民消费与GDP之比，因此，居民消费率可以进一步表示为：

$$居民消费率 = \frac{可支配收入}{GDP} \times \frac{居民消费}{可支配收入} = \frac{可支配收入}{GDP} \times 平均消费倾向$$

由居民消费率表达式可知，一国可支配收入占比和平均消费倾向都会影响该国居民消费率。

改革开放以来，中国经济实现了持续的高增长，创造了举世瞩目的增长奇迹，人民的生活水平得到极大的改善和提高。然而，整体而言，中国居民消费占GDP的比重呈现下降趋势。图3-11描述了1978—2022年中国居民消费率的动态变化。1978年以来，居民消费率在1983年达到最高峰值53.38%之后呈现持续下滑趋势，直到2010年下降至最低值34.43%，下降了近19个百分点。虽然此后逐渐回升，但上升幅度有限，2019年达到39.09%。2020年受到新冠疫情的影响，居民消费率又出现下滑，2022年下降至37.17%。

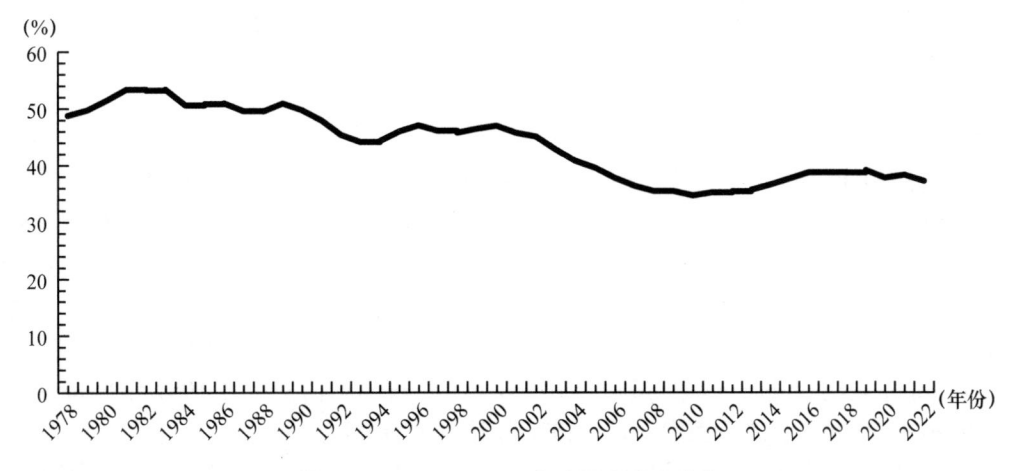

图3-11 1978—2022年中国居民消费率

资料来源：国家统计局。

图 3-12 反映的是 1978—2023 年中国与其他 9 个国家居民消费率的动态趋势。整体而言，1978—2000 年，中国居民消费率低于除马来西亚以外的其他 8 个不同经济发展水平国家；2000 年后，中国的居民消费率持续大幅下降至 2010 年的 34.33%，之后有所回升，2023 年上升到 39.13%，但仍远低于其他国家。2023 年，德国、日本、美国、法国四个发达国家的居民消费率分别为 50.71%、54.32%、67.87% 和 53.73%；印度尼西亚、印度、巴西、泰国、马来西亚的居民消费率分别为 54.42%、60.34%、63.33%、57.67% 和 60.43%，均高于中国。可见，居民消费率偏低是中国宏观经济较为突出的现象。

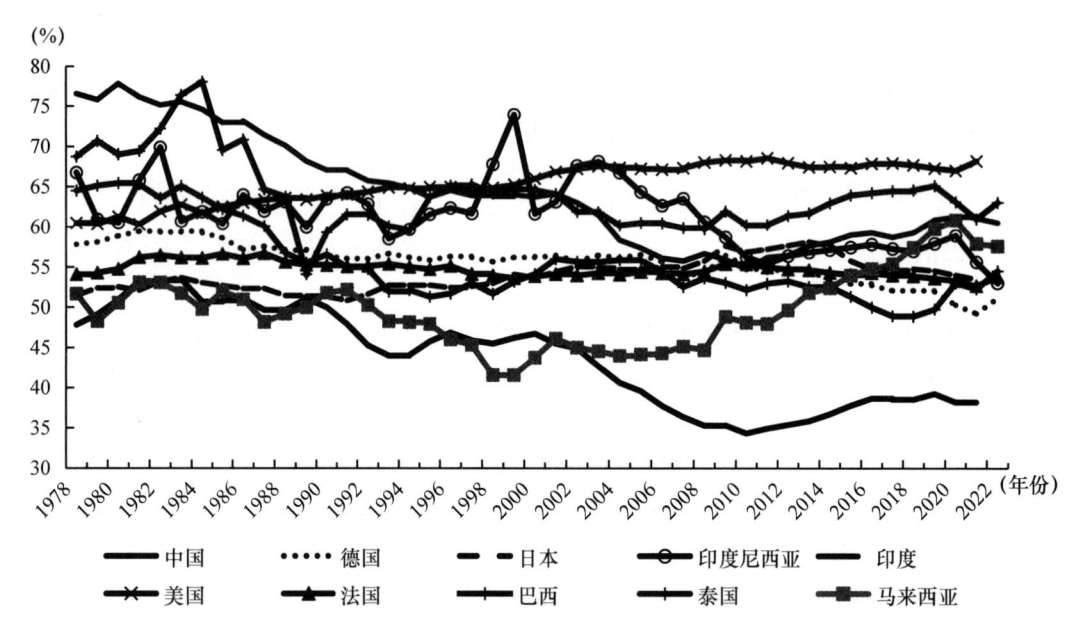

图 3-12 1978—2023 年中国及不同收入水平国家居民消费率动态趋势
资料来源：根据世界发展指数数据库（WDI）相应年度数据整理得到。

2. 中国居民平均消费倾向的动态变化趋势

由于居民平均消费率是可支配收入与 GDP 之比和平均消费倾向的乘积，因此平均消费倾向会影响居民消费率。平均消费倾向是消费占可支配收入的比重，能够反映居民的消费意愿。图 3-13 反映的是 1978—2022 年全国、城镇以及农村的平均消费倾向动态趋势。1980—1988 年，城镇平均消费倾向稳定在 85%—95% 的高位水平，全国和农村平均消费倾向呈"V"形，介于 75%—90%。1988 年后，全国和城镇平均消费倾向都呈下降趋势，2022 年城镇平均消费倾向下降到最低点 61.67%。农村平均消费率在 1989 年后持续下降到 1999 年的 71.96%，之后稳定回升，2022 年达到 82.61%。

偏低的居民消费率不仅直接导致国内需求不足，同时也成为国民经济循环的薄弱环节，间接对其他环节造成制约，引发产能利用率较低、需求牵引供给转型升级的动力不强

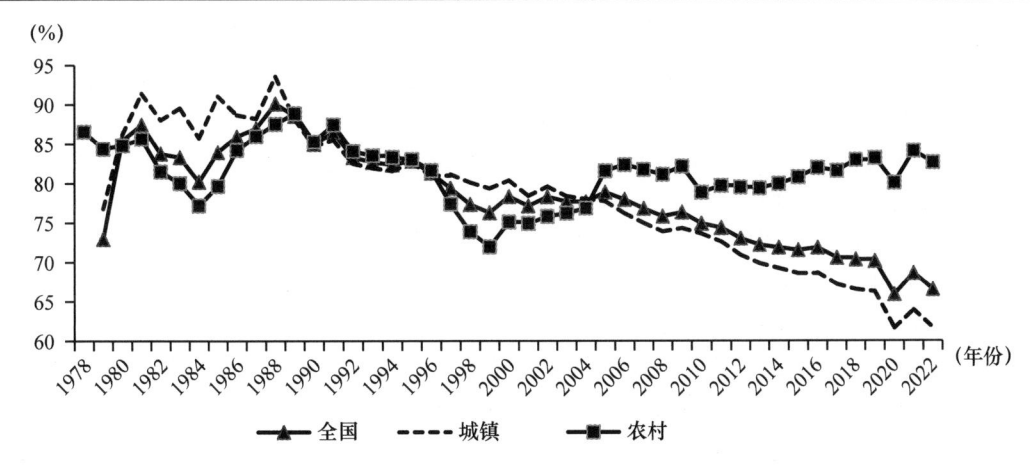

图 3-13 1978—2022 年中国平均消费倾向动态趋势

资料来源：国家统计局。

等弊端，不利于国内经济大循环发展壮大①。正因如此，扩大居民消费已经成为当前畅通国内经济大循环、加快构建新发展格局的重要突破点。党的二十大报告提出，要"着力扩大内需，增强消费对经济发展的基础性作用"②。

3. 中国居民消费不足可能的原因

凯恩斯消费理论、永久收入假说以及生命周期消费理论这些经典消费理论均认为可支配收入是影响消费的重要因素。除了可支配收入，利率、文化传统、预防性储蓄等因素也会影响人们的消费意愿。现有研究从多个角度分析了中国居民消费率偏低的原因，总体而言，可以归结为由于消费能力和消费意愿这两方面的原因导致。一是强调居民消费是微观主体在一定收入约束条件下的行为决策，认为居民收入水平及其占 GDP 比重偏低是导致消费率偏低的主要原因③，表明中国居民的"消费能力"不足。二是从居民消费—储蓄偏好的角度进行解释，认为受收入分配、文化传统、社保体制不健全、婚育压力、高房价等因素影响，中国居民具有较低的消费倾向，因而导致消费率偏低④，表明中国居民的"消

---

① 刘伟、刘瑞明：《新发展格局的本质特征与内在逻辑》，《宏观经济管理》2021 年第 4 期；刘元春：《扩大内需战略基点需要体系化政策》，《中国经济评论》2021 年第 3 期；周勇：《消费中心促进国内大循环的机制研究》，载李雪松主编《中国经济学》第 2 辑，社会科学文献出版社 2022 年版。

② 习近平：《高举中国特色社会主义伟大旗帜　为全面建设社会主义现代化国家而团结奋斗——在中国共产党第二十次全国代表大会上的报告》，人民出版社 2022 年版，第 29 页。

③ 方福前：《中国居民消费需求不足原因研究——基于中国城乡分省数据》，《中国社会科学》2009 年第 2 期；白重恩、钱震杰：《谁在挤占居民的收入——中国国民收入分配格局分析》，《中国社会科学》2009 年第 5 期；臧旭恒、贺洋：《初次分配格局调整与消费潜力释放》，《经济学动态》2015 年第 1 期。

④ 陈昌盛、许伟、兰宗敏等：《我国消费倾向的基本特征、发展态势与提升策略》，《管理世界》2021 年第 8 期；王蕴、姜雪、李清彬等：《消费倾向的国际比较与促进中国消费倾向稳步提升的建议》，《宏观经济研究》2022 年第 3 期。

费意愿"不足。

为了实现扩大居民消费的目标，党的二十大报告分别沿着增强居民消费能力和提高消费意愿这两条路径进行政策部署。在增强消费能力方面，党的二十大报告提出，要"提高居民收入在国民收入分配中的比重，提高劳动报酬在初次分配中的比重"，"探索多种渠道增加中低收入群众要素收入"[①]，多渠道增加城乡居民财产性收入。在提高消费意愿方面，党的二十大报告提出，要健全社会保障体系，扩大社会保险覆盖面，健全分层分类的社会救助体系，加快建立多主体供给、多渠道保障、租购并举的住房制度[②]。

4. 中国居民消费结构逐步升级

消费结构是指一定时期内消费者所消费各种消费资料（包括物质资料和劳务）之间的比例关系。消费升级包含两层含义：一是居民消费支出结构的比例关系变化，表现为各类消费支出在微观结构和层次上的提升，例如，居民消费从生存型向享受型和发展型、由物质型向服务型的转变，其理论逻辑以马斯洛需求层次理论、布迪厄文化资本理论等为代表；二是消费升级是居民消费意愿的改变，经济高增长不一定带来高消费意愿，消费意愿的改变需要消费者依据信息适应性做出消费决策调整，对消费项目有更多的接受意愿和支付意愿，对新品牌、新产品、新服务有更多的新增消费。

随着收入水平和消费水平的提高，中国居民消费结构不断升级。食品消费支出占总消费支出的比重被称为恩格尔系数，该系数常作为衡量居民生活水平的指标。中国居民恩格尔系数从1978年的63.9%下降至2022年的30.5%。其中，城镇居民恩格尔系数从57.5%下降至29.5%，农村居民恩格尔系数从67.7%下降至33.0%。根据联合国对恩格尔系数大小的划分，中国城镇居民生活水平从温饱转变为富足，农村居民从贫穷转变为相对富裕。

图3-14描述了2021年中国和美国的消费结构情况。中国居民平均消费支出占比居于前三位的分别是食品烟酒（29.79%）、居住（23.39%）和交通通信（13.09%），美国居民平均消费支出占比居于前三位的分别是居住（38.31%）、交通（18.56%）和食品烟酒（15.55%）。相比较而言，美国在服务方面的支出占比更高，服务类支出占比达到75.72%（包含居住、交通、医疗保健和教育娱乐），而中国的服务类支出的占比为56.05%，两国存在一定差距，表明美国的消费支出中更多的是享受型和发展型支出。

图3-15反映的是2000—2022年中国居民人均消费结构动态趋势。从居民八大类消费支出结构变动趋势上看有如下特点。中国居民食品烟酒支出的占比整体上呈现较快的下降趋势，从2000年的42.24%下降至2019年的28.22%；2020—2022年受新冠疫情影响，居民收入增速放缓，经济预期转弱，2022年该比值上升至30.49%。衣着支出占比自2012年开始呈下降趋势，由2012年的8.23%下降至2022年的5.56%。居住支出一直以较快的

[①] 习近平：《高举中国特色社会主义伟大旗帜　为全面建设社会主义现代化国家而团结奋斗——在中国共产党第二十次全国代表大会上的报告》，人民出版社2022年版，第47页。

[②] 习近平：《高举中国特色社会主义伟大旗帜　为全面建设社会主义现代化国家而团结奋斗——在中国共产党第二十次全国代表大会上的报告》，人民出版社2022年版，第48页。

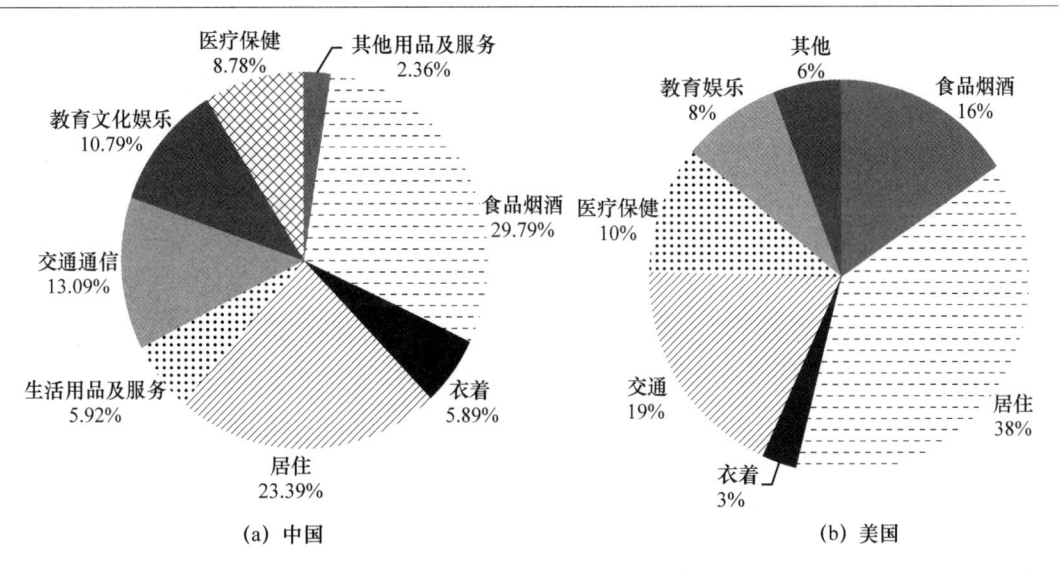

图 3-14 2021年中国和美国的消费结构

资料来源：国家统计局及 Wind 数据库计算整理。

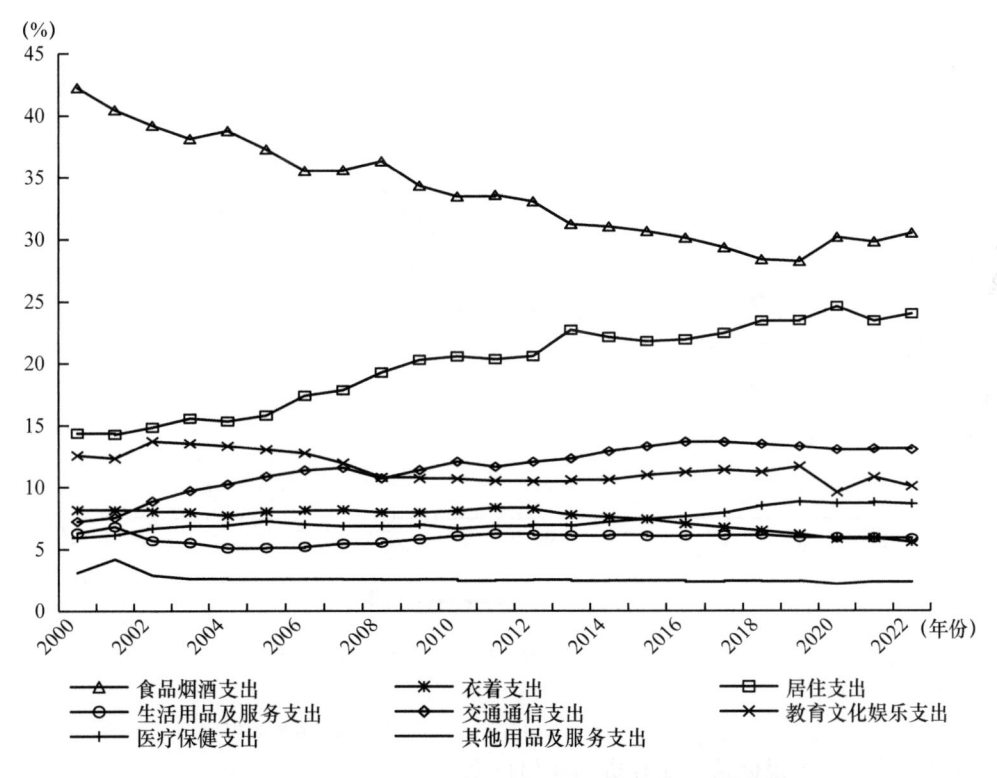

图 3-15 2000—2022年中国居民人均消费结构动态趋势

资料来源：国家统计局。

速度增长，由2000年的14.38%增长至2022年的23.97%，成为中国仅次于食品烟酒的第二大消费支出。交通通信、医疗保健支出也呈现出稳定的增长，分别由2000年的7.24%和5.94%增长至2022年的13.02%和8.64%；而其他用品及服务、生活用品及服务支出占比分别稳定在2.5%和6%左右。总体而言，中国居民生存型（食品）的消费支出比重在下降，服务类（交通通信、医疗保健）消费支出比重在提高，同时和生活品质相关的居住类的支出占比增加，这一变化趋势表明中国居民的消费结构在不断优化，消费层次在持续提高。

5. 中国的储蓄

宏观层面的储蓄是国民收入中没有消费掉的部分，其具体构成取决于人们指的是私人（非政府）部门、政府部门还是整个国家。由支出法核算的国民收入恒等式：

$$Y = C + I + G + NX$$
$$Y - C - G = I + NX$$

其中，C是私人消费，G是政府消费，因此等式左边$Y-C-G$即国民收入减去私人消费和政府消费后得到的就是国民储蓄S。国民储蓄占GDP的比重则是储蓄率。图3-16反映的是中国1978—2022年中国储蓄率和投资率动态趋势。1978—1983年，中国储蓄率从38.1%下降到32.7%，之后逐渐回升，1994年达到41.5%，之后又有所下降。2001年后持续上升，2010年达到最高峰50.7%后逐渐回落，保持在45%左右。

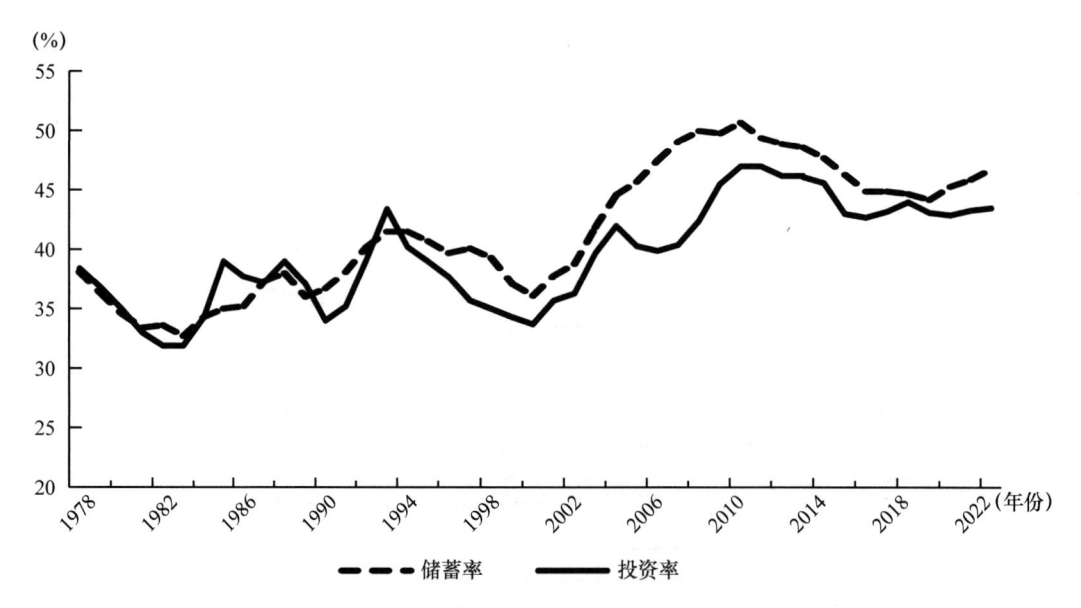

图 3-16 1978—2022 年中国储蓄率和投资率

资料来源：国家统计局。

由上式可知，国民储蓄等于投资与净出口之和：

$$S = I + NX$$

上式表明一国储蓄即没有消费掉的产品和服务一方面可以用于本国投资，另一方面可以出口给国外居民或企业用于消费或投资。由此，如果一国储蓄率较高，那么其投资率和净出口率也较高，图3-16显示的储蓄率和投资率的变化趋势印证了这一关系。1978—1993年，储蓄率和投资率相差不大，但1994年起储蓄率始终大于投资率，表明这一时期中国对外贸易长期保持顺差。同时，整体而言，储蓄率和投资率呈现同方向的变化趋势，当储蓄率提高时，投资率也提高，当储蓄率下降时，投资率也随之下降。这也说明中国投资率较高的一个重要原因是中国较高的储蓄率。

国民储蓄可分为私人储蓄和公共储蓄（政府储蓄），私人储蓄包括家庭储蓄和企业储蓄。利用资金流量表可以计算出不同类型的储蓄额。图3-17呈现的是1992—2021年中国政府储蓄、家庭储蓄和企业储蓄分别与国民储蓄的比值。如图所示，多数时期家庭储蓄的比重高于企业储蓄，且二者之和占到了国民储蓄的90%以上。2000—2001年和2020年政府储蓄比重为负，其余时段政府储蓄的比重都为正。

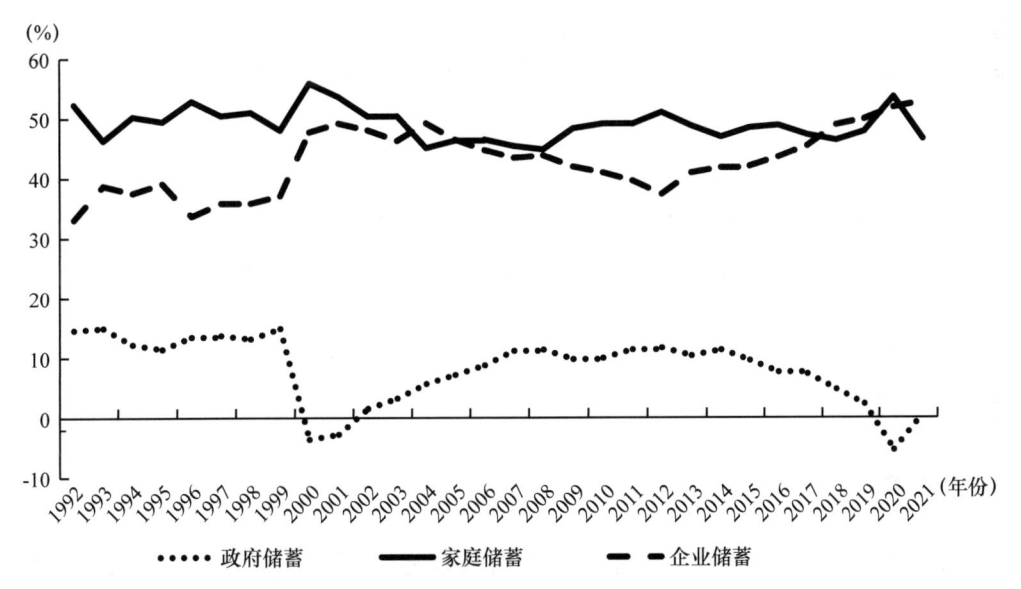

图3-17 1992—2021年中国政府储蓄率、家庭储蓄率和企业储蓄率

资料来源：国家统计局。

对于家庭而言，储蓄是家庭可支配收入与消费之差，因此，消费决策和储蓄决策是一枚硬币的两面，当消费确定时，储蓄也同时确定。图3-18描述了1978—2022年中国城镇居民家庭储蓄率的动态趋势，1988年后中国城镇居民家庭的储蓄率持续走高，2022年接近40%，该图与前文中持续下降的城镇居民平均消费倾向的趋势线相印证。

投资增加有助于社会资本的积累，从而推动经济增长。而投资的资金来源于社会储蓄，因此，中国长期以来保持的高增长与高储蓄率有着必然联系。私人部门储蓄对经济

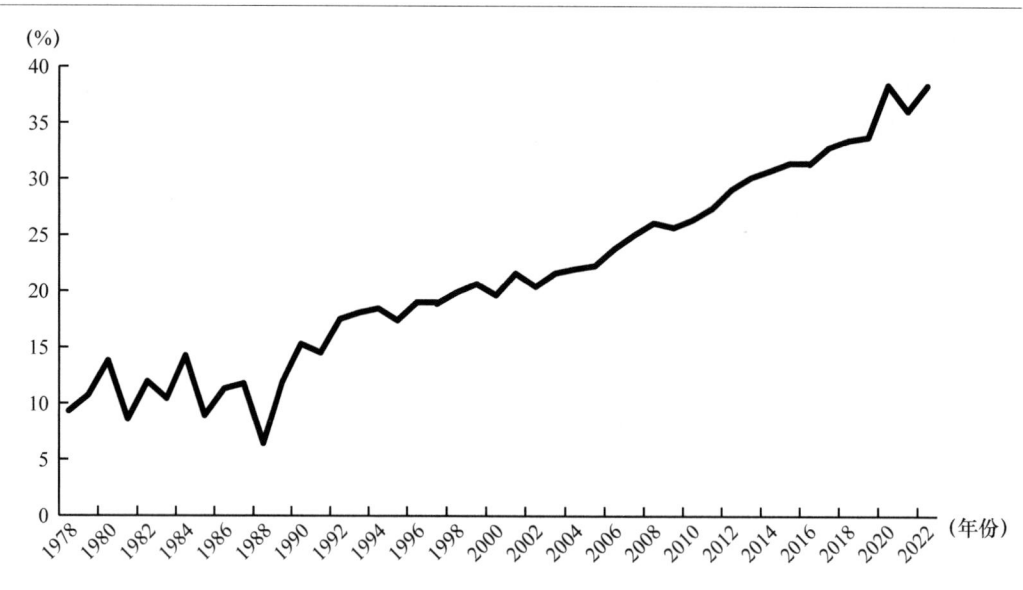

图 3-18　1978—2022 年中国城镇居民家庭储蓄率

资料来源：国家统计局。

增长具有更明显的促进作用，大量的实证研究结果表明储蓄—投资之间存在稳健的相关性，而且越大的经济体，投资和储蓄的相关性越高，图 3-16 表明储蓄率和投资率存在高度相关。但是储蓄率过高同时意味消费率偏低，因而会产生国内需求不足、供给相对过剩、产能利用率不高、增长乏力等结构失衡问题。因此，适宜的储蓄率应该是既能够满足投资对进一步优化供给结构关键作用的资金需要，同时又能实现最大消费的黄金律水平。

二　投资

投资是社会总需求的重要构成部分。与消费相比，投资更加易变，波动性更强，因此，投资的大幅度变化会引起总需求的剧烈波动，从而引发商业周期。图 3-19 显示了 1990—2022 年中国实际消费和实际投资对各自趋势的偏离程度，因此，它反映了两个变量的波动性。首先采用 HP 滤波的方法分别计算出实际消费和投资的趋势部分和波动部分，然后计算出两个变量波动部分占趋势部分的比重，即各自对其趋势偏离的百分比。纵坐标为 0 表示两个变量的趋势。图 3-19 显示，消费和投资对其趋势偏离是同向的，即当投资对其趋势的正（负）向偏离增大时，消费对其趋势的正（负）向偏离也增大，而且，投资对其趋势偏离的程度远远大于消费，表明投资的波动性更大。

此外，投资是新增加的资本，因此投资的提高会增加资本积累，能够提高一国的潜在产出，从而促进经济的持续增长。所以，投资不仅影响短期经济波动，同时也影响一国的长期经济增长。

图 3-19　1990—2022 年中国的消费和投资偏离趋势的百分比

资料来源：历年《中国统计年鉴》。

（一）投资需求函数

总需求中包含的投资是意愿投资，或计划投资，不包括非意愿性存货变动。因此，构成总需求的投资与国民收入核算中投资包含的内容不同，前者是企业在一定时期内有目的进行的投资，仅包含企业有计划购买的厂房、设备等固定资产，后者是实际发生的投资，不仅包含计划投资，还包含企业非意愿性存货变动。

计划投资支出水平主要取决于三个因素，即收益、成本和预期。企业在做投资决策时会在投资成本和收益之间进行权衡。多数企业的投资需要在金融市场通过借贷才能实现，因此，企业投资的成本是利率，利率是在一段时期内借用货币所支付的价格。即使企业用过去积累的留存利润而不是借款来为投资项目提供资金，在做投资决策时仍需要考虑市场利率。因为企业如果不进行投资，而是将企业留存利润放贷出去，则可以获得利息收益，因此，利率是企业自有资金进行投资的机会成本。如果企业投资项目的预期收益率大于或等于市场利率，企业会进行投资。如果项目的收益率小于利率，企业不会进行投资。可见，在企业投资项目的预期收益率一定的条件下，市场利率水平提高会使任一投资项目变得更加无利可图。所以企业意愿投资支出与利率之间呈现负向关系，即利率上升时计划投资下降。

这里影响计划投资支出的利率是实际利率，投资和实际利率之间的关系被称为投资函数，可以表示为：
$$I = I(r)$$
其中，I 表示投资，r 表示实际利率。并且：
$$\frac{dI(r)}{dr} < 0 \qquad (3-18)$$

（3-18）式表明当实际利率提高时，投资支出下降，实际利率和投资需求之间呈现反向变化关系。

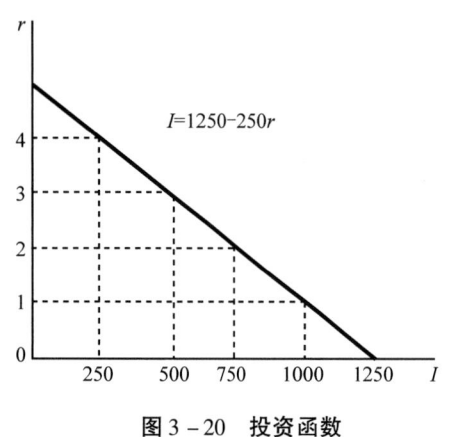

我们将投资函数的具体函数形式设定为 $I = e - dr$，其中，e 为自主投资，表示当利率为 0 时的投资额。d 为投资的利率弹性，表示利率提高或降低 1 个百分点，投资减少或增加的数量为 d，e 和 d 都是大于 0 的常数。图 3-20 描述了实际利率和投资之间的关系。

假设投资函数为 $I = 1250 - 250r$，实际利率和投资的关系如图 3-20 所示。图形的横轴是投资，纵轴是实际利率，投资曲线是一条向右下方倾斜的直线。

图 3-20 投资函数

预期也会影响企业投资。假定企业预期未来销售会迅速增加，而其当前的生产能力又无法满足未来的市场需要。这意味着在其他条件不变时，预期产品的未来销售增加时，企业会进行更多的投资支出。图 3-20 中，投资需求曲线将会右移。

（二）中国的投资

投资是社会总需求的重要构成部分，同时也是社会资本存量积累的重要途径。因此，一国投资总量及其增长率既影响短期经济波动，又影响一国长期经济增长。中国是发展中国家，投资在中国经济增长过程中起到了举足轻重的作用。

从投资绝对规模看（见图 3-21），2009 年前，美国投资支出一直高于中国，但 2008 年国际金融危机之后，中国的投资总支出超过美国。在增长速度方面，中国投资增长快于美国，尤其 2000 年开始，中国投资增长呈现快速增长势头。2000 年中国投资支出 4170.57 亿美元，美国投资支出 24240.12 亿美元，美国投资支出是中国的 5.81 倍；到 2021 年，中国投资支出 75965.12 亿美元，美国投资支出 49204.88 亿美元，美国投资支出为中国的 0.65 倍。2000—2021 年，中国投资年均增长 15%，美国投资年均增长为 3%。

从投资占 GDP 比重即投资率看（见图 3-22），中国投资率一直高于美国，且有逐步上升的趋势。2000 年，中国投资率为 34.33%，美国投资率为 23.57%，中国投资率和美国相比高 10.76 个百分点；2021 年，中国投资率为 42.84%，美国投资率为 21.10%，中国比重明显高于美国。

从固定资产投资的产业结构上看（见图 3-23），中国产业投资重心由产品向服务转变。

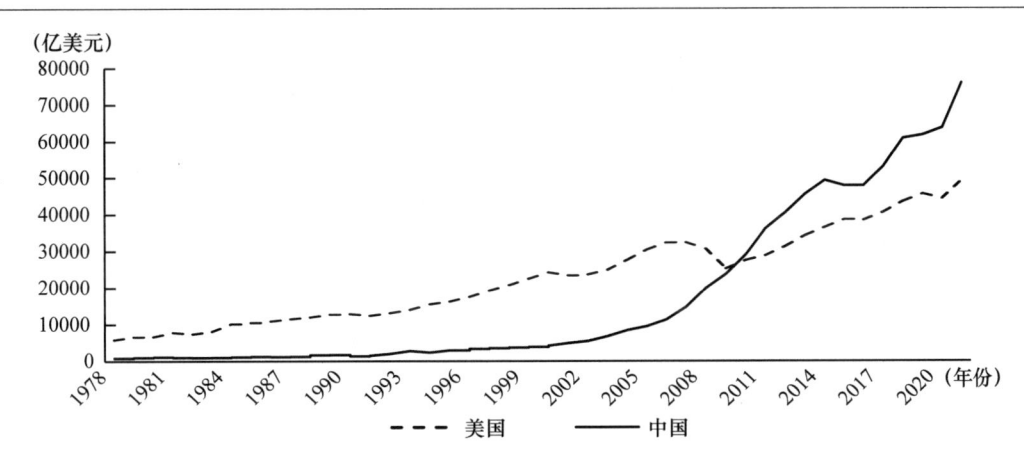

图 3－21　1978—2021 年中国、美国资本形成总额

资料来源：Wind 数据库。

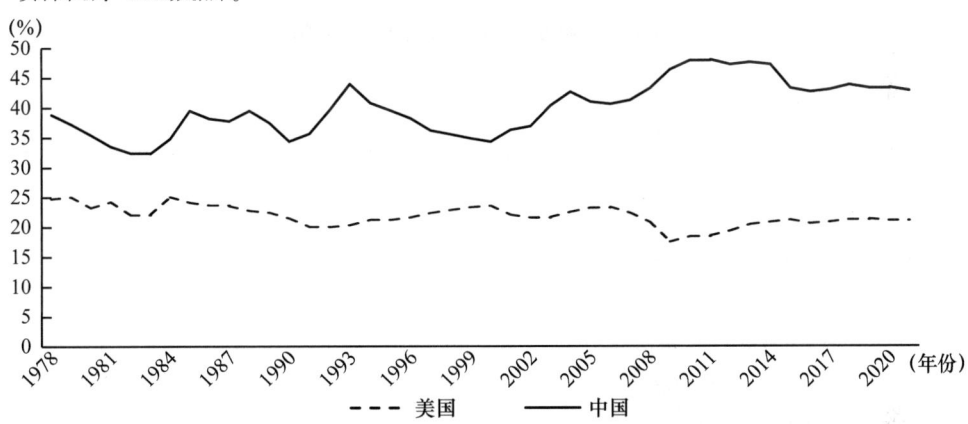

图 3－22　1978—2021 年中国、美国投资率动态趋势

资料来源：Wind 数据库。

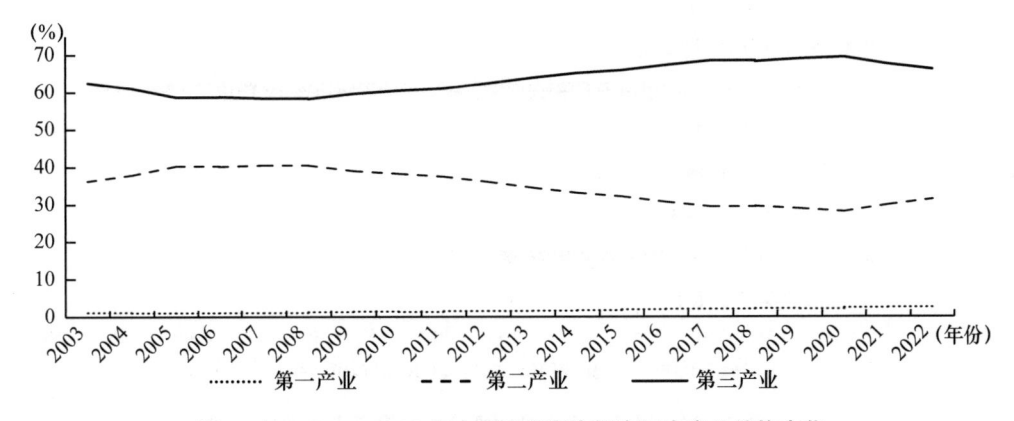

图 3－23　2003—2022 年中国固定资产投资三次产业结构变化

资料来源：国家统计局。

在 2003—2008 年，第二产业固定投资年均增长 25.60%，高于第三产业的 21.16%，第二产业投资占比由 36.3% 提高到 40.48%。而在 2009 年之后，随着中国经济步入工业化后期，经济服务化趋势明显，产业投资重心从第二产业生产向服务业转移，表明投资结构的升级优化。2009—2019 年，第三产业投资年均增长 13.26%，高于第二产业的 8.34%，第三产业投资比重由 59.60% 升高至 69.00%。2020 年由于新冠疫情对服务业造成重大冲击，同时外需带动制造业投资增长，第二产业投资年均增速远高于第三产业的 2.55%，第三产业投资占比也下降至 2022 年的 66.18%。

从投资在第二和第三产业的细分行业占比来看（见图 3-24），在第二产业细分行业

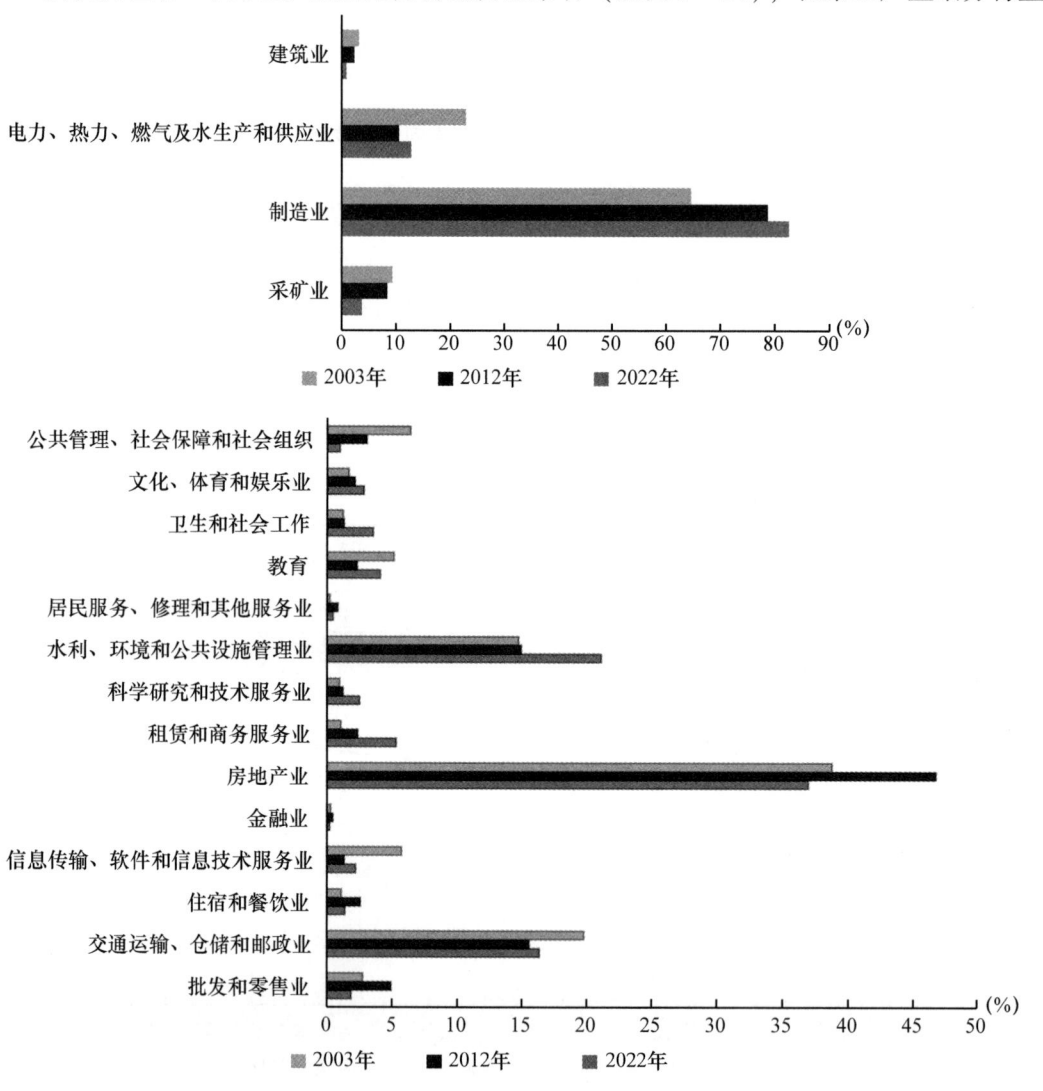

图 3-24 第二、第三产业细分行业投资占比变化

资料来源：根据 Wind 数据库计算整理。

中，制造业一直是投资的重点行业，其保持着较大的比重，且仍在不断上升，由2003年的64.61%上升至2022年的82.57%；电力、热力、燃气及水生产和供应业等基础设施建设是政府投资的重点行业，也保持较大的投资比重，由2012年的10.55%上升至2022年的12.85%。在第三产业细分行业中，教育，卫生和社会工作，文化、体育和娱乐业，科学研究和技术服务业，租赁和商务服务业，水利、环境和公共设施管理业等生活性以及生产性服务业投资比重上升，房地产业投资比重明显下降。

从投资的区域结构上看（见图3-25），东部地区经济发展速度快、产业较为完备、营商环境优越，因而投资占比一直居于高位。广大的中、西部地区具有一定的要素成本优势，产业发展空间大，近年来国家不断将投资引向中西部地区。2003—2022年，中部地区投资年均增速18.58%，西部地区投资年均增速16.92%，均快于东部地区的13.58%，中、西部地区投资占比不断增大。东北地区投资相对落后，尤其是近年来传统老工业基地失去了产业优势，地区经济下滑趋势明显，投资总额从2014年开始出现负增长，2022年东北地区投资总额仅为2014年的73.05%。

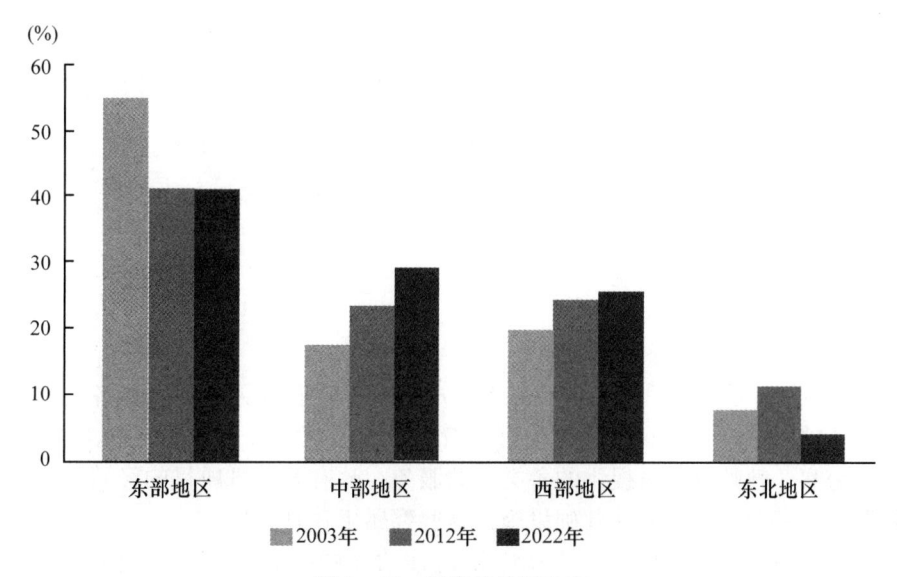

图3-25 投资的地区分布

资料来源：根据Wind数据库计算整理。

从投资主体上看，民间投资与国有投资具有周期性和互补关系。在经济上行期，预期利润带动民营企业扩大资本投入，国有企业放缓投资步伐；在经济上行期，民营企业为规避风险缩小投资规模，国有单位则扩大投资以稳定经济。从图3-26可以看出，2008年、2016年和2020年，受国际金融危机、内外需减弱、新冠疫情等影响，民间投资增速明显下滑，国有单位加大基建投资力度以托底经济平稳运行。当民间投资增速逐渐回升后，国有投资增速开始放缓。

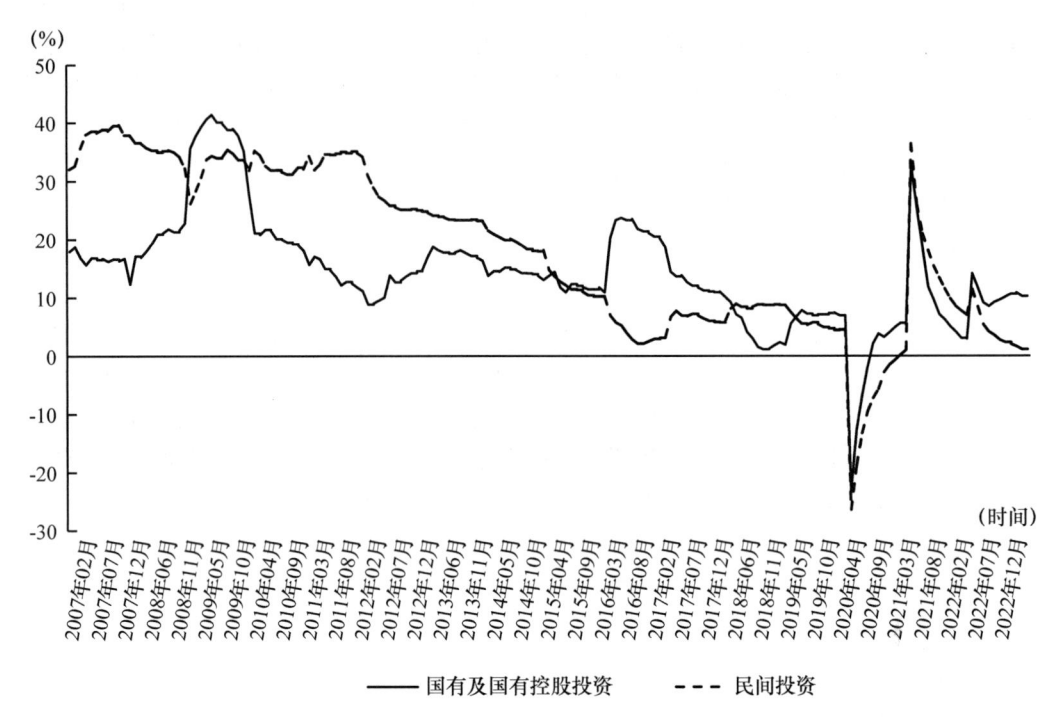

图 3-26 2007—2022 年民间投资、国有及国有控股投资增速
资料来源：Wind 数据库。

三 政府购买

政府购买（G）是社会总需求的第三个组成部分。政府购买是中央和各地方政府对最终产品和服务的需求。政府购买分为政府消费需求和投资需求。如政府购买的办公用品，雇用军队、警察、教师等人员提供的各类公共服务，政府对科研项目的经费支出，政府出资修建铁路、公路和机场等公共基础设施，这些都属于政府购买。

政府购买和税收对社会总需求的影响相反。政府购买增加会提高社会总需求，政府对家庭和企业增加税收，则会减少家庭的可支配收入，导致家庭消费减少，同时会减少投资需求。政府对家庭或企业的转移支付会增加家庭的可支配收入和企业的收入，从而增加消费支出和企业投资支出。

政府购买、税收和转移支付是由政府政策决定，我们将其作为外生变量，它们是政府财政政策的具体工具。

图 3-27 显示了 2020 年中国政府财政支出结构。其中，教育支出在财政支出中占比最高，达到 15%，其次是社会保障和就业支出占比为 13%。前者属于政府购买支出，后者属于转移支付。

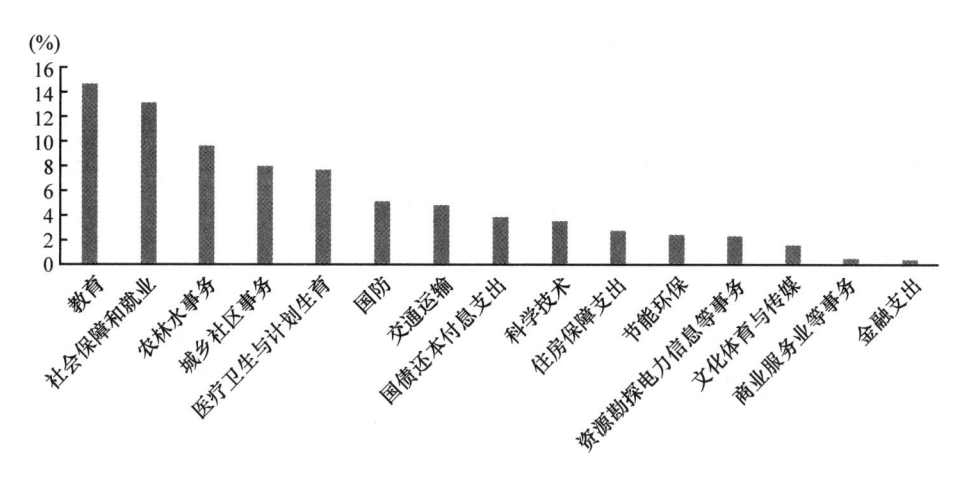

图 3-27　2020 年中国政府财政支出结构

资料来源：Wind 数据库。

第三节　均衡国民收入的决定：收入—支出模型

在讨论收入—支出模型之前，我们做如下假设。

假设 1：社会一般物价水平固定不变。这一假设条件往往在经济处于萧条时期才能满足。当经济处于萧条状态时，社会存在大量闲置资源，社会生产能力未得到充分使用，资源没有得到有效配置，社会存在过剩的生产能力。在这种情况下，即使短期社会总需求增加，引发对生产要素投入的增加，也只是充分利用现有的闲置资源，使生产要素得到正常使用，而不会带来生产要素价格和社会一般物价水平的上涨。

假设 2：利率水平固定不变。本节我们不考虑货币市场，因此，将实际利率水平视为常数。

按照国民收入核算恒等式，由于社会一般价格水平固定不变，那么实际 GDP 即实际支出始终等于总收入：最终产品和服务的总价值最终都会以工资、利息、租金和利润的形式成为居民的收入。因此，实际总产出等于国民收入。

一　计划支出

计划支出是经济中家庭和企业计划支出的总和，即总需求。在本书第五章定义的总需求曲线描述的是一般物价水平和社会对最终产品和服务的需求之间的关系，这里讨论的是在某一特定物价水平条件下的总需求量，称为计划支出。我们先讨论包含家庭和企业的两部门经济，因此不包括政府和国外部门，计划支出仅包括消费和计划投资。与企业不同，居民消费没有未预期的行为，意愿消费等于实际消费。计划支出是消费支出和计划投资支出之和。计划支出（E）可以表示为：

$$E = C + I \tag{3-19}$$

其中，E 表示计划支出，值得注意的是这里的投资 I 是计划投资，不包括非意愿存货投资。将消费函数带入计划支出，由于没有政府部门，家庭不需要缴税，总收入就是可支配收入。本章第二节讨论了投资是利率的函数，由于假定利率不变，意味着计划投资不变，则计划支出的表达式为：

$$E = \alpha + I + \beta Y$$

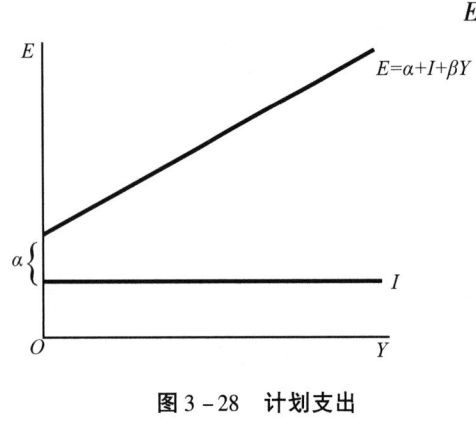

由上式可知，计划支出中的自发消费 α 和投资 I 与收入无关，引致消费 βY 与总收入有关，因此，计划支出是总收入 Y 的函数。计划支出和收入的关系如图 3-28 所示。

图 3-28 的横轴表示总收入 Y，纵轴表示计划支出 E，计划支出线与纵坐标相交于点（0，$\alpha + I$），截距项表示当收入为零时，计划支出为 $\alpha + I$。计划支出线的斜率为 β，即边际消费倾向。由于 $\beta > 0$，所以计划支出线是一条向右上方倾斜的直线，表明计划支出随着总收入的增加

图 3-28 计划支出

而增加。这是由于消费是收入的增函数，即使在投资固定不变的情况下，计划支出也会随着收入的增加而增加。

二 均衡国民收入的决定

市场经济条件下，均衡国民收入（均衡时的产出）是实际产出和计划支出相一致时的产出。当实际产出和计划支出相等时，经济处于收支均衡状态，这时的国民收入就是均衡国民收入。在两部门经济中，由均衡国民收入的定义，可得到以下表达式：

$$Y = E = C + I \tag{3-20}$$

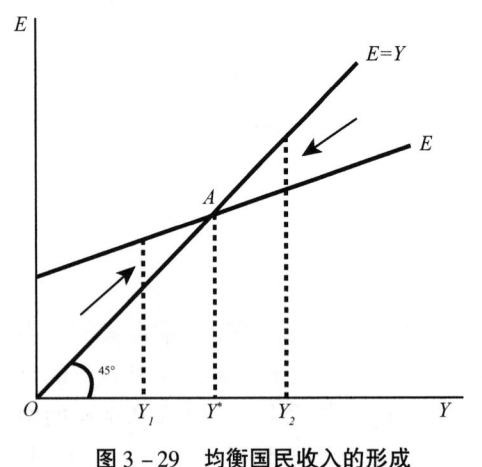

其中，等式左边的 Y 为总产出或总收入，右边为计划支出，该等式成立时，Y 就是均衡产出，或均衡国民收入。接下来，我们将利用凯恩斯交叉图分析均衡国民收入的决定。凯恩斯交叉图是在计划支出图形中增加一条从原点出发的 45°线，这条 45°线与计划支出线相交，经济学家保罗·萨缪尔森将其称为凯恩斯交叉（Keynesian cross），如

图 3-29 均衡国民收入的形成

图 3-29 所示。从原点出发的 45°线上的每一点都代表计划支出等于总收入，即满足 $E = Y$。由凯恩斯交叉图可知，图 3-29 中 45°线与计划支出线相交于点 A，表明社会的计划支出正好等于实际产出或总收入，也就是说，人们想要购买的产品和服务的数量正好等于社会生产的数量，此时宏观经济达到均衡，均衡国民收入为 Y^*。

而其他产出时，计划支出和实际产出不相等，如图 3-29 中实际产出为 Y_1 和 Y_2 时的情形。计划支出和实际产出不相等，这会体现在企业非计划性存货的变动。为了满足未来市场需求的变动，或者应对生产过程中的突发变故，企业都会有计划地持有一定数量的产品或投入要素的存货。本书第二章中提到的存货是投资支出的一种形式。例如，一家空调生产企业，每月生产 5 万台空调，如果当月只销售了 4 万台，未销售出的 1 万台空调存放在工厂或经销商的仓库中，准备将来销售，同时该企业的存货投资增加了 1 万台。如果下个月该企业销售了 6 万台空调，表明企业多销售的 1 万台空调来自企业存货，因此，企业的存货投资减少了 1 万台。可见，由于销售处于波动中，企业无法精确预测销售数量，企业存货有时过多，有时过少，这种由于未预期到销售的变化而引起的存货波动被称为非计划性存货投资变动。当计划支出和实际产出不相等时，就会引起非计划性存货投资的变动。

那么，宏观经济的收支不平衡是如何趋向收支平衡的呢？如图 3-29 所示，当产出为 Y_1 时，$Y_1 < Y^*$，计划支出 E 位于 45°线的上方，表明此时计划支出大于实际产出，即人们想要购买的商品和服务的数量大于企业生产的数量，在价格不变的情况下，企业的存货会减少。当减少后的存货数量低于企业计划水平时，即非计划性存货减少，企业会选择增加投入要素，提升产量，使实际存货恢复到计划的水平，因此，国民收入 Y_1 会增加到实际产出等于计划支出为止。当产出为 Y_2 时，$Y_2 > Y^*$，计划支出 E 位于 45°线的下方，表明计划支出小于实际产出，即人们愿意购买的商品和服务的数量小于企业生产的数量，在价格不变的情况下，企业的存货会增加。当增加后的存货数量高于企业计划的水平时，即非计划性存货增加，企业会选择减少投入要素，减少产量，使实际存货恢复到计划的水平，因此，国民收入 Y_2 会减少，一直到实际产出等于计划支出为止。因此，当计划支出等于实际产出时，企业的存货等于计划存货，非计划性存货的变动为零。企业不会再调整产量，此时的实际产出就是均衡产出。需要说明的是，此时的均衡产出不一定是充分就业时的均衡产出，它可能低于或高于充分就业时的产出，这意味着经济处于衰退或繁荣的波动中。

通过利用凯恩斯交叉分析宏观经济的非均衡到均衡的实现过程可以发现，当计划支出和实际产出不相等时，企业通过对自身产量的调整来满足计划支出，从而实现均衡。这一过程体现了凯恩斯关于短期均衡国民收入决定的思想，即在短期或经济萧条时期，总供给处于生产能力充裕状态，总需求决定均衡国民收入，也就是说，总需求水平能够达到多高，均衡国民收入就会达到多高，这样短期内均衡国民收入主要由总需求决定。

当计划支出等于实际产出时，表明 $Y = E$，在两部门经济中，存在：

$$Y = C + I$$

上式两边同时减去消费,得到:

$$Y - C = I$$
$$S = I \qquad (3-21)$$

(3-21)式表明,当储蓄等于计划投资时,经济达到均衡。因此,$S = I$ 也是整体经济的均衡条件,也就是说,如果一国的计划投资等于储蓄,那么该国实现了宏观经济均衡。显然,现实经济中计划投资不一定等于储蓄,当两者不相等时,经济处于非均衡状态。

在三部门经济中,由计划支出等于实际产出,得到:

$$Y = C + I + G \qquad (3-22)$$
$$Y - C - G = I$$

在上式左边加上并减去税收 T,得到:

$$Y - C - T + T - G = I$$

其中,$S^p = Y - C - T$,$S^g = T - G$,S^p 是私人储蓄,S^g 是公共储蓄,国民储蓄为私人储蓄和公共储蓄之和。因此,

$$S = S^p + S^g = I \qquad (3-23)$$

由此,在三部门经济中,储蓄等于计划投资的宏观经济均衡条件仍成立。

第四节 乘数原理和中国财政支出乘数

第三节探讨了短期或经济萧条时两部门经济的均衡国民收入取决于计划支出或总需求。因此,如果某些外生因素引起计划支出发生变动,均衡国民收入和产出也会随之发生改变。基于计划支出的构成,本节将讨论自发性支出改变对均衡国民收入的影响。

一 乘数原理

在两部门的简单国民收入决定模型中,由于利率不变,因此计划投资不变。假定投资为 $I_1 = 600$ 亿元,消费函数为 $C = 1000 + 0.6Y$,计划支出为 $E_1 = C + I_1 = 1000 + 0.6Y + 600$。

当宏观经济均衡时,实际产出等于计划支出,利用均衡条件 $Y_1 = E_1$,得到均衡国民收入 $Y_1 = 4000$ 亿元。如果投资增加 100 亿元,由 600 亿元增加到 700 亿元,即 $I_2 = 700$ 亿元,则计划支出也增加,$E_2 = C + I_2 = 1000 + 0.6Y + 700$。由 $Y_2 = E_2$,得到均衡国民收入 $Y_2 = 4250$ 亿元。在本例中,计划投资增加了 100 亿元,均衡国民收入由 4000 亿元增加到 4250 亿元,均衡国民收入增加了 250 亿元,均衡国民收入增加的数量是投资增加量的 2.5 倍(见图 3-30)。

计划投资增加,引起计划支出增加,在社会产出未达到充分就业产出时计划支出的增

加必然引起均衡国民收入增加。但为什么均衡国民收入会增加得更多呢？我们以开发商投资一项房地产项目为例来说明这一现象。假设某一房地产开发商修建一个总投资额为 100 亿元的商业住宅小区。修建商业住宅需要购买水泥、钢材等原材料，租用或购买吊车、升降机、搅拌机等机器设备，支付建筑工人的工资，偿还银行的贷款利息，等等。因此，这 100 亿元投资最终会以工资、租金、利息和利润的形式流入到生产要素所有者（或居民）手中，这样居民的总收入增加了和这项投资等量的数额。但是事情并未到此结束，人们可支配收入的增加会提升消费支出的增加，假设居民的边际消费倾向为 0.6，那么居民会增加支出 60 亿元（0.6×100）购买新的消费品和服务，同时这会推动企业再次增加消费品和服务的产出，这些商品的生产者又会增加 60 亿元的收入，他们会再次增加消费支出 36 亿元（0.6×60），这一过程会继续下去，每一轮新增加的支出都是上一轮收入的 60%，剩余的 40% 则是由于储蓄发生的漏出（leaks out）。如此循环往复，引发了总产出的多轮增加现象。

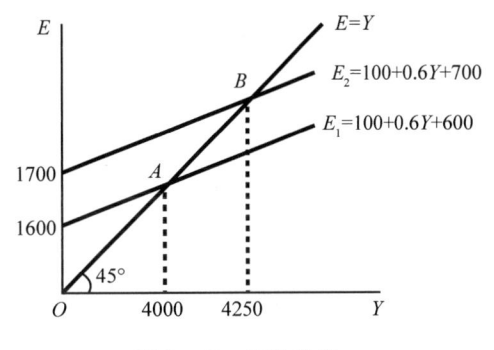

图 3 – 30　乘数效应

由此，房地产开发商最初的 100 亿元投资就引发了一系列次消费支出的增加。尽管这一系列消费的再增加永无止境，但其数值却是一次比一次减少，最终的总和是一个有限的量。那么，对总产出水平的影响到底有多大呢？我们需要将所有轮次支出增加的量加总起来，具体计算过程如下：

$$初始投资支出 = 100 \text{ 亿元} +$$
$$第 2 轮消费支出的增加 = 0.6 \times 100 = 60 \text{ 亿元} +$$
$$第 3 轮消费支出的增加 = 0.6^2 \times 100 = 36 \text{ 亿元} +$$
$$第 4 轮消费支出的增加 = 0.6^3 \times 100 = 10.8 \text{ 亿元}$$
$$\vdots \qquad \qquad \vdots$$
$$实际 GDP 总的增加数量 = (1 + 0.6 + 0.6^2 + 0.6^3 + \cdots) \times 100 \text{ 亿元}$$

其中，等式右边括号内是一个无穷等比数列求和表达式，即 $1 + x + x^2 + x^3 + \cdots$，由于 x 的值在 0—1，利用等比数列求和公式和求极限原理，该数列等于 $1/(1-x)$，因此实际 GDP 总的增加数量为：

$$实际 GDP 总的增加数量 = \frac{1}{1-0.6} \times 100 = 250 \text{ 亿元}$$

这一结果与前文运用均衡条件分析的结果相同。国民收入增加的数量是投资增加量的 2.5 倍，这个倍数就是乘数。乘数是指均衡国民收入的变动量与带来这种变动的自发支出变动量的比率。本例中，投资增加带来均衡国民收入增加量是投资增加量的 2.5 倍，由于均衡国民收入的增加是由自发投资增加引起的，因此该乘数称为投资乘数。

那么，该如何计算投资乘数呢？

由实际 GDP 总的增加数量 $= \frac{1}{1-0.6} \times 100 = 250$ 亿元，得到：

$$\Delta Y = \frac{1}{1-MPC} \times \Delta I$$

其中 ΔY 是实际 GDP 总的增加数量，ΔI 是投资的增加量，上式可以调整为：

$$\frac{\Delta Y}{\Delta I} = \frac{1}{1-MPC}$$

设定 k_I 为投资乘数，则有：

$$k_I = \frac{1}{1-MPC} = \frac{1}{1-\beta} \tag{3-24}$$

此外，可以从均衡国民收入条件推导投资乘数。过程如下：

$$Y = E = \alpha + \beta Y + I$$

因此，均衡国民收入为：

$$Y = \frac{\alpha + I}{1-\beta}$$

均衡国民收入 Y 对投资 I 求导，得到：

$$k_I = \frac{dY}{dI} = \frac{1}{1-\beta}$$

由于边际消费倾向 MPC 介于 0—1，因此，投资乘数大于 1，说明投资支出和均衡国民收入同向变化，而且如果投资增加（减少），会引起均衡国民收入更大数量的增加（减少）。

从投资乘数的表达式可知，投资乘数的大小取决于边际消费倾向，边际消费倾向越大，或者边际储蓄倾向越小，则投资乘数越大。投资乘数的值之所以取决于边际消费倾向，是因为 MPC 的值决定了与前一轮相比的扩张规模有多大，换言之，MPC 的值越大，在每一轮中漏出的可支配收入越少，用于消费支出的份额越大。同样道理，如果投资减少，也会带来国民收入成倍地减少。所以，投资乘数的作用是双向的。

二 与政府相关的乘数

前文我们讨论的是两部门经济，现在我们扩展为三部门经济体系。与两部门经济相比，多了政府部门，经济主体包含家庭、企业和政府。政府支出包括政府购买产品和劳务以及对居民的政府转移支付，政府转移支付是政府提供给居民但并未从居民那里得到产品和劳务的支出，包括政府用于社会保险和福利的支出，可以视为负税收。政府收入来自税收。在三部门经济中，计划支出包括消费支出、投资和政府购买。

三部门经济中的计划支出为：

$$E = C + I + G$$

三部门经济中，家庭的可支配收入为 $Y^d = Y - T - T_r$，T 为定量税，T_r 为政府转移支付，将家庭可支配收入 Y^d 代入消费函数。计划支出可进一步写为：

$$E = \alpha + \beta(Y - T + T_r) + I + G$$

由均衡国民收入条件：

$$Y = \alpha + \beta(Y - T + T_r) + I + G$$

对上式进行整理，可以得到均衡国民收入的表达式为：

$$Y = \frac{\alpha + I + G - \beta T + \beta T_r}{1 - \beta} \tag{3-25}$$

通过（3-25）式，我们可以求出与政府相关的四个乘数。

（一）政府购买支出乘数

政府购买支出乘数是指均衡国民收入的变动量与带来这种变动的政府购买支出变动量的比率。我们利用均衡国民收入条件求政府购买乘数。由（3-25）式，均衡国民收入 Y 对政府购买 G 求导，得到政府购买支出乘数为：

$$k_G = \frac{dY}{dG} = \frac{1}{1 - \beta} \tag{3-26}$$

其中，k_G 为政府购买支出乘数。如果边际消费倾向为 0.6，政府购买支出乘数为 2.5。我们发现政府购买支出乘数和投资乘数相同，这是因为政府购买支出增加和投资增加对计划支出的影响相同。如政府花费 100 亿元修建桥梁和道路，那么在第一轮政府对产品和劳务的购买将直接增加对产品和劳务的总支出 100 亿元，同时企业因生产政府需要的产品和劳务将获得收益，这些收益以工资、租金、利息和利润的形式流到居民手中，由此带来可支配收入的增加也将提高消费支出，消费支出的增加反过来推动企业增加产出，导致可支配收入的进一步增加，从而带动新一轮的消费支出增长，如此持续下去。

（二）税收乘数

税收乘数是指均衡国民收入的变动量与带来这种变动的税收变动量的比率。我们将讨论定量税变动对国民收入的影响。同样由（3-25）式，均衡国民收入 Y 对税收 T 求导，得到税收乘数为：

$$k_T = \frac{dY}{dT} = \frac{-\beta}{1 - \beta} \tag{3-27}$$

其中，k_T 为税收乘数。如果边际消费倾向为 0.6，税收乘数为 -1.5。不同于投资乘数和政府购买支出乘数，税收乘数是负数，表明国民收入随着税收的增加而减少，随着税收的减少而增加。这是因为政府减税时，人们的可支配收入增加，从而使消费支出增加，导致国民收入增加。

政府减税增加人们可支配收入并引发一系列消费支出的增加，但是总的效应小于同样规模政府购买支出增加所产生的效应。这是因为居民并未将减税额都用于消费，只是将其中 MPC 比例的部分用于消费，1 - MPC 的部分储蓄起来。所以，税收乘数的绝对值小于政府购买支出乘数。

（三）政府转移支付乘数

政府转移支付乘数指均衡国民收入的变动量与带来这种变动的政府转移支付变动量的

比率。同样由（3-25）式，均衡国民收入 Y 对转移支付 Tr 求导，得到转移支付乘数为：

$$k_{Tr} = \frac{dY}{dTr} = \frac{\beta}{1-\beta} \qquad (3-28)$$

其中，k_{Tr} 为转移支付乘数。如果边际消费倾向为 0.6，税收乘数为 1.5，转移支付乘数大于 0，表明国民收入随着政府对居民转移支付的增加而增加。这是因为政府转移支付增加会提高居民的可支配收入，从而引发一系列的消费支出的增加，导致国民收入增加。

我们发现，转移支付乘数和税收乘数互为相反数，这是因为转移支付和减税对均衡国民收入的影响路径相同。政府转移支付增加提高了居民的可支配收入，人们会将其中 MPC 比例的部分用于消费，$1-MPC$ 的部分储蓄起来。

由于政府购买支出乘数大于税收乘数绝对值和政府转移支付乘数，所以，改变政府购买水平对宏观经济活动的效果要大于税收和转移支付的效果，改变政府购买支出数量是财政政策中最有效的手段。

（四）平衡预算乘数

平衡预算乘数是指政府收入（税收）和政府购买支出同时以相等的数量增加或减少时，均衡国民收入变动对政府收支或税收变动的比率。如果政府购买支出和税收都增加相同数量以维持政府预算平衡，即 $\Delta G = \Delta T$，ΔG 和 ΔT 分别是政府购买支出和税收的改变量。通过前面分析的政府购买支出乘数和税收乘数可以得到对国民收入的影响为：

$$\Delta Y = k_G \Delta G + k_T \Delta T = \frac{\Delta G + \beta \Delta T}{1-\beta}$$

由于 $\Delta G = \Delta T$，所以有：

$$\Delta Y = \Delta G = \Delta T$$

于是：

$$k_b = \frac{\Delta Y}{\Delta G} = \frac{\Delta Y}{\Delta T} = 1 \qquad (3-29)$$

其中，k_b 为平衡预算乘数。平衡预算乘数为 1，大于 0，这是由于政府购买支出乘数大于税收乘数，所以，尽管政府购买支出和税收同方向变动相同的数量，但政府购买支出对国民收入的影响占主导。由于政府购买支出和税收变动对国民收入的作用方向相反，因此，平衡预算乘数小于政府购买支出乘数。

假设边际消费倾向为 0.6，政府购买支出乘数为 2.5，税收乘数为 -1.5，这时如果政府购买支出和税收同时增加 100 亿元，那么政府购买支出增加会使国民收入增加 250 亿元，税收增加会使国民收入减少 150 亿元，最终，国民收入增加了 100 亿元，即国民收入增加了与政府购买支出和税收变动相同的数量。

节俭悖论是宏观经济学的经典案例，该案例常常用于说明两个问题：一是理解宏观经济学与微观经济学的区别；二是数以千万计的个人行为的累计效果将远大于这些个人行为的简单加总。许多家庭和企业出于对未来可能遭遇的经济困难的担忧，会削减支出以做防范。因为消费者减少支出，引发企业销量下降，企业裁减员工，这种削减支出的举动会使经济陷入衰退。结果家庭和企业的境况会比他们不削减支出时的状况变得更糟。之所以被称为悖论，是因为节俭这个看起来是出于良好愿望的行为——通过增加储蓄以便谨慎应对未来的经济困难——结果却对每个人都造成了损害。运用乘数原理，我们现在能够解释为什么会发生这样的悖论。假定消费性支出或投资支出下降，或者二者都下降，这会引致比最初支出下降数量大得多的国民收入的下降。

三 比例税制下的乘数

前文我们在讨论乘数时，税收都是定量税，即征税额度和人们的收入无关。但现实经济中政府很少征收一次性定量税；相反，政府获得的绝大多数税收收入与实际 GDP 水平成正比，这就是比例税。比例税情况下，乘数的大小将会发生变化，接下来我们将讨论比例税制下的各个乘数。

假定政府从实际收入中以税收形式获得的部分为 t，这里 t 为税率，取值介于 0—1。我们仍然利用前面房地产开发商修建一个总投资额 100 亿元住宅小区的例子加以说明。依条件可知，投资支出增加 100 亿元，第一轮实际 GDP 增加 100 亿元。没有税收时，可支配收入也增加 100 亿元。但在征收比例税的条件下，100 亿元新增加的收入中 t 的比例部分要缴税，这样新增加的可支配收入为 $(1-t) \times 100$ 亿元。第二轮新增加的消费支出等于 $MPC \times (1-t) \times 100$ 亿元。第三轮新增加的消费支出为 $MPC \times (1-t) \times [MPC \times (1-t) \times 100]$ 亿元，如此持续下去。所以对实际 GDP 总的影响为：

初始投资支出 = 100 亿元 +
第 2 轮消费支出的增加 = $MPC \times (1-t) \times 100$ 亿元 +
第 3 轮消费支出的增加 = $[MPC \times (1-t)]^2 \times 100$ 亿元 +
第 4 轮消费支出的增加 = $[MPC \times (1-t)]^3 \times 100$ 亿元 +
⋮ ⋮
实际 GDP 总的增加数量 = $[MPC \times (1-t)]^n \times 100$ 亿元

其中，等式右边括号内是一个无穷等比数列求和表达式，即 $1 + x + x^2 + x^3 + \cdots + x^n$，由于 $x = MPC \times (1-t)$，利用等比数列求和公式和求极限原理，该数列等于 $1/(1-x)$，因此实际 GDP 总的增加数量为：

$$\text{实际 GDP 总的增加数量} = \frac{1}{1 - MPC \times (1-t)} \times 100 \text{ 亿元}$$

投资乘数为：

$$k_I = \frac{1}{1 - MPC \times (1-t)} = \frac{1}{1 - \beta(1-t)} \quad (3-30)$$

和没有比例税收的投资乘数相比，比例税制下的乘数更小，而且随着税率 t 的增加，乘数值会变小。如果边际消费倾向为 0.6，没有比例税收的情况下，乘数为 2.5。现在假设 $t = 0.2$，乘数为 1.923。

乘数原理是经济萧条时凯恩斯主张政府采取扩张性财政政策的重要理论支撑，正是借助乘数效应，凯恩斯提出增加政府购买支出对于稳定经济运行具有重要意义。但是乘数效应的发挥受到很多因素的制约，这些制约因素正是前文设定的假设条件。首先，社会存在大量闲置资源。经济萧条时期，即使在社会需求增加的情况下也不会引起社会物价水平的提高。其次，利率保持不变。因为社会需求的增加往往引起利率提高，从而使投资减少，使政府购买支出增加的乘数效应减少。最后，人们收入增加引起的消费增加都是用于购买本国产品，这样才能提高本国的产出和收入水平，如果是购买国外产品，那么对本国的生产则不会产生有力的影响。

四　中国财政支出乘数

政府财政支出乘数关系到政府财政政策效应，因此，对该乘数的估算成为学术界关注的对象。扩张性财政政策通过增加消费来提高社会总需求，在利率不变的条件下估算的乘数会更大。但现实经济中，产品市场和货币市场互相联系，相互影响，社会总需求的增加必然会导致市场利率的提高，从而抑制社会消费和投资，产生政府支出增加对私人消费和投资的挤出效应。如果政府配合以扩张性的货币政策则有利于维持原来的市场利率，不会产生挤出效应。可见，财政政策和货币政策的协调配合影响乘数的大小。

乘数效应的大小还受到总供给的影响。如果社会存在闲置生产要素，即存在过剩生产能力的条件下，例如萧条经济时期，社会总需求决定均衡国民收入。这种情况下扩张性的财政政策对总需求和均衡收入就能产生成倍的扩大效应。如果社会生产要素已经得到了充分有效利用，那么就没有额外的生产能力来满足增加的需求，社会最终的产出也会受到影响。

此外，传统凯恩斯政府支出乘数没有考虑跨期选择和政府预算对宏观经济的影响。在新古典一般均衡模型中，微观经济主体需要遵循跨期预算约束，若政府当期减税，家庭当期可支配收入增加，但政府为了维持平衡预算，未来就要增加等量税收，家庭未来的可支配收入就要等量减少，这意味着家庭在当期和未来总的可支配收入不变，因此政府当期减税的扩张性财政政策不会影响消费者的消费选择，即李嘉图等价定理。因此，乘数效应受到政府支出的融资方式的影响。

政府支出乘数是美国联邦政府分析《2009 年美国经济复苏和再投资法案》效应的一个关键问题，这个乘数也引起了大家广泛的讨论。美国经济学家罗伯特·巴罗（Robert Barro）指出，"政府支出不是免费的午餐"，考虑了政府税收跨期约束的政府支出总乘数充其量为 1；要是考虑到政府支出排挤私人消费支出、投资支出和净出口，政府支出总乘数会变小。

在实证研究方面，财政乘数的估计因数据选取或计量方法的不同，会产生很大的差异。Blanchard 和 Perotti 利用 VAR 方法对财政乘数的大小进行估计，发现美国公共支出乘数接近于1①。Barro 和 Redlick 利用美国军费开支作为政府支出的工具变量，估计出财政支出乘数的结果显著小于1②。Auerbach 和 Gorodnichenko 评估不同经济周期阶段的财政支出乘数，发现经济处于扩张和衰退时期的财政支出乘数差异较大，扩张时期政府支出乘数在0—0.5，而衰退时期可以达到1—1.5③。Christiano 等研究发现，当经济处于零利率下限时政府支出乘数会有更高的乘数效应④。

早期中国学者主要采用时间序列方法测度中国财政支出乘数普遍大于1。晁毓欣选取1984—1999 年的数据，估算出1985—2000 年开放经济下历年财政政策乘数的均值为1.19⑤。高铁梅等利用20 世纪90 年代的季度数据，估计中国的财政支出乘数在1.7—1.98 变动，若剔除挤出效应，财政政策乘数在1.4—1.9⑥。郭庆旺等使用1999—2003 年的月度数据，测算出积极财政政策乘数在1.6—1.7⑦。李生祥和丛树海选取1985—2000 年数据，测算出政府购买支出的短期乘数在1.45 左右，长期乘数在1.8 左右⑧。李永友基于 SVAR 模型和反事实分析，动态考察了中国以扩支增收为主要特征的财政调控，认为危机下的财政支出乘数效应特别显著，但长期乘数效应却较弱⑨。林桐和王文甫发现，政府投资支出乘数基本上都高于政府消费支出乘数，特别是经济过热或经济衰退时期政府投资支出政策都表现出更为显著的效果⑩。

近年来，包含微观基础的动态随机一般均衡模型（DSGE）成为测算政府财政政策乘数的主要方法，这种方法更加注重不同部门微观经济主体之间行为的相互影响，因此，会考虑到挤出效应和货币政策效应⑪。王国静和田国强在考虑政府消费和私人消费之间的互补性、政府投资的外部性及财政政策规则内生性的基础上，构建了大型 DSGE 模型，分别估计得到中国政府消费乘数为0.7904，政府投资乘数为6.1130。杨慎可从理论上对财政支出乘数进行测算，并基于 DSGE 模型分析了政府财政支出对产出、投资和消费的动态乘数效应，发现中国财政支出对产出的短期乘数较大但长期乘数较小，并认为财政政策的挤

---

① Blanchard, O., and Perotti, R., "An Empirical Characterization of the Dynamic Effects of Changes in Government Spending and Taxes on Output", *Quarterly Journal of Economics*, Vol. 117, No. 4, 1999, pp. 1329 – 1368.

② Barro, R. J., and Redlick, C. J., "Macroeconomic Effects from Government Purchases and Taxes", *Quarterly Journal of Economics*, Vol. 126, No. 1, 2011, pp. 51 – 102.

③ Auerbach, A. J., and Gorodnichenko, Y., "Measuring the Output Responses to Fiscal Policy", National Bureau of Economic Research, No. w16311, 2010.

④ Christiano, L., Eichenbaum, M., and Rebelo, S., "When is the Government Spending Multiplier Large?", *Journal of Political Economy*, Vol. 119, No. 1, 2010, pp. 78 – 121.

⑤ 晁毓欣：《中国开放经济下的财政和货币政策——规范和实证分析》，《中央财经大学学报》2002 年第9 期。

⑥ 高铁梅、李晓芳、赵昕东：《我国财政政策乘数效应的动态分析》，《财贸经济》2002 年第2 期。

⑦ 郭庆旺、吕冰洋、何乘材：《积极财政政策的乘数效应》，《财政研究》2004 年第8 期。

⑧ 李生祥、丛树海：《中国财政政策理论乘数和实际乘数效应研究》，《财经研究》2004 年第1 期。

⑨ 李永友：《市场主体信心与财政乘数效应的非线性特征——基于 SVAR 模型的反事实分析》，《管理世界》2012 年第1 期。

⑩ 林桐、王文甫：《不同经济状态下政府支出乘数的差异性研究》，《财贸经济》2017 年第8 期。

⑪ 王国静、田国强：《政府支出乘数》，《经济研究》2014 年第9 期。

出效应减小了财政扩张对产出的刺激①。张开和龚六堂构建含有制造业部门与服务业部门的两部门 DSGE 模型分析政府消费型支出与投资型支出的结构性效应②。研究发现,制造业部门消费型支出的短期乘数为 0.7276,12 季度后的长期乘数为 0.2941。制造业部门投资型支出的短期乘数为 0.7741,12 季度后的长期乘数为 0.6887,服务业投资型支出的短期乘数为 0.8430,12 季度后的长期乘数为 0.8310,因此,服务业投资支出乘数大于制造业部门的投资型支出乘数,政府消费型支出乘数最小。

本章小结

1. 一国的生产水平取决于生产过程中投入的生产要素和技术水平。

2. 要素收入等于要素的价格与要素投入数量的乘积。要素价格由要素市场的供求决定,要素投入数量由企业利润最大化的最优决策决定。完全竞争条件下,企业按照要素的边际产量等于要素价格的利润最大化条件确定对要素的需求量。如果生产函数规模报酬不变,根据欧拉定理,总收入会在资本和劳动两种要素间分配完。与其他国家相比较,中国劳动收入份额偏低,产业结构变动、劳动收入份额的周期性变动、有偏技术进步、不完全竞争以及商品和资本的全球化是导致中国劳动收入份额偏低的主要因素。

3. 封闭经济条件下,计划支出由消费、投资和政府购买组成。消费取决于可支配收入,与可支配收入正相关。计划投资取决于实际利率,与实际利率负相关。政府购买、税收和转移支付是由财政政策决定的外生因素。随着经济的增长,中国居民消费结构逐步升级,但受到可支配收入水平、收入分配、文化传统、社会保障等因素的影响,导致居民的消费能力不足、消费意愿不强,最终导致中国居民消费率偏低。

4. 均衡国民收入是总收入和计划支出相一致时的产出。在凯恩斯交叉图中,计划支出线和 45°线相交时的产出是均衡产出或均衡国民收入。当收入和计划支出不相等时,企业通过存货的调整实现收入—支出的均衡。

5. 在社会一般物价水平和利率不变的条件下,总支出的自发变化会导致消费的连锁反应,由此引发实际产出的变化量是自发支出初始变化量的倍数,这就是乘数。乘数的大小取决于边际消费倾向。边际消费倾向越大,乘数越大,任一数量的总支出的自发变化所导致的实际产出的变化也越大。在 DSGE 框架下估算中国财政支出乘数的研究发现,财政支出的短期乘数大于长期乘数,政府消费型支出乘数小于政府投资型支出乘数。

---

① 杨慎可:《成本渠道与财政支出乘数——基于新凯恩斯模型分析》,《财经问题研究》2014 年第 5 期。
② 张开、龚六堂:《多部门模型中的政府支出乘数》,《华中科技大学学报》(社会科学版) 2017 年第 3 期。

思考题

1. 统计核算恒等式储蓄＝投资与两部门均衡条件储蓄＝投资是否相同，为什么？
2. 导致中国劳动收入偏低的因素有哪些？劳动收入份额偏低对宏观经济会产生什么影响？
3. 利用凯恩斯交叉图分析均衡国民收入的形成过程。
4. 请比较增加失业救济金与减少公司对股东分红应缴纳税收对社会总需求产生影响的大小。
5. 什么是节俭悖论？请利用乘数原理分析其产生的机理。
6. 请分析凯恩斯消费理论和永久收入假说的区别。
7. 乘数效应发生受到哪些因素的影响？
8. 假设在两部门经济中，自发消费为 2000 亿元，边际消费倾向为 0.8，计划投资为 4000 亿元。求：
   (1) 当实际 GDP 是 8000 亿元时，非计划的存货投资是多少？
   (2) 收入—支出平衡时的 Y 是多少？
   (3) 投资乘数是多少？
   (4) 如果计划投资增加到 5000 亿元，新的均衡收入是多少？
9. 三部门经济中，边际消费倾向为 0.8，所得税税率为 0.25，如果政府想要总产出增加 750 万元。请计算：
   (1) 政府购买支出应该增加多少？政府预算如何变动？
   (2) 政府税收应该减少多少？政府预算如何变动？

第四章　经济周期理论 I：总需求

视频讲解

学习目标

1. 了解经济周期的典型事实。
2. 掌握凯恩斯主义货币需求理论的主要内容。
3. 掌握 *IS* 曲线和 *LM* 曲线的推导过程。
4. 能够分析财政政策和货币政策的影响。
5. 掌握总需求曲线的推导过程。
6. 掌握 *IS – LM* 模型的政策有效性区域。

本书第三章收入—支出模型中，主要讨论产品市场，没有讨论货币市场，假设利率不变。本章将引入货币市场，仍假设价格水平不变，但利率可变，构建 *IS – LM* 模型，并由此推导出宏观经济分析框架中的"总需求曲线"。

第一节　经济周期的典型事实

虽然现代宏观经济学能够描述经济体系稳定运行的基本趋势，但实际经济运行状态未必总是遵循基本趋势，这种实际经济运行状态对基本趋势的偏离情形被称为"经济周期"。经济周期具有以下三项典型事实。

一　事实 1：经济周期是不可避免、没有规律、无法预测的现象

经济周期是市场经济运行过程中的不可避免现象。在中国特色社会主义市场经济体系的运行过程中，各种类型市场经济组织将会进行纷繁复杂的市场经济活动，从而使实际经济运行场景中呈现出多元化的"经济生态体系"。正因为如此，实际经济运行状态经常会偏离宏观经济理论描述的稳定增长趋势，这意味着经济周期将是不可避免的现象。

经济周期是没有规律的现象。虽然大多数教科书采用"经济周期"称谓，但它实际上

是没有规律可遵循的。没有哪两次经济周期是完全相同的，因此一些教科书将之称为"经济波动"，以说明每次经济周期的基本形态都是不规则的。

经济周期是无法预测的现象。凯恩斯说，"长期内我们都死了"。从宏观经济理论角度来看，经济周期的未来变动趋势具有不确定性。人们只能通过回顾过去的经济周期现象，不断总结过去历次经济周期的共同特征，以便为判断社会经济体系变动的未来趋势提供有价值的参考资料。然而，"逝者如斯夫"，过去仅仅是过去，经济周期的未来趋势终究充满着不确定性。

二 事实2：经济周期具有阶段性

经济周期具有明显的阶段性特征。宏观经济学对经济周期阶段有两种划分方式。第一种划分方式是将经济周期分为扩张阶段和紧缩阶段。其中，扩张阶段意味着实际经济体系运行处于基本趋势线上方，收缩阶段意味着实际经济体系运行处于基本趋势线下方。第二种划分方式是将经济周期分为四个阶段：复苏、繁荣、衰退、萧条。其中，复苏阶段和繁荣阶段可以被合并起来，对应着第一种划分方式中的扩张阶段；衰退阶段和萧条阶段可以被合并起来，对应着第一种划分方式中的紧缩阶段。

三 事实3：大多数宏观经济变量同时发生变动

描述经济周期的最重要指标是真实GDP，它被用于衡量某一既定时期内生产的所有最终产品和劳务的市场价格总额。通常情况下，当经济周期处于扩张阶段时，真实GDP将会增加；当经济周期处于收缩阶段时，真实GDP将会减少。

随着经济周期的阶段性演进过程，大多数宏观经济变量将会同时发生变动。①经济周期处于扩张阶段时呈现的主要现象是：工业生产增加、投资增加、信用扩张、消费者支出增加、各种物品销售额增加、物价水平上升、就业增加；同时大多数社会公众普遍对未来充满乐观情绪。②经济周期处于紧缩阶段时呈现的主要现象是：工业生产减少、投资减少、信用收缩、消费者支出减少、各种物品销售额减少、物价水平下降、就业减少；同时大多数社会公众普遍对未来持有悲观情绪。

第二节 产品市场均衡与 IS 曲线

针对宏观经济运行过程中存在着经济周期的事实，凯恩斯主义的宏观经济模型需要逐步强化现实解释能力。在凯恩斯主义宏观经济理论的发展演进过程中，它在继续坚持需求力量的重要性基础上，逐步进行理论模型扩展。具体步骤如下：第一步是基于产品市场均衡推导出 IS 曲线；第二步是基于货币市场均衡推导出 LM 曲线；第三步是基于将产品市场均衡和货币市场均衡结合起来，构建 IS – LM 模型，并由此推导出"总需求曲线"。

一 IS 曲线的含义

在两部门经济体系中，宏观经济均衡的实现条件是企业投资等于国民储蓄，即 $I=S$。根据简单凯恩斯主义宏观经济模型中的相关知识，在预期投资收益率不变的前提条件下，企业投资是关于利率的减函数，即 $I=I(r)$。国民储蓄是国民可支配收入减去消费，由本书第三章可知，$S=Y-C=S(Y)$。因此，在既定的社会一般物价水平条件下，$S=-\alpha+(1-\beta)Y^d$。当 $I(r)=S(Y)$ 时，社会对最终产品和服务的需求等于实际总产出，表明产品市场实现均衡，满足该均衡条件的利率和收入组合点形成的一条曲线满足 $I=S$，因此称为 IS 曲线。由于该曲线由产品市场均衡条件推导而来，因此，该曲线上的每一个点都满足产品市场均衡。

利用投资函数和储蓄函数，我们可以推导出在价格水平一定的条件下使产品市场供给和需求相等时的利率和收入的函数关系，称为 IS 方程。由 $I=e-dr$，$S=-\alpha+(1-\beta)Y$，可推导出均衡国民收入的表达式为：

$$Y=\frac{\alpha+e-dr}{1-\beta} \tag{4-1}$$

或者可以写为：

$$r=\frac{\alpha+e-(1-\beta)Y}{d} \tag{4-2}$$

（4-1）式和（4-2）式是分别将收入和利率作为因变量的 IS 方程，但这并不表示利率和收入的因果关系。如果利率和收入满足上述方程，则表明产品市场均衡。如果投资函数为 $I=1250-250r$，消费函数为 $C=500+0.6Y$，可以推导出 IS 方程为：

$$r=\frac{\alpha+e-(1-\beta)Y}{d}=\frac{500+1250-(1-0.6)Y}{250}=7-0.0016Y$$

或者

$$Y=\frac{\alpha+e-dr}{1-\beta}=\frac{500+1250-250r}{1-0.6}=4375-625r$$

依据（4-2）式，IS 曲线的斜率为 $\frac{\beta-1}{d}<0$，因此 IS 曲线是一条负斜率的直线，如图 4-1 所示。图 4-1 中，纵坐标是利率，横坐标是国民收入，产品市场均衡时，如果利率下降，均衡收入增加。

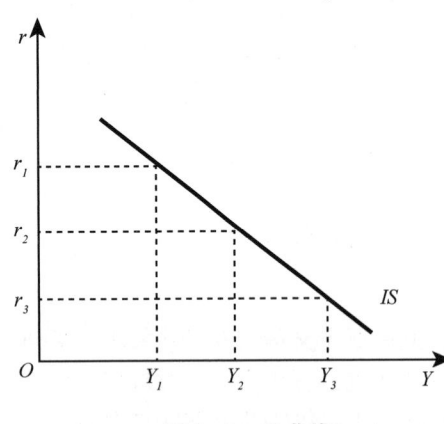

图 4-1 IS 曲线

二 IS 曲线的推导

根据前文 IS 曲线的代数推导过程，我们能够得知，在以利率 r 为纵坐标和以国民收入 Y 为横坐标的坐标系中，存在着某条曲线来表达产品市场均衡条件。然而，我们目前尚无法直观判断这条曲线的具体形状，解决这个问题需要借助图形推导 IS 曲线，我们将采用两种方式推导 IS 曲线。

一种方式是利用凯恩斯交叉图来推导 IS 曲线，这种方法可用于两部门、三部门和四部门条件下推导 IS 曲线，如图 4-2 所示。

图 4-2 (a) 是凯恩斯交叉图，利率是 r_1 时，投资是 $I(r_1)$，计划支出是 E_1，计划支出线 E_1 与 45°线相交于点 A，表明产品市场均衡，均衡收入是 Y_1。接下来在纵坐标是利率，横坐标是国民收入的图 4-2 (b) 中确定均衡点 A 的利率和收入的组合点 (r_1, Y_1) 的位置。此时如果利率下降，由 r_1 下降到 r_2，由于投资是利率的减函数，因此投资需求提高，投资需求由 $I(r_1)$ 提高到 $I(r_2)$，计划支出增加，计划支出线由 E_1 向上移动到 E_2，移动的距离是投资增加的数量。计划支出线 E_2 与 45°线相交于点 B，实现新的产品市场均衡，均衡收入增加，变为 Y_2。接下来在图 4-2 (b) 中确定点 B 的利率和收入的组合点 (r_2, Y_2) 的位置，由于利率 r_2 低于 r_1，Y_2 大于 Y_1，因此，图 4-2 (b) 图中点 B 在点 A 的右下方。连接 A、B 两点，就得到一条向右下倾斜的 IS 曲线。向右下倾斜的 IS 曲线表明，在产品市场，当利率下降（提高）时，均衡收入就会提高（下降），两者呈现反向变化关系。

此外，在两部门经济中，IS 曲线还可以通过 $I(r) = S(Y)$ 的均衡条件来推导。在进行 IS 曲线的几何推导过程之前，本书阐释需要交代三点说明：①为分析简便，各条"曲线"都被近似看作"直线"，它们是相应函数关系的示意图；②如果将 IS 曲线简化为一条直线，那么确定 IS 曲线倾斜方向的前提条件就只需要两个点；③IS 曲线的几何推导基础条件是产品市场均衡，即 $I(r) = S(Y)$。推导过程如图 4-3 所示。

图 4-3 (a) 描述产品市场均衡条件 $I(r) = S(Y)$ 的左边部分，即在以利率 r 为纵坐标和以企业投资 I 为横坐标的坐标系中，描述企业投资函数 $I(r)$ 的几何图形。由于企业投资 I 是关于利率 r 的减函数，因此在图 4-3 (a) 中，企业投资曲线表现为一条向右下方倾斜的直线。

图 4-3 (c) 描述产品市场均衡条件 $I(r) = S(Y)$ 的右边部分。即在以国民储蓄 S 为纵坐标和以国民收入 Y 为横坐标的坐标系中，描述国民储蓄函数 $S(Y)$ 的几何图形。由于国民储蓄函数 S 是关于国民收入 Y 的增函数，因此在图 4-3 (c) 中，国民储蓄曲线表现为一条向右上方倾斜的直线。

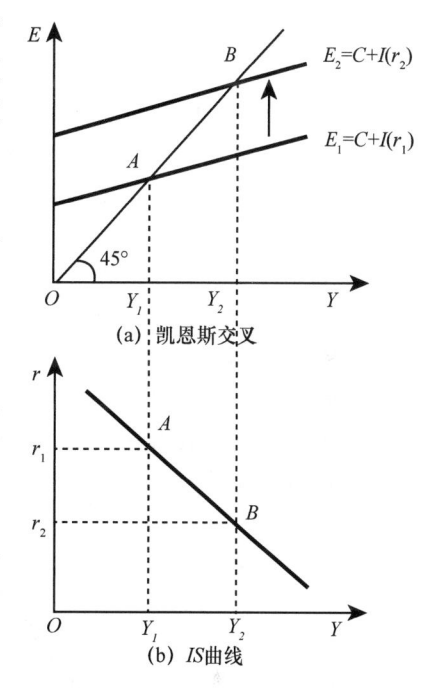

图 4-2 凯恩斯交叉推导 IS 曲线

图4-3（b）描述产品市场均衡条件 $I(r) = S(Y)$ 中的等号。即在以国民储蓄 S 为纵坐标和以企业投资 I 为横坐标的坐标系中，描述产品市场均衡的实现条件 $I = S$。毫无疑问，产品市场均衡的实现条件表现为上述坐标系中的横坐标与纵坐标相等，满足这项条件的一系列点集合将会构成图4-3（b）中由原点发出且为45°线。

图4-3（d）就是我们希望推导得到的 IS 曲线几何图形。即在以利率 r 为纵坐标和以国民收入 Y 为横坐标的坐标系中，利用 IS 曲线来描述产品市场均衡时的映射关系。具体过程如下。

（1）当利率为 r_1 时：①根据图4-3（a）中的企业投资函数曲线，得到此时企业投资 I_1；②继续在图4-3（b）中，根据产品市场均衡条件 $I = S$，在45°线上将会存在着对应点，由此得到此时国民储蓄 S_1；③接着根据图4-3（c）中的国民储蓄函数曲线，得到此时国民收入 Y_1；④综合而言，r_1 对应着 I_1，I_1 对应着 S_1，S_1 对应着 Y_1，因此 r_1 与 Y_1 存在着一一对应关系，这里表现为图4-3（d）中的点 A。

（2）同样道理，当利率调整为 r_2 时：①根据图4-3（a）中的企业投资函数曲线，得到此时企业投资 I_2；②继续在图4-3（b）中，根据产品市场均衡条件 $I = S$，在45°线上能够找到对应点，由此得到此时国民储蓄 S_2；③接着根据图4-3（c）中的国民储蓄函数曲线，得到此时国民收入 Y_2；④综合而言，r_2 对应着 I_2，I_2 对应着 S_2，S_2 对应着 Y_2，因此 r_2 与 Y_2 存在着一一对应关系，这里表现为图4-3（d）中的点 B。

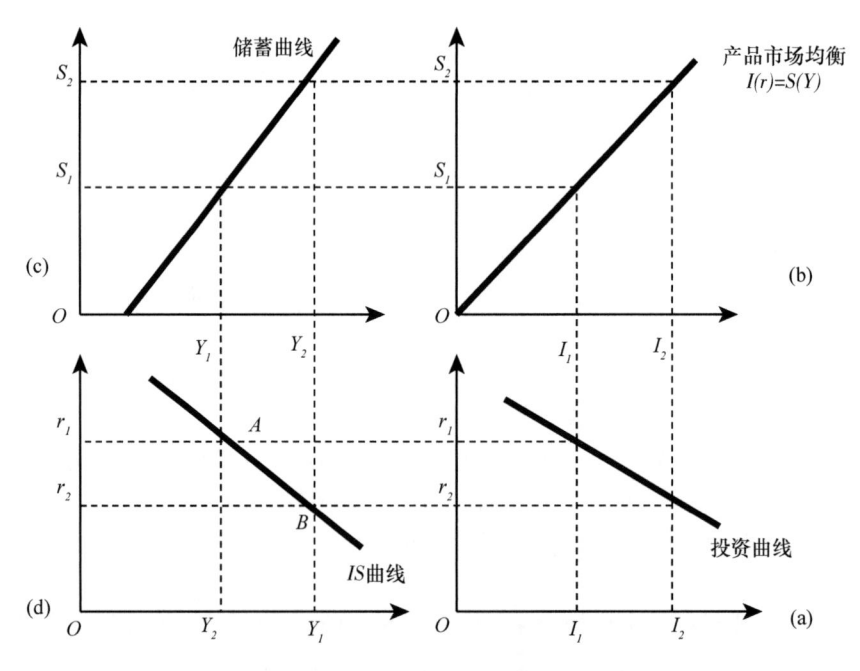

图4-3 IS 曲线的推导

(3) 连接图 4-3 (d) 中的点 A 和点 B 得到一条直线,它对应着产品市场均衡条件 I = S,因此这条直线的名称就是"IS 曲线"。进而言之,在以利率 r 为纵坐标和以国民收入 Y 为横坐标的坐标系中,IS 曲线是一条向右下方倾斜的直线,它意味着利率 r 与国民收入 Y 呈反向变动关系。

三 IS 曲线的斜率

在上述推导过程中,包括 IS 曲线在内的所有"曲线"都被近似处理为"直线",它们的斜率都被视为不变。但从严格意义上来讲,IS 曲线的斜率是可能变化的。那么 IS 曲线的斜率变化受到哪些因素影响呢?根据 IS 曲线的代数方程 $r = \frac{\alpha + e}{d} - \frac{1-\beta}{d}Y$,可知 IS 曲线的斜率为 $-\frac{1-\beta}{d}$,由于 $0 < \beta < 1$,$d > 0$,所以 $-\frac{1-\beta}{d} < 0$,表明产品市场均衡时利率和收入之间的反向变化关系。这种关系可描述为,当利率水平下降时,投资需求增加,引起人们的计划支出增加,从而计划支出大于实际产出,这样实际产出必须增加才能保证产品市场的均衡。因此,利率和收入呈现反向关系。

此外,IS 曲线斜率的大小取决于 β 和 d。

1. 边际消费倾向 b。在以利率 r 为纵坐标和以国民收入 Y 为横坐标的坐标系中,边际消费倾向 β 将会影响 IS 曲线的斜率 $-\frac{1-\beta}{d}$,其绝对值 $\left|-\frac{1-\beta}{d}\right| = \frac{1-\beta}{d}$,决定了 IS 曲线的倾斜程度。这意味着,在其他条件不变的情况下,如果边际消费倾向 β 越大,则 IS 曲线斜率的绝对值 $\frac{1-\beta}{d}$ 越小,因此 IS 曲线越平缓。这是因为 β 较大时,自主支出乘数较大,当利率的较小变动引起投资变化时会对收入产生较大幅度影响,在图形中利率的较小变动和收入较大变动相结合,IS 曲线较平缓。

2. 企业投资需求对利率变动的反应程度 d。在以利率 r 为纵坐标和以国民收入 Y 为横坐标的坐标系中,在其他条件不变的情况下,如果企业投资需求对利率变动的反应程度 d 越大,则 IS 曲线斜率的绝对值 $\frac{1-\beta}{d}$ 越小,因此 IS 曲线越平缓。这是因为 d 较大时,利率的较小变动引起投资的较大变动,进而引起收入的较大变动,因此,在图形中 IS 曲线较平缓。

IS 曲线的形状(平缓或陡峭)会影响财政政策和货币政策的效应。

四 IS 曲线的移动

IS 曲线是产品市场均衡时利率和收入的组合点的集合,因此,如果构成计划支出中的外生因素发生改变(如自主投资、政府财政政策工具等),那么 IS 曲线将会发生移动。下面我们将从移动的方向和移动数量（距离）两个方面分析外生因素变动对 IS 曲线的影响。

1. 投资变动引起的 IS 曲线移动

这里的投资变动主要强调企业自主投资 e 的变动。通常情况下，当投资边际效率提高，或者技术创新出现，或者企业家对经济前景充满乐观情绪时，企业自主投资 e 都将会变大。我们将利用凯恩斯交叉图分析自主投资变化对 IS 曲线的影响，具体分析如图 4-4 所示。

在图 4-4（a）中，计划支出线 E_1 与 45°线相交于点 A，点 A 在图 4-4（b）中的 IS 曲线上，利率为 r_1，收入为 Y_1。如果自主投资由 e_1 提高到 e_2，计划支出线由 E_1 上移到 E_2，E_2 和 45°线相交于点 B，形成新的产品市场均衡收入为 Y_2，点 B 在图 4-4（b）中的位置为（r_1，Y_2），意味着新的 IS 曲线经过该点，由于决定 IS 曲线斜率的因素没有改变，因此新的 IS 曲线会经过点 B，且与初始的 IS 曲线平行，因此，自主投资增加引起 IS 曲线向右移到图 4-4（b）中的 IS'。

在图 4-4（b）中，IS 曲线向右移动的距离是 $AB = Y_2 - Y_1$，而 $Y_2 - Y_1 = k_I \Delta I = k_I (e_2 - e_1)$，因此，IS 曲线移动的距离是投资乘数与投资改变量的乘积。

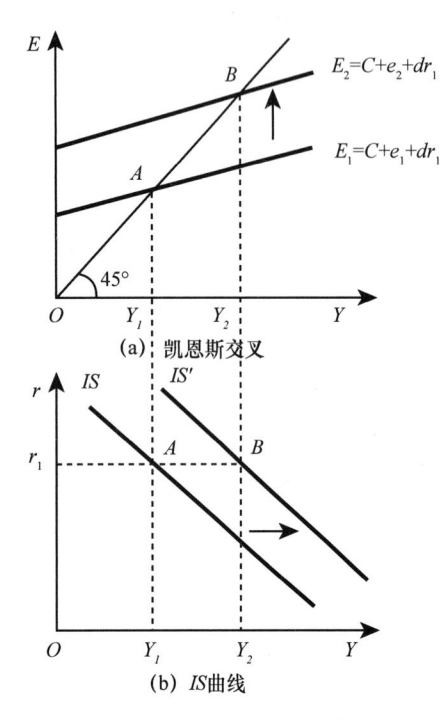

图 4-4　IS 曲线的移动

如果投资需求减少，引起计划支出减少，计划支出线下移导致均衡收入减少，由此引起 IS 曲线向左移。

2. 储蓄变动引起的 IS 曲线移动

这里的储蓄变动主要强调国民自主储蓄（$-\alpha$）的变动，它意味着国民自主消费的变动。通常情况下，当国民变得更加节俭，或者政府提供的最低生活保障标准下降时，国民自主储蓄增加，或者说国民自主消费 α 将会变小。其他因素不变的条件下，国民自主消费下降，使计划支出减少，由此导致均衡国民收入减少，意味着同样的利率水平条件下收入减少，从而引发 IS 曲线向左移动，且移动的数量等于储蓄的改变量乘以乘数。

3. 政府支出变动引起的 IS 曲线移动

政府购买支出是计划支出的一部分，政府购买支出的变动将影响计划支出，从而影响 IS 曲线。如果政府购买支出增加，由于政府购买支出和投资对计划支出的影响相同，因此，会使 IS 曲线向右移，且移动的距离是政府购买乘数乘以政府购买支出的改变量。相反，减少政府购买支出，则会使 IS 曲线左移。

4. 政府税收变动引起的 IS 曲线移动

政府税收变动可能会从两个方面影响社会总需求。一方面政府税收增加会减少国民可支配收入，从而减少国民消费；另一方面政府税收增加会加重企业负担，从而减少企业投资需求。这两方面都会减少社会计划支出，降低均衡收入，引起 IS 曲线向左移动，移动的距离是税收乘数和税收改变量的乘积。相反，如果政府减税，IS 曲线将向右移。

五 产品市场的非均衡

在以利率 r 为纵坐标和收入 Y 为横坐标的坐标系中，IS 曲线上的利率和收入的组合点能使产品市场实现均衡，产品市场处于均衡状态，但当经济不处于 IS 曲线上时，产品市场是非均衡状态，这意味着 $I \neq S$。由于 IS 曲线将坐标系分为两个区域，因此，原有坐标系"空间"中的各点分别处于三种情况：①位置刚好在 IS 曲线上；②位于 IS 曲线的左下方；③位于 IS 曲线的右上方。它们分别对应着宏观经济运行的不同状态，具体分析如图 4-5 所示。

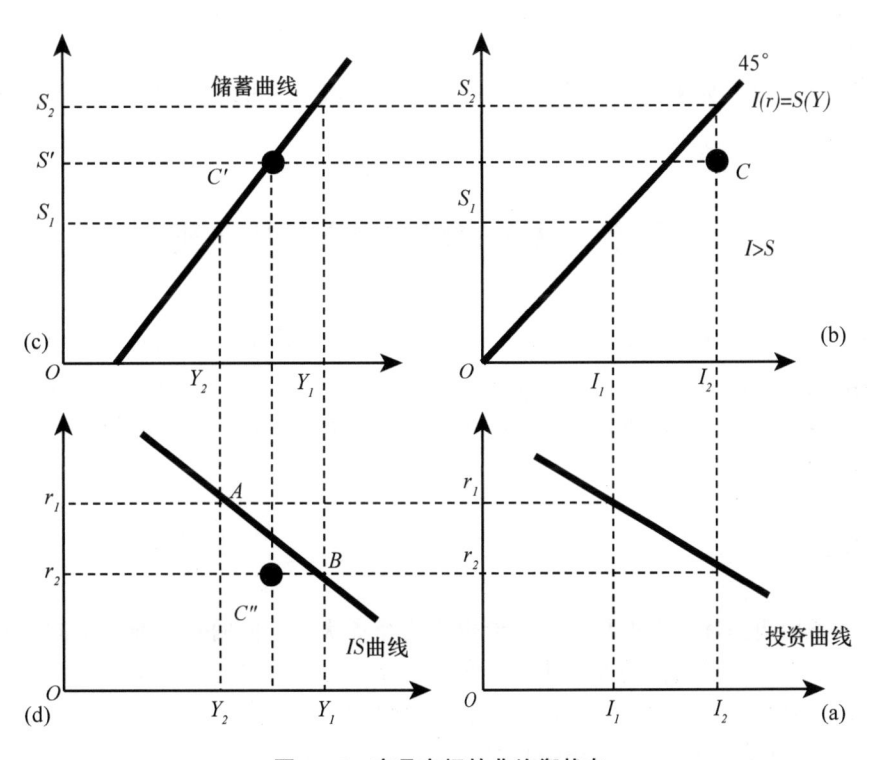

图 4-5 产品市场的非均衡状态

1. 刚好位于 IS 曲线上的点意味着产品市场均衡。例如，图 4-5（d）中的点 A 和点 B。它们是依据产品市场均衡条件推导出来的结果，即 $I = S$。
2. 不在 IS 曲线上的点意味着产品市场非均衡，即 $I \neq S$。这里我们重点讨论 $I > S$

的情况。

（1）讨论产品市场非均衡情况，必须从图 4-5（b）着手：①产品市场均衡时存在着 $I=S$，则对应状态是 45°线上的一系列点；②如果产品市场的需求大于供给（$I>S$），则对应状态是 45°线右下方的各点，如点 C；③如果产品市场的需求小于供给（$I<S$），则对应状态是 45°线左上方的各点。

（2）$I>S$ 时的分析过程：①当利率 r 由 r_1 调整为 r_2 时，在图 4-5（a）中，根据投资曲线确定的企业投资由 I_1 调整为 I_2；②如果产品市场均衡，即 $I=S$；那么在图 4-5（b）中对应状态体现为恰好在 45°线上的一系列点，相应的国民储蓄由 S_1 调整为 S_2；③如果产品市场需求大于供给，即 $I>S$，那么在图 4-5（b）中对应状态体现为 45°线右下方的一系列点（如点 C），由此确定国民储蓄为 S'；④根据国民储蓄曲线，国民储蓄为 S' 时的国民收入是 Y'，体现为在图 4-5（c）中的点 C'；⑤由此可见，当产品市场存在着 $I>S$ 时，r_2 对应着 I_2，I_2 对应着 S'，S' 对应着 Y'，因此 r_2 与 Y' 存在着对应关系，表现为图 4-5（d）中的点 C''。简而言之，当产品市场的需求大于供给时，对应状态点位于 IS 曲线的左下方。

（3）同样道理，如果产品市场需求小于供给（$I<S$），那么对应状态点位于 IS 曲线的右上方。

第三节　货币市场均衡与 LM 曲线

由 IS 曲线可知，只有在确定利率水平之后才能确定均衡国民收入。凯恩斯认为，利率由货币市场决定，即货币需求和货币供给相互作用，当两者相等时决定均衡利率水平。在凯恩斯货币理论中，货币供给由一国的中央银行独立决定，是外生变量。我们将详细阐述货币需求理论。

一　货币需求

货币市场均衡是货币需求与货币供给相等的经济状态。根据凯恩斯主义的宏观经济理论，货币需求理论的重点就是探讨社会公众基于什么原因而愿意持有货币，而货币需求数量就是社会公众基于各种理由而愿意持有的货币数量总和。

（一）人们愿意持有货币的三种动机

根据凯恩斯主义的货币需求理论，社会公众持有货币时将会丧失相应的利息收入，这是社会公众持有货币时的"机会成本"。如果将社会公众愿意持有货币的"预期收益"视为货币资产形式的"有用性"，那么人们愿意持有货币的主要动机有以下三种情形。

1. 交易动机。其主要指人们持有货币的初始动机是进行正常交易活动。由于人们为满足日常生活需要必须购买各种生活物资，而这些物资要求人们用货币形式进行直接支付，这就使人们必须为此准备一定数量货币。事实上，人们总是将个人资产总量划分出来一部分，准备用于购买生活物资和满足生活需要，因此人们需要以货币形式持有这部分资产。通常情况下，当国民收入越高时，人们为满足更高生活标准而希望购买的生活物资越多，因此交易动机将会越大。

2. 谨慎动机。又被称为"预防性动机"，其主要指人们为防备将来出现意外情况而提前准备一定数量货币。在真实世界中，由于未来可能会出现事故、失业、疾病等意外情况，因此人们希望在意外情况来临之前进行"未雨绸缪"，提前准备一定数量货币以应对这种情况。通常情况下，当国民收入越高时，人们有更强能力和更高意愿来防范未来可能面临的各种意外情况，因此谨慎动机将会越大。

3. 投机动机。其指人们持有货币是为了在金融市场上抓住购买有价证券的有利机会。利率是人们持有货币的机会成本，如果利率上升，意味着持有货币的机会成本上升，人们会倾向于减少货币的持有，而增加购买有价证券来获得利息收益。相反，如果利率下降，意味着持有货币的机会成本降低，人们会倾向于卖出有价证券，而增加货币持有量来满足流动性偏好。因此，因投机动机而产生的货币需求与利率水平呈反向变化关系。

投机货币需求与利率的反向变化关系同时也反映了人们在有价证券市场进行低价买入高价卖出的投机行为。我们以股票这种有价证券为例，假设现在股票市场中某一只股票的价格是100元，有甲、乙、丙三人分别以不同的价格买了这只股票，如果三人都以100元的价格卖出，他们获得的利率如表4-1所示。

由表4-1可知，股票的买入价格越高，获得的收益率（利率）越低，因此，有价证券的价格和利率之间呈反向关系。人们会在低价买入，然后高价卖出，从而获得较高的利率，可见人们正是利用有价证券价格和利率之间的关系获得投机收益。

表4-1　　　　股票价格与利率

	买入价格（元）	利率（%）
甲	80	25
乙	60	67
丙	40	150

然而，存在这样一种情况，当利率极低时，人们会认为利率不大可能再下降，或者说有价证券市场价格不大可能再上升而只会下跌时，人们会将持有的有价证券全部卖出而持有货币。这时，人们有了货币也不会再去购买有价证券，以免证券价格下跌遭受损失。不管有多少货币都愿意持在手中的情况，被称为"流动性偏好陷阱"，或"凯恩斯陷阱"。在各种资产中，货币的流动性是最大的，因此，当经济出现流动偏好陷阱时，人们对投机货币的需求趋于无穷大，同时也是流动性偏好趋于无穷大。这时，即使银行增加货币供给，也无法降低利率。

（二）交易性需求和投机性需求货币量的决定

根据凯恩斯主义者的观点，货币需求数量是人们基于交易动机、谨慎动机、投机动机而愿意持有的货币数量总和。其中，交易动机和谨慎动机产生的实际货币需求量又被合称为"交易性需求"，投机动机产生的实际货币需求量被称为"投机性需求"。

1. 交易性需求。由于交易动机是关于国民收入的增函数，谨慎动机也是关于国民收入的增函数,因此交易性需求是关于国民收入的增函数。通常情况下,交易性需求被记为K,国民收入被记为Y,因此交易性需求的函数形式为$K(Y)$。

2. 投机性需求。投机性需求是关于利率的减函数。通常情况下,投机性需求被记为H,利率被记为r,因此投机性需求的函数形式为$H(r)$。

综合而言,货币需求数量主要来自交易性需求和投机性需求。因此,凯恩斯主义的货币需求函数是:$L = K(Y) + H(r)$。其中交易性需求$K(Y)$是关于国民收入Y的增函数,投机性需求$H(r)$是关于利率r的减函数。

接下来,图4-6为货币需求曲线。在横坐标为货币需求,纵坐标为实际利率的坐标系中,交易性货币需求是关于收入的函数,与利率无关,因此,在图中是一条横轴数值为$K(Y)$的垂直线。投机性货币需求随着利率的下降而增加,图中右下方倾斜,在利率下降到极低时,呈现水平状,表示"流动性陷阱"。

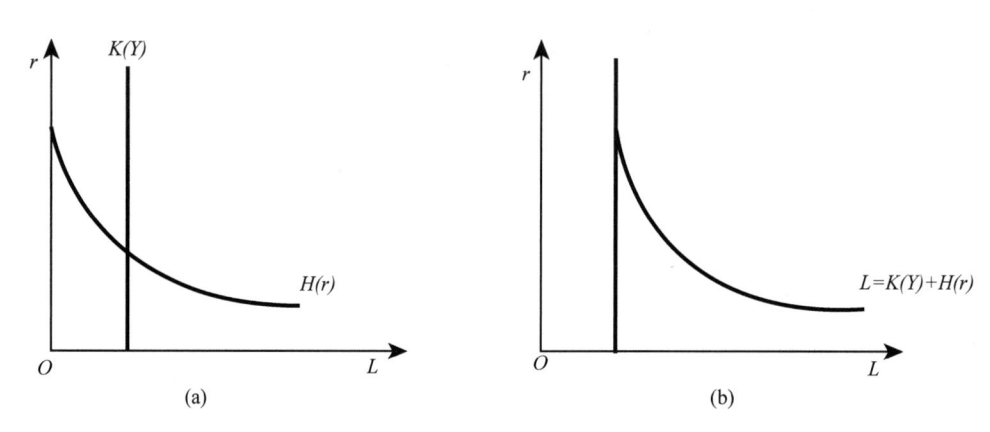

图4-6 凯恩斯主义的货币需求

图4-6中,如果收入发生变动,将引起货币需求曲线的移动。其他因素不变时,如果收入增加,将引起交易性货币增加,由于任一利率水平下的投机性货币需求不变,因此总的货币需求增加,货币需求曲线将向右移。如果收入减少,货币需求曲线将向左移。

二 LM曲线的含义

货币市场均衡是指货币需求等于货币供给。根据凯恩斯主义的货币需求理论,货币需求$L = K(Y) + H(r)$。实际货币供给$m = \dfrac{M}{P}$。其中,名义货币供给M是由中央银行决定的外生变量,假定一般物价水平P不变,因此实际货币供给m是既定数值。

根据货币市场均衡的实现条件$L = m$,依据前文对货币需求和货币供给的分析,我们可以得到$K(Y) + H(r) = \dfrac{M}{P}$。在这个等式中只有两个变量,即收入$Y$和利率$r$,在既定的社会一般物价水平条件下，$S = -\alpha + (1-\beta)Y^d$。当 $K(Y) + H(r) = \dfrac{M}{P}$ 时，货币需求等于货币供给，货币市场实现均衡，满足该均衡条件的利率和收入组合点形成的一条曲线满足 $L = m$，因此称为 LM 曲线。由于该曲线由货币市场均衡条件推导而来，因此，该曲线上的每一个点都满足货币市场均衡。

利用货币需求和货币供给函数，我们可以推导出在价格水平一定的条件下使货币市场供给和需求相等时的利率和收入的函数关系，称为 LM 方程。假定货币需求的交易性需求方程 $K(Y) = a + k \times Y$，参数 k 是收入增加 1 单位引起货币需求量增加的数量，投机性需求方程 $H(r) = b - h \times r$，参数 h 是投机性需求 H 对利率 r 变动的反应程度；又有实际货币供给 $m = \dfrac{M}{P}$；其中 a、k、b、h、M、P 都是为正的常数。根据货币市场的均衡条件 $K(Y) + H(r) = \dfrac{M}{P}$，我们可以得到：$a + k \times Y + b - h \times r = \dfrac{M}{P}$。

整理得到：

$$r = \frac{a + b - \dfrac{M}{P}}{h} + \frac{k}{h} \times Y \tag{4-3}$$

或者：

$$Y = \frac{a + b - \dfrac{M}{P}}{k} + \frac{h}{k} r \tag{4-4}$$

（4-3）式和（4-4）式是分别将收入和利率作为因变量的 LM 方程。如果利率和收入满足上述方程，则表明产品市场均衡。假定实际货币供给 $\dfrac{M}{P} = 70$，货币交易性需求方程 $K(Y) = 40 + 5 \times Y$，货币投机性需求方程 $H(r) = 10 - 2 \times r$。根据货币市场均衡的实现条件，可以推导出 LM 方程为：

$$r = \frac{40 + 10 - 70}{2} + \frac{5}{2}Y = -10 + 2.5Y$$

或者：

$$Y = \frac{40 + 10 - 70}{5} + \frac{2}{5}r = -4 + 0.4r$$

依据（4-3）式，LM 曲线的斜率为 $\dfrac{k}{h} > 0$，因此 LM 曲线是一条正斜率的直线，如图 4-7 所示。图 4-7 中，纵坐标是利率，横坐标是国民收入，货币市场均衡时，如果利率上升，均衡收入增加。

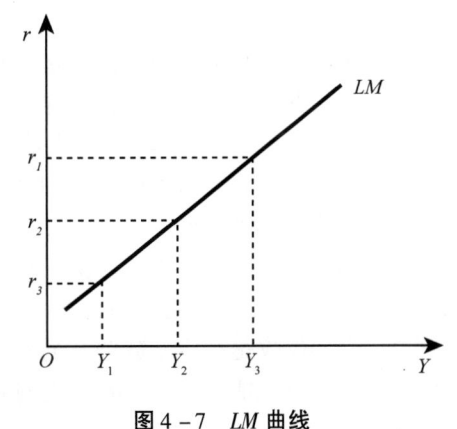

图 4-7 LM 曲线

三 LM 曲线的推导

根据 LM 方程的推导过程，我们知道在以利率 r 为纵坐标和以国民收入 Y 为横坐标的坐标系中，存在着某条曲线表示货币市场均衡，如图 4-7 中的 LM 曲线。接下来，我们将利用图形推导 LM 曲线的由来。与 IS 曲线的推导类似，我们将采用两种方式推导 IS 曲线。

一种方式是利用货币市场均衡条件来推导 LM 曲线，如图 4-8 所示。图 4-8（a）表示货币市场，实际货币供给量为 m，收入为 Y_1 时货币需求量是 L。货币需求曲线和货币供给曲线相交于 E_1 点，表明货币需求等于货币供给，货币市场均衡，均衡利率是 r_1。在图 4-8（b）中，均衡点 E_1 是实际利率为 r_1、收入为 Y_1 的组合点，同时也是代表货币市场均衡的 LM 曲线上的一点。

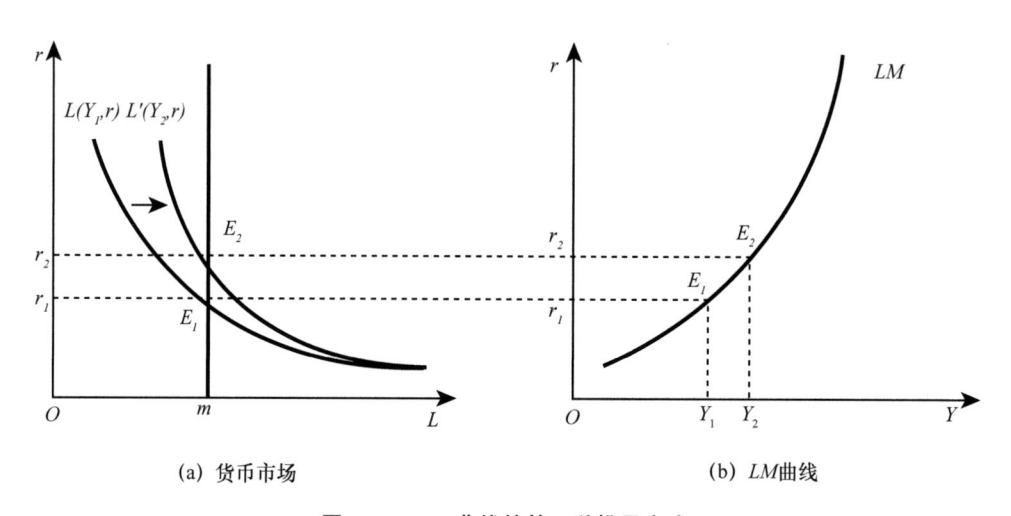

图 4-8 LM 曲线的第一种推导方式

如果收入由 Y_1 增加到 Y_2，引起交易性货币需求增加，货币需求曲线 L 向右移至 L′。L′ 与货币供给曲线相交于 E_2 点，此时，货币需求等于货币供给，货币市场均衡，均衡利率是 r_2。在图 4-8（b）中，均衡点 E_2 是实际利率为 r_2、收入为 Y_2 的组合点，也是 LM 曲线上的一点。对于所有收入水平做相同的操作，就会产生一系列的货币市场均衡的利率和收入的组合点，连接起来就形成了 LM 曲线。

我们还可以通过分别考虑交易性货币需求和投机性货币需求来推导 LM 曲线。在进行 LM 曲线的几何推导过程之前，我们也需要进行三点说明：①这里的各条曲线都被简化为直线，它们仅仅是相应函数关系的示意图；②如果将 LM 曲线简化为一条直线，那就只需要确定两个点就能够确定 LM 曲线的倾斜方向；③LM 曲线的几何推导基础条件是货币市场均衡的实现条件，即 $K(Y) + H(r) = \dfrac{M}{P}$。

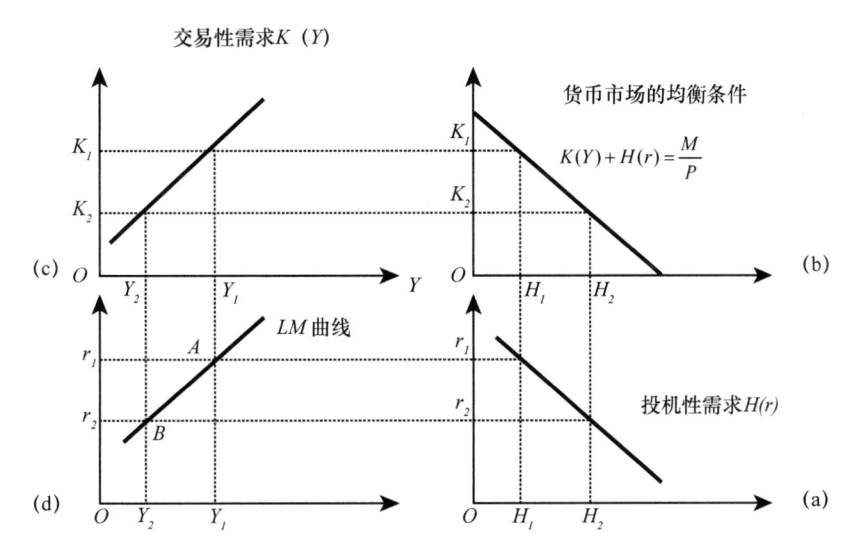

图4-9 LM曲线的第二种推导方式

图4-9（a）描述货币市场均衡条件 $K(Y)+H(r)=\dfrac{M}{P}$ 中的投机性需求 $H(r)$ 部分。即在以利率 r 为纵坐标和以货币投机性需求 H 为横坐标的坐标系中，描述货币投机性需求函数 $H(r)$ 的几何图形。由于货币投机性需求 H 是关于利率 r 的减函数，因此在图4-9（a）中，货币投机性需求曲线是一条向右下方倾斜的直线。

图4-9（c）描述货币市场均衡条件 $K(Y)+H(r)=\dfrac{M}{P}$ 中的交易性需求 $K(Y)$ 部分。即在以货币交易性需求 K 为纵坐标和以国民收入 Y 为横坐标的坐标系中，描述货币交易性需求函数 $K(Y)$ 的几何图形。由于货币交易性需求 K 是关于国民收入 Y 的增函数，因此在图4-9（c）中，货币交易性需求曲线是一条向右上方倾斜的直线。

图4-9（b）描述货币市场均衡条件 $K(Y)+H(r)=\dfrac{M}{P}$ 中的"等号"。这意味着，在以货币交易性需求 K 为纵坐标和以货币投机性需求 H 为横坐标的坐标系中，描述货币市场均衡的实现条件是 $K+H=\Delta$，即横坐标与纵坐标之和为常数。毫无疑问，满足这项条件的一系列点集合起来，将会构成图4-9（b）中的-45°线。

图4-9（d）是推导得到的 LM 曲线，即满足货币市场均衡的利率和收入 Y 的关系。

四 LM 曲线的斜率

在 LM 曲线的上述推导过程中，包括 LM 曲线在内的所有"曲线"都被近似处理为"直线"，它们的斜率都被视为不变。但在严格意义上来讲，LM 曲线的斜率是可能变化的。

那么，LM 曲线的斜率变化会受到哪些因素影响呢？

根据货币投机性需求方程 $H(r) = b - h \times r$，由于货币投机性需求曲线向右下方倾斜且逐渐变得平坦，所以随着利率 r 下降，参数 h（投机性需求 H 对利率 r 变动的反应程度）将会逐渐变大。

再结合 LM 曲线的代数方程 $r = \dfrac{a + b - \dfrac{M}{P}}{h} + \dfrac{k}{h} \times Y$，在其他参数不变的情况下，当参数 h 变大时，LM 曲线的斜率 $\left(\dfrac{k}{h}\right)$ 将会逐渐变小，则 LM 曲线将会变得越来越平坦。综合而言，随着利率 r 逐渐下降，LM 曲线变得越来越平坦；反之，随着利率 r 逐渐上升，LM 曲线变得越来越陡峭。

当存在"流动性陷阱"时，即利率极低时，投机性货币需求趋于无穷大，图形上是一条水平线。

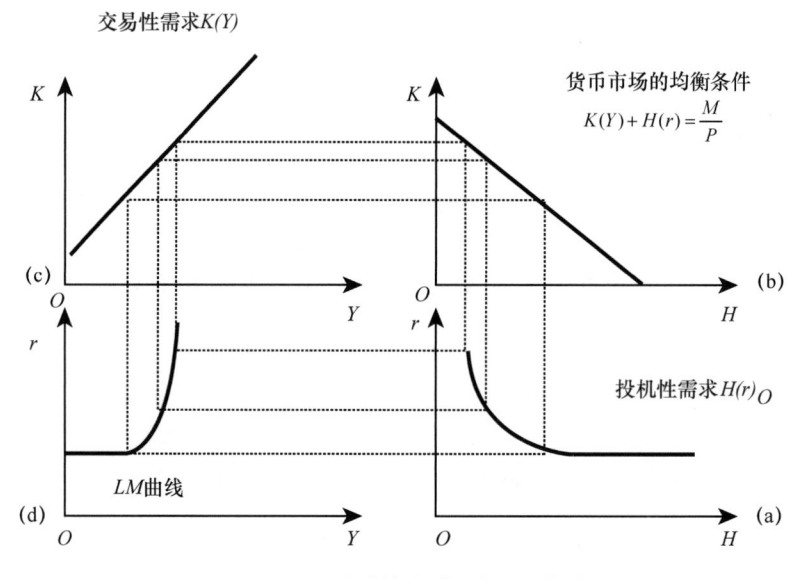

图 4-10 "流动性陷阱"与 LM 曲线

在图 4-10（a）中，投机性货币需求曲线是一条逐渐趋于平坦的曲线；结合 LM 曲线的图形推导过程，在图 4-10（d）中的 LM 曲线将会是一条逐渐趋于陡峭且向右上方倾斜的曲线。这意味着随着收入 Y 的不断上升，LM 曲线的斜率逐渐增大。

特别需要强调的是，在图 4-10（a）中，水平阶段的投机性货币需求曲线被称为"流动性陷阱"，此时利率几乎保持不变而投机性需求可能发生变动。在图 4-10（d）中，相应的 LM 曲线也几乎保持水平状态；这意味着此时利率几乎保持不变，但对应收入可能发生变动。在极端情况下，如果"流动性陷阱"体现为货币投机性需求曲线的水平阶段，则 LM 曲线的对应部分是最左端的水平阶段。

五　LM 曲线的移动

根据 LM 曲线的图形推导过程，结合 $K(Y)=a+k\times Y$，$H(r)=b-h\times r$，LM 曲线的代数方程 $r=\dfrac{a+b-\dfrac{M}{P}}{h}+\dfrac{k}{h}\times Y$，因此得到影响 LM 曲线移动的主要因素有四个。

1. 投机性需求变动引起的 LM 曲线移动

（1）这里的投机性需求变动主要强调初始货币投机性需求数量变动，即 h 变动。通常情况下，当国民和企业对经济前景充满乐观情绪时，资产增值期望更高和货币投机性动机更加强烈，参数 h 将会变大，这意味着投机性需求变得更强烈。具体分析如图 4-11 所示。

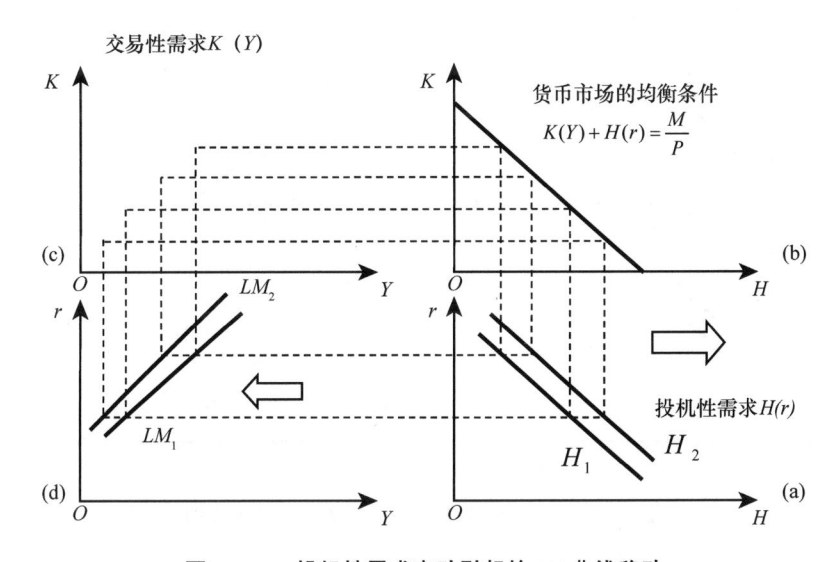

图 4-11　投机性需求变动引起的 LM 曲线移动

（2）根据 LM 曲线的代数方程 $r=\dfrac{a+b-\dfrac{M}{P}}{h}+\dfrac{k}{h}\times Y$，当参数 b 越大时，LM 曲线的截距 $\dfrac{a+b-\dfrac{M}{P}}{h}$ 也将会越大，这意味着 LM 曲线将会在更高位置上。

（3）结合图形分析来看，当货币投机性需求变得更强烈时，图 4-11（a）中的投机性需求曲线由 H_1 向右移动到 H_2；重复 LM 曲线的几何推导过程，将会在图 4-11（d）中的更高位置得到新的 LM 曲线，即 LM 曲线由 LM_1 位置向左上方移动到 LM_2 位置。

103

2. 交易性需求变动引起的 LM 曲线移动

(1) 这里的交易性需求变动主要强调初始货币交易性需求数量变动，即 a 变动。通常情况下，当国民和企业的购买欲望增强时，货币交易性动机将会更加强烈，参数 a 将会变大。具体分析如图 4-12 所示。

(2) 根据 LM 曲线的代数方程，当参数 a 越大时，LM 曲线的截距也将会越大，这意味着 LM 曲线将会在更高位置上。

(3) 结合图形分析来看，当货币投机性需求变得更强烈时，图 4-12（c）中的交易性需求曲线由 K_1 位置向左上方移动到 K_2 位置；重复 LM 曲线的几何推导过程，将会在图 4-12（d）中的更高位置得到新的 LM 曲线，即 LM 曲线由 LM_1 位置向左上方移动到 LM_2 位置。

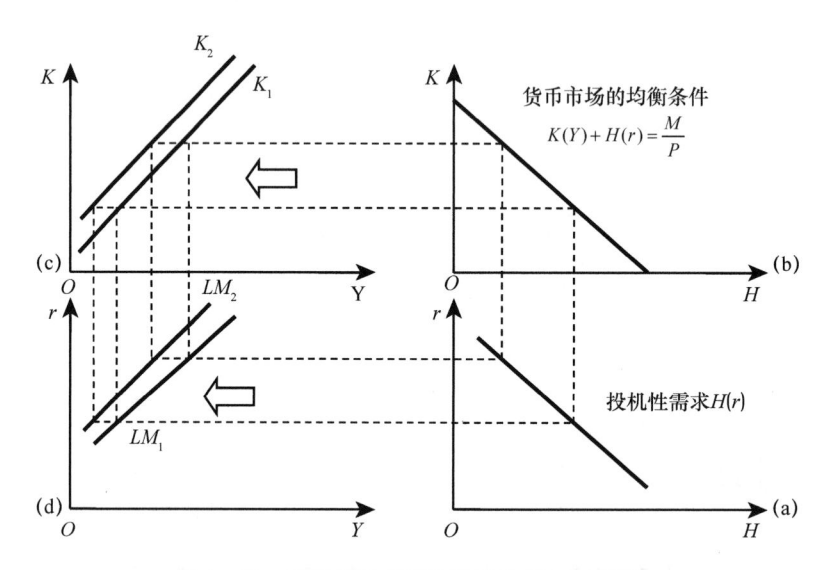

图 4-12 交易性需求变动引起的 LM 曲线移动

3. 名义货币供给变动引起的 LM 曲线移动

(1) 名义货币供给 M 变动将会改变实际货币供给数量 $\frac{M}{P}$，进而影响货币市场均衡条件的具体形式。通常情况下，当政府采取扩张性货币政策时，名义货币供给 M 将会增加，进而实际货币供给 $\frac{M}{P}$ 增加，这就使货币市场均衡时要求的货币需求数量也增加。具体分析如图 4-13 所示。

(2) 根据 LM 曲线的代数方程 $r = \dfrac{a + b - \dfrac{M}{P}}{h} + \dfrac{k}{h} \times Y$，当参数 M 越大时，LM 曲线的截距也将会越小，这意味着 LM 曲线将会在更低位置上。

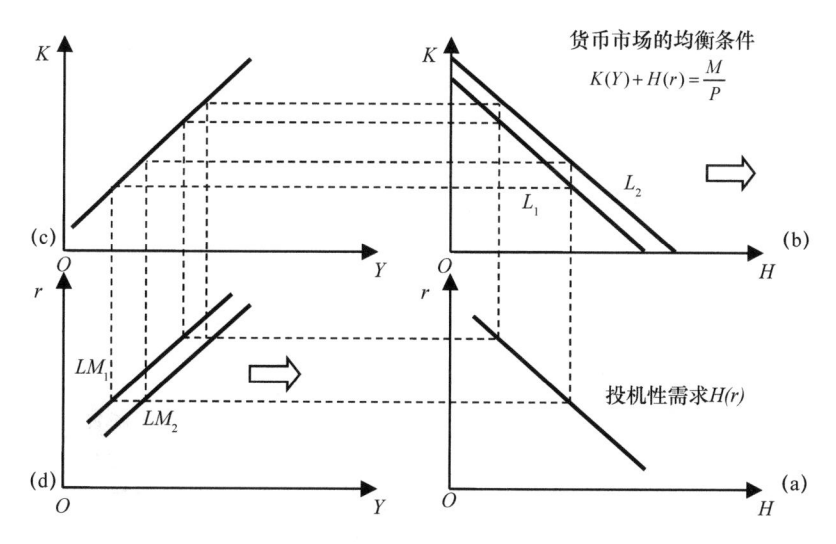

图 4-13 名义货币供给变动引起的 LM 曲线移动

（3）结合图形分析来看，当名义货币供给 M 变大时，图 4-13（b）中的货币市场均衡的实现条件 $L=m=\frac{M}{P}$ 将会变大，所以对应的 -45°线将由 L_1 位置向右移动到 L_2 位置；重复 LM 曲线的几何推导过程，将会在图 4-13（d）中的更低位置得到新的 LM 曲线，即 LM 曲线由 LM_1 位置向右下方移动到 LM_2 位置。

4. 一般价格水平变动引起的 LM 曲线移动

一般价格水平 P 变动将会改变实际货币供给数量 $\frac{M}{P}$，进而影响货币市场均衡条件的具体形式。通常情况下，当宏观经济体系发生通货紧缩时，一般价格水平 P 将会下降，进而使实际货币供给 $\frac{M}{P}$ 增加，导致货币市场均衡时对应的货币需求数量增加。具体分析过程与名义货币供给变动引起的 LM 曲线移动相同。

六 货币市场非均衡的经济状态

在以利率 r 为纵坐标和以国民收入 Y 为横坐标的坐标系中，由于存在着 LM 曲线，原有坐标系"空间"中的点分别存在三种情况：①位置正好在 LM 曲线上；②位于 LM 曲线的右下方；③位于 LM 曲线的左上方。它们分别代表着宏观经济运行的不同状态，具体分析如图 4-14 所示。

1. 刚好位于 LM 曲线上的点意味着货币市场均衡。例如，图 4-14（d）中的点 A 和点 B。它们是依据产品市场均衡条件推导出来的结果，即 L=M。

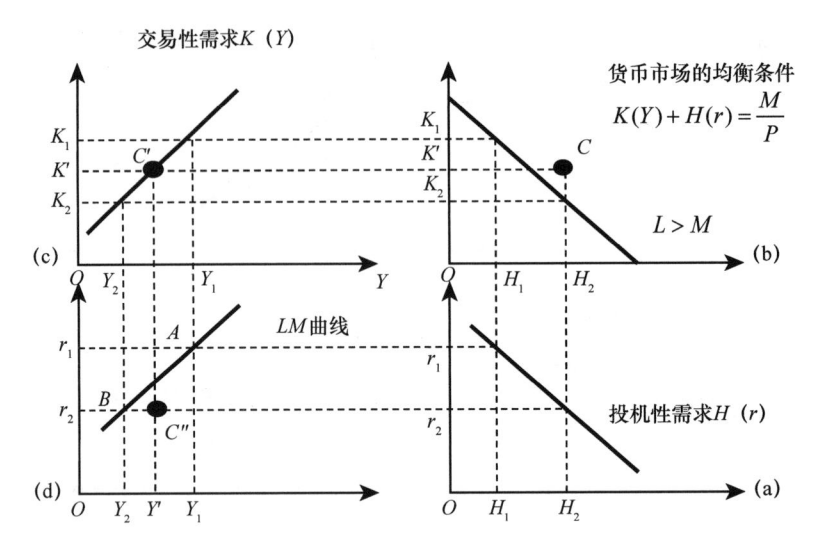

图 4－14　货币市场的非均衡状态

2. 不在 LM 曲线上的点意味着货币市场非均衡，即 $L \neq M$。这里我们重点讨论 $L > M$ 的情况。

（1）讨论货币市场非均衡情况，应当从图 4－14（b）着手：①货币市场均衡时存在着 $L = M$，则对应状态是 $-45°$ 线上的一系列点；②如果货币市场的需求大于供给（$L > M$），则对应状态是 $-45°$ 线右上方的各点，如点 C；③如果货币市场的需求小于供给（$L < M$），则对应状态是 $-45°$ 线左下方的各点。

（2）$L > M$ 时的分析过程：①当利率 r 由 r_1 调整为 r_2 时，在图 4－14（a）中，根据投机性需求曲线确定的投机性需求由 H_1 调整为 H_2；②如果货币市场均衡，即 $L = M$，或者 $K(Y) + H(r) = \dfrac{M}{P}$，那么在图 4－14（b）中对应状态体现为恰好在 $-45°$ 线上的一系列点，相应的货币交易性需求由 K_1 调整为 K_2；③如果货币市场需求大于供给，即 $L > M$，那么在图 4－14（b）中对应状态体现为 $-45°$ 线右上方的一系列点（如点 C），由此确定货币交易性需求为 K'；④根据交易性需求曲线，货币交易性需求为 K' 时的国民收入是 Y'，体现为图 4－14（c）中的点 C'；⑤由此可见，当货币市场存在着 $L > M$ 时，r_2 对应着 H_2，H_2 对应着 K'，K' 对应着 Y'，因此 r_2 与 Y' 存在着对应关系，表现为图 4－14（d）中的点 C''。简而言之，当货币市场需求大于供给时，对应状态点位于 LM 曲线的右下方。

（3）同样道理，如果货币市场需求小于供给（$L < M$）时，那么对应状态点位于 LM 曲线的左上方。

七 中国的货币政策

宏观经济政策是指国家或政府为了增进整个社会经济福利、改进国民经济的运行状况、达到一定的政策目标而有意识和有计划地运用政策工具。宏观经济政策服务于宏观经济的健康运行，可以分为需求管理型政策和供给管理型政策。其中，财政政策和货币政策属于需求管理型政策。货币政策目标是中央银行制定和实施某些货币政策所要达到的特定经济目标，包括稳定物价、充分就业、经济增长和平衡国际收支，这也是一国宏观经济政策所要实现的总目标。

现代国家中央银行主要通过构建货币政策框架来进行宏观经济调控，实现本国的货币政策目标。货币政策框架由货币政策目标、货币政策工具和传导机制构成，可以理解为货币当局即中央银行运用货币政策工具，借助传导机制以实现宏观调控目标的一整套制度安排。中央银行拥有众多货币政策操作工具，但货币政策操作并不能直接实现最终目标，如中央银行的存款准备金率操作并不能直接影响到就业、经济增长、稳定物价或国际收支平衡，而是需要一系列中间变量的传达，最终作用到实体经济，由此形成了货币政策的传导机制：政策工具→操作目标→中介目标→最终目标。操作目标是中央银行运用货币政策工具能够直接影响或控制的目标变量，它介于政策工具和中介目标之间，操作目标主要有基础货币、货币市场利率和存款准备金。货币政策中介目标是中央银行为实现货币政策最终目标而选择的作为货币政策工具调节对象的目标，如长期利率、货币供应量及贷款规模。

之所以要关注中介目标是因为两点。一方面，货币政策的操作具有滞后性和动态性，因此有必要借助一些能够较为迅速地反映经济状况变化的金融或非金融指标作为观察货币政策实施效果的信号。米尔顿·弗里德曼认为，央行货币政策滞后 12—18 个月。另一方面，为避免货币制定者的机会主义行为，中央银行会设定一个名义锚，使公众能够观察和判断货币当局是否言行一致，这有助于货币当局的政策稳定。中介目标作为连接政策工具、操作目标和最终目标的中间变量，不仅要对货币政策工具的运用反应迅速，而且要与最终目标紧密相关，因此，中介目标的变量需要具备可测性、可控性和相关性。可测性指信息资料要能够被中央银行迅速而精确地获得，并且变量指标定义的内涵和外延较为明确与稳定。可控性指通过货币政策工具操作，能够有效地对中介目标变量进行控制。相关性指中介目标变量必须与最终目标变量之间有密切的联系，作为操作目标的变量又必须与中介目标密切相关，此外，由于货币政策在实施的过程中常会受到许多外来因素或非政策因素的干扰，只有那些受干扰程度低的变量才能被选作中介目标。

改革开放以来，中国人民银行的货币政策在宏观经济调控中发挥了巨大的作用。在不同时期，中国人民银行主动适应经济形势发展的需要不断调整完善货币政策宏观调控模式，创新调控方式和政策工具，为中国经济实现快速发展保驾护航，发挥了宏观经济稳定器的作用。2008 年国际金融危机之后，为适应中国经济发展方式和发展结构的转变，中国人民银行加快了货币政策框架转型。

1. 2013年以前的货币政策框架

随着经济发展阶段的不同和经济体制的变革，为适应宏观经济调控的需要，中国的货币政策框架不断发展和完善。1948年，中国人民银行成立。改革开放之前由于中国实行计划经济，推行的是大一统的银行管理体制，中国人民银行既是政府的银行，同时也是办理信贷业务的银行。直到1984年，国务院决定中国人民银行不再办理针对企业和个人的信贷业务，成为专门从事金融监督管理制定和实施货币政策的政府机构。1995年，全国人大三次会议通过了《中华人民共和国中国人民银行法》，在法律上确立了中国人民银行作为中央银行的地位和职能。1998年，中国人民银行取消了商业银行信贷规模限制，标志着中国人民银行开始采用间接调控手段进行宏观调控，取消了原来带有计划经济色彩的信贷管理模式。同年10月，中国人民银行进行机构改革，成立了跨省（自治区、直辖市）的九大分行，形成新的组织框架，实现垂直管理，摆脱了地方政府对中国人民银行信贷货币政策的干预。1998年之后，中国人民银行逐步确立了现代货币政策框架，《中华人民共和国中国人民银行法》确立了保持货币币值稳定并以此促进经济增长的双目标货币政策框架。

作为转型国家和新兴经济体，在长达40多年的宏观调控过程中，中国的货币政策框架主要呈现多目标、数量型、相机抉择等特征，从1987年起，大致可以分为六个发展阶段。第一阶段为1987—1991年，货币政策主要以反通胀为主的硬着陆模式，实行紧缩和宽松交替的货币政策。中国在改革开放之后，各领域需要扩大开支，如价格补贴、放权让利、提高工资、发展基础设施建设等，但由于没有足够的外部资金来源，只能通过扩大财政赤字的方式满足支出需求，导致赤字型通货膨胀。为解决通货膨胀问题，中国人民银行采用的是直接收紧信贷规模为主要手段的硬着陆调控模式。第二阶段为1992—1997年，货币政策主要以反通胀和国际收支平衡为目标，调控模式已经从硬着陆过渡到软着陆模式，实施适度从紧的货币政策。1992年邓小平南方谈话之后，党的十四大确立了建立社会主义市场经济体制的经济改革目标，中国经济从有计划的商品经济向社会主义市场经济转变。这一制度转变进一步解放和发展了社会生产力，经济迅速发展，但由于监管能力不足，出现了乱集资、乱摊派和乱设金融机构等经济金融乱象，1997年又出现了东南亚金融危机。因此，这一阶段的货币政策以防止经济过热、防通胀和实现国际收支平衡、稳定汇率为主要货币政策目标。第三阶段为1998—2002年，实施以反通缩和刺激经济增长为目标的稳健性货币政策。东南亚金融危机之后，中国面临出口下降，货币贬值压力加大等困难，宏观经济首次出现需求不足的问题。在这一背景下，需要运用货币政策稳定汇率，扩大内需，刺激经济增长，因此采用了适度宽松的稳健性货币政策。第四阶段为2003—2007年，货币政策以保持经济平稳增长的稳中从紧的货币政策。2003年前的刺激政策使得中国宏观经济在一定程度上出现了通货膨胀的苗头，同时经过长期的经济快速增长，中国也面临经济结构调整的需要。因此，这一阶段的货币政策一方面要保持经济平稳增长，防止通货膨胀，另一方面希望通过调整货币政策促进经济结构的合理调整。第五个阶段为2008—2012年，保持经济平稳增长的"适度宽松"的货币政策。2008年国际金融危机对中国出口影响巨大，出口需求的下降使中国面临经济下滑的风险。为应对这一局面，中央提出了"四万亿"的刺激计划，使中国经济依然保持高速增长，一直到2011年，中国经济增速依然保持在9.55%的高位。但这刺激计划也使中国信贷规模激增、房地产成为拉动经济的主要支柱产业，地方政府债务高企，宏观金融风险加大。第六个阶段为2013年至今，货币政策目标是稳增长、调结构、防风险，中国货币政策从数量型向价格型转化。这一阶段，中国利率市场化基本完成，汇率形成机制也进行了重大改革，目前中国货币政策具有数量型和价格型双重特征。

2. 2013年之后的货币政策框架

2012年开始，中国经济增长速度结束了近20年10%以上的高速增长，转而进入增速换挡期的新常态。2013年，党中央作出判断，中国经济发展正处于增长速度换挡期、结构调整阵痛期和前期刺激政策消化期"三期叠加"阶段。这一时期，中国的外汇市场和利率市场发生了重大变化。首先，中国国际收支顺差缩小，且趋于平衡。其中，经常项目收支顺差1828亿美元，较上年下降15%，与GDP之比为2.0%，较上年回落0.6%，货物贸易顺差与GDP之比与上年基本持平，服务贸易逆差，这一系列变化导致中国人民币基础货币投放的渠道发生变化。2015年中国与外部经济关系进一步发生变化，中国国际收支第一次出现下降，2015年中国外汇储备资产减少了3429亿美元，对应的外汇占款减少了21537亿元人民币。图4-15呈现了中国人民银行投放基础货币的三个主要渠道，2000年外汇占款投放基础货币和企业再贷款投放基础货币的占比相当，但之后外汇占款增加的基础货币量占比逐年提高，2005年达到80%以上，直到2015年开始逐步下降，2022年下降至约50%。而同期，再贷款（其他存款性机构债权占比）和外汇占款与基础货币投放量比值的变化趋势正相反，2022年，提高至接近50%，表明20年内中国基础货币投放渠道发生了重大变化：从以外汇占款为主到外汇占款下降，以再贷款比重上升的基础货币投放方式。其次，中国市场化汇率形成机制的改革步伐加快。人民币汇率从固定汇率制转向有管理的浮动汇率制，2012年，即期外汇市场汇率波动幅度由0.5%扩大到1.0%，2014年，中国人民银行进一步允许市场汇率波动幅度扩大至2.0%。2015年8月11日中国实行汇率制度改革，进一步完善人民币兑美元中间价汇率形成机制。"8·11"汇改后，人民币汇率实现了双向波动，意味着人民币汇率市场化程度提高。最后，利率市场化进程加快。中国利率的市场化改革以1995年6月放开银行间同业拆借利率为起点；2015年，放开银行存款利率浮动上限，标志着利率市场化基本完成，意味着有可能形成以利率为中介目标的货币政策传导机制，为货币政策从数量型向价格型的转变提供了条件。

货币政策工具一般分为数量型、价格型和结构性，实际操作中，央行需要根据最终目标来选择政策工具。如果要调控基础货币，那么货币政策工具就倾向于数量型；如果是利率，则以价格型工具为主。通常而言，利率市场化程度越高，利率传导机制越畅通，价格型工具越多。中央银行也会更倾向采用价格型工具，以避免对市场产生过量的干预。当前，随着中国金融市场利率市场化、汇率市场化的推进，中国人民银行的货币政策工具种类也越来越多。常用的货币政策工具主要的数量型政策工具包括存款准备金、临时动用准

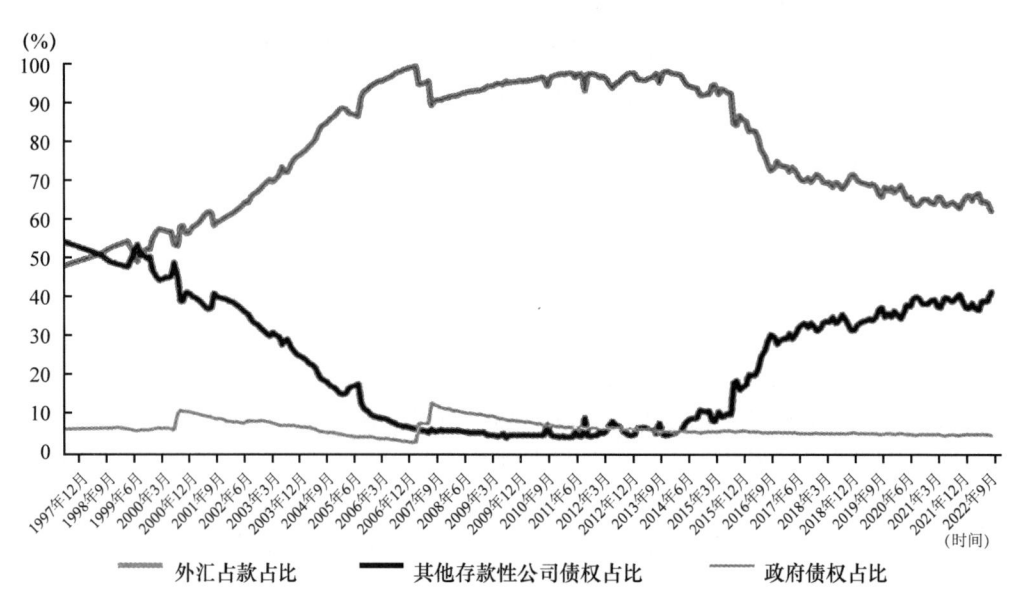

图 4-15 人民币基础货币投放渠道的变化

资料来源：中国人民银行。

备金安排和公开市场操作，价格型政策工具包括存款准备金利率、中期借贷便利（MLF）利率、常备借贷便利（SLF）利率等，中国人民银行构建和完善了很多利率工具（见表 4-3）。结构性工具包括支农再信贷、支小再信贷、扶贫再贷款（PRRO）、再贴现等（见表 4-2）。

表 4-2　　　　　　　　　　　　货币政策工具种类

政策工具类型	具体工具	操作目标
数量型工具	存款准备金（RRR） 临时动用准备金安排（CRA） 公开市场操作（OMO）	基础货币
价格型工具	存款准备金利率（BIR） 公开市场操作（OMO）利率 常备借贷便利（SLF）利率 中期借贷便利（MLF）利率 准备金利率/超额准备金利率（IOR/IORE）	短期利率 长期利率
结构性工具	支农再信贷（ARO） 支小再信贷（SMERO） 扶贫再贷款（PRRO） 再贴现	信贷结构

资料来源：笔者自制。

表 4-3 中国主要利率类型

利率名称	定义	类型
公开市场操作利率	短期限逆回购操作利率（7天）	政策利率
中期借贷便利（MLF）利率	央行投放中期资金利率（1年）	政策利率
常备借贷便利（SLF）利率	央行在利率走廊上限向金融机构按需提供短期资金利率（7天，即7天逆回购利率+100BP）	政策利率
存款基准利率	央行对商业银行对客户存款指导性利率	政策利率
法定准备金利率	央行对金融机构法定准备金支付的利率	政策利率
超额准备金利率	央行对金融机构超额准备金支付的利率，是利率走廊的下限	政策利率
贷款市场报价利率（LPR）	报价行按自身对最优质客户执行的贷款利率报价的算术平均数	市场利率
上海银行间同业拆借（Shibor）利率	央行对等级较高的银行自主报出的同业拆借利率的算术平均数	市场利率
国债收益率	通过市场交易形成的债券市场利率参考指标	市场利率

资料来源：笔者自制。

利率市场化是货币政策框架由数量型转向价格型的重要前提条件，也是货币政策传导机制发挥作用的关键。中国的利率市场化改革从 20 世纪 90 年代中期起步。1993 年，党的十四届三中全会提出了利率市场化改革的基本设想："中央银行按照资金供求状况及时调整基准利率，并允许商业银行存贷款利率在规定幅度内自由浮动。"1995 年，银行间同业拆借利率正式放开，此后中国人民银行坚持管制利率的"破"和市场利率的"立"相结合，按照"放得开、形得成、调得了"的原则，渐进推进利率市场化改革。2003 年，党的十六届三中全会进一步指出："稳步推进利率市场化，建立健全由市场供求决定的利率形成机制，中央银行通过运用货币政策工具引导市场利率。"中国人民银行从以下几个方面逐步实现利率市场化改革。

一是逐步放开利率管制。中国人民银行按照"先货币和债券市场利率，后存贷款利率"的顺序放开利率管制。2015 年 10 月 23 日，中国人民银行取消商业银行等金融机构存款利率浮动上限，标志着完全放开利率行政管制。

二是健全市场利率形成机制。在建立货币市场和债券市场之初，中国人民银行就培育了基于实际交易形成的债券回购利率等具有基准性的利率。2007 年中国人民银行推出了上海银行间同业拆放利率（SHIBOR）。2013 年 10 月建立了 LPR 集中报价和发布机制。

三是完善公开市场操作机制，构建利率走廊。公开市场操作 7 天期逆回购利率是央行短期政策利率。中国人民银行通过每日开展公开市场操作，保持银行体系流动性合理充裕，持续释放短期政策利率信号，使存款类金融机构质押式回购利率（DR）等短期市场利率围绕政策利率波动，并向其他市场利率传导。2013年中国人民银行设立了常备借贷便利工具（SLF），并将SLF利率作为利率走廊上限，即如果货币市场利率高于SLF利率，金融机构就可以选择从央行获得更低价格的流动性。同时，中国人民银行将超额存款准备金利率作为利率走廊下限，如果市场利率低于超额准备金利率，那么金融机构就会选择将资金存放在央行，而非拆借出去。图4-16为2014年12月至2022年12月的7天SLF利率、超额准备金利率和市场7天逆回购利率以及7天存款机构质押回购加权利率，可见市场利率总是在利率走廊范围内上下波动。利率走廊的构建有利于稳定市场预期，增强银行体系流动性的稳定性，维护货币市场利率平稳运行，有效防范流动性风险。

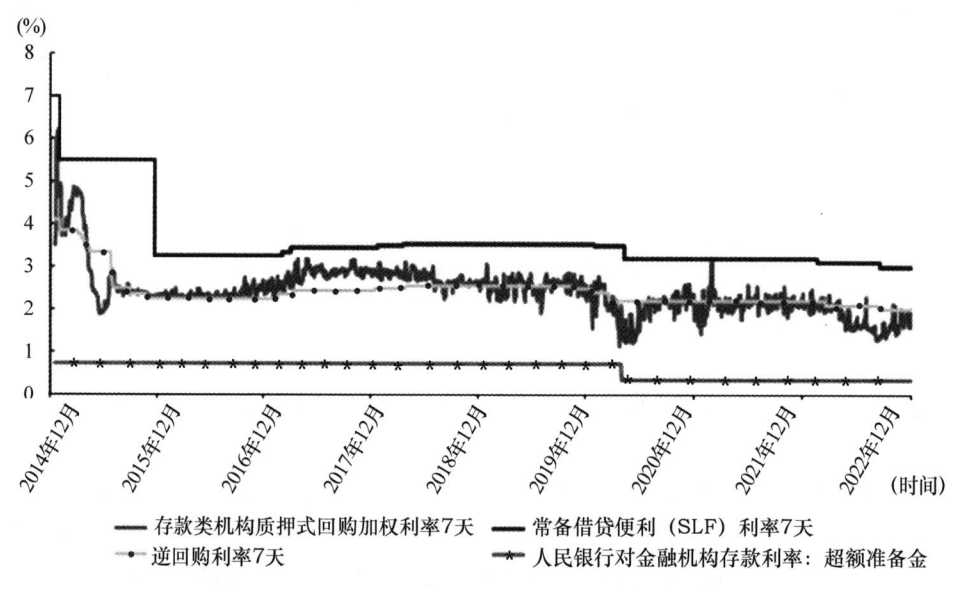

图4-16 短期政策利率和利率走廊

资料来源：中国人民银行。

在利率市场化过程中，虽然存贷款利率浮动的上下限已经放开，但中央银行仍继续公布存贷款基准利率，存贷款基准利率仍是存贷款市场利率定价的锚，作为金融机构利率定价的参考。其中，贷款基准利率一直作为金融机构内部测算贷款利率时的参考基准和对外报价、签订合同时的计价标尺。然而，中国市场化无风险利率发展良好，市场上的质押式回购利率、国债收益率和公开市场操作利率等指标性利率，对金融机构利率定价的参考作用日益增强。由此形成基准利率与市场利率并存的利率"两轨"。从正常的市场经济运行理论而言，货币政策的实施并不需要基准利率这样的价格型政策工具，央行可以进行公开市场业务操作，变动货币供给数量，从而影响市场利率随之变动，达到调整实体经济投资成本的目的。然而，利率双轨制的存在导致货币政策利率传导机制不顺畅，由于存贷款基准利率的锚定效应，导致存贷利率对货币市场利率变化不敏感，银行难以通过调控货币数量供给方式影响存贷款利率。由此，价格型货币政策工具的传导途径通过政府管制利率和市场利率两个渠道进行，且这两个渠道是分割的，导致市场利率传导机制受到削弱。因此，推动利率"两轨并一轨"是利率市场化改革的迫切要求。

2019年8月，中国人民银行推动改革，完善货币市场报价利率（LPR）形成机制。改革后的LPR由报价行根据对最优质客户实际执行的贷款利率，综合考虑资金成本、市场供求、风险溢价等因素，在中期借贷便利（MLF）利率的基础上形成市场化报价。这意味着从货币市场到贷款市场的利率传导机制被进一步疏通。目前，LPR已经成为银行贷款利率的定价基准，金融机构绝大部分贷款已参考LPR定价。2019年12月，央行要求推动存量浮动利率贷款的定价基准转换为LPR，这表明贷款利率市场化改革与利率"双轨并一轨"改革再次迈出重要一步。

此外，从发达国家的实践经验来看，货币政策基准利率要充分发挥作用，重要前提之一是必须拥有完备的国债收益率曲线。但在当前的中国金融市场，由于国债发行规模总体有限，且不同期限结构债券的发行并不均衡，以致尚未形成完备的收益率曲线，因而即使基准利率发生变化，也无法有效地完成货币政策传导。因此，中国政府需要进一步增加国债发行规模，并合理规划不同期限结构的国债发行量，同时扩大投资者在国债市场的参与深度和广度，加快完善国债收益率曲线。

随着宏观金融环境的变化，如经济增速的趋势性下降、金融风险的不断累积与加速显性化、中国国际收支双顺差的消失、外部摩擦与不确定性的增强等，使进一步完善中国货币政策框架变得更为迫切。面对不确定性加大的国内外经济环境，中国人民银行应加大宏观政策调控力度，建设现代中央银行制度，充分发挥货币信贷效能，不断推动经济运行持续好转、内生动力持续增强、社会预期持续改善、风险隐患持续化解，推动经济实现质的有效提升和量的合理增长。具体来看，稳健的货币政策要精准有力，更好发挥货币政策工具的总量和结构双重功能，稳固支持实体经济恢复发展。综合运用多种货币政策工具，保持流动性合理充裕，保持货币供应量和社会融资规模增速同名义经济增速基本匹配。继续深化利率市场化改革，完善央行政策利率体系，持续发挥贷款市场报价利率改革和存款利率市场化调整机制的重要作用，促进企业融资和居民信贷成本稳中有降。结构性货币政策工具"聚焦重点、合理适度、有进有退"，持续加大对小微企业、科技创新、绿色发展等支持力度。切实防范化解重点领域金融风险，统筹协调金融支持地方债务风险化解工作，稳步推动中小金融机构改革化险，守住不发生系统性金融风险的底线。

第四节　产品市场和货币市场的共同均衡：$IS-LM$ 模型

产品市场均衡时实际产出等于计划支出，此时的收入是均衡国民收入。然而计划支出中的投资需求由利率决定，利率由货币市场决定，因此，模型中对于产品市场而言，利率是外生的。货币市场均衡时货币需求等于货币供给,形成均衡利率。然而货币需求量受到收入的影响,因此,模型中对于货币市场而言,收入是外生的。由此,要确定均衡利率和收入,产品市场和货币市场必须同时实现均衡,现实经济中两个市场也是相互联系、互相影响的。因此,我们需要同时考虑产品市场和货币市场的均衡,将产品市场均衡和货币市场均衡的实现条件联立起来,就能够得到确定的国民收入 Y 和利率 r。

一 产品市场均衡和货币市场均衡共同实现

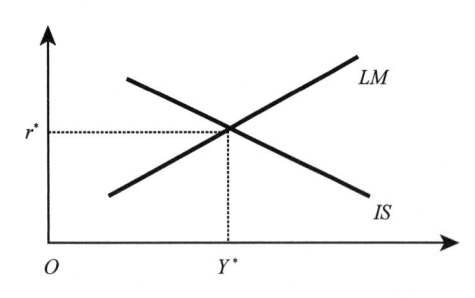

图 4-17 产品市场和货币市场的一般均衡

IS 曲线上任何一个利率和收入的组合点都能使产品市场均衡,LM 曲线上任何一个利率和收入的组合点都能使货币市场均衡,然而,能够使产品市场和货币市场同时均衡的利率和收入的组合点只有一个,即 IS 曲线和 LM 曲线的交点,也是 IS-LM 模型的均衡点。该均衡点的利率和收入值可以通过求解 IS 曲线和 LM 曲线的联立方程组得到。

在以利率 r 为纵坐标和以国民收入 Y 为横坐标的坐标系中,向右下方倾斜的 IS 曲线代表着产品市场均衡,向右上方倾斜的 LM 曲线代表着货币市场均衡。因此产品市场和货币市场共同均衡的点就是 IS 曲线与 LM 曲线的交点,如图 4-17 所示。

二 产品市场非均衡和货币市场非均衡的经济状态

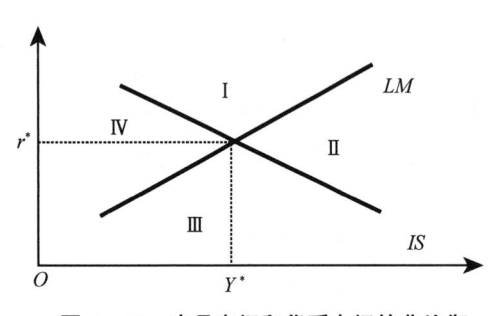

图 4-18 产品市场和货币市场的非均衡

1. 产品市场非均衡的经济状态。在以利率 r 为纵坐标和以国民收入 Y 为横坐标的坐标系中:①当产品市场的需求大于供给 ($I>S$) 时,相应经济状态表现为 IS 曲线左下方的各点,对应着区域Ⅲ和区域Ⅳ;②当产品市场的需求小于供给 ($I<S$) 时,相应经济状态表现为 IS 曲线右上方的各点,对应着区域Ⅰ和区域Ⅱ。具体分析如图 4-18 所示。

2. 货币市场非均衡的经济状态。在以利率 r 为纵坐标和以国民收入 Y 为横坐标的坐标系中:①当货币市场的需求大于供给 ($L>M$) 时,相应经济状态表现为 LM 曲线右下方的各点,对应着区域Ⅱ和区域Ⅲ;②当产品市场的需求小于供给 ($L<M$) 时,相应经济状态表现为 LM 曲线左上方的各点,对应着区域Ⅰ和区域Ⅳ。具体分析如图 4-18 所示。

3. 产品市场非均衡和货币市场非均衡的综合分析。在图 4-18 以利率 r 为纵坐标和以

国民收入 Y 为横坐标的坐标系中存在着以下情况：①区域 Ⅰ 的各点在 IS 曲线右上方位置和 LM 曲线左上方位置，它们代表着产品市场需求小于供给并且货币市场需求小于供给，即 $I<S$ 并且 $L<M$；②区域 Ⅱ 的各点在 IS 曲线右上方位置和 LM 曲线右下方位置，它们代表着产品市场需求小于供给并且货币市场需求大于供给，即 $I<S$ 并且 $L>M$；③区域 Ⅲ 的各点在 IS 曲线左下方和 LM 曲线右下方，它们代表着

表4-4　产品市场和货币市场非均衡的经济状态

区域	产品市场	货币市场
Ⅰ	$I<S$	$L<M$
Ⅱ	$I<S$	$L>M$
Ⅲ	$I>S$	$L>M$
Ⅳ	$I>S$	$L<M$

产品市场需求大于供给并且货币市场需求大于供给，即 $I>S$ 并且 $L>M$；④区域 Ⅳ 的各点在 IS 曲线左下方和 LM 曲线左上方，它们代表着产品市场需求大于供给并且货币市场需求小于供给，即 $I>S$ 并且 $L<M$（见表4-4）。

三　基于 $IS-LM$ 模型的政策效应

在动态变化场景中，任何产品市场变动或货币市场变动都会导致这两个市场的共同均衡结果发生改变。正如前文分析的，引起产品市场均衡改变的主要因素包括企业投资、国民储蓄、政府支出、税收等；引起货币市场均衡改变的主要因素包括投机性需求、交易性需求、名义货币供给、一般价格水平等。由于政府宏观经济政策效应是宏观经济学研究的重要问题，因此这里专门讨论财政政策调整引起的产品市场均衡改变，即 IS 曲线调整，以及货币政策调整引起的货币市场均衡改变，即 LM 曲线调整。显然，IS 曲线调整或 LM 曲线调整都会引起产品市场和货币市场的共同均衡结果发生改变。

四　财政政策调整：IS 曲线移动

1. 引起 IS 曲线移动的因素包括市场因素变动和政府行为调整。这里强调政府行为调整引起的 IS 曲线移动，主要讨论政府支出变动和税收变动等财政政策调整结果。通常情况下，当政府支出增加（或者减税）时，这属于扩张性财政政策；它将会导致 IS 曲线右移，进而使产品市场和货币市场共同均衡时的均衡利率 r^* 上升，并且均衡收入 Y^* 变大。

2. 扩张性财政政策的影响传导过程：①当政府支出 AE 增加时，政府购买需求增加，社会总需求增加，在宏观经济均衡条件下，与之相适应的社会总供给将会增加，这就引起国民收入 Y 增加；②当收入 Y 增加时，货币交易性需求 $K(Y)$ 增加；③当货币交易性需求 $K(Y)$ 增加时，在货币投机性需求和货币供给不变的条件下，利率 r 上升；④当利率 r 上升时，企业投资 I 减少；⑤当企业投资 I 减少时，在投资乘数作用下，社会总产出（或国民收入 Y）减少；⑥当收入 Y 减少时，货币交易性需求 $K(Y)$ 减少；⑦当货币交易性需求 K

(Y) 减少时，在货币投机性需求和货币供给不变的条件下，利率 r 下降……综合影响的最终结果是：均衡收入 Y 增加，均衡利率 r 上升。具体分析如图 4-19 所示。

五 货币政策调整：LM 曲线移动

1. 引起 LM 曲线移动的因素包括市场因素变动和政府行为调整。这里强调政府行为调整引起的 LM 曲线移动，主要讨论货币供给数量变动等货币政策调整结果。通常情况下，当名义货币供给数量增加时，这属于扩张性货币政策；它将会导致 LM 曲线右移，最终结果是使产品市场和货币市场共同均衡时的均衡利率 r^* 下降，并且均衡收入 Y^* 变大。

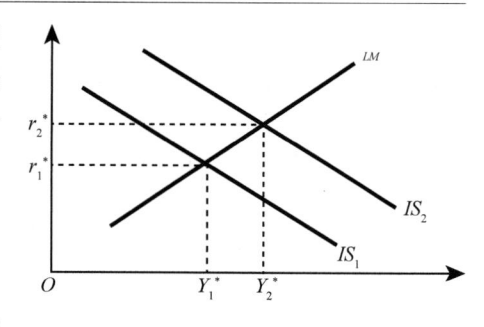

图 4-19 财政政策影响

2. 扩张性货币政策的影响传导过程为：①当名义货币供给 M_S 增加时，在货币需求不变的条件下，利率 r 下降；②当利率 r 下降时，企业投资 I 增加；③当企业投资 I 增加时，在投资乘数作用下，社会总产出或国民收入 Y 增加；④当收入 Y 增加时，货币交易性需求 $K(Y)$ 增加；⑤当货币交易性需求 $K(Y)$ 增加时，在货币投机性需求和货币供给暂时不变的条件下，利率 r 上升……综合影响的最终结果是：均衡收入 Y 增加，均衡利率 r 下降。具体分析如图 4-20 所示。

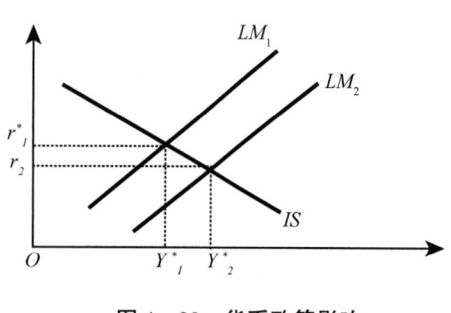

图 4-20 货币政策影响

六 政策有效性区域

严格意义上讲，随着收入 Y 的增加，LM 曲线是一条向右上方倾斜且越来越陡峭的曲线。但为了分析简便，我们将它近似处理为三段直线：第一段是 LM 曲线的最左部分，它被近似处理为一段水平直线，即"凯恩斯区域"；第二段是 LM 曲线的中间部分，它被近似处理为一段向右上方倾斜的直线，即"中间区域"；第三段是 LM 曲线的最右部分，它被近似处理为一段竖直直线，即"古典区域"。

同样道理，IS 曲线是一条向右下方倾斜且越来越平坦的曲线。这里为分析简便，我们将它近似处理为一段向右下方倾斜的直线。

LM 曲线的三个不同阶段代表着三种不同的经济情况。在 IS-LM 模型中的不同初始条件状态下，IS 曲线移动或 LM 曲线移动引起的均衡变动结果是不同的。这意味着在不同场景中，财政政策调整和货币政策调整的政策效果是不同的（见图 4-21）。

1. 凯恩斯区域

"凯恩斯区域"对应着 LM 曲线的最左部分和水平阶段，它描述的情形是：利率始终保持在 $r=r_0$ 状态，而收入 Y 可能发生变动。在"凯恩斯区域"中，假定此时 IS 曲线为向右下方倾斜的直线，初始均衡是 IS_1 曲线与 LM_1 曲线的交点 (Y_1, r_0)，那么此时财政政策调整和货币政策调整的政策效果分析如图 4-22 所示。

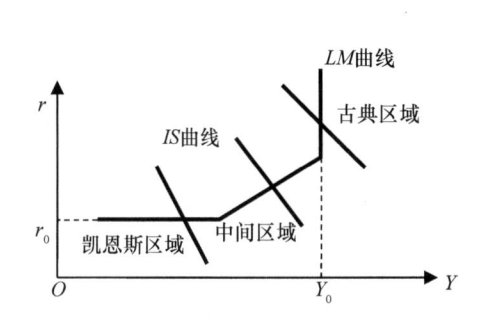

图 4-21　LM 曲线三个区域的财政政策效应

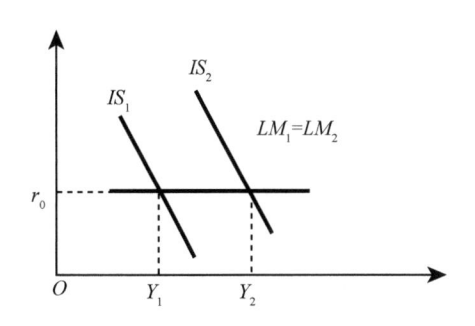

图 4-22　凯恩斯区域的政策效应

如果实行扩张性财政政策，则 IS 曲线由 IS_1 位置向右移动到 IS_2 位置，结合 LM 曲线讨论均衡改变情况：产品市场和货币市场的共同均衡状态由 (Y_1, r_0) 调整为 (Y_2, r_0)，均衡利率保持不变，而均衡收入由 Y_1 增加为 Y_2。这意味着此时财政政策调整能够改变均衡收入，我们将这种情况称为"财政政策有效"。

如果实行扩张性货币政策，则 LM 曲线向右平移。但由于此时 LM 曲线是一条水平直线，因此它向右移动之后的形状和位置都保持不变，相当于原来的 LM 曲线，即 LM_1 与 LM_2 重合。结合 IS 曲线讨论均衡改变情况：产品市场和货币市场的共同均衡状态仍然是 (Y_1, r_0)，均衡利率和均衡收入都保持不变。这意味着此时货币政策调整不能改变均衡收入，我们将这种情况称为"货币政策无效"。

简而言之，在"凯恩斯区域"存在着"财政政策有效"和"货币政策无效"两种情况。

2. 古典区域

"古典区域"对应着 LM 曲线的最右部分和竖直阶段。在"古典区域"中，假定此时 IS 曲线为向右下方倾斜的直线，初始均衡是 IS_1 曲线与 LM_1 曲线的交点 (Y_0, r_1)，那么此时财政政策调整和货币政策调整的政策效果分析如图 4-23 所示。

如果实行扩张性财政政策，则 IS 曲线由 IS_1 位置向右移动到 IS_2 位置，结合 LM 曲线讨论均衡改变情况：产品市场和货币市场的共同均衡状态由 (Y_0, r_1) 调整为 (Y_0, r_2)，均衡收入保持不变，而均衡利率由 r_1 上升到 r_2。这意味着此时财政政策调整不能改变均衡收入，我们将这种情况称为"财政政策无效"。

如果实行扩张性货币政策，则 LM 曲线由 LM_1 位置向右移动到 LM_2 位置。此时由于外部环境条件变化，古典学派描述的充分就业状态发生改变，充分就业产量（或收入）由 Y_0 调整为 Y_0'。结合 IS 曲线讨论均衡改变情况：产品市场和货币市场共同均衡状态由初始状态的 (Y_0, r_1) 调整为 (Y_0', r_3)，均衡利率和均衡收入都发生变化。这意味着此时货币政策调整能够改变均衡收入，我们将这种情况称为"货币政策有效"。

简而言之，在"古典区域"存在着"财政政策无效"和"货币政策有效"两种情况。

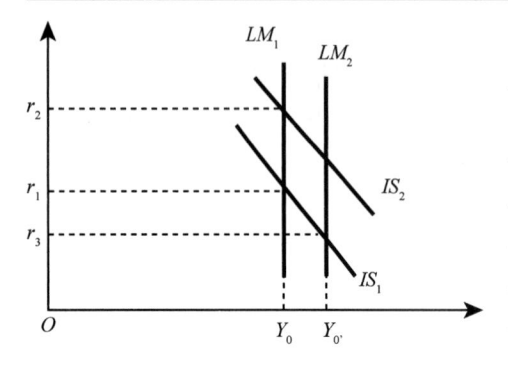

图 4-23 古典区域的政策效应

3. 中间区域

中间区域是"凯恩斯区域"与"古典区域"的中间区域，它对应着 LM 曲线的中间部分，其几何形状是向右上方倾斜的直线。在中间区域，假定此时 IS 曲线为向右下方倾斜的直线，初始均衡是 IS_1 曲线与 LM_1 曲线的交点 (Y_1, r_1)，那么此时财政政策调整和货币政策调整的政策效果分析如图 4-24 所示。

如果实行扩张性财政政策，则 IS 曲线由 IS_1 位置向右移动到 IS_2 位置，结合 LM 曲线讨论均衡改变情况：产品市场和货币市场的共同均衡状态由 (Y_1, r_1) 调整为 (Y_2, r_2)，均衡收入和均衡利率都发生变动。这意味着此时财政政策调整能够改变均衡收入，我们将这种情况称为"财政政策有效"。

如果实行扩张性货币政策，则 LM 曲线由 LM_1 位置向右移动到 LM_2 位置。结合 IS 曲线讨论均衡改变情况：产品市场和货币市场共同均衡状态由初始状态的 (Y_1, r_1) 调整为 (Y_3, r_3)，均衡利率和均衡收入也都会发生变化。这意味着此时货币政策调整也能够改变均衡收入，我们将这种情况称为"货币政策有效"。

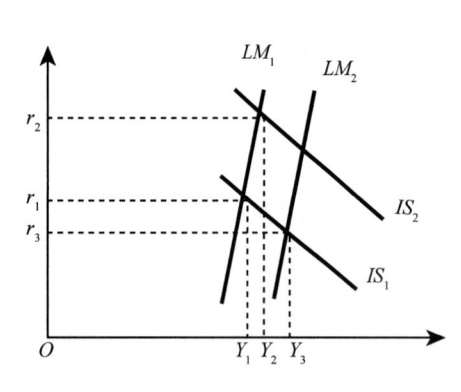

图 4-24 中间区域的政策效应

简而言之，在"中间区域"存在着"财政政策有效"和"货币政策有效"两种情况。

最后需要强调的是，在"中间区域"的"财政政策有效"程度低于"凯恩斯区域"，在"中间区域"的"货币政策有效"程度低于"古典区域"。因此我们可以得到综合结论：在"凯恩斯区域"只存在着财政政策完全有效；在"古典区域"只存在着货币政策完全有效；在"中间区域"只存在着财政政策部分有效和货币政策部分有效。

第五节 总需求

在 IS-LM 模型中，我们假设价格外生不变，但这一假设与现实经济不符。社会一般物价水平会变化，而且一般物价水平影响包括家庭消费、企业投资在内的社会总需求。因此，本节中，假设一般物价水平可变，在 IS-LM 模型基础之上，我们将推导一般物价水平和总需求量之间的关系。

一 总需求曲线的含义和相关效应

（一）总需求曲线的含义

总需求曲线描述的是在商品市场与货币市场同时达到均衡时的价格水平和总需求量之间的对应关系。在以 Y 为横坐标和以一般价格 P 为纵坐标的坐标系中，总需求 Y 与一般价格 P 之间关系的图形就是总需求曲线；社会总需求与一般价格水平之间的函数关系就是总需求函数。

（二）价格变动对总需求的影响

根据总需求曲线的几何表达形式，价格变动将会对社会总需求产生影响。在宏观经济体系的真实场景中，价格变动将会通过不同机制途径来影响社会总需求。其具体表现为以下三种效应。第一，在价格上升过程中，社会公众的货币需求将会增加；如果货币供给保持不变，那么将会导致利率上升和企业投资下降，最终引起社会总需求和均衡收入都下降。这种情况被称为"价格变动的利率效应"，即价格变动引起利率同方向变动，进而导致企业投资和社会总产量反方向变动。第二，在价格上升过程中，如果社会公众持有的各种资产保持名义价格不变，那么这些资产的实际价值将会降低；这就会使社会公众感觉更加贫穷，进而减少国民消费，最终引起社会总需求和均衡收入都下降。这种情况被称为"价格变动的实际余额效应"。第三，在价格上升过程中，社会公众的名义收入将会增加；如果税收体制保持不变，那么名义收入增加将会使人们进入更高的纳税档次；进而导致社会公众的税负增加和可支配收入减少，最终减少国民消费，并且引起社会总需求和均衡收入都下降。这种情况被称为"价格变动的税负效应"。

二 总需求曲线的推导

总需求曲线推导的代数基础是产品市场均衡和货币市场均衡的共同实现条件；总需求曲线推导的几何基础是 IS-LM 模型。由于产品市场均衡条件是 IS 曲线的代数方程，货币市场均衡条件是 LM 曲线的代数方程，所以根据产品市场均衡和货币市场均衡的共同实现条件就可以构成联立方程组，由此推导出总需求曲线的代数方程。

根据凯恩斯主义的宏观经济分析框架,产品市场均衡的实现条件是 $I(r) = S(Y)$,货币市场均衡的实现条件是 $K(Y) + H(r) = \dfrac{M}{P}$;那么产品市场均衡和货币市场均衡同时实现时必然存在着均衡利率 r^* 和均衡国民收入 Y^*。其中名义货币供给 M 是由中央银行决定的外生变量,一般价格 P 在"扩大凯恩斯主义宏观经济模型"中被暂时假定为不变因素。

具体而言,如果一般价格 P 被假定为 P_1,此时产品市场和货币市场的共同均衡能够得到确定的唯一均衡点 (Y_1^*, r_1^*)。如果一般价格 P 变动为 P_2,此时产品市场和货币市场的共同均衡也能得到确定的唯一均衡点 (Y_2^*, r_2^*)。这意味着 P_1 唯一对应着 Y_1^*,而 P_2 唯一对应着 Y_2^*……依此类推,在产品市场和货币市场实现共同均衡时,一般价格 P 与均衡收入 Y^* 存在着一一对应关系,在以一般价格 P 为纵坐标和以国民收入 Y 为横坐标的坐标系中,满足这种对应关系的一系列点集合起来将会构成一条曲线,即总需求曲线。

假定 IS 曲线的代数方程为 $0.5 \times Y + 200 \times r = 2500$;在名义货币供给 M 既定,但一般价格 P 变动的情况下,货币市场均衡的实现条件为 $0.5 \times Y - 300 \times r = \dfrac{1000}{P}$。

联立上述两个方程,得到产品市场和货币市场共同均衡的实现条件:$Y = 3000 + \dfrac{800}{P}$,即为所求总需求曲线的代数方程。

总需求曲线的图形推导过程基础是 $IS - LM$ 模型。为分析简便,所有"曲线"都被暂时视为"直线";而确定一条直线的形状和位置只需要两个状态点即可,如图 4-25 所示。

1. 假定一般价格的初始状态是给定数值 $P = P_1$,根据产品市场均衡和货币市场均衡的同时实现条件,初始状态由 IS 曲线与 LM_1 曲线的交点确定,即图 4-25 (a) 中的点 (Y_1, r_1)。这意味着 P_1 与 Y_1 对应,这种对应关系表现为图 4-25 (b) 中的点 A。

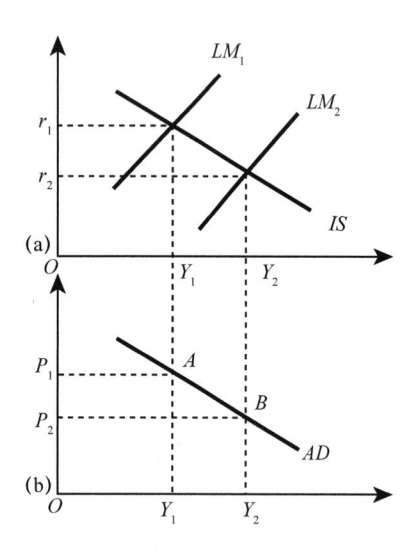

图 4-25 总需求曲线的推导

2. 在其他条件不变情况下,如果一般价格下降到 P_2,实际货币供给 $\dfrac{M_S}{P}$ 将会增加,这相当于实行扩张性货币政策;图 4-25 (a) 中的 LM 曲线由 LM_1 向右移动到 LM_2。继续将 LM_2 与原来的 IS 相结合,我们得到新的均衡点 (Y_2, r_2)。这意味着产品市场和货币市场共同均衡时存在 P_2 与 Y_2 的对应关系,这种对应关系表现为图 4-25 (b) 中的点 B。

3. 连接图 4-25 (b) 中的点 A 和点 B 得到一条直线,这就是总需求曲线;它代表着产品市场和货币市场的共同均衡。由此可见,在以一般价格 P 为纵坐标和以收入 Y 为横坐标的坐标系中存在着一条向右下方倾斜的直线；它意味着产品市场均衡和货币市场均衡同时实现时，均衡价格 P 和均衡收入 Y 呈负相关关系。

本章小结

1. 经济周期具有三项典型事实：经济周期是不可避免、没有规律、无法预测的现象；经济周期具有阶段性；大多数宏观经济变量同时发生变动。
2. 根据凯恩斯主义的货币需求理论，货币需求包括交易需求、谨慎需求、投机需求。交易需求和谨慎需求被合称为"交易性需求"；投机需求被称为"投机性需求"。
3. IS 曲线的推导基础是产品市场均衡条件、国民储蓄函数、企业投资函数；LM 曲线的推导基础是货币市场均衡条件、货币的交易性需求函数、货币的投机性需求函数。
4. 扩张性财政政策将会导致均衡利率上升和均衡产出增加；扩张性货币政策将会导致均衡利率下降和均衡产出增加。
5. $IS-LM$ 模型的政策有效性区域包括三种情形：凯恩斯区域、古典区域、中间区域。

思考题

1. 经济周期具有哪三项典型事实？
2. 引起 IS 曲线移动的因素有哪些？请运用相关几何图形进行分析说明。
3. 产品市场非均衡的状态有哪些情形？
4. 根据凯恩斯主义的货币需求理论，人们基于哪三种动机愿意持有货币？
5. 引起 LM 曲线移动的因素有哪些？请运用相关几何图形进行分析说明。
6. 请结合"流动性陷阱"，阐释 LM 曲线的斜率和弯曲程度。
7. 货币市场非均衡的状态有哪些情形？
8. 产品市场均衡与货币市场均衡同时实现的代数条件是什么？
9. 基于 $IS-LM$ 模型，阐释产品市场非均衡与货币市场非均衡的四种情形。
10. 总需求的含义是什么？
11. 价格变动对总需求具有哪些方面影响？
12. 请结合产品市场均衡和货币市场均衡的代数条件，推导总需求曲线的代数方程。
13. 请运用 $IS-LM$ 模型，推导总需求曲线的几何图形。
14. 基于 $IS-LM$ 模型，请分析扩张性财政政策的影响。
15. 基于 $IS-LM$ 模型，请分析扩张性货币政策的影响。
16. 基于 $IS-LM$ 模型，阐释"政策有效性区间"的三种情形。

第五章 经济周期理论Ⅱ：总需求—总供给模型与中国宏观经济政策效应

学习目标
1. 掌握常规总供给曲线的推导基础和推导过程。
2. 能够分析总需求冲击和总供给冲击的政策效应。
3. 掌握"总需求—总供给"模型的"政策有效性区间"。

毫无疑问，$IS-LM$ 模型与总需求曲线是凯恩斯主义宏观经济理论的核心部分，它曾经帮助西方世界实现长达 30 多年的"黄金发展时期"；但当 20 世纪 70 年代全球经济体系出现"滞胀"局面时，凯恩斯主义者却无法对这种现象提供合理解释和对策建议。这就导致许多理论流派和新思潮的兴起，这些理论流派对传统凯恩斯主义理论提出许多重要批评意见，其中最重要的一项就是"凯恩斯主义的宏观经济理论只关注需求因素而忽视供给因素"。为应对这些批评意见，现代凯恩斯主义者在继续坚持需求力量的重要性基础上，努力将"供给因素"纳入传统凯恩斯主义的宏观经济理论框架，从而构建总需求—总供给模型。

第一节 总供给

一 总供给的含义和总供给曲线的推导

（一）总供给的含义

总供给是整个社会经济体系提供的全部总产量，它取决于社会经济体系中的所有基本资源。这些基本资源包括劳动要素、生产性资本、技术等。进而言之，总供给数量主要取决于生产者的两种能力：一是要素获取能力；二是要素组合能力。其中要素获取能力涉及劳动要素、资本要素、土地要素等各种要素数量；要素组合能力则涉及技术、管理、企业组织形态等多重因素。通常情况下，总供给与一般价格水平之间的代数关系表现为总供给函数；总供给与一般价格水平之间的几何关系表现为总供给曲线。总供给曲线实际上是总供给函数的几何表达。

需要说明的是,在凯恩斯主义的宏观经济理论框架中,总供给曲线的推导基础是劳动市场和生产函数。其具体内涵是:①劳动市场均衡状态决定着社会经济体系愿意并且能够提供的劳动要素数量,它代表着"要素获取能力";②生产函数的决定因素是技术条件,它代表着"要素组合能力"。

(二) 劳动市场

这里的"要素获取能力"只考虑劳动市场,意味着凯恩斯主义的总供给曲线推导过程仅仅考虑劳动要素,而其他要素被暂时忽略,这类似于微观经济学中的市场分析方法。劳动市场分析需要考虑两项因素:①劳动市场价格,即真实工资水平 $\left(\dfrac{W}{P}\right)$;②劳动市场数量,即劳动需求数量 L_d 和劳动供给数量 L_S。为分析简便,这里将所有"曲线"的几何表达简化为"直线"。如图 5-1 所示。

在图 5-1 中,我们构建以真实工资 $\left(\dfrac{W}{P}\right)$ 为纵坐标和以劳动数量 L 为横坐标的坐标系。①劳动需求曲线 N^d 是向右下方倾斜的"直线",这意味着劳动需求数量 L_d 与真实工资 $\left(\dfrac{W}{P}\right)$ 呈反向变动关系。②劳动供给曲线 N^S 是向右上方倾斜的"直线",这意味着劳动供给数量 L_S 与真实工资 $\left(\dfrac{W}{P}\right)$ 呈同向变动关系。

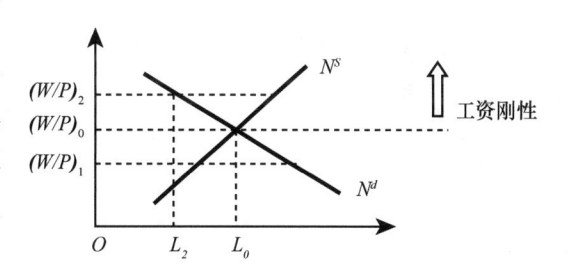

图 5-1 劳动市场的供求力量对比

根据图 5-1,劳动市场的供给力量和需求力量对比情况如下。

(1) 当真实工资 $\left(\dfrac{W}{P}\right) = \left(\dfrac{W}{P}\right)_0$ 时,劳动市场刚好实现均衡。这时能够得到劳动需求曲线 N^d 与劳动供给曲线 N^S 的交点,由此确定均衡劳动要素数量 L_0。

(2) 如果真实工资下降到 $\left(\dfrac{W}{P}\right)_1$,由于凯恩斯主义理论的工资刚性假设,那么工人将不愿意接受这种局面,或者要求增加名义工资,这将会使真实工资重新回到 $\left(\dfrac{W}{P}\right)_0$;此时劳动市场将会重新实现均衡,均衡劳动要素数量仍然为 L_0。

(3) 如果真实工资上升到 $\left(\dfrac{W}{P}\right)_2$,那么工人将会愿意接受这种局面;但此时劳动市场处于非均衡状态,劳动供给数量 L_S 大于劳动需求数量 L_d,劳动市场存在着供给过剩或失业局面。在真实工资 $\left(\dfrac{W}{P}\right) = \left(\dfrac{W}{P}\right)_2$ 时,劳动市场的"成交"数量为 L_2。

特别需要说明的是,如果真实工资下降的原因是一般价格 P 上升,根据凯恩斯主义理论的工资刚性假设,工人将不会接受真实工资下降,并要求提高名义工资 W,这将会使真实工资重新回到 $\left(\frac{W}{P}\right)_0$。如果真实工资上升的原因是一般价格 P 下降,那么工人不会主动要求降低名义工资。简而言之,真实工资水平通常只会逐渐增加,而难以降低,这种情况被称为真实工资的"棘轮效应"。

(三)生产函数

由于这里探讨的各种生产要素只涉及劳动要素,因此总供给函数被简化为总供给数量与劳动要素数量之间的函数关系。根据微观经济学的相关知识,这种函数关系类似于"一种变动要素的生产"。因此,生产函数被表示为:$Y = F(L)$。

这里生产函数的几何特征是:①随着劳动要素 L 增加,社会总产量 Y 将会随之增加,因此这条生产函数曲线向右上方倾斜;②在其他要素数量不变的条件下,这里的生产函数符合"边际产量递减规律",因此生产函数曲线的斜率逐渐变小,其几何表达是一条越来越平坦的曲线。具体分析如图 5-2 所示。

根据图 5-2,生产函数的具体说明如下。

(1)当劳动要素数量为 L_0 时,社会产量为 Y_0。

(2)如果劳动要素的成交数量增加到 L_1,那么社会总供给将会增加到 Y_1。

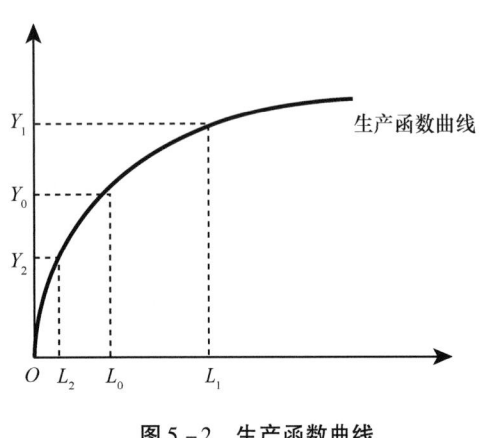

图 5-2 生产函数曲线

(3)如果劳动要素的成交数量下降到 L_2,那么社会总供给将会下降到 Y_2。

二 总供给曲线的推导

(一)常规总供给曲线的推导过程

在凯恩斯主义的宏观经济理论中,"常规总供给曲线"的推导基础是劳动市场均衡和生产函数。"常规总供给曲线"遵循主流宏观经济流派的基本观点,接受"工资刚性"假设条件,即短期内工资只能上升而无法下降。具体分析如图 5-3 所示。

1. 具体含义

(1)图 5-3(a)表示劳动市场情况,在以劳动要素数量 L 为横坐标和以真实工资 $\left(\frac{W}{P}\right)$ 为纵坐标的坐标系中,劳动需求曲线 N^d 是一条向右下方倾斜的直线,劳动供给曲线 N^s 是一条向右上方倾斜的直线。

(2)图 5-3(b)表示生产函数曲线,在以劳动要素数量 L 为横坐标和以社会总产量

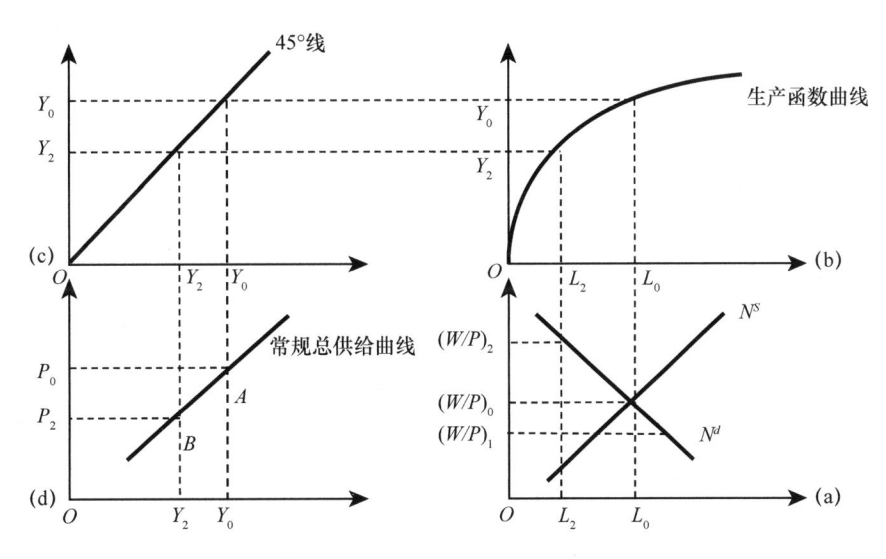

第五章 经济周期理论Ⅱ：总需求—总供给模型与中国宏观经济政策效应

图 5-3 常规总供给曲线的推导

（总供给）Y 为纵坐标的坐标系中，在其他要素不变的情况下，生产函数曲线是一条向右上方倾斜且越来越平坦的曲线。

（3）图 5-3（c）的作用是实现横坐标和纵坐标的转换。因为刚好在 45°线上的各点意味着横坐标与纵坐标相等，所以横坐标和纵坐标都代表着社会总产量 Y。

（4）图 5-3（d）就是我们希望推导的"常规总供给曲线"。这意味着在以一般价格 P 为纵坐标和以社会总产量 Y 为横坐标的坐标系中，当劳动市场实现均衡时，一般价格 P 与社会总产量 Y 之间存在着关联性。

特别需要说明的是，为分析简便，除了生产函数曲线表示为图形中的"曲线"，其余"曲线"都被近似处理为"直线"。

2. 具体推导过程

（1）初始状态：①在图 5-3（a）中，当一般价格 $P=P_0$ 时，假定名义工资 W 是既定数值，那么劳动市场的初始均衡状态是得到均衡真实工资 $\left(\dfrac{W}{P}\right)_0$ 和均衡劳动要素数量 L_0；②在图 5-3（b）中，结合生产函数曲线，当劳动要素数量是 L_0 时，社会总产量（总供给）为 Y_0；③在图 5-3（c）中，通过 45°线进行横坐标与纵坐标的转换；④基于上述分析过程能够得到一系列对应关系，即一般价格 P_0 对应着真实工资 $\left(\dfrac{W}{P}\right)_0$，真实工资 $\left(\dfrac{W}{P}\right)_0$ 对应着劳动要素数量 L_0，劳动要素数量 L_0 对应着社会总产量 Y_0，由此可见，一般价格 P_0 与社会总产量 Y_0 存在着唯一对应关系。这种情况在图 5-3（d）中表现为点 $A(Y_0, P_0)$。

(2) 调整过程：①在图 5-3 (a) 中，如果一般价格上升到 P_1，那么真实工资将会下降到 $\left(\frac{W}{P}\right)_1$，但劳动者不愿意接受这种局面，他们将会要求提高名义工资 W，这又会导致真实工资重新回到 $\left(\frac{W}{P}\right)_0$，均衡劳动要素数量重新回到 L_0（涉及后文将要探讨的"古典总供给曲线"，这里暂不考虑）；②同样在图 5-3 (a) 中，如果一般价格下降到 P_2，那么根据凯恩斯主义者提出的"工资刚性"假设，名义工资在短期内无法下降，所以真实工资将会上升到 $\left(\frac{W}{P}\right)_2$，此时劳动要素"成交"数量为 L_2；③在图 5-3 (b) 中，结合生产函数曲线，当劳动要素数量是 L_2 时，社会总产量（总供给）为 Y_2；④在图 5-3 (c) 中，通过 45°线进行横坐标与纵坐标的转换；⑤基于上述分析过程得到一系列对应关系，即一般价格 P_2 对应着真实工资 $\left(\frac{W}{P}\right)_2$，真实工资 $\left(\frac{W}{P}\right)_2$ 对应着劳动要素数量 L_2，劳动要素数量 L_2 对应着社会总产量 Y_2。由此可见，一般价格 P_2 与社会总产量 Y_2 存在着唯一对应关系，在图 5-3 (d) 中表现为点 $B(Y_2, P_2)$。

(3) 连接图 5-3 (d) 中的点 A 和点 B，得到一条向右上倾斜的直线。这意味着在劳动市场均衡时，结合生产函数，一般价格 P 与社会总产量 Y 之间存在着同向变动关系。由于这条直线的推导基础是劳动市场均衡的常规，而劳动要素数量和生产函数都是决定社会经济体系提供产品能力的重要因素，因此这条曲线被称为"常规总供给曲线"。

(二) 凯恩斯主义总供给曲线

"凯恩斯主义总供给曲线"描述了极端情形下的凯恩斯主义者观点，他们不仅坚持"工资刚性"假设，而且坚持"价格刚性"假设，即一般价格水平保持不变。具体分析如图 5-4 所示。

1. 初始状态

继续沿着上文"常规总供给曲线"的分析思路，可知：①在图 5-4 (a) 中，如果初始状态的真实工资是 $\left(\frac{W}{P}\right)_2$，那么此时劳动市场处于非均衡状态，劳动要素"成交"数量是 L_2；②在图 5-4 (b) 中，结合生产函数曲线，当劳动要素数量是 L_2 时，社会总产量为 Y_2；③在图 5-4 (c) 中，通过 45°线进行横坐标与纵坐标的转换；④在图5-4 (d) 中，由于一般价格 P_2、真实工资 $\left(\frac{W}{P}\right)_2$、劳动要素数量 L_2、社会总产量 Y_2 之间存在着对应关系，因此得到 $B(Y_2, P_2)$。

2. 调整过程

(1) 根据极端情形下的凯恩斯主义者观点，宏观经济体系不仅存在着"工资刚性"假设，而且存在着"价格刚性"假设。这意味着，在图 5-4 (a) 中，当一般价格始终保持不变，即 $P_3 = P_2 = \Delta$ 时，如果在外部环境变化导致名义工资被调整到更高水平，这就可

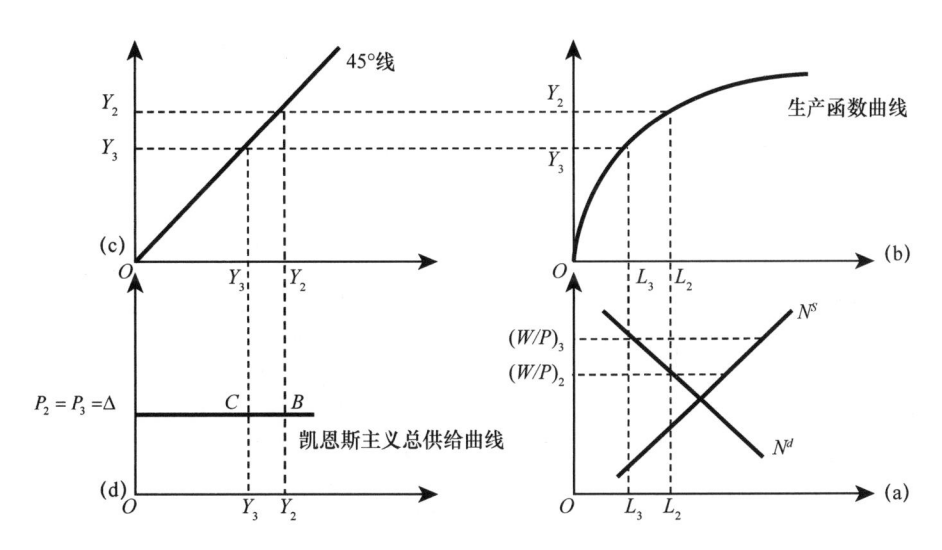

图5-4 凯恩斯主义总供给曲线的推导

能使真实工资被确定在更高水平$\left(\dfrac{W}{P}\right)_3$。再结合劳动市场的供求状况分析，此时劳动市场处于非均衡状态，劳动供给大于劳动需求，劳动要素"成交"数量主要取决于劳动需求方面，由此得到劳动要素"成交"数量是L_3。

（2）在图5-4（b）中，根据生产函数曲线，当劳动要素数量是L_3时，社会总产量为Y_3。在图5-4（c）中，通过45°线进行横坐标与纵坐标的转换。基于上述分析过程得到一系列对应关系：一般价格$P_3 = P_2$且对应着真实工资$\left(\dfrac{W}{P}\right)_3$，真实工资$\left(\dfrac{W}{P}\right)_3$对应着劳动要素数量$L_3$，劳动要素数量$L_3$对应着社会总产量$Y_3$。由此可见，一般价格仍然保持在原有水平（$P_2 = P_3$），但社会总产量却增加到$Y_3$。这种情形表现为图5-4（d）中的点$C(Y_3, P_2)$。

（3）连接图5-4（d）中的点B和点C得到一条水平直线。这意味着，根据极端情形下的凯恩斯主义者观点，由于存在着"工资刚性"假设和"价格刚性"假设，一般价格水平P始终保持不变，而社会总产量Y可能发生变化，依据两者之间关系得到的总供给曲线是一条水平直线。它被称为"凯恩斯主义总供给曲线"。

（三）古典总供给曲线

古典学派认为：长期而言，人们可以对工资和价格进行灵活调整；通过市场灵活调整机制，宏观经济体系总是能够实现"充分就业"状态，即所有要素都能够得到充分利用，所有市场都能够实现供求均衡。根据这种观点推导得到的总供给曲线被称为"古典总供给曲线"，具体分析如图5-5所示。

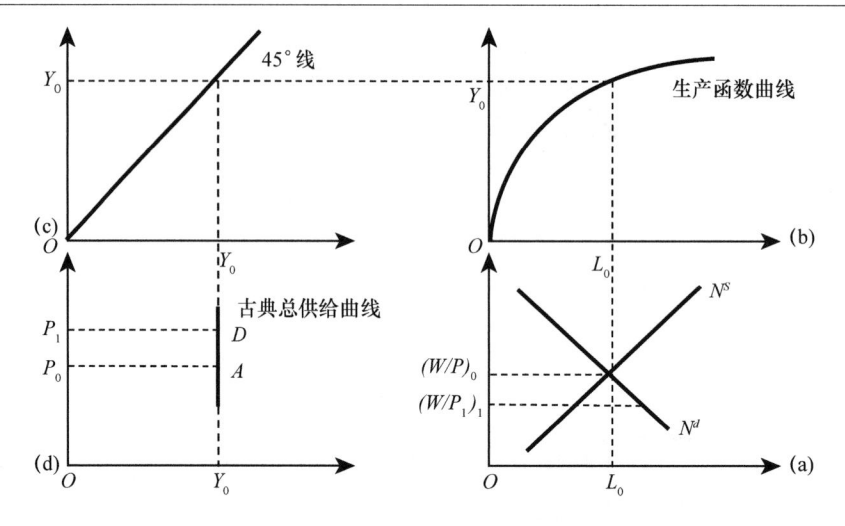

图 5-5 古典总供给曲线的推导

1. 初始状态

沿着"常规总供给曲线"的推导思路，可知：①在图 5-5（a）中，当一般价格为 P_0 和真实工资为 $\left(\dfrac{W}{P}\right)_0$ 时，劳动市场实现供求均衡，均衡劳动要素数量为 L_0；②在图 5-5（b）中，结合生产函数曲线，当劳动要素数量是 L_0 时，社会总产量（总供给）为 Y_0；③在图 5-5（c）中，通过 45°线进行横坐标与纵坐标的转换；④基于上述分析过程，我们能够确定一般价格 P_0、真实工资 $\left(\dfrac{W}{P}\right)_0$、劳动要素数量 L_0、社会总产量 Y_0 之间的对应关系，由此得到一般价格 P_0 与社会总产量 Y_0 的对应关系。这种对应关系表现为图 5-5（d）中的点 $A(Y_0,P_0)$。

2. 调整过程

（1）在图 5-5（a）中，如果一般价格上升到 P_1，那么真实工资将会下降到 $\left(\dfrac{W}{P}\right)_1$；此时劳动市场处于非均衡状态，劳动需求大于劳动供给。但根据古典学派的基本观点，名义工资和价格都能够进行灵活调整；在劳动者不愿意接受真实工资下降的情况下，他们将会要求提高名义工资 W，这将会使真实工资重新回到 $\left(\dfrac{W}{P}\right)_0$，劳动市场将会重新实现均衡；此时的均衡劳动要素数量重新回到 L_0。

（2）根据图 5-5（b）中的生产函数曲线和图 5-5（c）中的 45°线，当劳动要素数量是 L_0 时，社会总产量为 Y_0。基于上述分析过程，我们能够发现一般价格 P_1、真实工资 $\left(\dfrac{W}{P}\right)_0$、劳动要素数量 L_0、社会总产量 Y_0 之间的对应关系，由此得到一般价格 P_1 与社会总产量 Y_0 的对应关系。这种对应关系表现为图 5-5（d）中的点 $D(Y_0,P_1)$。

(3) 连接图 5-5 (d) 中的点 A 和点 D 得到一条竖直直线。这意味着在古典学派的理论框架中，无论一般价格 P 如何变动，社会总产量 Y 始终保持在充分就业水平。此时所有要素都得到充分利用，所有市场都实现供求均衡。这条竖直直线被称为"古典总供给曲线"。

综合而言，总供给曲线可能存在着三种情形：①一个极端是"凯恩斯主义总供给曲线"，它描述的总供给曲线是一条水平直线；②另一个极端是"古典总供给曲线"，它描述的总供给曲线是一条竖直直线；③介于两个极端之间的中间状态是"常规总供给曲线"，它描述的总供给曲线是一条向右上方倾斜的直线。通常情况下，现代宏观经济学理论分析中的"总供给曲线"被默认为"常规总供给曲线"，通常简记为"AS 曲线"。

此外，一些学者认为：①当宏观经济体系的调整时期非常短时，总供给曲线符合"凯恩斯主义总供给曲线"特征，即为一条水平直线；②当宏观经济体系的调整时期非常长时，所有经济因素都可以进行灵活调整，此时符合"古典总供给曲线"特征，即为一条竖直直线；③在市场经济运行的大多数情况下，总供给曲线符合"常规总供给曲线"特征，即为一条向右上方倾斜的直线。

三 总供给曲线的移动

由于总供给曲线的推导基础是劳动市场和生产函数，所以劳动市场变动和生产函数变动将会构成影响总供给曲线移动的主要原因。

(一) 劳动市场变动引起的总供给曲线移动

涉及劳动市场变动的影响因素主要包括两个方面：劳动供给方面，涉及社会人口基数、劳动意愿、工资税负等因素；劳动需求方面，涉及企业生产规模变动、产业调整、宏观经济周期等因素。通常情况下，如果社会人口基数越大、劳动意愿越强烈、工资税负越低，那么劳动供给将会增加，这意味着劳动者愿意提供更多劳动时间。如果企业生产规模扩大、劳动密集型产业发展兴盛、宏观经济周期处于繁荣阶段，那么劳动需求将会增加，这意味着企业期望的雇佣劳动人数和劳动时间将会增加。

根据劳动市场的供求均衡分析，我们发现，劳动需求方面和劳动供给方面的各种变动都会影响劳动市场的均衡状态，其直接结果是改变均衡劳动要素数量，最终导致总供给曲线发生移动。这里以劳动供给增加为例，具体分析如图 5-6 所示。

1. 初始状态：在图 5-6 (a) 中，劳动市场的初始均衡状态由劳动需求曲线 N^d 和劳动供给曲线 N^{s1} 决定，此时劳动市场的均衡真实工资为 $\left(\dfrac{W}{P}\right)_1$，均衡劳动要素数量为 L_1。重复总供给曲线的推导过程，我们能够得到图 5-6 (d) 中的总供给曲线 AS_1。

2. 调整过程：①在图 5-6 (a) 中，在一般价格保持在 P_1 水平且其他要素不变的情况下，当劳动市场供给方面的因素变动导致劳动供给增加时，劳动供给曲线将会由 N^{s1} 位置向右移动到 N^{s2} 位置，结合原来的劳动需求曲线 N^d，劳动市场的新均衡状态为均衡真实

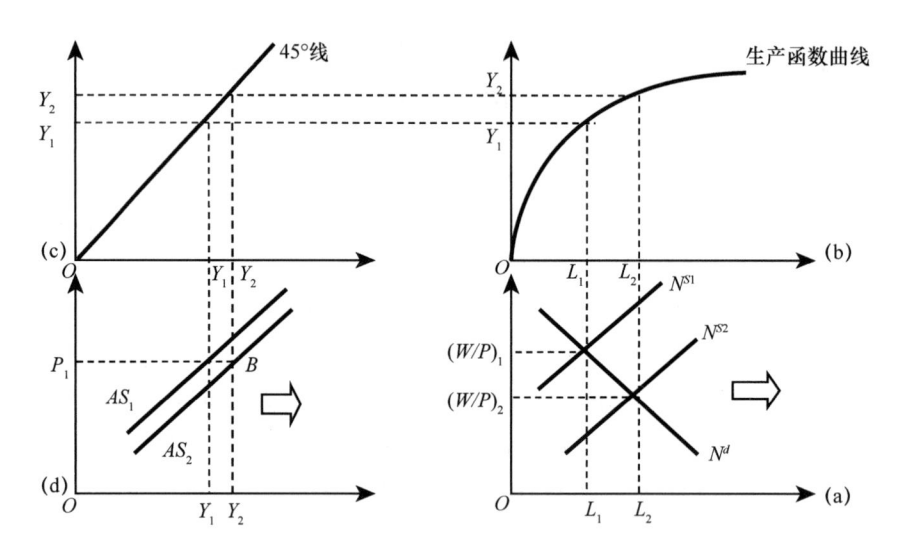

图 5-6 劳动市场变动引起的总供给曲线移动

工资为 $\left(\dfrac{W}{P}\right)_2$，均衡劳动要素数量增加为 L_2；②在图 5-6（b）中，结合生产函数，当劳动要素数量增加为 L_2 时，社会总产量增加为 Y_2；③通过图 5-6（c）的 45°线进行横坐标和纵坐标转换；④在图 5-6（d）中，一般价格仍然保留在 P_1 水平，但对应着的社会总产量增加为 Y_2，由此得到点 $B(Y_2, P_1)$，它在原来总供给曲线 AS_1 的右侧。

3. 以此类推，当一般价格不断调整到新位置时，我们能够在原来总供给曲线 AS_1 的右侧得到一系列点；连接这一系列点能够得到一条新的总供给曲线 AS_2。这意味着当劳动供给增加时，总供给曲线将会由 AS_1 位置向右移动到 AS_2 位置。

（二）生产函数变动引起的总供给曲线移动

涉及生产函数变动的主要因素包括生产技术、管理水平、企业组织形态、其他要素充足程度等。通常情况下，当生产技术和管理水平提高，或者企业组织形态改善，或者其他要素供给更加充足时，生产函数曲线将会不断向上移动。这意味着，在既定劳动要素数量条件下，社会总产量将会不断增加。这里以生产技术提高为例，具体分析如图 5-7 所示。

1. 初始状态：在图 5-7（a）中，劳动市场的初始均衡状态由劳动需求曲线 N^d 和劳动供给曲线 N^s 决定，此时劳动市场的均衡真实工资为 $\left(\dfrac{W}{P}\right)_1$，均衡劳动要素数量为 L_1。结合生产函数曲线 F_1，通过总供给曲线的推导过程，我们能够得到图 5-7（d）中的总供给曲线 AS_1。

2. 调整过程：①在图 5-7（a）中，当一般价格保持在 P_1，且劳动市场的其他供给因素和需求因素都不变时，劳动市场将会保持原有均衡状态，均衡真实工资为 $\left(\dfrac{W}{P}\right)_1$，均

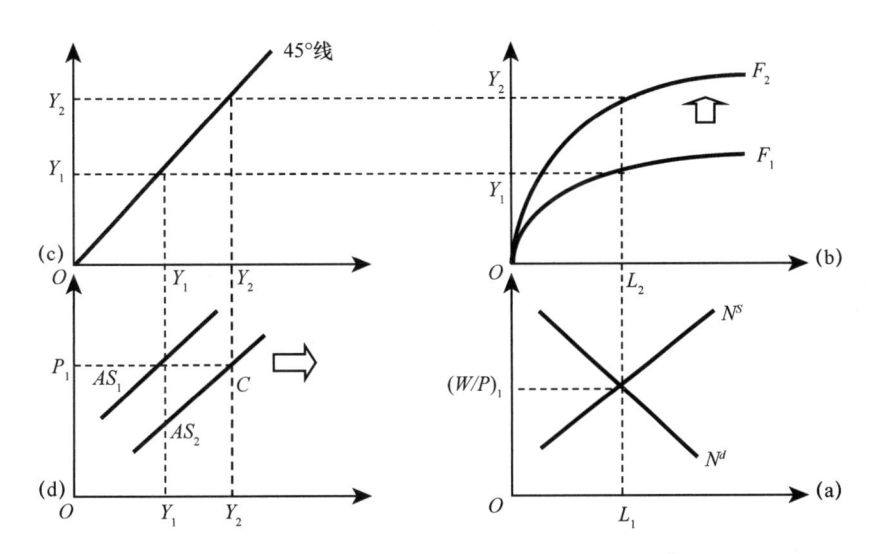

图 5-7　生产函数变动引起的总供给曲线移动

衡劳动要素数量为 L_1；②在图 5-7（b）中，如果生产技术水平提高，那么生产函数曲线将会由 F_1 位置向上移动到 F_2 位置，此时劳动要素数量仍然为 L_1，但社会总产量增加为 Y_2；③通过图 5-7（c）的 45°线进行横坐标和纵坐标转换；④在图 5-7（d）中，一般价格仍然保留在 P_1 水平，但对应着的社会总产量增加为 Y_2，由此得到点 $C(Y_2, P_1)$，它在原来总供给曲线 AS_1 的右侧。

3. 依次类推，当一般价格不断调整到新位置时，我们能够在原来总供给曲线 AS_1 的右侧得到一系列点；连接这一系列点得到一条新的总供给曲线 AS_2。这意味着当生产技术水平提高时，总供给曲线将会由 AS_1 位置向右移动到 AS_2 位置。

第二节　短期经济波动分析：AD-AS 模型

由于总需求曲线 AD 表示一般价格 P 与国民收入 Y 之间的函数关系，总供给曲线 AS 表示一般价格 P 与社会总产量 Y 之间的函数关系；因此依据总需求力量和总供给力量的相互作用能够构建 $AD-AS$ 模型。当总需求力量与总供给力量达成一致时，能够得到确定的 P 与 Y。

假设条件如下。

（1）在静态条件下，总需求 Y_d 与一般价格 P 具有相关性，即 $Y_d = f_d(P)$。

（2）总供给 Y_S 也跟一般价格 P 具有相关性，即 $Y_S = f_S(P)$。

（3）当总需求力量与总供给力量达成一致时，即 $Y_d = Y_S$。由此得到由三个方程联立构成的方程组：$\begin{cases} Y_d = f_d(P) \\ Y_S = f_S(P) \\ Y_d = Y_S \end{cases}$，求解得到均衡结果 $\begin{cases} Y^* = Y_d = Y_S \\ P^* \end{cases}$。

这意味着当总需求力量与总供给力量一致时，均衡产量为 Y^*，均衡价格为 P^*。

如果总需求函数为 $Y_d = 3000 - 20 \times P$，总供给函数为 $Y_S = 2500 + 30 \times P$；请求解，宏观经济实现供求均衡时的均衡价格和均衡产量。

根据题意，宏观经济均衡意味着 $Y_d = Y_S$。结合已知条件，得到联立方程组：

$\begin{cases} Y_d = 3000 - 20 \times P \\ Y_S = 2500 + 30 \times P \\ Y_d = Y_S \end{cases}$，求解得到均衡结果 $\begin{cases} Y^* = Y_d = Y_S = 2800 \\ P^* = 10 \end{cases}$

因此，当宏观经济体系实现供求均衡时，均衡价格为10，均衡产量为2800。

在以一般价格 P 为纵坐标和以社会总产量 Y 为横坐标的坐标系中，向右下方倾斜的 AD 曲线代表着总需求力量，向右上方倾斜的 AS 曲线代表着总供给力量。因此总需求力量与总供给力量达成一致的几何条件就是 AD 曲线与 AS 曲线的交点 E。具体分析如图 5-8 所示。

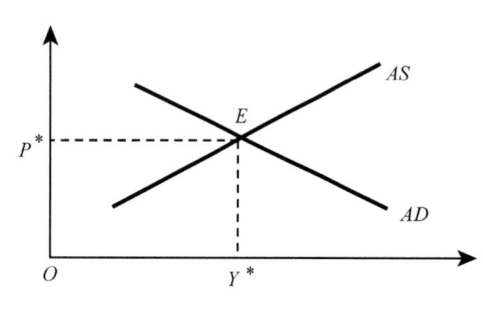

图 5-8 总需求与总供给一致时的均衡

由于总需求曲线的推导基础是产品市场均衡和货币市场均衡，因此 AD 曲线意味着产品市场均衡和货币市场均衡同时实现。又由于总供给曲线的推导基础是劳动市场均衡和生产函数，因此 AS 曲线意味着劳动市场均衡。综合而言，AD 曲线与 AS 曲线的交点 E 意味着产品市场、货币市场、劳动市场同时实现均衡。

专栏 5-1　　2008 年国际金融危机与中国经济波动

在 AD-AS 模型中，外生冲击分为需求冲击与供给冲击。导致总需求曲线移动的冲击被称为需求冲击，导致总供给曲线移动的冲击被称为供给冲击[①]。总需求冲击的例子如货币政策改变、汇率调整和出口变化等。自然灾害（飓风、地震、干旱等）、工会力量的加强推高工资水平都是供给冲击分析中常见的例子。有些外生冲击属于较大的综合性冲击，对宏观经济运行造成的影响要广泛得多。2008 年国际金融危机就是比较典型的一个例子。

美国的金融危机始于 2007 年，开始阶段是次贷危机，其影响是局部的。但随着房

[①] [美] N. 格里高利·曼昆：《宏观经济学》（第九版），卢远瞩译，中国人民大学出版社 2016 年版，第 232 页。

价下跌幅度加大，次贷的违约率上升，以雷曼兄弟为代表的一批大型金融公司陷入困境，次贷危机演变成金融危机。危机的影响迅速向世界各地蔓延，许多国家的金融体系和实体经济陷入困境，最终发展成为第二次世界大战以来最严重的全球性金融危机①。

在"三驾马车"的发展格局下，中国经济越来越依赖于出口的快速增长。2007 年净出口占 GDP 的 8.9%，2008 年中国对外依承度高达 59.8%，净出口成为经济总需求的重要组成部分。国际金融危机冲击对中国经济的影响首先就是通过出口和外商投资减少的渠道进行传导的。根据海关总署的统计数据，2009 年 1—2 月中国外贸进出口总值比去年同期下降 27.2%，其中出口下降 21.1%，进口下降 34.2%②。同时，中国经济增速迅速滑落。根据国家统计局的数据显示，2009 年第一季度中国经济增速为 6.1%，比上年同期回落 4.5 个百分点③。这是自 1990 年以来的中国经济最大跌幅。

另一个主要传导渠道是除国有及控股企业、外商投资和港澳台投资以外的民间投资大幅下降。民间投资 2008 年第四季度比第三季度回落 10.8 个百分点，与危机前民间投资的高速增长形成鲜明对照。相关研究也证实金融冲击是导致投资波动的最主要因素④。

为了应对国际金融危机所造成的不利影响，中央果断实施"四万亿"的刺激政策，其中一项重要措施就是加大金融对经济的支持力度。从银行贷款规模看，贷款增速在 2009 年达到 32%，远超以往的平均增速⑤。同时，还及时出台了增加政府投资、刺激出口、家电下乡等多项政策措施。这些措施的实施使得社会总需求得以快速回升，有效地阻止了经济的下滑，使得中国较快地走出了金融危机带来的阴影。

第三节 宏观经济政策效应

在宏观经济体系的动态场景中，总需求冲击和总供给冲击都可能会改变宏观经济均衡的最终状态，从而形成新的均衡价格和均衡产量。需要说明的是，导致宏观经济均衡改变的影响因素可能来自总需求方面，也可能来自总供给方面；可能来自市场环境变化，也可能来自政府行为调整。为了配合后文将要探讨的宏观经济政策，这里主要介绍政府行为调整导致的宏观经济均衡改变。

---

① 李平、余根钱：《国际金融危机对中国经济冲击过程的系统回顾与思考》，《中国工业经济》2009 年第 10 期。
② 《海关总署：2009 年 1 至 2 月进出口总值 2667.7 亿美元》，中央政府门户网站，https://www.gov.cn/gzdt/2009-03/11/content_1256672.htm。
③ 陈岗：《2009 年第一季度中国经济 GDP 同比增长 6.1%，回落 4.5 个百分点》，https://xueshu.baidu.com/usercenter/paper/show?paperid=f111338fb7f633ac6ca97e011d5714d1&site=xueshu_se。
④ 张伟进、方振瑞：《金融冲击与中国经济波动》，《南开经济研究》2013 年第 5 期。
⑤ 张伟进、方振瑞：《金融冲击与中国经济波动》，《南开经济研究》2013 年第 5 期。

一 总需求冲击：财政政策和货币政策调整

从政策行为调整的角度来看，总需求冲击因素主要源于两个方面：财政政策调整和货币政策调整。根据前文对总需求曲线的推导过程，这里强调财政政策调整将会影响产品市场均衡，而货币政策调整将会影响货币市场均衡，财政政策调整和货币政策调整都会影响总需求曲线的形状和位置。随着总需求曲线的形状和位置改变，宏观经济体系将会在新的状态下实现供求均衡。

（一）财政政策调整引起的总需求曲线移动

由于总需求曲线的几何推导基础是 IS-LM 模型，所以 IS 曲线移动或者 LM 曲线移动必然会引起总需求曲线的移动。根据宏观经济政策的影响机制分析，通常财政政策调整将会引起 IS 曲线移动，货币政策调整将会引起 LM 曲线移动。

根据政策效果差异，财政政策调整主要分为扩张性财政政策和紧缩性财政政策。通常情况下，如果政府增加政府支出或者减税，那么将会引起社会总需求增加，这属于扩张性财政政策。这里以扩张性财政政策为例，探讨财政政策调整如何引起总需求的移动，具体分析如图 5-9 所示。

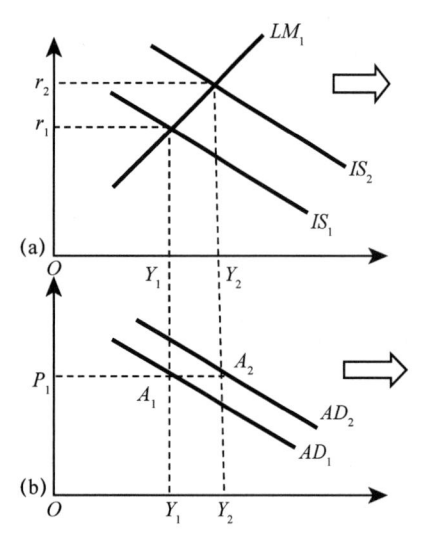

1. 初始状态：在图 5-9（a）中，由 IS_1 曲线与 LM_1 确定初始均衡状态 (Y_1, r_1)；在图 5-9（b）中，对应的初始状态则一般价格为 P_1 和均衡收入为 Y_1，即点 A_1。它刚好在总需求曲线 AD_1 上，由此得到的一系列点构成一般价格为 P_1 时的总需求曲线。

2. 如果政府采取扩张性财政政策，IS 曲线由 IS_1 位置向右移动到 IS_2 位置；将 IS_2 与原有 LM_1 曲线相结合得到新的均衡点 (Y_2, r_2)。需要注意的是，如果此时一般价格仍然保持在 P_1，那就意味着一般价格 P_1 对应着均衡收入 Y_2。其原因是扩张性财政政策引起宏观经济环境发生改变，在其他条件不变情况下，产品市场均衡和货币市场均衡同时实现时的状态结果也会发生变化。在图 5-9（b）中，这种对应关系表现为点 $A_2 (Y_2, P_1)$。

3. 依次类推，当一般价格 P 固定在不同水平下，如果政府采取扩张性财政政策，我们总会在原有总需求曲线右侧得到一系列点，这些点连接起来就会构成一条曲线。这就是采取扩张性财政政策之后得到的新总需求曲线。

图 5-9 财政政策调整引起的总需求曲线移动

曲线。由此可见，扩张性财政政策将会导致总需求曲线由 AD_1 位置向右移动到 AD_2 位置。

（二）货币政策调整引起的总需求曲线移动

货币政策调整主要包括扩张性货币政策和紧缩性货币政策。通常情况下，如果政府降低法定准备金率、增加国债回笼力度、降低再贴现率,那么名义货币供给 M_S 将会增加;在一般价格 P 不变的情况下,这将会引起实际货币供给 $\frac{M_S}{P}$ 增加。这属于扩张性货币政策。

这里以扩张性货币政策为例,探讨货币政策调整如何引起总需求的移动,具体分析如图 5-10 所示。

1. 初始状态:在图 5-10(a)中,由 IS_1 曲线与 LM_1 确定初始均衡状态 (Y_1, r_1);在图 5-10(b)中,对应初始状态为一般价格 P_1 和均衡收入 Y_1,即点 A_1。它刚好在总需求曲线 AD_1 上,由此得到的一系列点的集合,它们将会构成当一般价格为 P_1 时的总需求曲线。

2. 如果政府采取扩张性货币政策,LM 曲线由 LM_1 位置向右移动到 LM_2 位置;将 LM_2 与原有 IS_1 曲线相结合得到新的均衡点 (Y_2, r_2)。需要注意的是,如果此时一般价格仍然保持在 P_1,那就意味着一般价格 P_1 对应着均衡收入 Y_2。扩张性货币政策引起宏观经济环境发生改变,在其他条件不变情况下,产品市场均衡和货币市场均衡同时实现的状态结果也会发生变化。在图 5-10(b)中,这种对应关系表现为点 $A_2(Y_2, P_1)$。

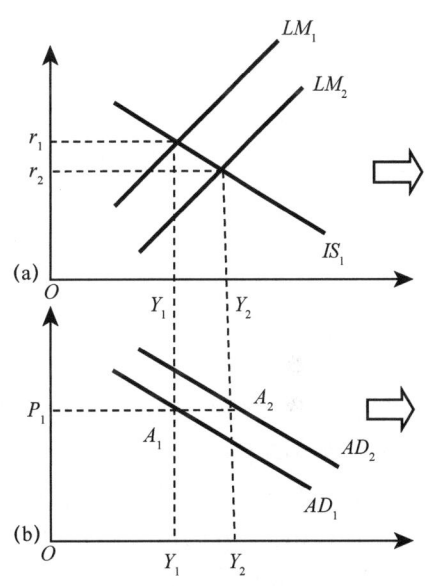

图 5-10 货币政策调整引起的总需求曲线移动

3. 依次类推,当一般价格 P 固定在不同水平时,如果政府采取扩张性货币政策,我们总会在原有总需求曲线右侧得到一系列点,这些点连接起来就会构成一条曲线。这就是采取扩张性货币政策之后得到的新总需求曲线。由此可见,扩张性货币政策将会导致总需求曲线由 AD_1 位置向右移动到 AD_2 位置。

(三)总需求曲线移动引起的产量变化和价格变化

1. 初始状态:在图 5-11 中,在市场环境因素和政府行为既定的条件下,总需求曲线 AD_1 与总供给曲线 AS 相交于点 E_1,由此得到初始均衡状态下的均衡价格 P_1^* 和均衡产量 Y_1^*。

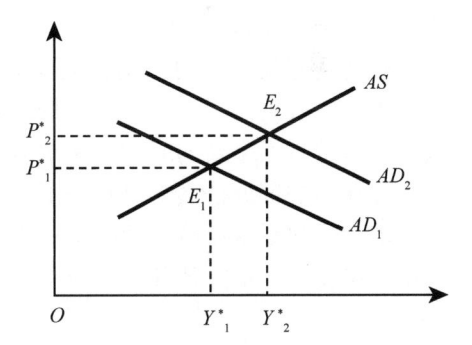

图 5-11 总需求曲线移动引起的产量变化和价格变化

2. 调整过程:①当政府采取扩张性财政政策或者扩张性货币政策时,社会总需求将会增加,这就表现为图 5-11 中的总需求曲线由 AD_1 位置向右移动到 AD_2 位置;②在其他条件不变情况下,结合原来的总供给曲线 AS 得到新均衡点 E_2,即新的均衡价格 P_2^* 和新的均衡产量 Y_2^*;③跟初始均衡点 E_1 相比,新的宏观经济均衡状态 E_2 表明,均衡价格将会上升,均衡产量将会增加。

3. 结论:扩张性财政政策或者扩张性货币政策将会引起宏观经济均衡变化,导致均衡价格上升和均衡产量增加。

二 政府债务管理与中国地方债的影响

政府债务管理是财政政策的重要内容和政策工具。一方面,增加或减少政府债务直接对总需求产生影响,从而对总产出、就业和物价总水平产生影响。因此,政府债务是政府进行宏观经济管理的重要手段。另一方面,政府债务具有周期性,当宏观经济下行时,政府税收和财政收入减少,财政赤字和政府债务扩大。同时为了稳定经济运行,在经济下行阶段政府会有意识地增加政府债务支出,比如向困难家庭发放补贴、增加社会救助,从而引起政府债务的增加。因此,政府债务是政府实施跨周期调节和逆周期调节的重要手段。

政府债务也称公债,是依靠政府信用筹集财政资金形成的债务,包括政府发行的债券和其他形式的借款(如向金融机构的借款)。分为中央政府债务与地方政府债务。随着财政分权改革的不断深入,中国地方政府的债务规模快速上升,对地方经济发展和金融市场产生了显著影响。根据 Wind 统计数据,2009—2019 年中国地方财政赤字规模由 2.84 万亿元增加至 10.24 万亿元,同期全国范围内地方政府直接或间接发行的债券(地方性债券,包括地方债和城投债)存量规模由 0.66 万亿元增加至 30.02 万亿元,占 GDP 的比重由 1.89% 升高至 30.3%[①]。

从中国地方政府的财政体制看,地方政府债务上升有其必然性。中国的财政分权改革是从"分灶吃饭""财政包干"开始的。这一时期的财政体制对于地方政府发展经济的积极性具有极大推动作用,但同时造成中央财政收入紧张。1994 年的分税制改革之后,中国向着更加规范、适合市场经济发展的财政体制转变。虽然中央财政的压力得到缓解,但带来一个新的问题就是地方财政紧张、债务不断积累[②]。原因之一就在于原来由中央承担的部分公共支出责任下沉到地方政府,尤其是快速的城市化进程给地方政府的基础设施建设带来巨大的融资压力。加之在地区竞争的激励下地方政府为了获得更多资源加快发展,地方债务的形成由被动负债转变为主动的债务融资,导致地方债务急剧增加。

地方债务的扩大,一方面有利于缓解地方建设资金的不足,从而促进地方经济的发展,另一方面也给地方财政和整个金融市场带来了财政压力和金融风险。首先是软预算约束问题。软预算约束最早是用来描述计划经济时期政府对国有企业的补贴使国有企业可能

[①] 牛霖琳、夏红玉、许秀:《中国地方债务的省级风险度量和网络外溢风险》,《经济学(季刊)》2021 年第 3 期。

[②] 龚强、王俊、贾珅:《财政分权视角下的地方政府债务研究:一个综述》,《经济研究》2011 年第 7 期。

产生的道德风险。从央地财政关系的角度看，地方债务风险的形成与软预算约束存在紧密关系，在中央软预算约束与地方政府道德风险的共同驱使下，地方政府容易产生救助预期，导致财政风险积聚和放大[①]。2015 年之后，地方债务的负债形式由银行借款转向地方债券，使地方债与资本市场就有了直接的联系，地方财政风险转化为金融市场风险就有了实现的渠道。一些研究表明，地方债的大量发行承载了部分城投债的地方债务融资功能，但并未遏制城投债的风险外溢，而且城投债的风险外溢也推升了地方债的金融市场风险[②]。此外，地方债通过房地产价格显著放大了中国经济的波动[③]。

专栏 5-2　　中国的分税制改革及其影响

1994 年的分税制改革是中国财政体制的一次重大改革，对央地财政关系、地方财政格局产生了深远影响。计划经济时期中国实现统收统支、高度集中的财政管理体制，地方政府缺乏必要的财政自主权。分税制之前的财政分权改革主要围绕"分权让利"进行，试图构建"分灶吃饭"的财政体系，其间经历了 1985 年和 1988 年两次变革，其总体趋势是越来越分权。1988 年开始实行"划分税种、核定收支、分级包干"的财政包干制，其核心内容就是包死基数、确保上交、超收多留。但由于各地经济发展水平和财政收入来源差距较大导致"两个比重"下降，即财政收入占国民收入的比重下降和中央财政收入占全国财政总收入的比重下降，从而削弱了中央的经济调控和行政管理能力。从 1979 年到 1993 年，财政收入占 GDP 的比重从 28.4% 下降至 12.6%，中央财政收入占比从 46.8% 下降至 36.1%[④]。

分税制改革就是为了力图改变上述状况而推行的财税体制改革。首先，分税制将税种划分为中央税、地方说、共享税三大类，其中税收规模最大的企业增值税设为共享税，中央占 75%，地方占 25%。消费税、关税为中央税收，地方不参与分成。通过税种划分，中央财政收入占比过小的局面迅速得到改善。其次，为适应分税制改革的需要，分设中央和地方两套税务机构，地方税务机构负责征收地方税。最后，为保证税收大省发展企业的积极性，实行税收返还和转移支付制度。实行这项制度的目的是调节地区之间的财力分配，既要保证经济发达地区组织税收的积极性，又需要将部分财政收入转移到经济欠发达地区。

作为改革开放以来最重要的一次财政体制改革，分税制促进了"两个比重"的提高，

---

① 吕炜、周佳音、陆毅：《理解财政博弈的新视角——来自地方债发还方式改革的证据》，《中国社会科学》2019 年第 10 期。
② 牛霖琳、夏红玉、许秀：《中国地方债务的省级风险度量和网络外溢风险》，《经济学（季刊）》2015 年第 3 期。
③ 高然、祝梓翔、陈忱：《地方债与中国经济波动：金融加速器机制的分析》，《经济研究》2022 年第 6 期。
④ 周飞舟：《分税制十年：制度及其影响》，《中国社会科学》2006 年第 6 期。

增强了财政调节经济发展和收入分配的能力，同时对中央和地方的财政关系、地区间的财力分配和地方政府的财政收支格局产生了深刻的影响，并随着分税制的运行逐步呈现出来。

首先，1994年分税制改革虽然初步规范了中央和地方的财政关系，但当时及后续的改革主要是从收入划分入手，基本没有涉及中央与地方事权的划分，导致分税制改革只走了半截①。随着城市化进程的加快，地方政府承担的公共服务职能日益增长，在基础教育、医疗服务、公共设施建设和维护等方面面临越来越大的财政支出压力，加剧了地方财政的困难。因此，需要按照财力与事权相匹配的原则完善分税制。

其次，由于各地经济发展水平和财力不平衡，地方财政支出高度依赖转移支付的情况越来越突出。在中央一般公共预算支出总量中，中央本级支出不足30%，其余绝大部分是用于对地方的转移支付。从地方层面看，在地方一般公共预算支出总量中，由地方本级收入所承担的比例不足55%。也就是说，地方财政所花费的支出中依赖于中央转移支付的比例高达40%甚至更高②。

最后，分税制对地区间的财力平衡产生了重大而深远的影响。虽然通过转移支付有效地缓解了中西部经济欠发达地区的财政困难，但由于转移支付的分配本身存在地区之间的不平衡，使地区之间的财力差距不但没有缩小，反而呈现不断扩大的趋势。从全国趋势看，东部地区靠工业化、西部地区靠中央补助使人均财力得到明显增长，唯有中部地区人均财力增长缓慢③。因此，转移支付制度需要进一步完善。

国家财税体制的完善是一个循序渐进的过程。对于分税制改革不彻底带来的问题，要通过积极完善以税种配置为主的各级收入划分制度、将部分消费税收入划归地方、将增值税中央增收部分作为对地方一般性转移支付的来源等方法继续深化分税制改革④。围绕党的二十大全面建设社会主义现代化国家的总体要求，继续完善财政转移支付制度。按照"十四五"规划构建高水平社会主义市场经济体制的目标，建立"权责明晰、财力协同、区域均衡"的财政体系，最终形成与现代国家治理能力相适应的财政体系。

三 总供给冲击：要素获取能力变动和要素组合能力变动

1. 根据总供给曲线的推导过程和移动原因，总供给曲线的形状和位置取决于特定社会经济体系的生产能力，而这种生产能力的主要影响因素是要素获取能力和要素组合能力。正因如此，总供给冲击因素主要来自两个方面：①要素获取能力方面主要包括劳动要

---

① 杨志勇：《分税制改革中的中央与地方事权划分研究》，《经济社会体制比较》2015年第2期。
② 高培勇：《将分税制进行到底——我国中央和地方财政关系格局的现状与走向分析》，《财政研究》2023年第1期。
③ 周飞舟：《分税制十年：制度及其影响》，《中国社会科学》2006年第6期。
④ 贾康、梁季：《辨析分税制之争：配套改革取向下的全面审视》，《财政研究》2013年第12期。

素供给规模、铁矿石和石油等重要生产资源供给、资本要素获取难易程度等,它们进而涉及国家劳动政策、重要资源的国际市场变动、国家金融政策等因素;②要素组合能力方面则主要包括企业生产技术、组织管理、企业组织形态等因素。

通常情况下,从政府行为调整的角度来看,促进总供给增加的一系列政策措施主要包括:降低劳动收入所得税、增加重要生产资源的国际获取渠道、降低金融资本获取成本、倡导技术创新和管理创新、改善企业组织形态、营造企业家文化氛围等。这些政策措施都将会对总供给造成冲击,进而引起宏观经济均衡改变,具体分析如图 5-13 所示。

2. 图形分析过程

(1) 初始状态:在图 5-12 中,在市场环境因素和政府行为既定的条件下,总供给曲线 AS_1 与总需求曲线 AD 相交于点 E_1,由此得到初始均衡状态下的均衡价格 P_1^* 和均衡产量 Y_1^*。

(2) 调整过程:①当政府采取促进总供给增加的各种政策措施时,社会生产能力将会提高,这就表现为图 5-12 中的总供给曲线由 AS_1 位置向右移动到 AS_2 位置;②在其他条件不变情况下,结合原来的总需求曲线 AD 得到新均衡点 E_2,即新的均衡价格 P_2^* 和新的均衡产量 Y_2^*;③跟初始均衡点 E_1 相比,新的宏观经济均衡状态 E_2 表明,均衡价格将会下降,均衡产量将会增加。

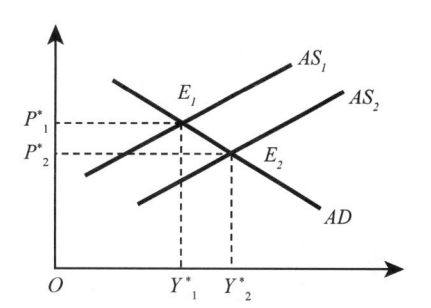

图 5-12 总供给曲线的移动

(3) 结论:促进总供给增加的各种政策措施将会导致均衡价格下降和均衡产量增加。

四 政策有效性区间

为分析简便,我们在上述图形分析过程将总需求曲线和总供给曲线都简化为"直线";但在关于总需求曲线和总供给曲线的更加细致分析过程中,我们应该将它们"恢复"为曲线,这样才能深入探讨各种政策影响效果的方向和程度。对比本书第四章第五节内容,这里的"政策有效性区间"与之具有显著的区别:①这里的"政策"主要强调总需求管理政策和总供给管理政策;②这里判断政策"有效性"的基本标准不仅要考察均衡产量是否变动,而且要考察宏观经济政策调整是否会引起均衡价格变动,即判断是否具有"产量效应"和是否具有"价格效应";③这里的"区间"代表着总供给曲线的三种不同情况。

在真实世界中,总供给曲线是一条向右上方倾斜且越来越陡峭的曲线。根据前文关于"总供给曲线的推导"阐释内容,总供给曲线被"理论简化"为三种情形:①一个极端是"凯恩斯主义总供给曲线",它是一条水平直线,又被称为"极端凯恩斯情形";②另一个极端是"古典总供给曲线",它是一条竖直直线,又被称为"古典情形";③介于两个极端之间的中间状态是"常规总供给曲线",它是一条向右上方倾斜的直线,又被称为"基本凯恩斯情形"。在这里探讨"政策有效性区间"时,上述三种情况分别对应着宏观经济体系的不同场景。

同样道理，真实世界中的总需求曲线是一条向右下方倾斜且越来越平坦的曲线。为简化分析过程，总需求曲线 AD 通常被描述为一条向右下方倾斜的直线。结合 AS 曲线的三种可能情形，扩张性总需求管理政策将会引起 AD 曲线不断向右移动，由此阐释不同场景中的宏观经济均衡变动情况和宏观经济政策效果，具体分析如图 5-13 所示。

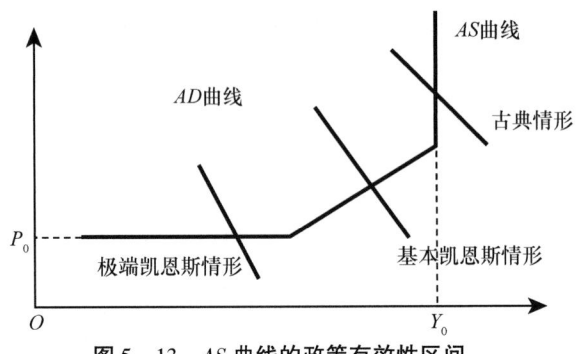

图 5-13 AS 曲线的政策有效性区间

1. 极端凯恩斯情形

"极端凯恩斯情形"描述的 AS 曲线是一条水平直线，它意味着一般价格始终保持在 P_0 而产量 Y 可能发生变动。如果初始状态的总需求曲线是向右下方倾斜的直线 AD_1，那么 AD_1 与 AS 曲线的交点 $E_1(Y_1, P_0)$ 将会决定初始均衡状态。在此基础上，我们可以考察扩张性财政政策或者扩张性货币政策的政策效果。具体分析如图 5-14 所示。

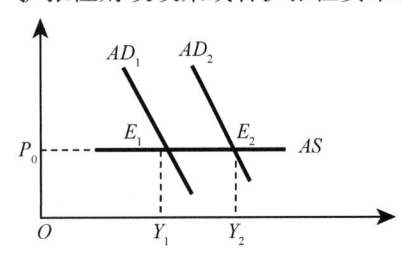

图 5-14 极端凯恩斯情形的政策有效性

如果政府采取扩张性财政政策或者扩张性货币政策，这将会引起总需求增加。在图 5-15 中，总需求增加意味着总需求曲线由 AD_1 位置向右移动到 AD_2 位置，结合原有 AS 曲线得到新的均衡点 $E_2(Y_2, P_0)$。跟原有均衡点 $E_1(Y_1, P_0)$ 进行对比，新均衡状态下的均衡价格不变，而均衡产量增加。

在"极端凯恩斯情形"中，扩张性总需求管理政策将会引起均衡产量增加，即"具有产量效应"；但它没有改变均衡价格，因此"不具有价格效应"。探究其深层次原因，萧条时期存在着大量闲置资源（如机器、厂房），当总需求增加而要求产量增加时，可以主要依靠"消化"以前闲置资源的生产能力。

2. 基本凯恩斯情形

"基本凯恩斯情形"描述的 AS 曲线是一条向右上方倾斜的直线。如果初始状态的总需求曲线是向右下方倾斜的直线 AD_3，那么 AD_3 曲线与 AS 曲线的交点 $E_3(Y_3, P_3)$ 将会决定初始均衡状态。在此基础上，我们可以考察扩张性财政政策或者扩张性货币政策的政策效果。具体分析如图 5-15 所示。

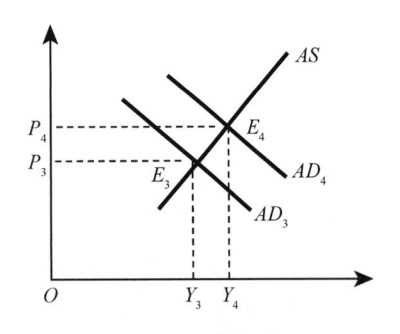

图 5-15 基本凯恩斯情形的政策有效性

如果政府采取扩张性财政政策或者扩张性货币政

策,这将会使总需求曲线由 AD_3 位置向右移动到 AD_4 位置,因为原有总供给曲线 AS 是一条向右上方倾斜的直线,所以新的宏观经济均衡状态是 AD_4 曲线与 AS 曲线的交点 E_4(Y_4,P_4)。跟原有均衡点 E_3(Y_3,P_3)进行对比,新均衡状态下的均衡产量增加,均衡价格上升。

在"基本凯恩斯情形"中,扩张性总需求管理政策将会改变均衡产量,因此"具有产量效应";同时它将会改变均衡价格,因此"具有价格效应"。探究其深层次原因,在"常规"经济状态中,闲置资源已经得到充分运用;当总需求增加而要求产量增加时,这就需要"消耗"现有资源来投资新建厂房和重新购置各种生产设备;在现有资源总量既定条件下,随着已经使用的资源数量逐渐增加,剩余资源的价格将会越来越昂贵,进而引起产品价格上升。

3. 古典情形

"古典情形"描述的 AS 曲线是一条竖直直线,它意味着产量始终保持在 Y_0,而一般价格可能发生变动。其中,Y_0 是由现有资源禀赋条件决定的"潜在产量"或"充分就业产出"。如果初始状态的总需求曲线是向右下方倾斜的直线 AD_5,那么初始均衡是 AD_5 曲线与 AS 曲线的交点 E_5(Y_0,P_5)。具体分析如图 5-16 所示。

如果政府采取扩张性财政政策或者扩张性货币政策,那么总需求曲线将会由 AD_5 位置向右移动到 AD_6 位置,因为原有总供给曲线 AS 是一条竖直直线,所以新的宏观经济均衡状态是 AD_6 曲线与 AS 曲线的交点 E_6(Y_0,P_6)。跟原有均衡点 E_5(Y_0,P_5)进行对比,新均衡状态下的均衡产量不变,而均衡价格上升。

在"古典情形"中,扩张性总需求管理政策不会改变均衡产量,即"不具有产量效应";但它将会改变均衡价格,因此"具有价格效应"。探究其深层次原因,在现有资源已经得到充分利用的条件下,社会总产量就只能停留在"充分就业产量"或"潜在产量"水平(Y_0);同时,社会产品的生产权利则可以通过"竞价"

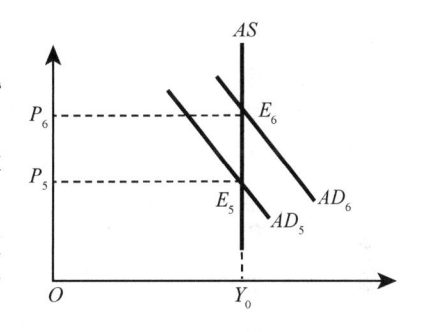

图 5-16 "古典情形"的政策有效性

方式来确定,愿意支付更多货币的厂商才能够获得生产要素和生产权利。这两重影响的综合结果将会导致社会产量不变,而一般价格上升。

最后需要强调的是,在宏观经济政策的实际运用场景中,$AD-AS$ 模型的三种"政策有效性区间"具有很高的实践价值。主要表现在:①如果宏观经济体系的调整时期很短,那么真实世界的经济状况将会类似于"极端凯恩斯情形";②如果宏观经济体系处于"常规"时期,那么真实世界的经济状况将会类似于"基本凯恩斯情形";③如果宏观经济体系面临很长调整时期,那么真实世界的经济状况将会类似于"古典情形"。

特别需要说明的是,在"古典情形"中,当货币供给数量增加时,宏观经济体系的长期调整结果是只会改变均衡价格而不会改变均衡产量。这种情况又被称为"货币中性"。

第四节　中国场景中的总需求管理政策和总供给管理政策

一　中国场景中的总需求管理政策

2020年新冠疫情对中国宏观经济运行造成严重影响。据中国国家统计局发布的数据，2020年第一季度GDP同比下降6.8%；全国规模以上工业增加值同比下降8.4%；社会消费品零售总额同比下降19.0%；全国固定资产投资（不含农户）同比下降16.1%。简而言之，虽然中国社会经济发展格局基本稳定，但中国场景中充满着不确定因素和经济下行风险，国际经济环境和国内经济形势都不容乐观。

面对这种严峻局面，中国政府及时运用扩张性总需求政策来调控宏观经济。根据《南方周末》记者的描述，2020年初以来的中国财政政策被概括为"千亿防控，两万亿扶持，八万亿计划"，即2020年中国疫情防控支出超过千亿元，2020年复工复产的经济扶持资金超过两万亿元，2020年计划财政支出总额超过八万亿元。

其中，"两万亿扶持"的主要政策措施包括：①在28个省份和170多个地市累计发放消费券190多亿元；②免征2020年全国各类民航企业需要缴纳的民航发展基金约150亿元；③降低电价和各类工业能源价格，2020年上半年为各类中小企业减负670亿元；④高速收费公路实行免费通行政策，累计免收高速公路通行费1590多亿元；⑤减免各类企业的养老、失业、工伤三项社保费用，2020年上半年累计6000亿元；⑥推行减税降费政策，延迟小微企业和个体工商户的所得税缴纳时限，2020年各类新增企业减负超过25000亿元（见图5-17）。

随着扩张性总需求政策的逐渐推行，2020年中国宏观经济形势迅速得到稳定和恢复。根据中国国家统计局的公布数据，2020年第二季度GDP同比增加3.2%；2020年第三季度GDP同比增加4.9%；2020年第四季度GDP同比增加6.5%。同时，根据世界银行对全球各国的经济增长率判断，在一系列发达经济体和新兴市场国家中，唯有中国保持着2020年GDP增长率为正。

"消费券"	民航发展基金	降低电价气价	高速公路免费	减免企业三项社保费	（全年）新增企业减负
180	约150	670	1590	6000	25000

图5-17　2020年上半年，政府经济帮扶一览（单位：亿元）

二　中国场景中的总供给管理政策

随着中国社会现代化进程和社会发展的不断深化，人口老龄化问题逐渐成为社会关注焦点。根据 2020 年 6 月 11 日中国发展研究基金会发布的《中国发展报告 2020：中国人口老龄化的发展趋势和政策》，预计到 2030 年中国人口将达到 14.3 亿人的峰值，然后进入长期人口负增长阶段，直到 2050 年中国人口规模将下降至 13.6 亿人。这意味着，中国社会的"人口红利"将在本世纪逐渐消失，而"未富先老"特征将会日益显著。

面对社会人口变化的新形势，中国政府基于务实态度而逐步调整人口管理政策：由 20 世纪后期的"计划生育"政策到 21 世纪初期的"双独二孩"政策；再由"单独二孩"政策到"全面二孩"政策；然后到"三孩"政策。具体而言，2011 年 11 月全国各地开始实施"双独二孩"政策，即夫妻双方都为独生子女的家庭，可以生育第二个孩子；2013 年 12 月中国各地实施"单独二孩"政策，即夫妻双方有一方为独生子女的家庭，可以生育第二个孩子；2015 年中国共产党第十八届中央委员会第五次全体会议发布公报，实施"全面二孩"政策；2021 年 5 月中共中央政治局召开会议审议通过《关于优化生育政策促进人口长期均衡发展的决定》，允许一对夫妻生育三个子女，并提供相应配套支持措施。

2020 年中国人口管理政策调整的基本意图是改善中国社会的人口结构，增加劳动力供给，进而从总供给角度来保证中国经济的持续稳定增长。诚然，劳动市场的供给总量变化和供给结构调整需要长期过程，但中国政府已经深刻意识到，适当调整的人口管理政策有助于增强中国社会经济的总供给力量，进而保证中国社会经济体系的长治久安。更重要的是，中国政府的宏观调整策略正在逐渐摆脱西方宏观经济理论的局限性，越来越多地结合中国实际情况进行理论调整和实践探索。在中国社会稳定发展的现实场景中，中国特色社会主义市场经济理论正在发挥越来越重要的指导作用。

本章小结

1. 常规总供给曲线的推导基础是劳动市场均衡和生产函数。
2. 扩张性总需求冲击将会导致均衡价格上升和均衡产出增加；扩展性总供给冲击将会导致均衡价格下降和均衡产出增加。
3. 总需求—总供给模型的"政策有效性区间"包括三种情形：极端凯恩斯情形、基本凯恩斯情形、古典情形。

思考题

1. 请阐释总供给的含义。
2. 请阐释"常规总供给曲线"的推导过程。
3. 请阐释"凯恩斯主义总供给曲线"的推导过程。
4. 请阐释"古典总供给曲线"的推导过程。
5. 劳动市场变化或者生产函数变化如何引起总供给曲线移动?
6. 请阐释总供给与总需求相等时的实现条件。
7. 总需求冲击如何引起宏观经济均衡变动?
8. 总供给冲击如何引起宏观经济均衡变动?
9. 基于总需求—总供给模型,请阐释"政策有效性区间"的三种情形。

第六章　失业、通货膨胀和经济周期

学习目标

1. 掌握失业的原因、失业对经济的影响和奥肯定律。
2. 区分通货膨胀的类型，掌握通货膨胀对经济的影响。
3. 掌握短期和长期菲利普斯曲线，掌握降低通货膨胀率的代价。
4. 了解经济周期的阶段与类型、经济周期的相关理论。

在短期的经济波动中，失业与通货膨胀是一国政府非常关注的宏观经济问题，它们都是伴随收入的变动而出现，与总供给和总需求有关。在经济扩张和繁荣时，失业减少，价格上涨；在经济收缩和萧条时，失业增加，价格下降。本章将深入讨论失业与通货膨胀的原因与关系、经济周期理论，以及中国失业率、通货膨胀与经济周期的基本情况。

第一节　失业

失业对整个社会来说，意味着人力资源没有得到充分利用，社会总产出没有达到应有水平。失业率过高将会给家庭和社会带来不利影响，增加经济运行成本，引发社会动荡。本书第二章已经阐述失业的定义和分类，在本节中，我们主要讨论宏观经济学不同流派对失业的解释以及改革开放以来中国的失业变动状况。

一　失业的宏观经济学解释

失业是指处于法定劳动年龄阶段、具有劳动能力且有工作意愿的劳动者找不到工作岗位的经济现象。美国通常用失业率、劳动参与率、就业—人口比率等指标来反映劳动力市场就业状况；中国一般采用城镇登记失业率、城镇调查失业率、就业人数、经济活动人口等指标来反映劳动力市场供需状况。

失业是由什么原因引起的呢？各个流派的西方经济学家对此给出了不同的理论解释。

（一）萨伊定律

萨伊定律的核心思想是"供给会创造其自身的需求"，它包含三个要点：产品生产本身能创造自己的需求；由于市场的自我调节作用，不可能产生遍及国民经济所有部门的普遍性生产过剩，而只能在国民经济的个别部门出现供求失衡的现象，即使这样也只是暂时的；货币仅仅是流通的媒介，商品的买和卖不会脱节。根据这一定律，一种商品的生产、销售必然为其他商品的生产、销售创造条件，因而社会的总需求始终等于总供给，流通过程不会出现生产过剩的现象。并且由于每一个商品生产者都是理性的，他们会尽力扩大生产、销售，这样全社会的生产、销售就能达到最高水平，从而实现充分就业。20世纪30年代以前，萨伊定律主宰着整个古典学派和新古典学派的思想。他们认为，经济社会中不存在非自愿失业，充分就业是一个始终存在的倾向。即使社会中存在失业现象，那也只是摩擦性失业和自愿失业，是生产过程中局部的、暂时的失调。

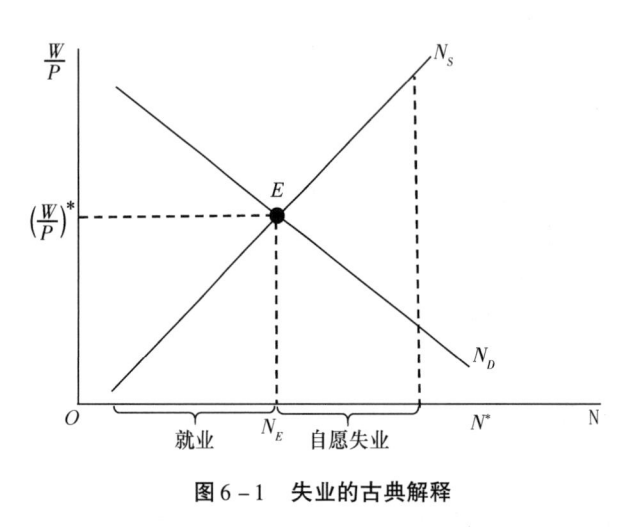

图6-1描述的是完全竞争的劳动力市场供给和需求的一般情况。横轴N表示劳动力数量，纵轴$\frac{W}{P}$表示实际工资，总的工人数量为N^*。在充分就业时，劳动需求曲线N_D与劳动供给曲线N_S的交点E决定了充分就业时的劳动雇佣量N_E和均衡工资$\left(\frac{W}{P}\right)^*$。根据萨伊定律，此时经济中不存在非自愿失业，自愿失业的工人数量为$(N^* - N_E)$，即在现行市场工资率下不愿意参与劳动的工人数量。

图6-1 失业的古典解释

（二）凯恩斯对失业原因的解释

20世纪30年代，资本主义世界爆发经济危机，大量的工厂倒闭，商店关门，失业率上升。人们对古典经济学所提出的失业理论产生怀疑，在此背景下凯恩斯的失业理论应运而生。

凯恩斯认为，失业除摩擦性失业和自愿失业以外，还有一种失业情况，那就是非自愿失业，即劳动者愿意接受现行的条件，比如现行的工资水平、工作环境，仍然找不到工作的情况。这种失业在所有失业中排在首位，消除了非自愿失业，就能实现充分就业，但在现实生活中，不可避免地存在非自愿失业。

凯恩斯提出，有效需求不足是导致失业的根源。有效需求是指社会总供给和总需求达到均衡的需求。当总需求增大时，就业量就增加，失业人员下降；当总需求减少时，就业量减少，失业人员增加。对于有效需求不足问题的解释，凯恩斯提出了边际消费倾向递减、资本边际效率递减和流动性偏好三大基本心理规律。市场自发的调节机制无法克服三大心理规律的作用，使国民经济经常低于充分就业的状态。

图6-2描绘了凯恩斯的"有效需求不足"理论对失业的解释。图6-2（a）横轴Y表示国民收入，纵轴AD表示总需求。在充分就业时，总需求AD_f与45°线的交点E_f决定了充分就业时的国民收入水平Y_f，对应于图6-2（b）中的点E_f，此时，经济中不存在非自愿失业。但实际总需求为AD_0，由它所决定的国民收入水平为Y_0，对应于图6-2（b）中的点E，此时经济中的就业水平为N_1，在现行工资水平$\left(\dfrac{W}{P}\right)^{**}$下，劳动供给量为$N_2$，存在$(N_2-N_1)$的非自愿失业，即由于实际总需求$AD_0$小于充分就业总需求$AD_f$所造成的失业。

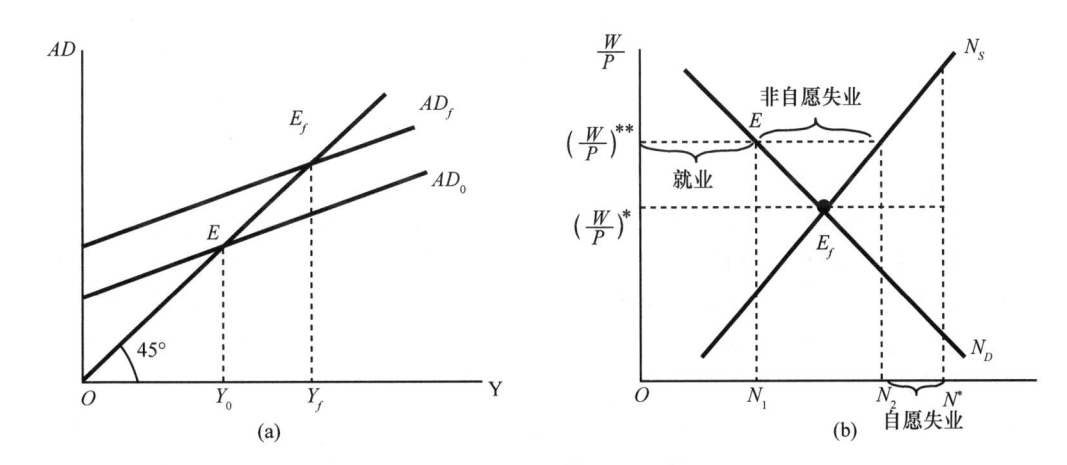

图6-2 凯恩斯的失业解释

凯恩斯否定了传统的自由放任主义，提出国家干预经济。他认为，如果国家不出面干预，资本主义经济就将经常处于有效需求不足的状态，资源无法得到充分利用，非自愿失业就无法得到改善。因此，政府应从扩大社会总需求的角度制定政策，减少失业人员，在充分就业基础上达到总供给与总需求的均衡。

凯恩斯的失业理论主要分析了失业原因，并提出解决办法。但他并没有从资本主义制度根源上分析失业的根本原因，他的有效需求理论分离了总需求与总供给，认为只有总需求才是失业的决定因素。

（三）新凯恩斯主义对失业原因的解释

20世纪80年代中期，出现了一个主张政府干预经济的新学派——新凯恩斯主义学派。它坚持凯恩斯主义的劳动力市场非出清假设和有效需求不足理论，并在此基础上对凯恩斯主义进行改进和发展，提出新的劳动市场理论。该理论克服了凯恩斯主义在考察失业问题时几乎不讨论劳动市场的弱点，高度重视劳动市场问题，多方面探讨工资黏性和失业的原因。

新凯恩斯主义劳动市场论继承凯恩斯主义货币刚性的假设，并进一步提出工资在短期内具有黏性，即工资不能随着劳动供求的变动而迅速进行调整。因此，失业率并不会随着劳动需求的变动做出及时而充分的调整。新凯恩斯主义在理性经济人追求自身利益最大化假设和理性预期假说的基础上，提出最低工资法、工会和集体议价、隐含合同论、效率工资等新的劳动理论，阐释劳动市场失灵，较好地解释了工资黏性的原因。

1. 最低工资法

最低工资是指劳动者在法定工作时间提供正常劳动的前提下，其雇主或用人单位支付的最低金额的劳动报酬，它通常会高于劳动市场均衡工资。最低工资法是各国政府保护劳动者的一项重要法律，目的是以法律形式来保证工薪劳动者，通过劳动所获得的最低工资能够满足其自身及其家庭成员的基本生存需要。由于最低工资高于劳动市场均衡工资，一方面企业会减少劳动需求量，尤其会减少对不熟练的工人和缺乏经验的工人的需求；另一方面劳动供给量也会随着工资上升而增加，在相同工资率下，企业会更偏好雇用熟练工、技术工，从而产生结构性失业。

2. 工会和集体议价

工会和集体谈判理论认为，现实社会中工会在劳动市场上具有垄断力量，加入工会的工人的工资主要不是由劳动市场供求均衡决定的，而是由工会领导人与雇主之间的集体谈判决定，最终的谈判结果往往是一种妥协的协议，通常情况下是把工资提高到均衡工资水平之上，雇主根据这种工资水平决定雇用多少工人。一般的，由工会参与确定的工资并不随着经济状态的变化而立即变化，这样就会使工资具有黏性。

此外，工会的垄断势力还产生局内人和局外人的问题。局内人是指已被企业雇用的工人，而局外人是指想进入该企业的工人。对于企业来说，解雇劳动力是有成本的——解雇成本、雇佣成本和培训成本，因此，局内人相对局外人来说更有谈判优势。较高的工资提高了局内人的福利，但这是以局外人的失业为代价的，局外人承担了高工资的部分代价。

3. 隐含合同论

该理论认为，除了正式合同，雇主与雇员之间可能达成工资率相对固定、不随着经济波动调整的默契。这种默契被称为隐含合同，它有别于正式合同。该理论认为，雇员一般是回避风险的，即愿意为一个可支付稳定工资的企业工作。隐含合同意味着工资率将不随着劳动力市场供求的波动而变化。在经济不景气时，企业可能支付给雇员高于市场一般水平的工资。作为回报，在经济高涨时，雇员也只能留在该企业，接受低于其他企业的工资率。

4. 效率工资理论

效率工资是指一家企业支付高于市场通行工资率的薪酬水平。其基本假设是，高于市场水平的薪酬会通过吸引绩效高且不愿意离开的员工，同时弱化员工的偷懒动机而给企业带来利益。首先，较高的工资率可以保障劳动者队伍的质量；其次，可以提升劳动者的努力程度；最后，工资会影响工人流动率，降低熟练工人的离职率。效率工资理论实际上否认了在市场经济条件下，作为劳动力需求方的企业一定是根据市场通行工资率水平来确定该公司薪酬水平的这一假设,指出了企业支付较高的工资率可能会产生一些管理方面的优势。

(四) 现代货币主义对失业原因的解释

现代货币主义的失业理论可以简单归结为"自然失业率"假说。所谓"自然失业率"是指在没有货币因素干扰的情况下,劳动力市场和商品市场的自发供求力量发挥作用时应有的、处于均衡状态下的失业率。即弗里德曼所说的,"自然失业率"是指在任何时候,都存在与实际工资率结构相适应的某种均衡失业水平。并且它在现代社会中是始终存在的,但并不是一个固定不变的量。弗里德曼还以"自然失业率"假说为基础,否认菲利普斯曲线即失业与通货膨胀存在替代关系。他认为,如果政府用增加货币量来刺激就业,雇员没有预见到实际收入下降时,就愿意增加劳动供给。但从长期看,货币量增加引起价格上涨,使雇员实际工资没有变动甚至下降,雇员不愿意提供更多的劳动,失业不仅没有减少反而物价会持续上涨。

二 奥肯定律

失业意味着生产要素的非充分利用,即失业导致劳动力资源和机器设备的闲置浪费。失业率的上升会伴随实际产出下降,描述失业率和实际产出之间交替关系的经验规律称为"奥肯定律"或"奥肯法则",由美国经济学家阿瑟·奥肯提出。该定律认为,在美国,如果失业率每高于自然失业率 1 个百分点,实际产出便低于潜在产出 2 个百分点。

奥肯定律可用下面的公式表示:

$$\frac{Y-Y_f}{Y_f} = -a(u-u^*) \quad (6-1)$$

其中,Y 为实际产出,Y_f 为潜在产出,u 为失业率,u^* 为自然失业率,a 为大于零的参数。

奥肯定律也可以表示为另一种形式:

$$\frac{\Delta Y}{Y} = 3\% - 2\Delta u \quad (6-2)$$

其中,$\frac{\Delta Y}{Y}$ 为产出增长率,Δu 为失业率相对于前一年的变化。(6-2) 式说明了失业率增加时 ($\Delta u > 0$),实际产出 Y 的年增长速度低于 3%(3% 为美国充分就业产出的平均增长率)。(6-2) 式假设自然产出率不变,被称为奥肯定律的增长率形式。

奥肯定律的一个重要结论是:在 GDP 没有达到充分就业水平时,实际 GDP 必须保持与潜在 GDP 同样快的增长速度,以防止失业率的上升。也就是说,实际 GDP 必须不断增长才能保持失业率停留在原来的水平上。如果政府想让失业率下降,那么该经济社会的实际 GDP 必须快于潜在 GDP 的增长速度。

实际上,奥肯定律所描述的经济增长与失业率之间的具体数量关系只是对美国经济现象的总结,并没有经过严格的检验。这种数量关系不一定准确,它会因时间、对象、条件的不同而有所差异。但是,它所描述的数量关系在宏观经济研究中具有一定的现实意义。

三 贝弗里奇曲线

贝弗里奇曲线（Beveridge Curve）是反映劳动市场中失业率与职位空缺率之间存在负相关关系的曲线，最早由英国经济学家贝弗里奇提出。贝弗里奇曲线曾在20世纪中叶得到广泛关注，并产生了许多重要的研究成果，与菲利普斯曲线一起成为经济学家研究劳动力市场和失业问题的起点。

职位空缺（Vacancy）是理解贝弗里奇曲线的一个关键变量。职位空缺是指某一时点企业想要招聘的岗位缺口。职位空缺程度使用职位空缺率表示，其计算公式为：

$$职位空缺率 = \frac{A}{A+E} \tag{6-3}$$

职位空缺率（Vacancy Rate）表示职位空缺数占职位空缺数加上就业人数的百分比。其中，A 表示职位空缺数，E 表示企业中已就业的人数。比如，一个企业的满员编制为100人，现有就业人数80人，职位空缺数20人，那么该企业的职位空缺率就为20%。职位空缺率从一个侧面反映了劳动力市场的供求关系和紧缺程度，对于分析就业市场状况和未来趋势具有重要意义。从2000年12月开始，美国劳工统计局将职位空缺率作为职位空缺与劳动力流动调查（Job Openings and Labor Turnover Survey，JOLTS）的重要计算指标[1]。

为什么贝弗里奇曲线的斜率为负？经济学家大体上给出了以下几种解释。首先，从经济周期的角度看，职位空缺率是一个顺周期变量，而失业率则是典型的逆周期变量。经济扩张时期随着劳动力需求上升，企业需要招聘的岗位数量增加，职位空缺率上升。2001年和2008—2009年经济衰退一开始，美国的职位空缺率就随着下跌，而失业率开始上升[2]。其次，生产率冲击对劳动力市场的影响。生产率上升将增加就业，提高劳动参与率和职位空缺率，降低失业率。因此整个经济的生产率改变也是导致贝弗里奇曲线向下倾斜的重要原因。最后，劳动市场制度和相关政策也是导致贝弗里奇曲线向下倾斜的重要原因。以失业保险为例，较高的失业保险救济金会抬高市场工资水平，减少企业从与一个工人的匹配中获得的剩余，从而减少职位空缺；这同时又增加了找到工作的难度，从而提高失业率。另一方面，较高的失业保险救济金对于典型的失业者来说会延长失业的平均持续时间，同时降低对失业者找工作的激励，这也会提高失业率水平。因此，Shavell 和 Weiss 建议，最优失业保险救济金应随着时间的推移而下降，以克服工作搜寻中的道德风险问题[3]。

2000—2007年，美国的贝弗里奇曲线保持相对稳定，即使在2001年经济衰退期间也是如此。但2008年国际金融危机之后，美国的失业率与职位空缺率之间的关系却发生了

---

[1] [美] 史蒂芬·D. 威廉森：《宏观经济学》（第五版），郭庆旺译，中国人民大学出版社2015年版，第154页。
[2] [美] 史蒂芬·D. 威廉森：《宏观经济学》（第五版），郭庆旺译，中国人民大学出版社2015年版，第166页。
[3] Shavell, S., and Weiss, L., "The Optimal Payment of Unemployment Insurance Benefits over Time", *Journal of Political Economy*, Vol. 87, 1979, 1147-1362.

显著变化。由于建筑业的疲软以及失业保险制度的强化导致了贝弗里奇曲线往右移动。从 2009 年夏季开始,职位空缺率开始上升但失业率下降却较为缓慢。其背后原因在于,随着美国劳动力市场摩擦加剧,或者说工人与雇主之间的匹配效率下降,导致每个职位的解雇率下降[1]。房地产市场调整推动的经济大衰退导致了美国经济结构的调整,劳动力需求从劳动力流动较高的职业,如建筑业,转向流动性更弱、解雇率更低的职业,又如医疗卫生和工程师,从而导致劳动力市场整体匹配效率的下降。相关研究运用 OECD 国家可得的职位空缺和就业数据,通过数据拟合发现这些国家的贝弗里奇曲线向右移动,普遍出现房价上涨和建筑业就业下降[2]。

区分贝弗里奇曲线的移动与沿着贝弗里奇曲线的变化对于理解就业趋势的变化非常重要。通常认为,沿着固定的贝弗里奇曲线的变化反映了短期的经济周期波动对劳动市场和就业状况的冲击,而贝弗里奇曲线的移动(给定职位空缺率下一个更高或更低的失业率)则反映了劳动力市场的结构性变化,这种结构变化将对劳动市场的动态过程产生长期影响,主要体现为影响失业工人与工作职位之间的搜寻和匹配效率[3]。研究发现,2008 年国际金融危机之后许多发达国家都经历了这种深刻的结构性变化,导致贝弗里奇曲线向右移动[4]。

围绕贝弗里奇曲线的性质和移动,学术界进行了大量的理论和实证研究,极大地深化了宏观经济学对于劳动市场的理解。贝弗里奇曲线是工作搜寻理论和匹配模型的起点,后者主要由戴蒙德(P. Diamond)、皮萨里德斯(C. Pissarides)和莫滕斯(D. Mortensen)的研究工作创立起来的,他们因为在搜寻和匹配理论方面的开创性研究共同分享了 2010 年诺贝尔经济学奖。与研究失业问题的传统方法不同,该项研究将劳动力市场中尚未满足的职位空缺看成正处于就业搜寻过程中的失业工人的对应方,通过匹配技术(matching technology)将工作搜寻者与企业正在招聘的空缺职位联系起来,从而实现就业。关于搜寻和匹配模型有两点至关重要。第一,劳动力市场的运行是一个动态过程,同时存在就业创造(job creation)和就业消失(job destruction),因而带来了劳动力的流动和再配置过程[5]。第二,劳动力市场中的摩擦是影响匹配效率和工人再配置的重要因素。这些摩擦因素主要包括工资刚性、社会失业保障制度以及劳动力市场的进入障碍(如中国的户籍制度)等。

---

[1] Regis, B., "Which Industries and Shifting the Beveridge Curve?", *Monthly Labor Review*, June, 2012.

[2] Hobijn, B., and Sahin, A., "Beveridge Curve Shifts across Countries since the Great Recession", *IMF Economy Review*, Vol. 61, No. 4, 2013.

[3] Wall, H. J., and Zoega, G., "The British Beveridge Curve: A Tale of Ten Regions", *Oxford Bulletin of Economics and Statistics*, Vol. 39, 2002, 390 – 431.

[4] Elsby, M. W. L., Michaels, R., and Ratner, D., "The Beveridge Curve: A Survey", *Journal of Economic Literature*, Vol. 53, No. 3, 2015, 571 – 630.

[5] Blanchard, O. J., and Diamond, P., "The Beveridge Curve", *Brookings Papers on Economic Activity*, Vol. 1, 1989, 1 – 60.

四 中国失业基本情况

（一）中国的城镇登记失业率和城镇调查失业率

图 6-3 反映了 2017—2021 年中国的城镇登记失业率和城镇调查失业率变动情况。图 6-3 最直观的结论是调查失业率始终高于登记失业率。此外，我们还观察到，在 2020 年之前，调查失业率和登记失业率分别保持 5%、1.25% 左右，且都有略微下降趋势。但 2020 年受新冠疫情影响，失业率显著上升，随后企业复工复产，调查失业率明显下降。

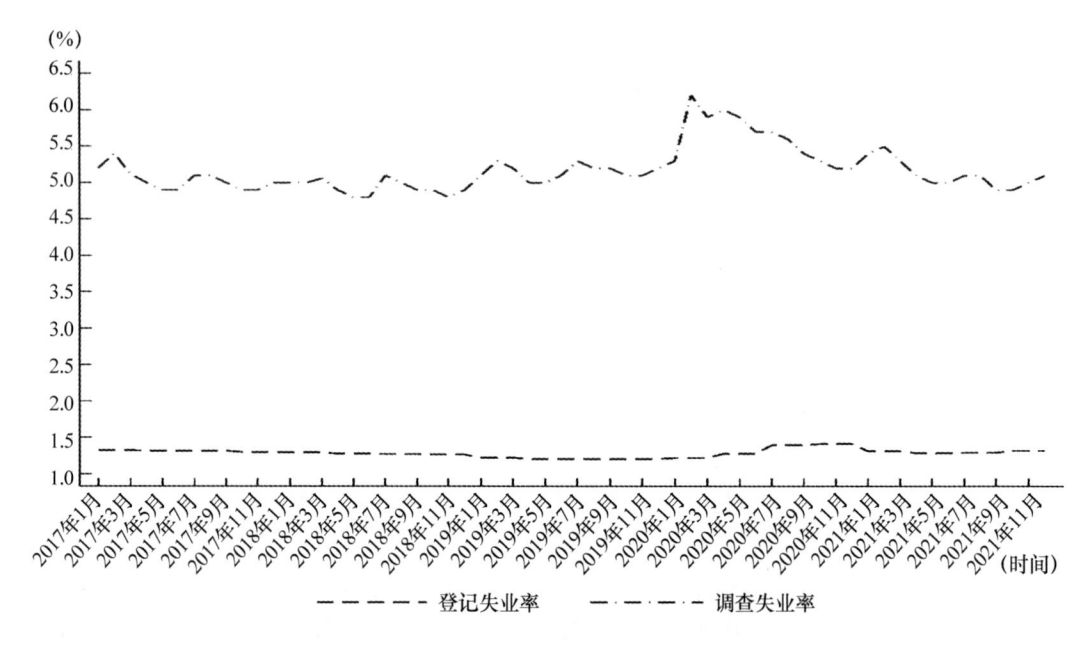

图 6-3 2017—2021 年中国失业率变动情况

资料来源：历年《中国统计年鉴》。

要理解中国城镇调查失业率和城镇登记失业率存在如此大的差异原因，首先需要厘清两者的概念。城镇登记失业率指的是，非农业户口的劳动力在当地就业服务机构进行求职登记的人口占全部劳动力人口的比重。城镇调查失业率指的是，通过劳动力调查或抽样调查测算出失业人口占全部劳动力人口的比重。通过概念的对比，我们发现，城镇调查失业率更具有参考性和准确性，能更好地反映真实的失业状况。

此外，通过分析 1979—2019 年中国失业率变动和实际 GDP 增长率的关系发现，失业率变动和实际 GDP 增长率的关系是松散的，在中国并不存在"奥肯定律"所揭示的经验现象。

(二) 中国分性别的城市劳动力供需比情况

图 6-4 展示的是 2001—2022 年中国分性别的城市劳动力供需比的季度变动情况。其中,劳动力供需比指的是劳动力市场的需求量与供给量的比值。可以看出,中国劳动力供需比总体上呈现逐年上升趋势,这表明中国劳动力市场的缺口比例是相对下降的,但这并不意味着绝对数量的减少。图 6-4 中,在 2008 年和 2009 年有一个明显的断点,恰好反映了 2008 年国际金融危机对中国劳动力市场的冲击,使大量工人失业。

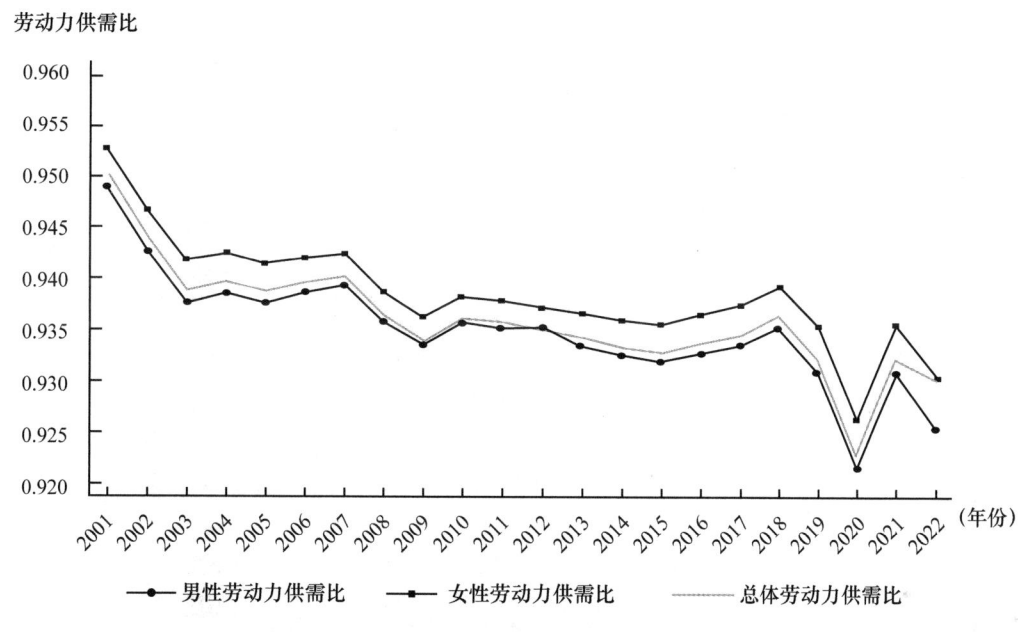

图 6-4　2001—2022 年分性别的城市劳动力供需比

资料来源:历年《中国劳动统计年鉴》和中华人民共和国人力资源和社会保障部网站。

图 6-4 中另外两条曲线分别是男性劳动力供需比和女性劳动力供需比,且女性劳动力供需比曲线始终处于男性劳动力供需比曲线的上方,但二者的差距是逐年缩减的,这正好反映了中国经济发展过程中劳动力结构的变化。由于中国是传统的"男主外、女主内"家庭模式,在经济发展初期,男性劳动力供给量远大于女性,而某些行业更偏好于雇用女性工人(如服务业),使女性的劳动力需求高于男性,由此形成女性劳动力供需比高于男性的现象。但是随着经济社会发展,越来越多的女性进入职场,使劳动力市场的性别比例更加平衡化,因此,女性劳动力供需比与男性劳动力供需比逐渐趋于一致。

| 专栏 6-1 | 最低工资对失业的影响 |

　　1993年国家劳动与社会保障部发布《企业最低工资规定》，提出中国将实施最低工资制度。紧接着在1994年《中华人民共和国劳动法》确立了最低工资的法律地位，最低工资制度在中国正式实施。但实施之初，最低工资只是在部分城市和地区施行，1995年全国仅有约130个城市采用该政策。2004年劳动和社会保障部又通过了《最低工资规定》，将其推广至全国。该规定明确指出，最低工资标准一般采取月最低工资和小时最低工资两种形式，其中月最低工资适用于全日制劳动者，小时最低工资适用于非全日制劳动者。

　　图6-5展现了2005—2022年中国三大区域最低工资标准变化情况。可以看出，最低工资标准在东中西部都是呈现逐年递增的，2005年月最低工资标准不足500元，而2022年月最低工资标准已超过1700元，增长了两倍多。其中，东部地区的月最低工资标准最高，中部地区略高于西部地区，这恰好反映了中国区域经济的发展变化。

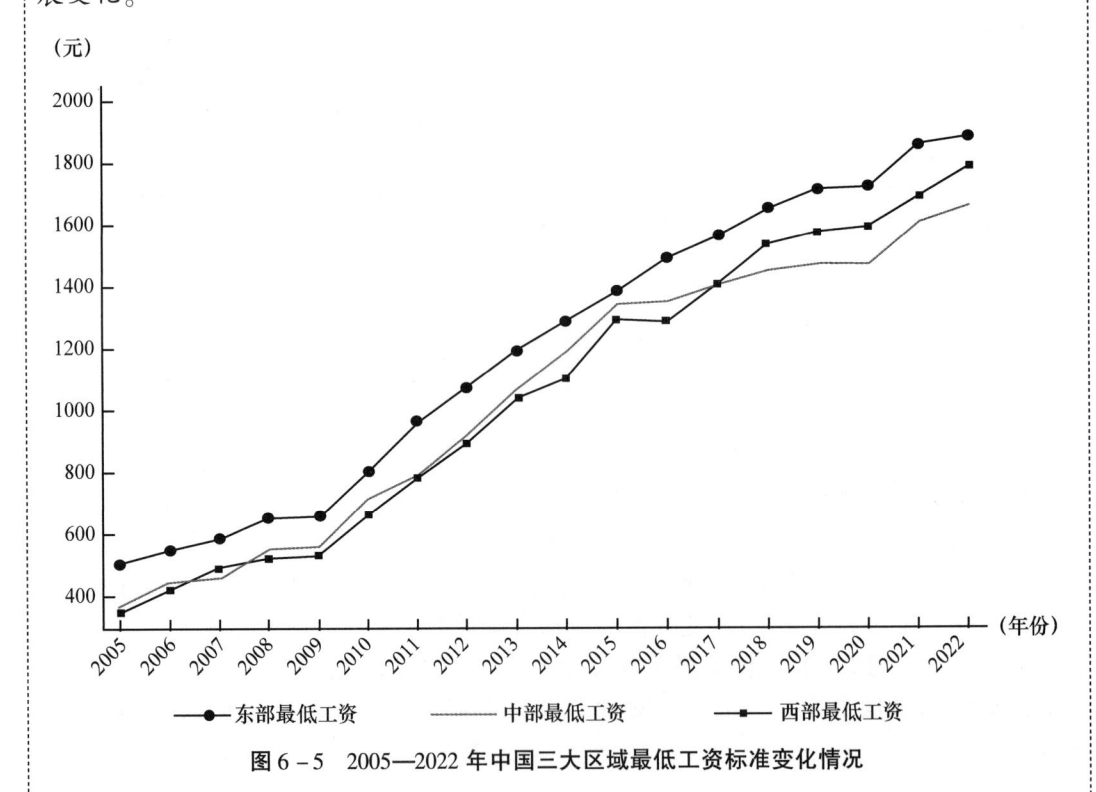

图 6-5　2005—2022年中国三大区域最低工资标准变化情况

资料来源：各省份人力资源与社会保障部网站。

月最低工资标准虽然在数值上是呈现逐年递增的，但是它相对社会平均工资的变化如何呢？图6-6描绘了2005—2022年中国三大区域月最低工资与平均工资的比值变化。月最低工资与平均工资的比值大小反映了中国收入的不平等程度，比值越小，收入不平等程度越大。由图6-6可知，中部地区的月最低工资与平均工资的比值最大，其收入不平等程度是最低的；东部地区的月最低工资与平均工资的比值相比西部更平滑，总体上二者差距不大。但是在2014年之后，月最低工资与平均工资的比值逐年降低，这说明中国整体上收入不平等程度加剧。

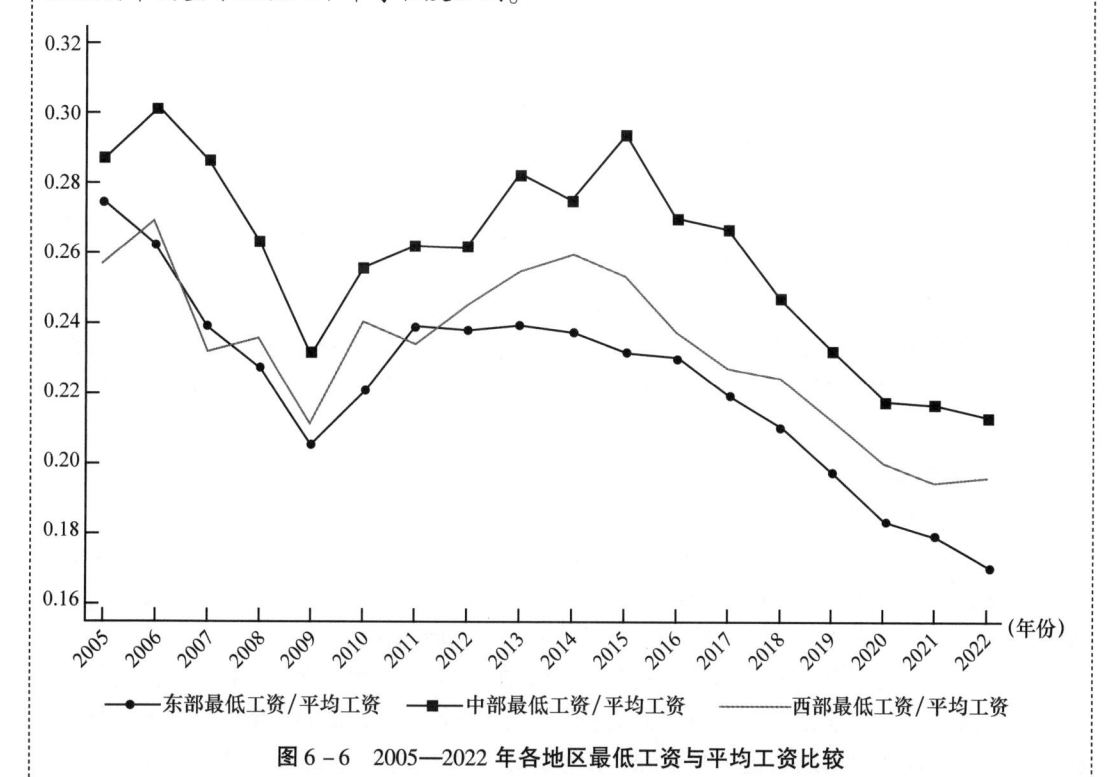

图6-6 2005—2022年各地区最低工资与平均工资比较

资料来源：最低工资数据来源于各省份人力资源与社会保障部网站，平均工资数据来源于国家统计局。

最低工资标准提升会增加企业的用工成本，但对就业的影响取决于劳动力市场结构。根据新古典理论，如果劳动力市场处于完全竞争状态，最低工资标准的提高，会打破劳动力市场的自然均衡，增加企业用工成本、降低企业雇工积极性，从而减少社会就业，特别是减少由于工资提高而受到影响的那部分工人的就业（低技能群体失业增加）。就中国而言，最容易受最低工资影响的群体主要有农民工、流动人口、受教育程度较低的群体、青少年、私营企业的低技能工人等，他们的共同点是都处于社会收入的最底层，主要集中在次级劳动力市场。因此，调整最低工资标准会使其面临更高的替代风险和失业风险。

> 根据劳动经济学理论，如果厂商在劳动力市场上处于买方垄断地位并且面临一条向上倾斜的劳动力供给曲线，且初始最低工资标准较低或最低工资标准超出市场均衡工资的程度有限，则调整最低工资标准将会对就业和收入分配产生积极影响。相关实证研究也证实了这一理论，即最低工资制度有利于保护劳动者的权益，有利于产业结构的转换与升级，同时并不会造成失业，反而可能会促进就业。

第二节　通货膨胀

一　通货膨胀的类型和原因

一直以来，通货膨胀是一个关键的宏观经济变量。具体来说，通货膨胀是指经济体在一定时期内价格水平普遍、持续地上涨。理解通货膨胀这个概念时，需要注意以下几个问题：一是物价上涨不是指一种或几种物品的物价上涨，而是指包括大多数商品和劳务价格在内的总物价水平的上涨；二是物价不是短暂上涨，而应该持续一定时期；三是物价上涨达到一定的幅度，如果物价水平上升幅度较小，即便有物价上升，也不称其为通货膨胀。

（一）通货膨胀的类型

1. 按照价格上升的速度分类

（1）温和的通货膨胀，一般指每年物价上升的比例在10%以内，其特点是通货膨胀率低比较稳定。温和的通货膨胀对经济的危害并不大，甚至有些西方经济学者还认为这种缓慢而逐步上升的价格对经济和收入的增长有积极的刺激作用。

（2）奔驰的通货膨胀，一般指年通货膨胀率在10%以上和100%以下。其特点是通货膨胀率较高，且持续加剧。当奔驰的通货膨胀发生以后，西方经济学者认为，由于价格上涨很快，公众预期价格还会进一步上涨，因而采取各种措施来保卫自己以免受通货膨胀之害，这会使通货膨胀更为加剧。

（3）超级通货膨胀，一般指通货膨胀率在100%以上，当发生超级通货膨胀时，货币贬值可达到天文数字，物价上涨犹如脱缰的野马，完全失去了控制。这时各种正常的经济联系遭到破坏，货币体系和价格体系完全崩溃。

2. 按照人们的预期程度分类

（1）未预期到的通货膨胀，即价格上涨的速度超出人们的预料，人们没有想到价格会上涨。例如，国际市场原料价格的突然上涨所引起的国内价格上升，或者在长时期价格不变的情况下突然出现的价格上涨。

（2）预期到的通货膨胀，即人们预期到价格上涨的速度。例如，当物价水平每年都按5%的速度上升，人们便会预期物价的上涨水平，那么物价的上升成为意料之中的事，居民在日常生活中进行经济核算时会把物价上升因素考虑在内。因此，预期到的通货膨胀一般具有自我维持的特点，因此又被称为惯性的通货膨胀。

3. 按照通货膨胀发生的原因分类

（1）需求拉动型通货膨胀，一般指社会总需求超过总供给时，引起的一般物价水平持续上涨。该理论认为通货膨胀是由于总需求过度增长，超过了按现行价格可得到的总供给，从而引起物价上涨。

（2）成本推动型通货膨胀，一般指由于产品成本上升。如原材料价格上涨、工资成本上升等，从而使物价水平普遍上涨的经济现象。

（3）结构型通货膨胀，即物价的上涨是由于某些部门的产品需求过多引起的。虽然经济社会的总需求并不特别大，但由于某些经济部门的需求过大，从而使物价水平和工资水平上升，这样就给其他部门形成压力，结果使其他部门的物价水平和工资水平上升，结果便形成了通货膨胀。

（二）通货膨胀的原因

关于通货膨胀的原因，西方经济学家的解释多种多样，具体来说，可从以下四个角度来解释：第一，用货币数量论解释，强调货币在通货膨胀过程中的重要性；第二，从总需求角度来解释，这种解释侧重于总需求，认为通货膨胀是总需求超过总供给所引起的一般价格水平的持续显著上涨；第三，从总供给角度来解释，认为在没有超额需求的情况下，由于供给方面成本的提高会引起一般价格水平持续和显著上涨；第四，从经济结构变动的角度来解释，认为经济结构性的变动会引起的物价普遍持续的上涨。

1. 货币数量论的解释

货币数量论的起点是人们为了购买产品和服务而持有货币这一见解。按照货币主义学派的观点，货币流通量与进入流通的产品和服务价格总额之间存在着密切关系。可以用数量方程式来表示交易量与货币供给量之间的关系：

$$\text{货币供给量} \times \text{货币流通速度} = \text{物价} \times \text{交易量}$$

用公式表示为：

$$MV = PT \tag{6-4}$$

其中，M 为货币供给量；V 为货币流通速度，它被定义为名义收入与货币供给量之比，即一定时期（一般指一年）平均 1 单位货币用于购买产品与服务的次数；P 为平均价格水平；T 为一定时期内产品和服务的交易总量。但是，当研究货币的作用时，西方经济学家通常采用的方程略有不同。因为交易总量的衡量很困难，因此，经济学家一般用经济中的总产出 Y 来替换交易总量 T，则交易方程式变为：

$$MV = PY \tag{6-5}$$

其中，Y 为经济中的总产出，其他变量的含义不变。等式的左边反映的是经济中的总支出，而右边 PY 是按照当前物价水平计算的产出水平。由于经济中对产品与服务支出的货币额即为产品和服务的总销售价值，因而方程的两边相等。对（6-5）式取自然对数，则：

$$\ln P + \ln Y = \ln M + \ln V \tag{6-6}$$

对于（6-5）式关于时间求微分，并重新整理得：

$$\frac{1}{P} \cdot \frac{\mathrm{d}P}{\mathrm{d}t} = \frac{1}{M} \cdot \frac{\mathrm{d}M}{\mathrm{d}t} + \frac{1}{V} \cdot \frac{\mathrm{d}V}{\mathrm{d}t} - \frac{1}{Y} \cdot \frac{\mathrm{d}Y}{\mathrm{d}t} \tag{6-7}$$

我们增加一个假设：货币流通速度不变，即令（6-7）式中 $\mathrm{d}V/\mathrm{d}t = 0$。货币流通速度不变的假设只是现实的一种简化，因为货币流通速度是由社会的制度和技术因素决定的，一般假设为常数。这样，通货膨胀率就等于货币增长率减去实际收入的增长率。由于产出的变化率取决于生产函数的技术结构和投入要素数量，在长期内是常数。因此，可以得出通货膨胀的产生主要是货币供给增加的结论。根据货币数量论的观点，如果控制了货币供应的中央银行，就可最终控制通货膨胀率。换而言之，只要中央银行保持货币供给稳定，物价水平也将保持稳定。这就是弗里德曼关于通货膨胀的观点，他认为通货膨胀是印钞机带来的现象，许多经济现象可以使通货膨胀率发生暂时的波动，但只有当它们影响到货币增长率时，才会产生持久的影响。

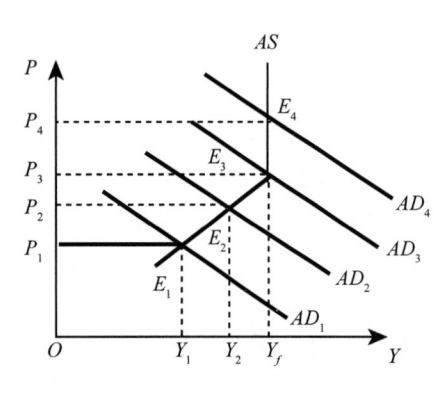

2. 需求拉动型通货膨胀

需求拉动型通货膨胀，又称超额需求通货膨胀，是从总需求的角度去解释通货膨胀，其认为通货膨胀是总需求超过总供给所引起的一般价格水平的持续显著上涨，是"过多的货币追求过少的商品"的现象。凯恩斯学派的理论对"需求拉动"有比较详细的解释，如图 6-7 所示，表示的是需求拉动型的通货膨胀。在图 6-7 中，横轴 Y 表示总产出，纵轴 P 代表一般物价水平。AD 为总需求曲线，AS 为总供给曲线。总供给曲线 AS 在产量从零到 Y_1，价格水平始终稳定。总需求曲线与总供给曲线 AS 的交点 E_1 决定的价格水平为 P_1，总产量水平为 Y_1。当总产出水平达到 Y_1 以后，如果继续增加总需求，由于劳动、原料、生产设备等的不足会使生产成本提高，总供给曲线 AS 开始逐渐向右上方倾斜，总需求曲线 AD_2 与总供给曲线 AS 的交点决定价格水平为 P_1，其结果是价格水平的上涨。当总需求曲线 AD 继续提高时，总需求曲线 AD_3 与总供给曲线 AS 的交点决定的价格水平为 P_3，总产量水平为 Y_f。当达到充分就业的总产量 Y_f 时，整个社会的经济资源全部得到充分利用。此时，如果总需求继续增加，总供给将不再增加，AS 曲线呈垂直状。这以后总需求的增加只引起价格的上涨，总产出将不变。总需求曲线从 AD_3 提高到 AD_4 时，它与总供给曲线的交点所决定的总产量水平并没有增加，但价格水平却从 P_3 上升到 P_4。因此，凯恩斯学派认为，当经济达到充分就业后，由于总产出已经达到最大化，这时货币供给量增加或货币流通速度加快会形成过度需求，从而使一般物价水平与货币数量同比例上升，产生"真正的通货膨胀"。

图 6-7 需求拉动型通货膨胀

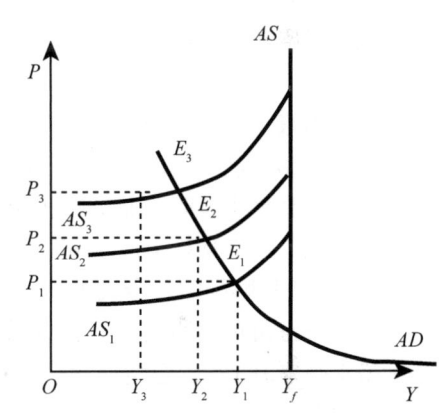

3. 成本推动型通货膨胀

成本推动型通货膨胀，又称成本通货膨胀或供给通货膨胀，是从供给角度来解释通货膨胀成因的，其认为在没有超额需求的情况下，由于供给方成本的提高，而引起一般价格水平持续、显著上涨。生产成本增加可能来自劳动、原材料、设备等成本提升。具体而言，成本推动型通货膨胀主要分为三种类型。

（1）工资推动型通货膨胀。西方经济学家认为，成本推动型通货膨胀主要是由工资的提高造成的，这种由工资推动的通货膨胀叫作工资推动的通货膨胀。工资推动型通货膨胀假设劳动力市场是不完全竞争的。在完全竞争的劳动市场中，工资完全由劳动的供求确定，工资的上涨不会导致通货膨胀。而在不完全竞争的劳动力市场上，由于强大的工会组织，工资不再是由劳动力市场供求决定，而是工会和雇主集体议价的结果。当工资的增长率超过生产的增长率，价格将上涨，而价格上涨又会使工会要求提高工资，从而再度引起物价上涨，如此循环往复，造成了工资—物价的螺旋上升，从而形成工资推动型通货膨胀。

（2）利润推动型通货膨胀。利润推动型通货膨胀是指垄断和寡头企业利用市场势力谋取超高利润导致的一般物价水平上涨。如同不完全竞争的劳动市场是工资推动通货膨胀的前提，不完全竞争的产品市场是利润推动通货膨胀的前提。现实的市场结构一般是不完全竞争的，存在一些垄断和寡头企业，这些垄断和寡头企业拥有控制市场价格的能力，它们为追逐更多的利润，以超过生产成本上升的幅度来提高产品价格，使价格上涨的速度超过成本增长的速度，从而导致总体物价水平的上涨。在总需求曲线不变的情况下，工资推动和利润推动的通货膨胀可以用图6-8来说明。在总需求曲线不发生变化，只有总供给曲线发生变化。当总供给曲线为AS时，总供给曲线AS_1和总需求曲线AD的交点决定的总产出Y_1，价格水平为P_1。当成本提高，总供给曲线移动到AS_2时，总供给曲线与总需求曲线的交点E_2决定的总产出为Y_2，价格水平为P_2，此时价格水平上涨。当总供给曲线由于成本提高而移动到AS_3时，总供给曲线和总需求曲线的交点E_3决定的总产出为Y_3，价格水平为P_3，价格水平进一步上涨。

图6-8 成本推动型通货膨胀

（3）进口型通货膨胀，又称输入型通货膨胀。在开放经济条件下，因进口商品的价格上涨、费用增加从而引起一般价格水平的上涨，这种现象叫作进口型通货膨胀。它的主要特征是，在国内总需求或货币供给无明显扩张的情况下，由于进口原材料价格大幅上涨，生产和流通领域产生连锁反应，从而推动了物价上涨。比如，由石油等需要进口的原材料价格上涨导致国内的价格上涨，就属于进口型通货膨胀。

4. 结构型通货膨胀

结构型通货膨胀是指在没有需求拉动和成本推动的情况下，即总需求和总供给处于平衡状态时，仅仅由于经济结构型因素变动引起的一般价格水平的普遍持续上涨。这种理论最早出现在20世纪60年代初，70年代得到进一步发展。结构型通货膨胀理论把通货膨胀的起因归结为经济结构本身所具有的特点。经济结构因素的变动可分为两个方面。一是需求结构的变动。从经济发展的历程来看，一些部门在迅速发展，而另一些部门逐渐衰落。这样就出现一些部门的需求扩大，而另一些部门的需求减少的情况。比如，中国自改革开放以来，消费结构不断升级，总共经历了三次消费结构升级。第三次消费结构升级主要是居民对汽车、住房及旅游、保健、娱乐等的消费需求迅速增加。需求扩大的产业部门的工资和价格水平将会上升，并带动其他部门产品价格上涨，从而引起一般物价水平的持续上涨。二是各部门劳动生产率增长速度的差异。一般情况下，工业部门生产率的增长快于服务业部门，但两大部门的货币工资增长速度却相同，这种部门间生产率增长速度的差异和货币工资的一致增长就造成服务部门成本持续上升的压力，从而造成价格水平上涨。

二 通货膨胀的影响和后果

通货膨胀通常是螺旋式的上升运动，也就是价格水平不是一次性改变，而是持续上升过程。通货膨胀这一经济过程具有扩散性，各个经济主体都或多或少地受其影响。各国经济发展的经验事实表明，通货膨胀所带来的效应总是弊大于利，甚至通货膨胀被认为是一种社会灾难。这里从社会成本和经济影响两方面来考察其影响。

（一）通货膨胀的社会成本

首先考虑可预期的通货膨胀情况。西方经济学家认为可预期的通货膨胀，比如每月平均价格水平上升1%，会增加社会各种成本。

1. "鞋底成本"

这是由通货膨胀所产生的人们持有的货币量的扭曲带来的。通货膨胀推高名义利率，而较高的名义利率将导致较低的实际货币余额。当人们持有较低的货币余额时，他们就会更频繁地去银行取款。也就是说通货膨胀提高了消费者和企业持有货币的成本。一般而言，通货膨胀率越高，越少的人愿意持有货币，因为持有货币会使他们的购买能力降低。假设一个家庭一个月的支出需要4000元，他们将不会像通货膨胀之前一样一次性地取足一个月要花费的现金，而是把他们的钱存在生息账户中每次取出小部分。因频繁出入银行增加了他们的鞋子磨损，故称为"鞋底成本"，即用它来表示因减少货币持有量所带来的不便。

2. "菜单成本"

其也称为调整价格的成本。一般情况下，企业不会频繁调整产品的价格。但是发生通货膨胀时，企业不得不经常更换产品的报价。但是，改变报价是需要花费成本的，包括研究和确定新价格的成本、重新编印价目表的成本、通知销售点更换价格标签的成本等。这种成本犹如餐馆印刷新的菜单的成本一样,故称为"菜单成本"。当发生超速通货膨胀时,企业的"菜单成本"更大。

3. 税收扭曲

很多时候,政府在制定税收条款并没有将通货膨胀考虑在内,通货膨胀常常会以法律制定者没有想到的方式改变个人的税收义务。例如,现在购买一些股票,一年后以相同的价格出售,如果没有通货膨胀的影响,投资并没有获得实际收入,所以政府不征收赋税是合理的。但是,假如通货膨胀率是10%,一年后出售的名义价值增加10%,税收制定者并未考虑通货膨胀的影响,只是按照实际交易金额来征税,政府将按照税率征收这部分名义的资本收益。可见,虽股票的实际价值是相同的,但税后个人的实际收入却是减少的。

4. "价格噪声"

通货膨胀也会造成价格体系中的"噪声"。价格是市场向供给者与需求者传递的信息。但是,在存在通货膨胀的情况下,价格将不仅仅受产品供给、需求的影响,还会受到整体价格水平变化的干扰。从这个意义上说,通货膨胀在价格体系中制造了"噪声",掩盖了价格所传递信息的真实性,从而降低了整个市场体系的效率,正是这种效率的降低造成了真实经济成本。

(二)通货膨胀的经济影响

考察通货膨胀的经济效应,也就是要弄清楚通货膨胀的影响,我们从再分配效应和产出效应两个方面来考察通货膨胀的经济影响。

1. 再分配效应

考虑未预期到的通货膨胀的情况。未预期到的通货膨胀比预期到的通货膨胀更加有害,因为它可以任意再分配财富。在现实经济中,产出和价格水平是一起变动的,通货膨胀常常伴随实际产出的扩大,只有在较少的一些场合中,通货膨胀的发生伴随实际产出的收缩。为独立地考察价格变动对收入分配的影响,假定实际收入是固定的,然后研究通货膨胀如何影响分得收入的所有者实际得到收入的大小,即研究通货膨胀的再分配效应。

(1)通货膨胀不利于有固定货币收入的人。对于有固定货币收入的人以及债权人来说,其收入是固定的货币数额,当发生通货膨胀时,其实际收入将降低,即持有货币的购买力下降,因而他们的生活水平必然相应地降低。固定收入阶层主要包括工薪阶层、公共雇员、领取救济金和退休金的人群以及靠福利和其他转移支付维持生活的人群。相反,那些靠变动收入维持生活的人,则会从通货膨胀中受益。

(2)通货膨胀不利于债权人。具体地说,通货膨胀靠牺牲债权人的利益而使债务人获利。债务契约是根据签约时的通货膨胀率规定名义利率,有的债务契约甚至没有考虑通货膨胀率。如果在偿还期未到时发生了通货膨胀,当通货膨胀率高于签约时,那么债权人的利息收入将受到损害,而债务人因所付的实际利率降低而获得相应好处。

(3)通货膨胀不利于储蓄者。随着价格上涨,存款的实际价值或购买力就会降低,那些口袋中有闲置货币和银行存款的居民将受到严重打击。同样,在通货膨胀中,像保险金、养老金以及其他固定价值的证券财产等,其实际价值也会下降。

2. 产出效应

通货膨胀对产出的影响取决于通货膨胀的类型。

(1) 需求拉动的通货膨胀促进产出水平的提高。西方经济学家认为温和或爬行的需求拉动通货膨胀，促进了产出水平的提高，对就业有扩大的效应。假设总需求增加，从而造成一定程度的需求拉动的通货膨胀，这时产品的价格会跑到工资和其他资源价格的前面，增加企业的利润。企业利润增加就会促使企业扩大生产，从而减少失业、提高产出水平。这种通货膨胀的再分配后果会由更多的就业和产出增加所获得的收益所抵消。

(2) 成本推动的通货膨胀会降低产出和收入水平，从而引起失业。西方经济学家认为成本推动的通货膨胀会引起产出和就业下降。假设经济实现了充分就业，此时如果发生成本推动的通货膨胀，收入所能购买的实际产品的数量将会减少。即成本推动的压力抬高物价水平时，实际产出会下降，失业会上升。

(3) 超级通货膨胀会导致经济崩溃。当发生超级通货膨胀时，价格持续上涨，人们会产生通货膨胀预期，预期物价会再度上涨，为避免货币和收入贬值，人们会产生过度消费，而且由于银行的信贷收紧，企业将难以筹措到必需的资金，将被迫减少存货，收缩生产。更为严重的是，货币不能执行交换手段和储藏手段的职能，正常的经济活动受到重创，经济停滞，甚至产生大规模的经济混乱，导致经济崩溃。

总之，通货膨胀的经济效应必须视具体情况进行分析。需求拉动的通货膨胀促进产出水平提高，成本推动的通货膨胀会降低产出和收入水平，从而引致失业，而超级通货膨胀会导致经济崩溃。

三 通货紧缩与恶性通货膨胀

(一) 通货紧缩

关于通货紧缩，国际上目前主要存在两种不同观点。一种观点认为，通货紧缩是物价的普遍持续下降；另一种观点认为，通货紧缩是物价的普遍持续下降、货币供应量持续下降，与此相伴随的是经济衰退。但在西方经济学的教科书中，都是根据价格总水平的下降来定义通货紧缩。按照不同的标准，通货紧缩可以划分为不同的类型，主要有相对通货紧缩和绝对通货紧缩。相对通货紧缩是指物价水平在零值以上，在适合一国经济发展和充分就业的物价水平区间以下，在这种状态下，物价水平虽然还是正增长，但已经低于该国正常经济发展和充分就业所需要的物价水平，通货处于相对不足的状态。这种情形已经开始损害经济的正常发展，虽然是轻微的，但如果不加以重视，可能会由量变到质变，对经济发展的损害会加重。绝对通货紧缩是指物价水平在零值以下，即物价出现负增长，这种状态说明一国通货处于绝对不足状态。这种状态的出现，极易造成经济衰退和萧条。

（二）恶性通货膨胀

恶性通货膨胀常常被定义为每月超过 50% 的通货膨胀，这种情况下每天的通货膨胀率超过 1%。按复利计算，经过许多个月后，这种通货膨胀率会使价格水平极大上升。每月 50% 的通货膨胀率意味着一年内价格上升 100 多倍，3 年内上升 200 万倍。

1. 恶性通货膨胀的原因

恶性通货膨胀的原因有不同层次，最显而易见的原因是货币供给过度增长。当中央银行发行货币时，价格水平上升。当中央银行以足够快的速度发行货币时，结果就是恶性通货膨胀。深层次的原因源于政府的财政政策，大多数恶性通货膨胀都开始于政府税收收入不足以支付其支出的时候。虽然政府也许倾向于通过发行债券来为这种预算赤字融资，但它可能发现无法借钱，也许是因为借贷者把政府视为不良的信贷风险，为弥补赤字，政府转向它能支配的唯一机制——印发钞票，结果是迅速的货币增长和恶性通货膨胀。

2. 恶性通货膨胀的影响

恶性通货膨胀会导致经济崩溃。当发生超级通货膨胀时，价格持续上涨，人们会产生通货膨胀预期，预期物价会再度上涨，为了不让自己手中的储蓄和现行的收入贬值，就会倾向在价格上涨前把它花掉，从而产生过度消费，进一步减少储蓄和投资，使经济增长率下降。同时，随着恶性通货膨胀的发生，生活成本急剧上升，劳动者将不断要求涨工资，以抵消通货膨胀带来的收入损失，于是企业将丧失增加生产和扩大就业的积极性。进一步，企业在恶性通货膨胀发生时会增加存货，以便在稍后按高价出售以增加利润。然而，恶性通货膨胀发生时，银行利率也上升，信贷缩紧，企业很难筹措到必需的资金，因此企业被迫减少存货，生产就会收缩。更为严重的是，当发生恶性通货膨胀时，人们完全丧失对货币的信心，货币就再不能执行它作为交换手段和储藏手段的职能。这时，任何一个有理智的人将不愿再花精力去从事财富的生产和正当的经营，而会把更多的精力用在进行种种投机活动。这样正常的经济活动受到重创，市场经济机制无法正常运行，经济停滞，甚至产生大规模的经济混乱。

四　中国的通货膨胀基本情况

世界各国大多用 CPI 指数作为判断通货膨胀的指标。一般说来，CPI 增长率不超过 3% 时，则认为经济中没有发生通货膨胀，CPI 增长率在 3%—5%，则认为经济中发生温和的通货膨胀，当 CPI 增长率超过 5%，则认为经济中发生严重的通货膨胀。按照这个标准，结合中国经济运行的实践，1980—2022 年，CPI 指数同比变化率曲线趋于光滑和稳定（见图 6-9），说明中国通货膨胀情况逐年改善，物价控制总体上较好。但是，1980—2022 年中国经历了几次通货膨胀。

改革开放以来中国有两个时期的通货膨胀比较严重。1980—1989 年和 1992—1996 年，其 CPI 指数涨幅最高分别为 18.8% 和 24.1%。1980—1989 年，中国正在进行经济体制改革,从原来的计划经济体制向一定程度的市场经济体制过渡。商品价格实行价格双轨制,即一部分商品价格由国家计划控制,另一部分商品价格由市场决定,造成价格波动。随着商品价格的放开和工资改革的推行,旧有价格体系和经济结构中的不合理因素使通货膨胀爆发。最终,国务院采用行政手段控制价格和基本建设,并取消了一些已经实施的放开搞活企业的改革措施,收回了中央下放到地方和企业的一些权力,才使通货膨胀得以遏制。1992—1996 年,这次通货膨胀周期是改革开放以来持续时间最长、通货膨胀程度最严重的一次,其中 1992—1996 年通货膨胀率都高达 5% 以上。这段时间国内外环境发生重大变化:非国有经济迅速发展,大部分商品和生产要素的价格已被放开,市场机制对经济的调节作用越来越大,外汇制度发生较大变化。在货币政策应对上,1993—1995 年,央行均实施适度从紧的货币政策,1995 年之后实施钉住美元的固定汇率制度,到 1996 年底收到明显成效,通货膨胀得到控制,国民经济实现"软着陆"。

2003—2006 年,中国经历 21 世纪第一轮明显的通货膨胀,但通胀率基本在 5% 以下,其特点是物价上涨呈现出鲜明的层次性和结构性,尤其是房地产等资产价格上涨。经济运行出现"过热"势头,而这时中国经济正处于经济周期中由复苏阶段向繁荣阶段过渡的转折点上。资产价格膨胀带动的"非理性繁荣"是 2007—2008 年高通货膨胀的重要原因之一。

2007—2009 年,中国开始了新一轮通货膨胀。国内外双顺差导致基础货币投放过多、股市虚高、食品价格上涨、国际大宗商品价格暴涨。对此,政府应对的政策是实施紧缩型货币政策,央行连续多次上调存款准备金和利率,并大量发行央行票据回笼流动性,但货币政策是适应性而不是预防性的,到 2008 年下半年情况发生急转变化,同时,美国发生次贷危机,股市房市泡沫破灭。为了紧急应对这次经济危机,中国实施了"四万亿"投资计划,并加大货币投放力度,这也直接导致这段时期中国通货膨胀压力较大。

第三节 菲利普斯曲线

根据总供给模型,总供给来自劳动与资本的投入,总产出与价格正相关;按照奥肯定律,失业率与总产出负相关。这表明,失业率与通货膨胀率之间存在负向联系。对于这个关系,宏观经济学提出菲利普斯曲线的概念。

菲利普斯曲线是用来表示失业率与通货膨胀率关系的曲线。在短期失业率和通货膨胀率存在此消彼长的替代关系,但在长期,无论通货膨胀率如何变化,经济总是可以维持在一个"自然失业率"状态,通货膨胀率对失业率没有影响。

一 失业、通货膨胀与菲利普斯曲线:短期菲利普斯曲线

1958 年,英国经济学家菲利普斯(A. W. Philips)通过整理英国 1861—1957 年的经济

数据时发现货币工资增长率与失业率之间存在一种负相关关系：当失业率较低时，货币工资增长率较高；当失业率较高时，货币工资增长率较低，甚至为负。这种负向的关系可用公式表示为：

$$g_w = f(u_t) \tag{6-8}$$

其中，g_w表示t时期的货币工资增长率，u_t表示t时期的失业率。

把这种关系用曲线的形式表现出来就是原始的菲利普斯曲线。在图6-9中，右边的纵轴表示货币工资增长率（g_w），横轴表示失业率（u_t）。图中的菲利普斯曲线自左上方向右下方倾斜，说明货币工资增长率越高，失业率越低；货币工资增长率越低，失业率越高。

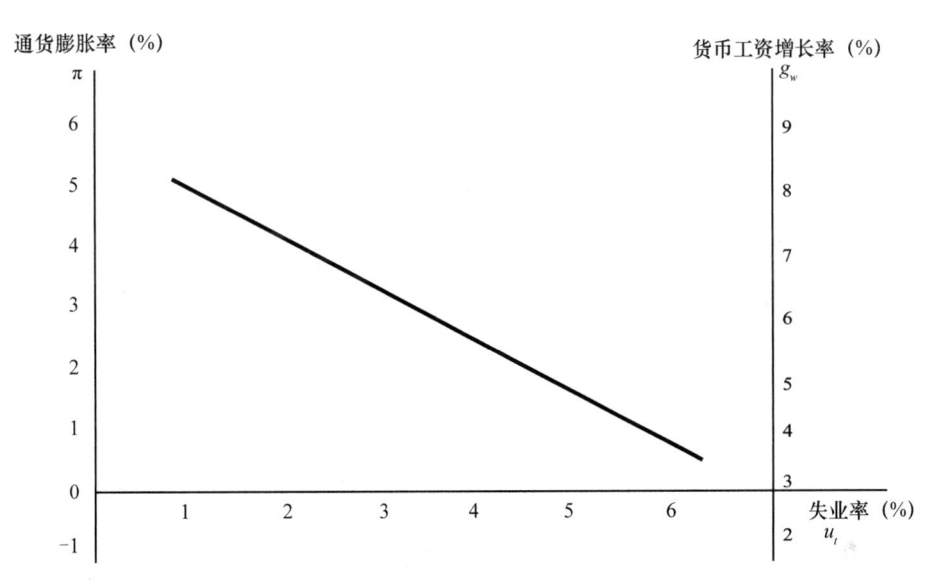

图6-9 菲利普斯曲线

失业率为什么与货币工资增长率负相关？英国经济学家利普赛（Lipsey）认为，货币工资增长率是劳动市场超额需求的函数，失业率是劳动市场超额需求的负向指数。劳动需求超过劳动供给的部分越多，失业率越低，但由于劳动市场存在超额需求，雇主间的相互竞争会促使货币工资上升。相反，劳动市场上的供给超过需求越多，失业率越高，货币工资上升就越少。

原始的菲利普斯曲线本来只描述失业率与货币工资增长率的关系。美国经济学家萨缪尔森和索罗1960年在《达到并维持稳定的价格问题：反通货膨胀政策的分析》一文①中用通货膨胀率代替原始菲利普斯曲线中的货币工资增长率，对菲利普斯曲线的发展起到重要作用。

---

① Robert, S., Paul, S., "Problem of Achieving and Maintaining a Stable Price Level: Analytical Aspect of Anti-inflation Policy", *American Economic Review*, Vol. 50, No. 2, 1960, 177-194.

假设产品是采用成本加成法进行定价,即产品的价格是根据平均劳动成本加一个固定比例的其他成本和利润生成,那么工资是成本的主要组成部分,同时也是产品价格的主要组成部分。由此可推出物价的变化与货币工资的变化密切相关。一些经济学家将原始的菲利普斯曲线描述的失业率与货币工资增长率的关系延伸为失业率与通货膨胀率的关系,即修改后的菲利普斯曲线。该曲线表明,失业率越高,通货膨胀率越低;反之,失业率越低,通货膨胀率越高。

当然,通货膨胀率与货币工资增长率并不是等价、同一的,两者的差异可解释为劳动生产增长率,即表示为:

$$通货膨胀率 = 货币工资增长率 - 劳动生产增长率 \quad (6-9)$$

基于(6-9)式,假定劳动生产增长率为3%,若货币工资增长率也等于3%,则通货膨胀率为0,不会引起物价上涨,所以图6-11中左边纵轴的刻度比右边纵轴的刻度少3%。若货币工资的增长率高于劳动生产率的增长率,物价就会随着货币工资增长率的增加而增加,即通货膨胀率增加。

用通货膨胀率替代货币工资增长率后,菲利普斯曲线如图6-10所示。

用u^*表示自然失业率,可将简单形式的菲利普斯曲线表示为:

$$\pi = -\varepsilon(u-u^*) \quad (6-10)$$

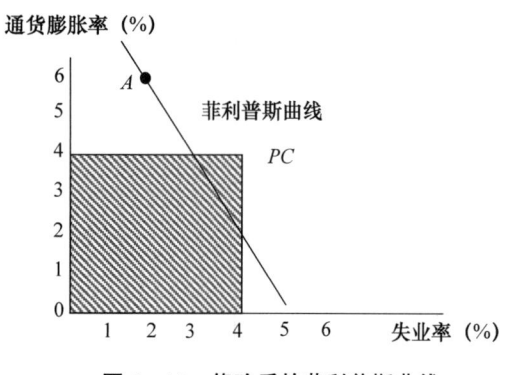

图6-10 修改后的菲利普斯曲线

其中,π表示通货膨胀率,u表示失业率,ε是衡量通货膨胀率对失业率的敏感程度。$\varepsilon>0$,且ε前带有负号,表示通货膨胀率与失业率存在负相关关系。例如,若$\varepsilon=3$,表示实际失业率相对于自然失业率每增加1个百分点,通货膨胀率将下降3个百分点。(6-10)式表明,当失业率超过自然失业率,即$u-u^*>0$,通货膨胀率将下降;若$u-u^*<0$,通货膨胀率将上升。

根据凯恩斯主义学者的分析,菲利普斯曲线描述了失业率与通货膨胀率的关系,可为政府制定相机决策的宏观经济政策提供理论依据和分析工具。这意味着降低失业率或实现充分就业,要以较高的通货膨胀率为代价;降低通货膨胀率或实现物价稳定,要以较高的失业率为代价。当然,为正确应用菲利普斯曲线保证宏观经济稳定有序运行,需要确定社会临界点。社会临界点,即对一定的失业率和通货膨胀率,在一定时期社会可接受或者说是社会所能承受的最大极限。在社会临界点范围内,政府可以不需要采取任何措施调节失业率和通货膨胀率。一旦失业率或通货膨胀率超出社会临界点,政府必须采取扩张性或紧缩性的宏观经济政策进行调节。图6-11中,假设4%的失业率和4%的通货膨胀率是社会临界点,在社会临界点以内的区域(正方形内的面积),政府无须担心、不需要采取任何宏观经济政策。若通货膨胀率为6%(A点),那么政府可采取紧缩性的经济政策增加失业率，降低通货膨胀率，使失业率和通货膨胀率都维持在社会临界点以内的区域。反之亦然，若失业率高于社会临界点，可采取扩张性的经济政策提高通货膨胀率，使两者均维持在社会临界点以内的区域。

菲利普斯曲线与标准的凯恩斯理论存在一些差异。菲利普斯曲线表明失业率和通货膨胀率可以并存，两者存在负向关系，此消彼长。标准的凯恩斯理论认为，失业率和通货膨胀率并不会并存，在社会未实现充分就业时，总需求的增加并不会引起通货膨胀率，只有在社会实现充分就业后，增加总需求才会引起通货膨胀率。如图 6-11 所示，在实现充分就业的情形下，当总需求增加，总需求曲线由 AD_1 向右上方移动至 AD_2，此时总产出由 Y_1 增加至 Y_2，价格由 P_1 上涨至 P_2，通货膨胀率相应地从 π_1 增加至 π_2。随着总需求增加，劳动市场中的劳动需求也随之增加，进而引起失业率减少，失业率由 u_1 减少至 u_2。

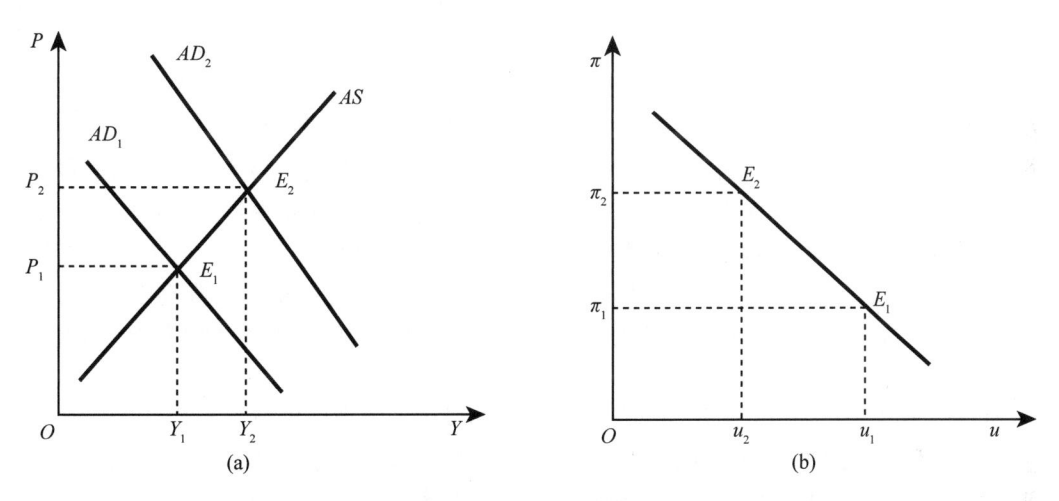

图 6-11　利用 $AD-AS$ 模型推导菲利普斯曲线（短期）

二　附加预期的菲利普斯曲线

菲利普斯曲线在市场经济中相当长的时间内发挥着重要作用，但这种情况在 20 世纪 70 年代初发生重大改变。70 年代初，欧美国家的宏观经济运行出现"滞胀"，即高失业率和高通货膨胀率并存。在滞胀情形下，凯恩斯主义以管理社会总需求为基本内容和特征的政策失灵。根据凯恩斯主义的需求管理理论，要消除较高的失业率，需实行扩张性的经济政策以扩大社会总需求，但扩大社会总需求会引起更高的通货膨胀率；若要消除较高的通货膨胀率，需实行紧缩性的经济政策以减少社会总需求，但减少社会总需求，会引起更高的失业率。

在滞胀情形下，菲利普斯曲线描述的失业率与通货膨胀率此消彼长的关系发生新变化。此时菲利普斯曲线向右上方移动，表现为只有用比过去更高的通货膨胀率为代价才能将失业率降到一定水平,如图6-12所示。图6-12有两条菲利普斯曲线,其中PC_2是移动后的菲利普斯曲线。在移动后,这条菲利普斯曲线与4%的社会临界区域不相交。这表明,在曲线PC_2上,无论如何调控,均不能将失业率和通货膨胀率控制在社会临界区域范围内。这条移动后仍然向右下方倾斜的曲线PC_2被称为附加预期的菲利普斯曲线。

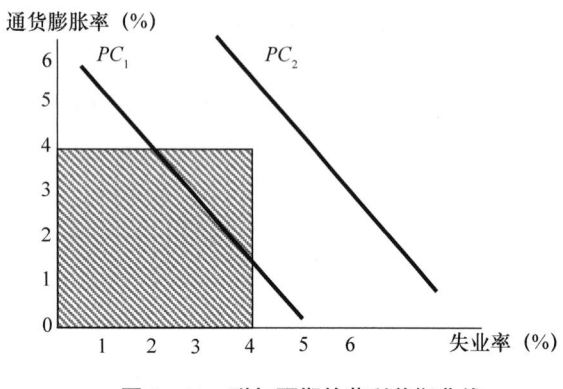

图6-12 附加预期的菲利普斯曲线

为何菲利普斯曲线会向右上方移动呢?弗里德曼认为之前的菲利普斯曲线分析存在一个重要缺陷,即忽略影响工资变动的一个重要因素——工人对通货膨胀的预期。他指出,企业和工人关注的不是名义货币工资,而是实际工资,当劳资双方谈判工资协议时,双方都会对新协议期的通货膨胀率进行预期,并根据预期的通货膨胀率调整名义货币工资。据此,当预期到未来通货膨胀率会提高,工人就会要求提高工资,以避免生活水平受到通货膨胀率侵蚀。例如,若工人预期到通货膨胀率会以3%的速度增加,当货币工资增加5%时,工人会认为实际工资只增加2%。为此,若之前的货币工资增长率需要提高2%便可使失业率下降到3%的话,现在要达到3%的失业率,货币工资必须上涨至5%,即之前的货币工资增加率2%加上预期的通货膨胀率3%。

凯恩斯主义学者认为,附加预期的菲利普斯曲线依然表现出失业率与通货膨胀率存在替代关系,只不过附加预期的菲利普斯曲线描述预期通货膨胀率保持不变时失业率和通货膨胀率之间的负向关系,此时需要用更高的通货膨胀率来替代一定的失业率。附加预期的菲利普斯曲线可用以下公式进行表示:

$$\pi = \pi^E - \varepsilon(u - u^*) \tag{6-11}$$

其中,π^E表示预期通货膨胀率。(6-11)式表示的附加预期的菲利普斯曲线也称为现代菲利普斯曲线。(6-11)式中可看出,当实际通货膨胀率等于预期通货膨胀率时,失业率等于自然失业率。这意味着附加预期的菲利普斯曲线在预期通货膨胀率水平上与自然失业率相交,此时可将自然失业率定义为非加速预期通货膨胀率下的失业率。

货币主义学者认为菲利普斯曲线表现出失业率与通货膨胀率的此消彼长关系,只有在短期存在。弗里德曼提出短期菲利普斯曲线的概念,这里的"短期"指从预期到需要根据通货膨胀率进行调整的时间间隔。在长期,货币主义学者认为菲利普斯曲线将变为一条垂线,通货膨胀率与失业率不存在相关关系。

> **专栏 6-2 对通胀预期的测度及其在中国的应用**

稳定通胀预期是控制通货膨胀的重要手段。世界各国的中央银行都将通胀压力作为货币政策目标的主要内容，因此如何管理通胀预期就成为央行的一项重要工作。央行的信息披露对于通货膨胀预期的形成具有重要作用[1]。目前，美联储和欧洲央行将长期通货膨胀的目标值设定为 2%，以此引导社会公众和投资者对未来通胀的预期。对通货膨胀预期的研究主要涉及两个问题，一是通货膨胀预期是否对实际通货膨胀具有推动作用，二是通货膨胀预期是如何形成的。目前，学术界主要通过两种方法来测度通胀预期。

一是利用调查数据测度公众和消费者对未来通胀的预期。其主要做法是通过问卷调查获得受访者对问题的回答，这些答案很多属于定性问题，然后利用统计方法将调查结果定量化，从而获得通货膨胀的预期值。从 1993 年开始，中国人民银行按季度对全国城镇储户进行抽样调查，其中包括消费者对通货膨胀预期的相关问题，比如你认为下一期物价是否会上升。该项调查采取标准化的问卷调查和访谈方式，每年 2 月、5 月、8 月、11 月在全国同时进行。根据调查对象对有关问题的回答，构造未来物价预期指数[2]。这些调查数据形成中国人民银行《居民储蓄问卷调查系统》，成为研究中国居民通货膨胀预期的重要数据来源[3]。中国人民银行从 1999 年开始公布未来预期物价指数，该指数可以部分反映居民对未来通货膨胀水平的判断。

二是利用利率的期限结构来估计通胀预期。利率期限结构，又称收益率曲线，是由期限不同的债券利息收益率描绘出来的曲线[4]。利用这种方法对通胀预期的估计侧重反映金融市场对通胀的预期。按照费雪效应，名义利率等于实际利率加通胀预期，因此金融市场利率水平的变化包含着资本市场投资者对未来通胀预期的相关信息。Fama 的研究表明，利率的变化趋势反映了通货膨胀的波动，而不是实际利率的变化[5]。根据米什金（Mishkin）的研究，美国金融市场上不同的利率期限结构对通胀预期的预测能力存在差别，短端利率（到期期限低于 6 个月的国债）的变化更多的是反映未来实际利率的变化而不是对通货膨胀的预期，但长端利率（到期期限长于 9 个月）能够预测未来通货膨胀的路径[6]。2008 年国际金融危机之后，中国的金融市场也经历了波动。利用 2002 年

---

[1] 卞志村、张义：《央行信息披露、实际干预与通胀预期管理》，《经济研究》2012 年第 12 期。
[2] 张蓓：《我国通货膨胀预期的性质及对通货膨胀的影响》，《金融研究》2009 年第 9 期。
[3] 肖争艳、陈彦斌：《中国通货膨胀预期研究：数据调查方法》，《金融研究》2004 年第 11 期。
[4] 李宏瑾、钟正生、李晓嘉：《利率期限结构、通货膨胀预测与实际利率》，《金融研究》2010 年第 10 期。
[5] Fama, E., "Short-term Interest Rate as Predictors of Inflation", *American Economic Review*, Vol. 65, 1975, pp. 269-382.
[6] Mishkin, F. S., "What Does the Term Structure Tell Us about Future Inflation?", NBER Working Paper No. 2626, 1988.

1月至2010年3月中国银行间固定利率债券收益率曲线和月度环比CPI数据，研究发现中国短期利率期限结构包含未来通胀的信息，可以作为判断未来通胀走势的预测变量①。

三　从总供给曲线推导出菲利普斯曲线

影响附加预期的菲利普斯曲线的核心变量主要有三个，即预期的通货膨胀率、失业率对自然失业率的偏离（也被称为周期性失业）、供给冲击，这三个变量也是通货膨胀率发生的主要原因。用等式可将这三个核心变量表述为：

$$\underbrace{\pi}_{通货膨胀率} = \underbrace{\pi^E}_{预期通货膨胀率} - \underbrace{\varepsilon(u-u^*)}_{周期性失业} + \underbrace{v}_{供给冲击} \quad (6-12)$$

（6-12）式是如何得到的？下面基于短期总供给方程对此进行推导。首先，结合前面的知识，总供给方程可写成：

$$P = P^E + \frac{1}{\alpha}(Y-Y^*) \quad (6-13)$$

其中，Y^*表示充分就业时的产出水平。

在（6-13）式右边加入一项供给冲击v，v表示改变价格水平和使短期总供给曲线移动的外生事件（如世界石油价格变动、技术进步、自然灾害等），可得到：

$$P = P^E + \frac{1}{\alpha}(Y-Y^*) + v \quad (6-14)$$

对（6-14）式两边同时减去上期的价格水平，引入通货膨胀率，则有：

$$P - P_{-1} = (P^E - P_{-1}) + \frac{1}{\alpha}(Y-Y^*) + v \quad (6-15)$$

（6-15）式左边项$P-P_{-1}$表示当期的价格水平减去上期的价格水平，即通货膨胀率π，右边项P^E-P_{-1}表示预期价格水平减去上期的价格水平，即预期通货膨胀率π^E。据此（6-15）式可改写为：

$$\pi = \pi^E + \frac{1}{\alpha}(Y-Y^*) + v \quad (6-16)$$

奥肯定律认为，产出对其充分就业时产出水平的偏离与失业对其自然失业率的偏离负相关，即当产出高于自然产出水平时，失业率低于自然失业率。奥肯定律可表示为：

$$\frac{1}{\alpha}(Y-Y^*) = -\varepsilon(u-u^*) \quad (6-17)$$

结合奥肯定律，将$\frac{1}{\alpha}(Y-Y^*)$用$-\varepsilon(u-u^*)$替代，并代入（6-16）式中，可得：

---

① 李宏瑾、钟正生、李晓嘉：《利率期限结构、通货膨胀预测与实际利率》，《金融研究》2010年第10期。

$$\pi = \pi^E - \varepsilon(u - u^*) + v \qquad (6-18)$$

(6-18) 式表示附加预期的菲利普斯曲线方程。

以上推导表明，菲利普斯曲线方程和短期总供给方程在本质上均代表同样的宏观经济学思想，是一个硬币的两面。菲利普斯曲线方程表明失业的变化和未预期到的通货膨胀率变化相关，而短期总供给方程表明产出与未预期到的价格水平相关。当研究失业与通货膨胀率的变化时，使用菲利普斯曲线更为方便；当研究产出与价格水平的变化时，使用短期总供给方程更为方便。

四 短期与长期菲利普斯曲线

假设在一开始时市场价格是稳定的，且政府试图将失业率控制在低于"自然失业率"的范围内。为降低失业率，政府采取扩张性货币政策以降低利率，刺激需求增加，从而扩大产出和降低失业率。于是产出和收入开始上升，且增加的收入主要表现为产量增加和就业人数增加，价格并未发生改变。此时，工人一直预期价格是稳定的，且未来一期的工资合同也是在这种稳定的预期价格基础上签订的。当总需求受到刺激后扩大，厂商开始扩大产量，对劳动力的需求量增加，新增的劳动力也是按照之前的名义工资得到工作。然而，由于工人未预料到社会总需求扩大，典型的表现就是产品市场的价格比生产要素的价格更快做出反应。社会总需求扩大，产品市场的价格上升，工人获得的实际工资下降。当工人感觉到实际工资下降，会参照不断增加的产品价格要求厂商提高工资。由于此时市场上的实际失业率低于"自然失业率"，劳动力供给小于实际劳动力需求，劳动需求过剩，实际工资将会增加且回到最初水平。

上述分析描述了就业率的变化趋势，包含两层意思。第一，实施扩张性货币政策以达到降低失业率的目标最初可有效实现。毕竟，对工人而言，其并没有预期到社会总需求扩大和产品市场价格上升，而厂商因为总需求增加，为获取更多利润而扩大生产，增加雇佣工人的数量，使失业率下降，实现低于自然失业率的目标。第二，由于物价上升，工人感到自己的实际工资降低，要求厂商提高工资。此时失业率低于自然失业率，继续扩大生产、增加产量可实现正的经济利润，厂商也愿意增加工人的工资。如此，工人的实际工资将会恢复到初始水平，社会就业率也会恢复到自然失业率。

从通货膨胀视角看，上述就业率的变化过程包含了预期的通货膨胀和未预期的通货膨胀。在未预期到的通货膨胀下，工人将承受实际工资下降带来的损失，厂商从中获益。当工人对实际工资下降做出反应时，未预期到的通货膨胀变成可预期到的通货膨胀，工人将按预期到的通货膨胀提出提高工资的要求，使其收入恢复到原来的实际工资水平。

基于此，货币主义学者提出适应性预期的概念。适应性预期，即指工人在对价格形成预期时，会考虑上一期对价格预期产生的误差，当上一期的预期价格低于实际价格，对下一期的预期价格要相应地增加，反之亦然。

对于短期和长期的菲利普斯曲线分析，可结合图6-13进行说明。假设最初经济运行处于一个均衡状况，如E_1点，产量为Y^*，等于自然失业率u^*时的产量。同时假设工人没有通货膨胀预期，实际通货膨胀率等于π_1，此时的经济状态可描述在菲利普斯曲线PC_1上的A点。现假定政府采用宏观经济政策使总需求曲线由AD_1增加至AD_2，结果引起总产出由Y^*增加至Y_2，产品的市场价格由P_1上涨至P_2，新均衡的点由E_1变为E_2，通货膨胀率由π_1上涨至π_2。在短期，工人对此来不及做出反应，为此通货膨胀率预期仍然维持在原来的水平。在工人未预期到通货膨胀率增长的情形下，经济沿着菲利普斯曲线PC_1由A点变动到B点，失业率由u^*下降至u_2。实际上，总需求就是在未预期到的通货膨胀率变化中增加的。

随后预期到的通货膨胀率对经济运行变化情况起重要作用。随着产品价格上升，工人认识到其实际工资下降，就会基于新的预期通货膨胀率要求厂商调整工资，甚至可能因工资低而辞职。当工人要求提高工资后，厂商会感到生产成本增加，获得的利润减少，减少供给。总供给曲线将从原来的$SRAS_1$向左移动至$SRAS_2$，使总产出由Y_2回到原来的位置Y^*，物价由P_2上涨至P_3。在考虑了预期通货膨胀率后，短期的菲利普斯曲线由PC_1变化到PC_2，经济运行从B点变化到C点，失业率由u_1回到原来的u^*。在这一过程中，形成一条连接A点和C点的垂直曲线，这条直线被称为长期菲利普斯曲线。长期菲利普斯曲线是连接每一条短期菲利普斯曲线上实际通货膨胀率和预期通货膨胀率相等的所有点的曲线。

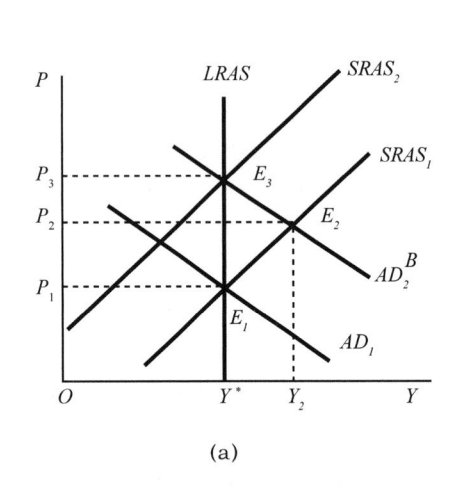

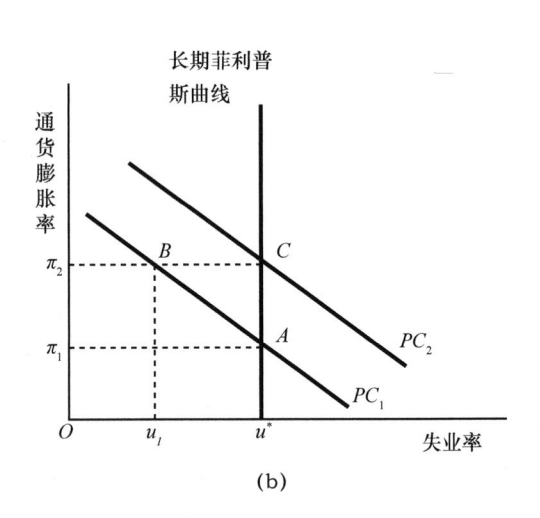

图6-13 短期和长期菲利普斯曲线

基于图6-13的描述，在短期，失业率和通货膨胀率之间存在替代关系，当实际通货膨胀率高于预期通货膨胀率时，会使经济由A点移动到B点，失业率下降。在长期，失业率和通货膨胀率不存在替代关系。

进一步思考，若工人的预期通货膨胀率高于实际通货膨胀率，预期后的菲利普斯曲线变为PC_3而不是PC_2，则会发生什么情况？如图6-14（a）所示，当预期通货膨胀率高于实际通货膨胀率π_2时，经济运行的点将在D点而不再是C点，劳动市场的失业率将变为u_3而不再是u^*。此时经济运行从最初的A点变化至D点，失业率和通货膨胀率同时增加，高失业率和高通货膨胀率同时并存，即经济出现滞胀现象。

基于图6-14的讨论，假若存在外生冲击，短期总供给曲线不是由$SRAS_1$向左移动至$SRAS_2$，而是由$SRAS_1$向左移动至$SRAS_3$，则会发生什么情况？如图6-14（b）所示，当短期总供给曲线向左移动至$SRAS_3$，总产出将变为Y_3，而不再是自然失业率的产出Y^*，这种外生冲击将使总产出更低、产品价格更高，更低的总产出会降低厂商的利润，减少雇工数量，增加失业率。

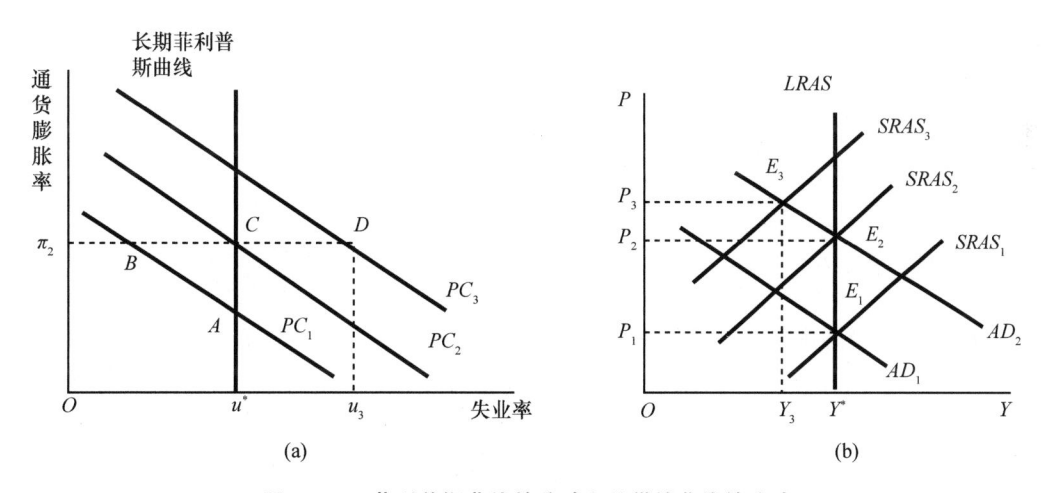

图6-14 菲利普斯曲线的移动和总供给曲线的移动

五 降低通货膨胀的代价

短期的菲利普斯曲线表明，失业率和通货膨胀率之间存在替代关系，在不存在有利供给冲击时，降低高通货膨胀率需要经历一个高失业率和低产出过程。也就是说，降低高通货膨胀率是需要支付成本，那么这个成本有多大？为实现较低的通货膨胀率，失业率应该比自然失业率高出多少？在降低高通货膨胀率的过程中，总产出会降低多少？

牺牲率是探究降低通货膨胀率成本的常用指标。牺牲率，指在一定时期内（通常是一年），将通货膨胀率降低1%而必须放弃实际GDP的百分比。奥肯定律描述失业率变化与GDP变化之间的相关关系，为此可借助奥肯定律用失业率来表示牺牲率。

例如，假设菲利普斯曲线方程为：
$$\pi = \pi^E - 0.5(u-5) \tag{6-19}$$

若不存在理性预期，政府要使通货膨胀率下降4%（$\pi - \pi^E = -4$），根据$-0.5(u-5) = -4$，可计算得到$u = 13$，失业率将比自然失业率高8个百分点，即周期性失业率等于8%。结合奥肯定律，如果失业率上升1%，那么实际GDP将损失2%。为此，失业率增加8%，实际GDP将下降16%。牺牲率为$\frac{16\%}{4\%} = 4$。

考虑另外一种情形——理性预期。理性预期，指人们可根据所有能获得的信息，运用有关理论和知识，事先做出与实际相符合的预测。根据理性预期理论，政府制定任何一种扩张性或紧缩性政策时，其结果都能被人们准确预测到。在理性预期下，预期通货膨胀率取决于政策执行的实际效果，反通胀（降低通货膨胀率）的成本可能很小，甚至为0。例如，假设市场的失业率等于自然失业率，即$u = u^*$，通货膨胀率等于预期通货膨胀率，即$\pi = \pi^E$，此时政府承诺将不惜一切代价将通货膨胀率从6%尽快降至2%。若政府承诺是可信的，预期通货膨胀率π^E将下降4%。根据菲利普斯曲线，通货膨胀率π将下降4%，此时不会引起失业率变化。理性预期理论表明，牺牲率的估计值对分析反通胀成本和评估不同的政策作用效果是无效的，因为只要在可信的政策下，降低通货膨胀率的成本就会很小甚至没有。

专栏6-3	中国的失业率与通货膨胀率

改革开放40多年来，中国的失业率与通货膨胀率不完全存在负向替代关系。改革开放初期，1980—1983年通货膨胀率与失业率同时呈现逐步下降的趋势，但1985—1988年，失业率持续稳定在2%左右，通货膨胀率呈现逐步上升的趋势。1985—1988年，中国正经历经济体制改革，从原来的计划经济体制向一定程度的市场经济体制过渡，商品价格双轨制、工资等改革引起通货膨胀率爆发。1992—1994年，市场经济改革深入推进，国家逐步放开商品限额供给，允许通过市场供求关系定价，同时政府加强力度建立开发区、开发房地产，引起生产资料价格上涨，通货膨胀率再次爆发，由1992年的8.6%上涨至1994年的25%。1994—1997年，失业率与通货膨胀率的关系正如菲利普斯曲线所描述的那样呈现较强的负相关。1997—2000年，失业率一直维持在3.1%，但在国家宏观调控政策作用下通货膨胀率逐年降低。进入21世纪，失业率基本维持在4.2%左右，但通货膨胀率呈现出一定幅度的波动，这与该时期内中国加入WTO、固定资产投资增长过快、信贷扩张、人民币升值以及消费乏力、内需不足等经济现象密切相关。

在中国，菲利普斯曲线失灵的原因主要有以下几个。第一，使用的失业率数据为官方公布的城镇登记失业率，该数据只计算了城镇中到政府部门登记的失业人口，未登记的失业人口被排除在外，数据本身可能存在统计遗漏。第二，中国具有独特的社会制度、经济运行体制以及经济发展规律，导致菲利普斯曲线不能完全适用于中国国情。

第四节 经济周期

一 经济周期的定义、阶段和类型

（一）经济周期的定义

所谓经济周期，是指经济活动沿着经济发展的总体趋势经历有规律的扩张和收缩。在1946年出版的《衡量经济周期》一书中，伯恩斯和米歇尔给出经济周期的经典定义。他们认为，经济周期是"按商业企业来组织活动的国家的总体经济所经历的一种波动：一个周期由许多经济活动同时发生的扩张，随之而来的衰退、收缩以及下一个周期的复苏所组成；这种经济活动的变化反复且随机出现；一个完整的经济周期持续时间通常在一年到十年或十二年之间"。

这一定义说明了经济周期的一般性特征。

（1）经济周期是市场经济运行所产生的不可避免的波动。经济周期的主体是按商业企业来组织经济活动的国家，即由市场经济配置资源的国家不可避免地要发生经济周期。例如，美国在1980—1982年经历了严重的经济衰退，1982年到20世纪80年代末出现了"里根繁荣"，1990—1991年再次陷入经济危机，1991年以后经济发展出现少有的"长期繁荣"，直到2007年由于次贷危机而引发金融危机再次陷入经济衰退。

（2）经济周期中的经济波动是总体经济活动的波动，而不是一国某一个或某几个地区、某一个或某几个部门发生的局部波动。正是由于这种总体经济活动的波动，才引起宏观经济变量如物价水平、失业率、利率和进出口额等方面的波动。

（3）一个完整的经济周期可以划分为繁荣、衰退、萧条、复苏四个阶段。其中繁荣和萧条是经济周期的两个主要阶段，而衰退和复苏是两个过渡阶段。

（4）经济周期所经历的时间长短存在较大差别。有的经济周期只有一年多，而有的经济周期持续时间长达十几年。

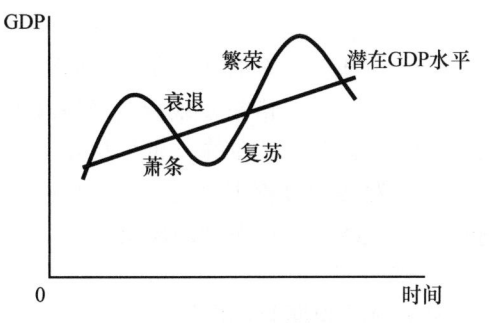

图6-15 经济周期

（二）经济周期的阶段

虽然各国所经历的经济周期具有一定差别，但是经济周期一般可以分为两个阶段：一是扩张阶段，包括复苏和繁荣，它是经济活动的上升阶段；二是收缩阶段，包括衰退和萧条，它是经济活动的下降阶段。图6-15描述了一个典型经济周期的动态变化过程。

1. 繁荣阶段

繁荣阶段是经济活动高于正常水平的阶段，其一般特征是生产增加、信用扩张、投资增加、物价水平上升、就业增加，公众对于未来持有乐观心理预期。繁荣阶段的最高点称为顶峰，此时产出和就业达到最高水平，但是股票和物价水平开始下跌，企业存货增加，公众的心理预期由乐观转变为悲观。这是经济繁荣的极盛时期，同时也是由盛转衰的开始。

2. 衰退阶段

衰退阶段是繁荣阶段到萧条阶段的过渡时期，此时经济开始由顶峰下降，但是仍然高于潜在 GDP 水平。

3. 萧条阶段

与繁荣阶段相反，萧条阶段是经济活动低于正常水平的一个阶段，其一般特征是信用紧缩、投资下降、产品滞销、价格水平下降、生产减少、失业率上升，公众对于未来持有悲观心理预期。萧条阶段的最低点称为谷底，此时就业和产出水平下降到最低水平，但是股票和物价水平开始回升，企业存货减少，公众的心理预期由悲观转变为乐观。这是经济萧条的最严重时期，同时也是经济回暖的开始。

4. 复苏阶段

复苏阶段是萧条阶段到繁荣阶段的过渡时期，此时经济开始由谷底回暖，但是仍然低于潜在 GDP 水平。

（三）经济周期的类型

自 19 世纪中期以来，经济学家提出多种不同类型的经济周期理论，按照经济周期持续时间的长度主要划分为三种类型：康德拉季耶夫周期、朱格拉周期、基钦周期。

1. 康德拉季耶夫周期（长周期）

苏联经济学家康德拉季耶夫在 1925 年发表的论文《经济生活中的长波》中提出一种持续时间长达五六十年的经济周期。通过分析 18 世纪末期以来的统计数据，康德拉季耶夫提出自 18 世纪末期以来资本主义已经经历了三个长周期：一是从 1789 年到 1849 年经历的第一个长周期，上行阶段为 25 年，下行阶段为 35 年，总共 60 年；二是从 1849 年到 1896 年经历的第二个长周期，上行阶段为 24 年，下行阶段为 23 年，总共 47 年；三是从 1896 年起，上行阶段为 24 年，1920 年以后进入下行阶段。全过程长达 140 年，包括了两个半长周期，显示一个周期的时间跨度为 50—60 年。

2. 朱格拉周期（中周期）

法国经济学家朱格拉在 1862 年《论法国、英国和美国的商业危机以及发生周期》一书中提出的一种经济周期，这种周期持续时间通常为 9—10 年。朱格拉发现社会经济现象都按照一定的规律进行周期性的变化，社会现象之间并不是孤立存在的，而是相互关联的，乐观与稳定往往伴随恐慌与危机，因此朱格拉将经济发展的过程划分为繁荣、危机和萧条三个阶段，这三个阶段会循环往复地出现，进而产生经济周期性波动的现象。

3. 基钦周期（短周期）

美国经济学家基钦在 1923 年发表的论文《经济因素中的周期与倾向》中，通过对美国和英国 1890—1922 年的利率、物价、生产和就业等指标进行分析，发现存货在经济活动存在重要作用，有时企业会生产过多的产品，这些产品就会以存货形式存在，于是企业会调整生产规模，减少生产，从而导致经济周期性波动，这种波动的持续时间相对较短，因此基钦周期又被称为"存货周期"。

二　第二次世界大战前的经济周期理论

自19世纪至今以来，西方经济学家针对经济周期性波动现象提出各种各样的理论进行解释。

（一）消费不足论

消费不足论主要用于解释经济周期性波动的萧条阶段，并没有对经济周期的全部发展阶段进行解释，从而使消费不足论成为一种萧条解释理论。其基本逻辑是，随着技术进步和大规模机器生产的普及，生产增加，但社会对消费品的需求赶不上消费品供给的增长，消费品需求不足又会引起资本品需求不足，进而使整个经济出现生产过剩性危机。

（二）投资过度论

投资过度论是从投资支出变动的视角来对经济周期进行解释，其基本观点是，相对于消费品的生产来说，资本品的生产更具有波动性，生产的变化幅度更大。资本品的生产扩大使经济进入繁荣阶段，而资本品的过度扩张导致资本品和消费品的比例失调，从而导致经济进入了萧条阶段；到了经济萧条阶段，资本品的生产相对于消费品来说又进行了大幅度的收缩。这种投资的大幅度变化就引起经济的周期性波动。

（三）心理理论

心理理论认为企业家心理活动的变化是导致经济周期性波动的重要原因，企业家具有乐观心理、对未来充满希望时，企业家会增加投资、扩大生产，此时经济就进入繁荣阶段；当企业家的乐观心理转变为悲观心理时，其对未来充满悲观预期，就会缩小生产规模，裁减工人，此时经济就进入萧条阶段。正是由于企业家心理预期的变化导致了经济的周期性波动。

（四）纯货币理论

纯货币理论认为，经济周期性波动本质上是一种"纯货币现象"，货币的波动是导致经济周期性繁荣与萧条现象的根源。这一观点的代表人物霍特里提出，由于银行轮流地进行信用的扩张与收缩，因而引起经济发生周期性的繁荣与萧条现象。在完善的市场经济体系中，生产者通常向银行借贷来用于投资以扩大生产。当银行的利率较低时，一些生产开始变得有利可图，生产者通过向银行借入资金进行投资，市场需求开始增加，导致生产规模进一步扩大和消费者收入水平的提高，利润和收入的增长促使生产者和消费者分别提高了投资支出和消费支出，推动了价格水平上涨，从而进入经济繁荣阶段。然而，当银行因为现实情况不得不进行信贷紧缩时，经济扩张的过程就会停止，生产者没有途径再进行融资，导致投资支出水平大幅度下滑，就会出现生产过剩的现象，经济开始进入经济周期的萧条阶段。而在经济萧条时期，银行收回了之前的贷款，资金数量的提高使银行再次拥有了信贷扩张的能力，从而推动经济由萧条转向复苏。

（五）创新经济周期

创新经济周期是由熊彼特提出来的，在他看来，经济繁荣和衰退的周期性波动是由创新的出现和消逝所带动的。具体来说，为了获得超额利润，企业家会加大创新力度，当某个企业家通过创新获得了超额利润以后，会吸引大批模仿者进入，由于生产资料需求的上升带动价格上涨，从而引起信贷扩张进入经济扩张阶段，出现经济繁荣；之后产量增加而导致产品价格下降，再加上产品成本提高，超额利润消失，企业开始减产裁员甚至破产，而银行信用的收缩加重经济的低迷，经济走向衰退期。由此，创新的产生、普及、消失和新一轮的开始，推动着经济呈现周期性波动。

（六）太阳黑子理论

太阳黑子理论是由杰文斯在1875年提出的，他发现10年左右会出现一次强烈的太阳黑子活动，而经济危机大概也是10年一次，于是，他将这两种现象结合起来，创立了解释经济周期的太阳黑子理论。其基本观点是，太阳黑子周期性的活动会影响地球气候变化，从而形成气候变化的周期性，而气候的变化周期性会影响农业生产的周期性波动，进而引起整个国民经济的波动。

三　第二次世界大战后的经济周期理论

（一）乘数—加速数模型

乘数—加速数模型是由经济学家汉森和萨缪尔森于20世纪30年代提出的，因此又被称为汉森—萨缪尔森模型，该理论使用乘数和加速数之间的相互作用来解释经济的周期性波动。

乘数—加速数模型假设创新的出现使生产者投资数量增长，在乘数的作用下，投资数量的增长会使收入增加，收入的增加会促使居民购买更多的物品，从而促进全社会物品销售量增加。在加速数的作用下，销售量的增加又会促进投资以更快的速度增长，而投资的增长推动国民收入增长，进而使销售量再次上升。如此循环，国民收入不断提高，此时，社会便处于经济周期的扩张时期。

然而，受制于社会资源的有限性，国民收入的增加迟早会达到社会资源所能容许的峰顶。当经济达到经济周期的峰顶时，收入便停止增长，销售量也不再增长。通过加速数原理的作用，投资量下降为零。投资的下降又会导致收入的减少，从而销售量也因此而减少。又根据加速数原理，销售量的减少使投资进一步减少，而投资的下降又使国民收入进一步下降。如此循环，国民收入持续下降。这样，社会便处于经济周期的衰退时期。

收入的持续下降最终使社会达到经济周期的谷底。此时，由于在衰退阶段的长时期所进行的裁员减产，生产设备逐年减少，仍在营业的一部分企业会感到有必要更新生产设备。这样，随着投资增加，收入开始上升。上升的国民收入通过加速数的作用又一次使经济进入扩张阶段。于是，新一轮的经济周期又开始了。

下面从数理模型角度对乘数—加速数模型进行说明。

萨缪尔森提出的乘数—加速数模型的基本公式为:

$$Y_t = C_t + I_t + G_t \tag{6-20}$$

$$C_t = \beta Y_{t-1}, 0 < \beta < 1 \tag{6-21}$$

$$I_t = v(C_t - C_{t-1}), v > 0 \tag{6-22}$$

其中,(6-20)式为产品市场均衡公式,在此,假定政府购买为常数,即 $G_t = G$;(6-21)式为消费函数,表明本期消费取决于上一期消费,是上一期消费的线性函数;(6-22)式是按照加速数原理依赖于本期和上一期消费的概念量,v 为加速数。

将(6-21)式和(6-22)式代入(6-20)式,得到:

$$Y_t = \beta Y_{t-1} + v(C_t - C_{t-1}) + G_t \tag{6-23}$$

对于上面乘数—加速数模型的求解涉及差分方程的相关知识,这里不进行讨论。下面使用具体的例子来解释经济周期性波动。

在表6-1中,假设居民边际消费倾向 $\beta = 0.5$,加速数 $v = 1.5$,政府开支 G_t 为1亿元,同时不考虑第1期以前的情况,从而,从上一期国民收入中来的本期消费 $C_1 = 0$,引致投资因此也为零,因此,第1期国民收入就是政府在第1期的支出为1亿元。在第2期,政府支出仍然为1亿元,由于第1期国民收入为1亿元,边际消费倾向为0.5,因此第2期的引致消费 $C_2 = \beta Y_1 = 0.5$ 亿元,因此,第2期的国民收入 $Y_t = C_t + I_t + G_t = 0.5 + 0.75 + 1 = 2.25$ 亿元。同样可以计算出第3期国民收入约为3.06亿元,第4期收入约为3.14亿元,第4期以后的收入也可以以同样的方法计算出来。

从6-1中可以看出,在乘数和加速数的相互作用下,经济经历了周期性的复苏、繁荣、衰退和萧条阶段。

表6-1　　　　　　　　　乘数和加速模型的相互作用　　　　　　　　单位:亿元

时期(t)	政府购买(G_t)	消费(C_t)	投资(I_t)	国民收入(Y_t)	经济趋势
1	1.00	0	0	1.00	复苏
2	1.00	0.50	0.75	2.25	复苏
3	1.00	1.13	0.94	3.06	繁荣
4	1.00	1.53	0.61	3.14	繁荣
5	1.00	1.57	0.06	2.63	衰退
6	1.00	1.31	-0.38	1.93	衰退
7	1.00	0.97	-0.52	1.44	萧条
8	1.00	0.72	-0.37	1.35	萧条
9	1.00	0.68	-0.07	1.61	复苏

续表

时期（t）	政府购买（G_t）	消费（C_t）	投资（I_t）	国民收入（Y_t）	经济趋势
10	1.00	0.81	0.19	2.00	复苏
11	1.00	1.00	0.29	2.29	繁荣
12	1.00	1.15	0.22	2.36	繁荣
13	1.00	1.18	0.06	2.24	衰退
14	1.00	1.12	−0.10	2.02	衰退

（二）实际经济周期理论

实际经济周期理论是基德兰德和普雷斯科特在1982年提出的，属于新古典宏观经济学范畴。实际经济周期理论主要解决了两个问题，即经济波动的根源和经济波动的传导机制。

1. 经济波动的根源

新古典宏观经济学下的实际经济周期理论认为，经济波动的根源是实际因素而不是货币因素，包括战争、技术进步和人口增加等，这些因素主要通过改变居民的偏好、革新技术状况和变动可利用的资源等途径引起经济波动。实际经济周期理论指出，最重要的因素就是技术冲击，因此，实际经济周期理论的经典文献都把技术冲击作为宏观经济波动的根源。

2. 经济波动的传导机制

在人口固定的条件下，经济所能生产的实际产出取决于技术水平和资本存量，因此总量生产函数表示为：

$$y = zf(K) \tag{6-24}$$

其中，y是实际收入，K是资本存量，z是技术水平。因此生产中技术变动就表现在z值的变化上，z值的变动反映了生产函数的变动。假定资本折旧率为δ，从而现存的资本存量为$(1-\delta)K$，在期末，经济中所能利用的资源为当前产量加上现存的资本存量，即$zf(K)+(1-\delta)K$。

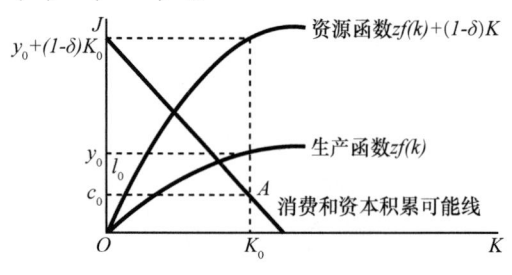

图6-16 生产函数和资源函数

图6-16给出了资源函数和生产函数。横轴K表示资本存量，纵轴J表示实际收入、消费、下一期资本存量和投资。资源函数为$zf(K)+(1-\delta)K$，向右下方倾斜的直线为消费和资本积累可能线（约束线），消费和资本积累可能线反映了消费与资本积累的关系，其斜率为1。消费和资本积累可能线上的每一点均能够供经济社会所选择。假定消费和资

本积累可能线上的 A 点代表经济的稳定状态。此时，下一期资本存量为 K_0，投资为 I_0，消费为 C_0（为简化模型忽略政府购买和净出口），实际收入为 y_0。假如资本存量 K_0 以及生产函数（从而资源函数）不发生变化，那么消费、投资和实际收入将会保持不变、一直重复下去。

下面说明技术冲击对宏观经济波动的解释。在图 6-17 中，初期经济的稳定状态为 A_1 点，现在假定出现技术进步，z 值由 z_0 增加到了 z_1，导致生产函数和资源函数向上移动。在资本存量 K_0 保持不变的情况下，社会所生产的产量增加到 y_1，资源增加到了 $y_1 + (1-\delta)K_0$，下一期的消费和资本积累也相应地增加，这表现为消费和资本积累可能线向右移动。如果新消费和资本积累可能线上的 A_2 点表示新的稳定状态，那么资本存量相应地增加到了 K_1，消费增加到了 C_1。

如果没有新的进一步的技术进步，在 K_1 资本水平下，实际收入在下一期进一步增加到 y_2，经济总资源也得到相应地增加，在下一期，消费和资本积累可能线向右移动，虽然这些进一步的变化并没有在图中反映出来，但是可以想象，消费和资本积累可能线的向右移动在接下来的时期持续发生，向右移动的幅度越来越小，最终经济向新的稳定状态收敛。在新的稳定状态，资本存量、收入、消费和投资都将增加到新的稳态水平。这种源于技术冲击所导致的收入波动的变化路径如图 6-18 所示。

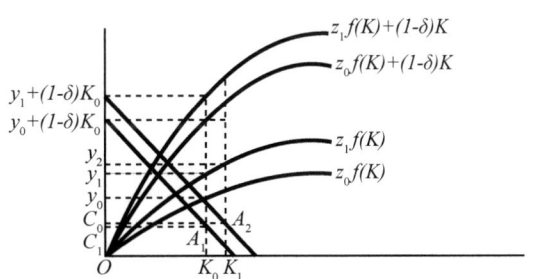

图 6-17 实际经济周期理论对宏观经济波动的解释

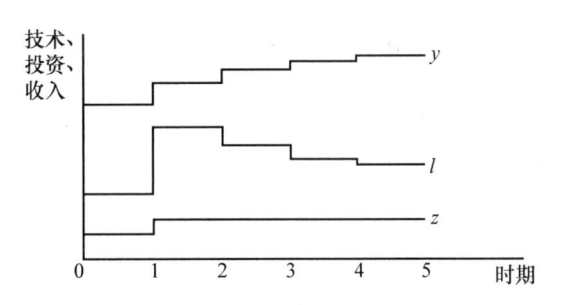

图 6-18 技术进步所引起的投资和收入波动

（三）动态随机一般均衡模型

动态随机一般均衡理论由实际经济周期理论发展演化而来，新凯恩斯主义宏观经济学保留了实际经济周期理论的分析思路和建模方法，并进行了适当的修改和补充，将其发展成为动态随机一般均衡理论。

一般来说，一个标准的动态随机一般均衡模型通常包括三个方程：动态总需求方程、动态总供给方程和货币当局的货币政策规则方程。因此，典型的动态随机一般均衡模型同时包括三个方面的主体：居民、企业和政府（中央银行）。居民代表消费者，与传统的宏观模型一样，居民的消费构成需求，同时又是劳动力的供给者；企业代表生产者，企业的产出构成供给；政府（中央银行）代表经济活动的调控者，政府（中央银行）制定货币政策。居民和企业由众多同质的个体加总而得。动态随机一般均衡模型采用新古典假设，即假设居民最大化其效用水平,企业最大化其利润水平。企业的产出构成供给,政府(中央银行)决定货币政策。

动态随机一般均衡模型一般分两步分析宏观经济波动问题。首先,通过对各个市场主体(居民、企业和政府)在约束条件下的跨期最优化决策行为进行分析,计算出平均的经济增长路径,这一路径就是宏观经济没有遭受外在冲击时将要实现的均衡增长路径,也就是所谓的长期均衡,据此可以预测宏观经济未来的走势。这一分析其实就是总需求—总供给分析在加入微观基础上的动态化,即从居民和企业的跨期最优决策中推导出动态的总需求和总供给方程,然后引入理性预期来求解均衡的总产出和就业的时间路径。其次,分析外在随机冲击导致经济对均衡增长路径的偏离及其时间趋势。在每个时间点,都有可能遭受外在冲击,如战争、地震和技术革新等,这些都会引起经济主体的反应,重新做出最优决策。外在冲击导致新的最优决策不同于过去的计划,宏观经济就会偏离均衡的经济增长路径,并会持续一段时间,一直到外在冲击充分影响到整个宏观经济,经济才会重新回到预定的均衡增长路径。

实际上,动态随机一般均衡模型不仅仅是分析宏观经济波动,它还试图构建一个能够分析所有经济问题的一般化理论。动态随机一般均衡模型一方面要考虑所有重要经济变量随着时间变化的轨迹;另一方面也要考虑包括宏观和微观的所有经济变量的相互影响,以及各个市场的相互作用。该模型试图将两方面结合起来,在一般均衡的分析框架中考察主要经济变量如何随着时间变化而相互影响并发生变化,在此基础上考虑某个方面的问题,如货币、失业、贸易等问题。

四 中国主要经济周期理论

(一)中国经济周期的简要概述

改革开放以前,中国按照苏联模式建立了计划经济体制,在中华人民共和国成立初期,计划经济体制的建立和发展对中国经济增长发挥了重要作用,特别是通过国民收入的高积累来扩大投资,由此建立了独立、完善的工业体系,为中国的长远发展奠定了基础。然而,这一体制存在着内生动力不足和外生干扰众多的问题,内生动力不足导致经济活动的效率和质量难以持续提高,外生干扰众多反映为正常的经济运行经常因为非经济原因而产生问题,造成了经济增长的起伏和停滞。与苏联和其他实行计划经济的国家类似,当时中国在总供给和总需求的关系上存在供给不足,供需不匹配和消费品缺乏,迫使政府通过"凭票供应"来安排居民消费活动,投资品的缺乏导致以"排队"等待的方式来安排投资活动,因此并不存在市场经济中"需求不足和生产过剩"为特征的经济周期。改革开放以来,中国开始推进市场化改革,社会主义市场经济体制逐步建立和完善,市场经济所特有的供求关系变化所导致的总量失衡也开始出现,这就使中国也开始出现经济周期。尽管引起经济周期的根源都是市场经济中的不确定性,但由于中国市场化改革是逐步展开和完善的,各个时期的市场化程度都不同,引发经济周期的原因、经济周期的表现以及中国政府的反周期措施也有所不同。同时，由于中国政治体制与西方市场经济国家存在根本差异，导致中国经济周期波动的深层原因也有别于西方市场经济国家，因而中国特色社会主义市场经济的经济周期又呈现出一些不同特点。

从国内生产总值（GDP）的变化情况来看，图6-19显示了改革开放以来（1978—2022年）中国GDP增长率的变化情况。改革开放以来中国平均GDP增长率为9.11%，其中，低于6.11%的年份有6个，分别为1981年（5.1%）、1989年（4.2%）、1990年（3.9%）、2019年（6.1%）、2020年（2.3%）、2022（3.0%），属于经济萧条；高于12.28%的年份有7个，分别为1984年（15.2%）、1985年（13.4%）、1992年（14.2%）、1993年（13.9%）、1994年（13.0%）、2006年（12.7%）、2007年（14.2%），属于经济过热。与西方国家不同，中国的经济过热时期比较短暂，很快便会出现峰值，然后增长率出现持续回落，即进入经济增长的调整阶段。

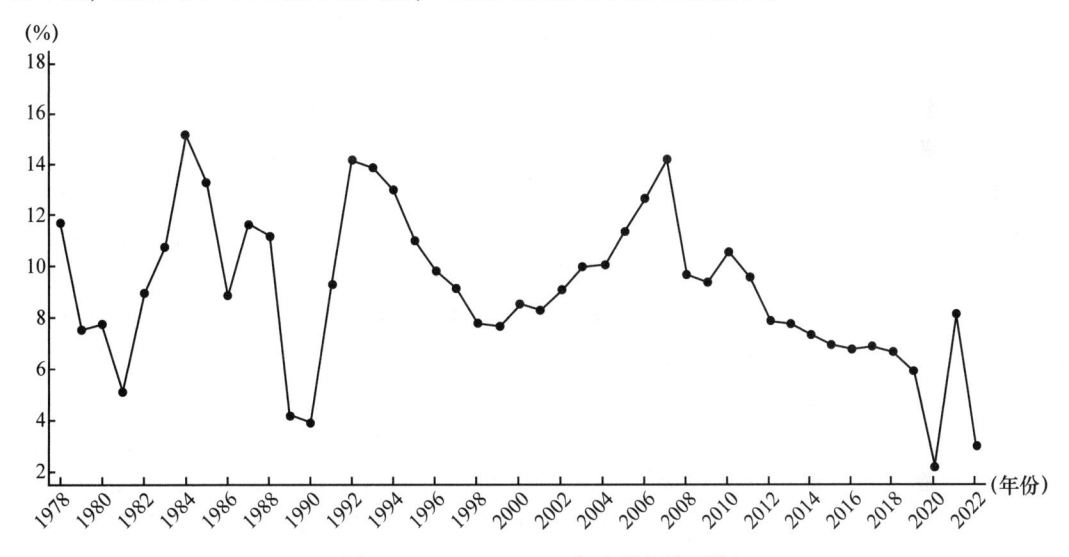

图6-19 1978—2022年中国经济周期

资料来源：历年《中国统计年鉴》。

从图6-20还可以看出中国在过去40多年经济波动情况。我们可以把经济波动分为两种情况：一种是短期波动，即经济增长率在短期内改变方向然后又迅速转向，持续原来的趋势；另一种是趋势性波动，即经济增长率产生了持续的增长或回落。可以看到，1981年的经济增长率出现了回落，但随后继续保持了原来的上涨趋势，属于短期波动；1987年经济增长率的上涨属于短期上涨，然后迅速回落到了原来的趋势；2011年的上涨也属于回落过程中的短期波动。1992年经济增长率开始的下降属于趋势性波动，直到2001年以后经济增长率出现持续性的上涨，2007年美国次贷危机所引发的中国经济增长率持续下降也属于趋势性下降。还可以看出，随着时间的推移，中国经济周期已经从改革开放初期的"大起大落"的短周期转变为20世纪90年代以来的"微波化"的中长周期，这说明中国经济运行的稳定性和持续性不断得到增强。

从经济增长的峰值来看，在过去的40多年，中国经济增长的峰值出现过三次，分别在1984年、1992年和2007年。而从经济增长的谷底看，则出现了四次，分别是1981年、1990年、1999年和2020年。如果把相邻两次经济增长的谷底之间的时期看成一个经济周期，那么改革开放后中国一共经历了三次经济周期。前两次周期经历时期约为10年，第三次周期经历时期约为20年，分别是1981—1990年第一次经济周期、1991—1999年第二次经济周期和2000—2022年第三次经济周期。

(二) 中国主要经济周期理论

为什么中国的宏观经济会周期波动？决定中国经济周期的主要因素是什么？中国经济学家提出了各种各样的理论，试图来解释中国的经济周期。

1. 信贷约束说

中国信贷体系明显滞后于国民经济发展。一方面，中国不同群体居民的消费受到的流动性约束不同，小部分高收入群体面临的流动性约束较小，而广大低收入群体面临较大的流动性约束，流动性约束的存在导致低收入群体无法平滑各期消费以优化跨期效用。当经济处于衰退时，由于高收入群体的边际消费倾向较低，并不会增加其消费水平，而低收入群体在萧条时期由于收入下降和流动性约束的存在，导致其消费水平下降，从而会加大经济的波动。另一方面，中国国有企业和私营企业面临不同的信贷约束。政府在资源配置上具有主导作用，出于减轻国有企业负担的目的，政府对国有企业实施信贷软约束，即政府通过银行贷款倾斜、利率优惠和利息减免等方式减轻国有企业的负担，降低国有企业支付的利息水平。同时，中国私营企业，特别是民营中小企业一直存在着融资贵、融资难的问题，很难从银行获得信贷支持。当经济处于上升繁荣时期，国有企业较低的融资成本容易造成投资过度，从而引发经济过热；而当经济处于下降衰退时期，私营企业由于融资成本过高无法抵御经济衰退，不得不减产、停产甚至倒闭，加剧经济萧条。因此，信贷体系的发展滞后导致中国居民和企业面临不同的信贷约束加剧了消费、投资和产出的波动。

2. 政治周期/投资波动说

中国存在独特的政治周期和换届效应，在官员晋升机制的背景下，为了追求晋升激励和最大化个人收益，地方官员会做出周期性决策行为。在政府竞争理论看来，地方政府为促进地方GDP增长而展开的竞争是解释中国投资冲动和宏观经济波动的主要内在机制。

由于中国实行的是集中式的政治组织形式，下级官员的任免往往直接取决于上级官员的决策。在这种相对垂直的政治权力体系中，地方官员为了获得晋升机会，地方政府以及官员之间形成了一种类似锦标赛的晋升竞争格局。而在中央"以经济建设为中心"的政策方针下，地方政府的经济绩效就成为"政治锦标赛"中最重要的考核指标，从而形成了独特的围绕经济增长绩效的官员晋升竞争机制。为了在有限的任期内实现快速的经济增长，在投资、消费、出口这三大拉动经济增长的动力中，地方政府最容易影响而且起效最快的途径就是投资。在上任初期，为了尽快做出成绩，地方官员有动力最大化其可支配的资源，地方官员往往采取各种措施提高财政收入，降低经济增长的资源约束，同时将众多的财政支出用于对短期经济增长有较强刺激作用的投资等领域,包括热衷于实施城市建设等基础设施建设。即将调任的官员,在其任期的最后阶段,为了降低工作失误带来的政治风险,通常会采取相对保守的经济行为,都会影响到地方经济波动。因此,地方政府的经济行为具有政治周期,从而很可能对经济波动产生影响。

如图6-20所示,20世纪90年代以来,政府换届年份多为全社会投资增长的高峰年(1993年、1998年、2003年和2008年)。如1992年10月召开党的十四大,1993年的全社会固定资产投资增速为61.8%,中央和地方政府集中换届的2008年增速为25.9%,2009年更是激增到30%。不难看出,20世纪90年代以来,全社会固定资产投资增长迅速,并呈现出周期性波动的特征,中国的政治周期导致的投资波动是中国经济周期的重要影响因素。

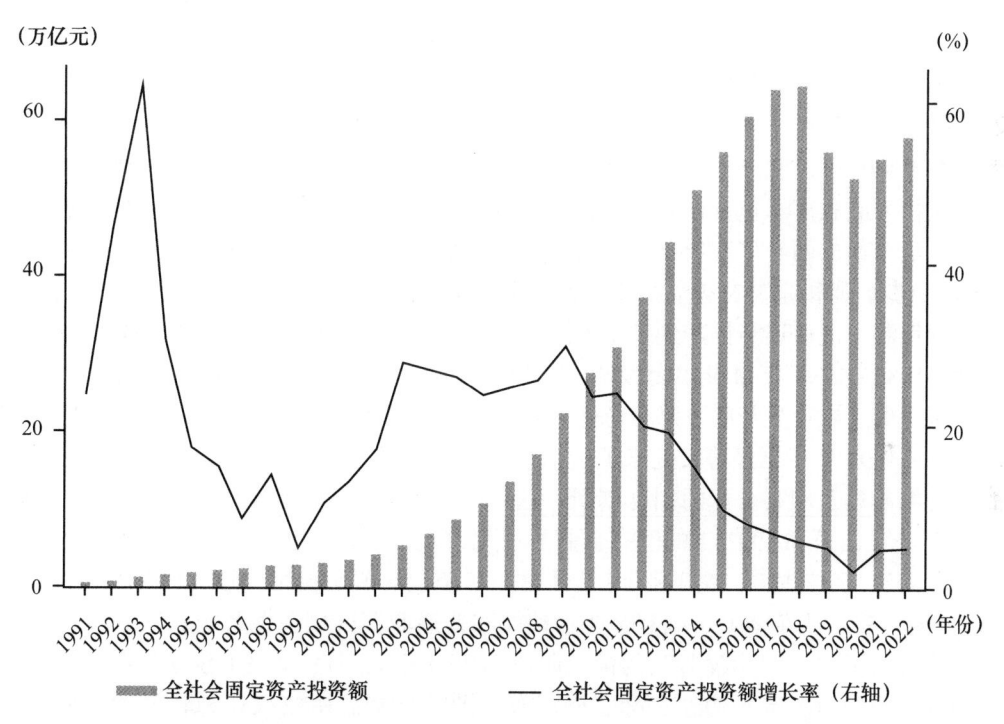

图6-20 1991—2022年中国全社会固定资产投资额及其增长率

资料来源:历年《中国统计年鉴》。

3. 土地财政说

1994年开始的分税制改革导致了中央和地方政府之间财权和事权的不匹配,即事权下放和财权上收。事权下放后,促进地方经济增长和城镇化的任务主要落在了地方政府肩上。因为基础设施建设同政绩考核直接挂钩,从而地方政府重视基础设施建设。财权上收后,地方政府的税收分成大幅缩减,从1993年的78%下降到2020年的56%,而土地出让收入却被留给了地方政府。1998年以来的住房商品化改革，以及之后的城镇化建设，使中国商品住房价格一路高涨，房价上涨导致土地价值迅速增值，地方政府更加依赖"土地财政"为地方公共支出融资。从支出方向上可以看到，在事权界限不清的背景下，为了追求政绩的提升和GDP的增长，地方政府将土地出让收入主要投向了城市建设、产业园区等基础设施建设领域。也就是说，住房价格的快速上涨带来了房地产开发投资和基础设施投资的增长，这一增长提高了资产价格。考虑到中国金融市场的不完备性，在金融加速器效应的作用下，一方面拉升了价格水平，降低了货币购买力，挤出了居民消费；另一方面资产价格的上升，导致生产部门企业的净值上升，降低了企业外部融资的风险溢价，引发了企业投资的扩张。由于中国房地产行业和基建投资行业占全社会总固定资产投资比重的一半，因此房价变动导致的投资波动直接引起了GDP的波动，造成了房地产市场波动与中国经济波动的高度关联。

4. 间歇式制度创新说

中国的经济转型也是制度变迁的过程。在经济转型过程中制度的创新不是均匀出现的，而是间歇式随机出现的，间歇式出现的制度创新导致了中国经济周期的出现。

从图6-19可以看出，1981—1985年中国经济处于上升期，这个时期经济上涨的制度因素是农村家庭联产承包责任制的实施。1978年小岗村农民首创了包干到户的生产承包责任制，在最开始的两年里这项制度并没有得到中央的肯定，直到1980年中共中央发布了《关于进一步加强和完善农业生产责任制的几个问题》，确立了以包产到户为主要内容的农业生产责任制，此后逐步推广到了全国。这一制度安排解放了农村劳动力，促进了生产力的发展。1985—1991年由于"卖粮难"以及农产品购销体系"双轨制"中各项不合理的制度安排导致了农业生产的下降，总体上看，GDP增长率呈持续下滑。

1991—1994年中国经济又迎来了一个景气上升时期，这一时期经济增长的动力源于乡镇企业的崛起以及国有企业的制度创新。这一时期国有企业制度创新主要体现在1992年的"破三铁"改革和1993年的国有企业公司化改造。"破三铁"改革是指破除国有企业的"铁饭碗""铁交椅""铁工资"，实质是国有企业的劳动雇佣、分配制度和人事制度的改革，"破三铁"改革激发了国有企业管理层和普通职工的创造性和积极性。1993年国有企业改革进入了"公司化改造"的第二阶段，1993年11月，《关于建立社会主义市场经济体制若干问题的决定》通过标志着国有企业改革理念由放权让利转变为企业制度创新，现代企业制度开始建立，这一制度安排提高了国有企业的经营效率。而1995—1999年的经济衰退，是因为这一阶段缺少有效率的制度创新。

2000—2007年的经济繁荣增长主要来自民营经济的崛起和对外开放的大力推进。2002年11月，党的十六大指出，"必须毫不动摇地鼓励、支持和引导非公有制经济发展"。2005年2月国务院颁布《关于鼓励支持和引导个体私营等非公有制经济发展的若干意见》。民营经济发展的制度障碍得以消除，民营经济取得了"国民待遇"的身份，促进了民营经济的快速发展。2001年12月11日中国正式加入世界贸易组织（WTO），中国对外贸易的发展进入了一个新阶段。2007年以后中国经济一方面受到国际金融危机的深刻波及，国际市场需求严重不足；另一方面中国政府加大了对经济的干预力度，采取了"四万亿"等多种措施增加内需。总体上看，2007年以来制度创新的效果并不显著，经济从高速增长回落到稳速增长。

本章小结

1. 失业是指处于法定劳动年龄阶段、具有劳动能力且有工作意愿的劳动者找不到工作岗位的经济现象。失业率上升会伴随实际产出下降，其中奥肯定律描述了失业率与实际产出之间的交替关系。

2. 通货膨胀通常指经济体在一定时期内价格水平普遍、持续上涨。通货膨胀增加可能会增加社会成本，会通过再分配效应和产出效应等对经济产生影响。

3. 菲利普斯曲线描述了失业率与通货膨胀率的关系，短期菲利普斯曲线表明失业率和通货膨胀率存在替换关系，但长期菲利普斯曲线表明失业率与通货膨胀率不存在替换关系。

4. 经济周期是市场经济运行过程中产生的不可避免的总体经济的波动。一个完整的经济周期可以划分为繁荣、衰退、萧条、复苏四个阶段。

思考题

1. 当一个经济体的失业率处于自然失业率时，失业率是否等于零？为什么？
2. 通货膨胀率增加对经济社会有哪些影响？
3. 说明菲利普斯曲线的含义。在解决中国失业问题时，能否依据菲利普斯曲线原理，以高通货膨胀率换取低失业率？
4. 根据短期的总供给曲线推导出菲利普斯曲线。
5. 什么是实际经济周期，有哪些理论特征？
6. 假定一个经济体的短期菲利普斯曲线方程为 $\pi = \pi^E - 0.4(u - 0.05)$，问：
 (1) 该经济体的自然失业率是多少？
 (2) 根据此方程给出短期和长期菲利普斯曲线。
 (3) 为使通货膨胀率减少4%，要增加多少失业率？
 (4) 假如目前的通货膨胀率高达9%，而央行想要在三年内将其降至3%，请问每年的失业率要控制在多少才能达到此目标？

第七章 经济增长理论与中国奇迹

视频讲解

学习目标
1. 了解经济增长的主要事实和度量方法。
2. 熟练掌握索罗增长模型的推导、稳态及黄金率的计算与分析。
3. 理解经济收敛、内生增长的基本内容。
4. 熟悉经济增长核算的原理和方法。

宏观经济学有两个研究主题——经济波动（经济周期）与经济增长。这一章我们探讨经济增长这个主题。宏观经济学研究的变量具有动态性，是随着时间变化而变化的，经济周期或经济波动侧重于短期分析，而经济增长侧重于长期分析。

经济增长是指一个国家或地区GDP特别是人均GDP（人均收入）持续增加的过程。所谓长期，可以长到50年甚至100年以上。为什么一些国家或地区人均收入水平可以持续增加，而另一些国家经过几百年的发展却依然比较贫穷？推动一国经济增长的主要因素有哪些？换一个角度看，人均收入的差距或者增长差异是怎么形成的？阻碍经济发展的因素又有哪些？

对这些问题的回答和研究可以从两个方面进行。一是理论研究，就是通过建立理论模型的方法来找到促进或阻碍经济增长的因素。这方面发展出来了许多的经济增长模型，最著名的就是索罗模型。索罗模型是新古典增长理论的代表，新古典经济增长理论之后是新增长理论或内生增长理论。二是实证研究。就是围绕这些不同的理论模型使用各国的相关数据对经济增长的事实和经验数据进行实证检验。通过这些实证分析来丰富经济增长模型，提出了许多好的政策建议，从而促进了经济增长理论的发展。

第一节 经济增长的度量：典型事实与中国现状

一 经济增长的概念

经济增长是指一国或地区实际产出的增加，既包括生产的物质产品的增加，也包括企业和政府提供的各类服务的增长。这里的产出既可以表示为实际 GDP，也可以表示为人均实际 GDP（人均收入）。一般使用年增长率表示。

如果使用总产出的增加来定义经济增长，我们用 Y_t 表示 t 期的总产出，用 Y_{t-1} 表示 $t-1$ 的总产出，则经济增长率表示为：

$$g_Y = \frac{Y_t - Y_{t-1}}{Y_{t-1}}$$

使用人均产出的增加来定义经济增长更为普遍。我们用 y_t 表示 t 期的人均产出（人均实际 GDP），用 y_{t-1} 表示 $t-1$ 期的人均产出，则经济增长率表示为：

$$g_y = \frac{y_t - y_{t-1}}{y_{t-1}}$$

关于经济增长的含义，一个重要的方面是要注意区分经济增长与经济发展这两个不同的概念。经济增长是经济发展的物质基础，强调的是"量"。没有一定的经济增长，就谈不上经济发展。但有经济增长不一定就有经济发展，表明这两者之间存在一些区别。

经济发展是指在经济增长的基础上经济更加发达和人们生活更加健康、富裕，强调的是"质"。联合国的发展指标超过 100 项，其中很多内容都与经济发展水平有关。衡量经济发展程度的主要维度包括以下几部分。一是经济结构或产业结构更加现代化，拥有先进的制造业和发达的服务业。有些国家收入水平很高，但产业结构单一。比如过度依赖石油及其出口，制造业和科技水平不高，也不能成为一个发达国家，总体经济发展水平不高。二是收入分配更加平等、公平，贫富差距小，经济发展水平就高。贫富差距或共同富裕的程度是衡量经济发展水平的重要维度。三是经济发达，居民生活水平高。衡量指标包括受教育程度、公共设施、医疗水平、健康状况、人均（预期）寿命、政府管理水平、社会治安等。

二 经济增长的度量问题

由于经济增长研究的是一个长期过程，人均实际 GDP 的增长率是指长期的平均增长率，这样就把短期的波动排除了。而短期的经济周期研究恰好就是要关注经济的这种波动性（波动的方向是扩张还是收缩、波动幅度、持续的时间长短等）。那么，宏观经济学一般是如何来衡量长期增长率的呢？

假设 X_n 是某变量 X 在第 n 年的值，X_m 是某变量 X 在第 m 年的值，且 $n>m$，那么从第 m 年到第 n 年的年均增长率则可表示为：

$$g_{nm} = \left(\frac{X_n}{X_m}\right)^{\frac{1}{n-m}} - 1$$

关于经济增长一个重要而有趣的现象是，增长率的微小差异在长期增长中将导致人均收入的巨大差距。根据巴罗的统计和计算，美国人均实际 GDP 从 1870 年的 2244 美元上升到 1990 年的 18258 美元，增长了 7.1 倍，对应每年 1.75% 的增长率。如果增长率低一个百分点，1990 年的人均 GDP 仅为 5519 美元，仅为实际增长的 30%，总增长为 2.5 倍。而

0.75%的增长率则为同期印度、巴基斯坦的增长率①。

下面我们使用数字模拟的方法来进一步说明增长率的微小差异是如何最终导致了收入水平的巨大差距②。假设有 5 个不同的国家，初始时期的人均收入均为 1000 美元，增长率分别为 1%—5%。如表 7-1 所示，经过 50 年后，增长率为 5% 的国家其人均收入约是增长率为 1% 的国家的 7 倍。

表 7-1　　　　　　增长率的微小差异如何导致收入水平的巨大差距　　　　　　单位：%

年数	国家 1 增长率 g = 1	国家 2 增长率 g = 2	国家 3 增长率 g = 3	国家 4 增长率 g = 4	国家 5 增长率 g = 5
1	1000	1000	1000	1000	1000
10	1100	1220	1340	1480	1630
20	1220	1490	1800	2190	2650
30	1350	1810	2430	3240	4320
40	1490	2210	3260	4800	7040
50	1640	2690	4380	7110	11470

资料来源：《西方经济学》编写组编：《西方经济学》（下册），高等教育出版社、人民出版社 2011 年版，第 208 页。

由此可见，经济增长的平均增长率即增长的稳定性或持续性对于收入水平的增加至关重要。增长速度不一定要特别高，关键是要能持续。即使是平均 2% 的年增长率，如果能持续 50 年、100 年，那一定能成长为一个发达国家。偶尔几年增长很快，但如果不能够持续，那也是没有意义的。中国经济从改革开放以来，较高的增长速度持续了 40 多年，所以才有了今天的成就。

三　关于经济增长的一些典型事实

对经济增长的研究是从认识典型事实（stylized facts）开始的。根据这些典型事实来构建理论模型，然后再使用这些增长模型对一些增长现象进行分析和研究，修正已有的理论模型。因此，研究经济增长问题是一个从实践中来、再回到实践中去的过程。

---

① ［美］罗伯特·J. 巴罗、哈维尔·萨拉伊马丁：《经济增长》，何晖、刘明兴译，中国社会科学出版社 2000 年版，第 1 页。
② 假设初始时期的产出水平为 Y_0，平均增长率为 g，经过 t 期之后，在离散时间条件下末期的产出水平为 $Y_t = Y_0(1+g)^t$，连续时间条件下末期产出为 $Y_t = Y_0 e^{gt}$。

英国经济学家卡尔多（Kaldor）总结出了关于经济增长的 6 个典型事实①，成为经济学家研究增长问题的重要基础。威廉森（Stephen D. Williamson）则指出，从全球范围来看，到工业革命之前世界各国并没有实现真正意义的经济增长，人们的生活水平长期处于极低的状态②。这意味着如果没有技术进步和产业革命，则很难有经济的持续增长。此外，工业革命以来，世界上最富裕国家的人均收入持续增长，表明在历史上经济的增长呈现出有先有后、逐渐向世界扩散的过程。工业革命始于英国，后来传导到美洲大陆，美国超过英国。今天，中国的经济总量先后超过德国和日本，成为世界第二大经济体。

在不同时期，人们对于经济增长事实的关注重点是不同的。对于新古典增长理论而言，关注的主要事实有以下四个方面。

（一）世界范围内不同国家间人均收入水平差距较大

以人均 GDP 来衡量，目前世界上各国或地区间的收入水平差距较大。根据 2017 年世界银行发展指数提供的数据（见表 7-2），美国的人均收入达到 5.36 万美元，而孟加拉国的人均收入仅为 1127 美元，前者是后者的约 47 倍。由此可见，世界各国收入水平差距之大。

表 7-2　　　　　　　　　　收入水平的国际差异（2017 年）

国家	人均 GDP（以 2010 年美元价格计算）	人口（百万）
中国	7347	1386
印度	1982	1339
美国	53637	325
印度尼西亚	4120	265
巴西	11022	208
巴基斯坦	1155	208
尼日利亚	2400	191
孟加拉国	1127	160
俄罗斯	11551	144
日本	48511	127
墨西哥	10278	125
菲律宾	3043	105

资料来源：世界银行发展指数在线数据库，https://databank.worldbank.org/source/world-development-indicators，数据库选项为世界发展指标，系列选项为人口总数和人均 GDP（2010 年不变价美元）。

---

① 卡尔多列出的关于经济增长的 6 个程式化事实是：人均产出持续增长，且增长率并未出现下降趋势；人均物质资本持续增长；资本回报率近乎稳定；物质资本—产出比率近乎稳定；物质资本和劳动在产出中的收入份额近乎稳定；人均产出增长率在各国差异很大。参见 Kaldor, N., "Capital Accumulation and Economic Growth", in Lutz, F. L., and Hague, D. C., eds., Proceedings of a Conference Held by the International Economics Association, 1963, London: MacMillan。

② [美] 斯蒂芬·D. 威廉森：《宏观经济学》（第五版），郭庆旺译，中国人民大学出版社 2015 年版，第 180 页。

由于人均 GDP 度量的是人均的实际产出，包括了物质产品和各种服务（如医疗、教育、政府公共服务等）的实际产出水平，因此收入水平的差距直接导致了生活水平的差距。更高的人均收入水平，意味着更多的物质产品、更好的医疗服务。目前中国的人均收入已达到 1 万美元，物质财富极大增长，才有了我们今天的富裕生活！

（二）不同国家间的经济增长率存在较大差距

从长期看，人均收入的差距来自不同国家间经济增长率的差异。前面我们已经指出，由于经济增长是一个长期过程，经济增长率的微小差异经过若干年后就会导致收入水平的较大差距。一些国家之所以陷入贫困和低收入增长陷阱，其根本原因就在于经济增长率长期处于很低的水平，甚至是负增长。图 7-1 显示了 1971—2017 年不同国家和地区的年平均增长率数据。

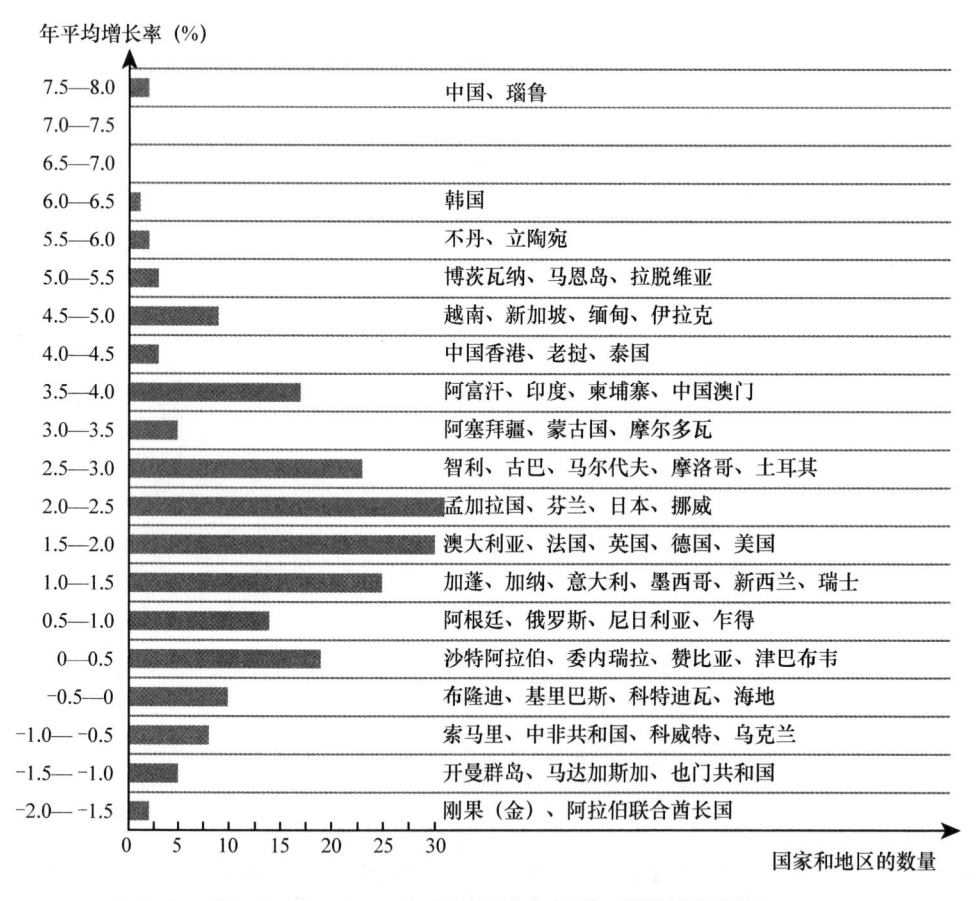

年平均增长率（%）	国家和地区
7.5—8.0	中国、瑙鲁
7.0—7.5	
6.5—7.0	
6.0—6.5	韩国
5.5—6.0	不丹、立陶宛
5.0—5.5	博茨瓦纳、马恩岛、拉脱维亚
4.5—5.0	越南、新加坡、缅甸、伊拉克
4.0—4.5	中国香港、老挝、泰国
3.5—4.0	阿富汗、印度、柬埔寨、中国澳门
3.0—3.5	阿塞拜疆、蒙古国、摩尔多瓦
2.5—3.0	智利、古巴、马尔代夫、摩洛哥、土耳其
2.0—2.5	孟加拉国、芬兰、日本、挪威
1.5—2.0	澳大利亚、法国、英国、德国、美国
1.0—1.5	加蓬、加纳、意大利、墨西哥、新西兰、瑞士
0.5—1.0	阿根廷、俄罗斯、尼日利亚、乍得
0—0.5	沙特阿拉伯、委内瑞拉、赞比亚、津巴布韦
-0.5—0	布隆迪、基里巴斯、科特迪瓦、海地
-1.0—-0.5	索马里、中非共和国、科威特、乌克兰
-1.5—-1.0	开曼群岛、马达加斯加、也门共和国
-2.0—-1.5	刚果（金）、阿拉伯联合酋长国

图 7-1 1971—2017 年不同国家和地区的增长率差异

资料来源：世界银行发展指数在线数据库，databank.worldbank.org/source/world-development-indicators，数据库选项为世界发展指标。

按照人均年收入平均增长率对这些国家（地区）进行分组，图7-1中显示了每一组国家（地区）的数量以及属于该组的部分国家（地区）。比如法国在此期间的人均收入年平均增长率是1.66%，属于该组的还有另外4个国家，该组别的年平均增长为1.5%—2.0%。中国则处于收入增长率分布的顶端，年增长率在7.5%以上。图7-1同时显示，一些国家在此期间出现了负增长，如马达加斯加、也门共和国等，从而导致这些国家（地区）收入下降，生活水平难以提高。

（三）各国的投资率与人均产出正相关

投资是经济增长的引擎。通过投资，形成资本存量，从而对产出增加产生直接的影响。图7-2给出了不同国家和地区人均收入与投资率（用投资支出占总产出的百分比表示）的散点图。显然，与这些点拟合的直线具有正的斜率。这意味着，如果一个国家能将较大部分的产出转化为投资，其收入水平和生活水平将更高。

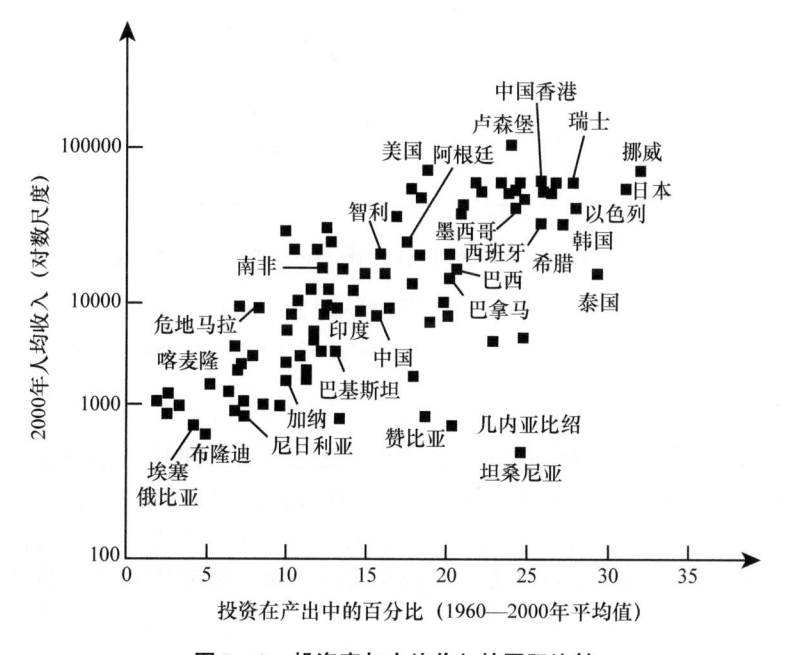

图7-2 投资率与人均收入的国际比较

资料来源：[美] N. 格里高利·曼昆：《宏观经济学》（第六版），张帆等译，中国人民大学出版社2009年版，第188页。

图7-2中的数据表明，投资率与人均收入水平是正相关关系，投资和资本积累是不同国家和地区经济增长的重要源泉。这个事实对于检验索罗模型对于经济增长的预测具有重要意义。

（四）人口增长率与人均产出负相关

图7-3给出了不同国家和地区2017年人均实际收入与1960—2017年人口年均增长率

的散点图。图中每个点代表一个国家或地区，纵轴为2017年人均收入（对数尺度），横轴为1960—2017年人口的年均增长率。

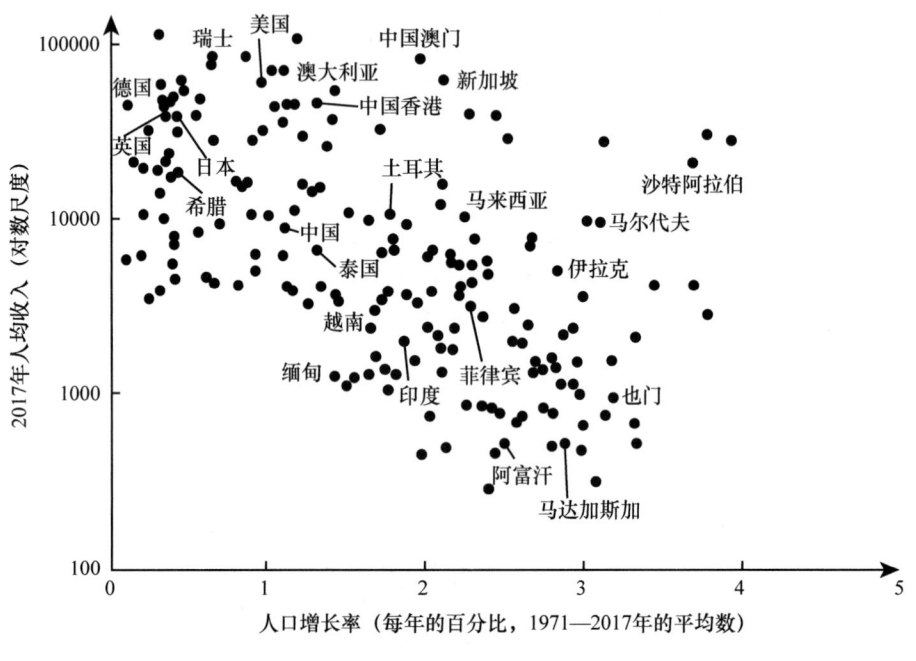

图 7-3 人口增长率与人均收入负相关

资料来源：世界银行发展指数在线数据库，databank.worldbank.org/source/world-development-indicators，数据库选项为世界发展指标。

显然，与这些点拟合的直线具有负的斜率。这意味着，如果一个国家和地区人口增长率越高，其收入水平和生活水平将更低，因为过快的人口增长拉低了人均产出水平，如阿富汗和马达加斯加。而人口增长率更低的国家和地区，其人均收入更高，如瑞士和德国。人口增长率与人均产出负相关这一典型事实，对于检验索罗增长模型的预测也是至关重要的。

四 中国经济增长的现状

改革开放以来，中国经济进入快速发展时期，经济增长率在全球经济体中居于前列。通过一系列改革举措逐步确立起市场经济体制，释放出巨大的制度活力和改革红利，经济增速曾一度达到两位数。21世纪以来，特别是中国正式加入世界贸易组织之后，中国经济更加深度地融入国际市场，出口成为推动经济增长的重要源泉。中国经济总量快速增长，先后超过德国和日本成为世界第二大经济体。表7-3给出了1979—2018年中国实际GDP的增长率。

表 7-3　　　　　　　　　1979—2018 年中国实际 GDP 的增长率　　　　　　　　单位：%

年份	增长率	年份	增长率	年份	增长率	年份	增长率
1979	7.6	1989	4.2	1999	7.7	2009	9.4
1980	7.8	1990	3.9	2000	8.5	2010	10.6
1981	5.1	1991	9.3	2001	8.3	2011	9.6
1982	9.0	1992	14.2	2002	9.1	2012	7.9
1983	10.8	1993	13.9	2003	10.0	2013	7.8
1984	15.2	1994	13.0	2004	10.1	2014	7.3
1985	13.4	1995	11.0	2005	11.4	2015	6.9
1986	8.9	1996	9.9	2006	12.7	2016	6.7
1987	11.7	1997	9.2	2007	14.2	2017	6.8
1988	11.2	1998	7.8	2008	9.7	2018	6.6

注：增长率是按同比计算。
资料来源：历年《中国统计年鉴》。

工业化是推动中国经济高速增长的重要源泉。一方面通过工业化将大量的劳动力重新配置到生产率更高的产业部门；另一方面工业化推动了整个经济的技术进步，从而带来更快的经济增长。根据相关数据，中国第一产业的产值比重从 1978 年的 28.0%下降到 2006 年的 11.7%，同期第一产业的就业比重则从 70.5%下降至 40.6%[①]。

人均收入也随着经济总量的增长而快速上升。目前，中国的人均 GDP 已达到 1 万美元，开始迈向高收入国家行列。根据"十四五"规划，到"十四五"末人均收入水平达到现行的高收入国家标准；到 2035 年，中国将基本实现新型工业化、信息化、城镇化、农业现代化，建成现代化经济体系。人均国内生产总值达到中等发达国家水平。

第二节　新古典增长理论

一　索罗模型的基本假设

为了分析一国经济是怎样实现增长的，经济学家往往使用增长模型来完成这一任务。索罗模型是最常用的增长模型，它是新古典增长理论的代表。

所有增长模型都是在一定的假设条件下推导出来的，并用于分析影响经济增长的主要

[①]　根据《中国统计年鉴 2008》表 5-2、表 5-3 计算整理得到。

因素。作为最重要的经济增长模型,索罗模型的主要假设包括以下三个方面。

(1) 索罗模型暂时忽略了对外开放,因此模型中并不涉及和处理对外贸易和国际资本流动等问题,是一个反映封闭经济的增长模型。当然,在实际研究中可以放松这些假定,将新古典增长模型扩展到包括国际贸易和资本流动的开放模型。

(2) 储蓄率和人口增长率为外生变量。储蓄率和人口增长率是新古典增长模型中的重要参数。令社会总储蓄水平 $S = sY$,其中 s 代表储蓄率。设人口增长率为 n,则有 $N_t = N_0 e^{nt}$,其中 N_t 和 N_0 分别表示期末和初始时期的人口水平。将储蓄率设为外生变量只是为了简化模型和分析的方便,在其他一些经济增长模型中,比如拉姆齐模型中储蓄率是由家庭根据效用最大化自主决定的,因而是一个内生变量。此外,政府可以采取公共政策来改变社会的储蓄率水平,从而对经济增长施加影响。

(3) 索罗模型中的技术进步是外生变量。将技术进步设定为外生变量,也是为了处理的方便。如果放松技术进步外生的假定,需要探讨经济中的技术进步本身是怎么产生的,这样的增长模型就发展成为内生增长模型。内生增长模型有多种形式,我们统称为新增长理论,意指新古典增长模型之后的增长理论。

二 新古典生产函数

在现代经济学中,生产函数是描述生产活动的基本工具。索罗模型之所以被称为新古典增长模型,是由于其使用的生产函数是一种新古典性质的生产函数,如常见的柯布－道格拉斯生产函数。这就使索罗模型与它之前的增长模型,如哈罗德－多玛模型有了很大的不同。哈罗德－多玛模型本质上是凯恩斯宏观经济理论的动态化表述,它所使用的生产函数中资本与劳动这两种生产要素是无法相互替代的(资本—劳动比率是固定的),因而并不是一种新古典生产函数,以此为基础的增长模型也就不能被称为新古典增长模型。

简而言之,新古典生产函数有两个特征。一是生产要素的边际报酬(或边际产出)递减;二是规模收益不变。下面分别加以讨论。

要素的边际产出递减。在生产函数 $Y = F(K, N)$ 中,无论是资本还是劳动的边际产出都呈递减趋势。资本要素的边际产出递减,我们一般表述为:$\frac{\partial F}{\partial K} > 0$,$\frac{\partial^2 K}{\partial K^2} < 0$。对于劳动的边际产出递减也可以做类似的表述。即资本和劳动的一阶导数大于0,二阶导数小于0。要素的边际产出递减保证了索罗模型一定能够收敛到稳态,得到唯一的均衡结果。

规模收益不变。对于生产函数 $Y = F(K, N)$ 而言,如果资本和劳动增加 λ 倍,那么产出也将增加 λ 倍,即 $\lambda Y = F(\lambda K, \lambda N)$。其中,$\lambda$ 为大于0的参数。这意味着如果生产要素投入增长10%,产出增长也是10%。从生产函数来看,规模收益不变意味着各要素的产出弹性之和一定等于1。各要素的产出弹性之和大于1称为规模收益递增,小于1则称为规模收益递减。

同时满足上述性质的生产函数称为新古典生产函数①，以新古典生产函数为基础的增长模型被称为新古典增长模型（理论）。这种方法始于索罗，因此索罗模型成为新古典增长模型的代表。

以上述新古典生产函数为基础，我们可以得到索罗模型的第一个基本结论，即人均（劳均）产出取决于人均（劳均）资本存量（资本—劳动比率）。对总量生产函数 $Y = F(K, N)$ 两边同时除以人口规模 N，得到集约形式（intensive form）的生产函数 $y = f(k)$。其中，$k = \frac{K}{N}$，$y = \frac{Y}{N}$。因此，在索罗模型中，人均收入（人均产出）水平严格依赖于资本—劳动比率的变化。如图 7-4 所示，人均产出随着人均资本存量的增加而增加，但资本的边际产出呈递减趋势。索罗模型表明，物质资本的积累和增加对于人均产出的增长具有关键的作用，是决定人均产出水平的主要变量。

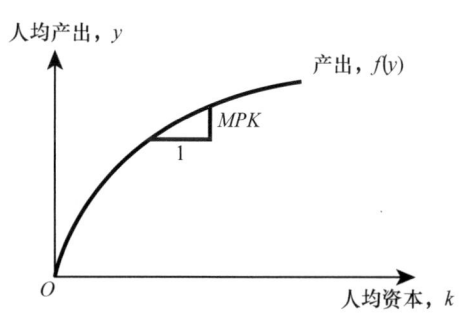

图 7-4 索罗模型中的生产函数

三 没有技术进步的新古典增长模型

新古典增长模型可分为没有技术进步的增长模型与包括技术进步的增长模型两种表述方式。我们从前者开始分析。

从生产函数 $Y = AF(K, N)$ 中省略技术水平 A，或者令其等于 1。$A = 1$ 意味着技术水平在模型中是一个不变的常数。这在技术上被称为正规化（normalized），是宏观经济学中常用的一种方法。

（一）索罗模型中的资本积累方程

资本积累来源于每年的新增投资减去资本折旧。根据宏观经济总量平衡的条件，社会总储蓄等于社会总投资，即 $S = I$。由此我们得到资本积累方程：

$$\dot{K} = I - \delta K = S - \delta K = sY - \delta K$$

其中，δ 表示折旧率。由于索罗模型关注的是人均产出而非总产出的变化，根据生产函数 $y = f(k)$，我们还需要进一步推导出人均资本存量随着时间变化的方程。这被称为索罗模型的关键方程。模型的推导过程如下。

对上述资本积累方程两边同时除以人口规模 N，得到：

---

① 在更严格的意义上说，新古典生产函数还应满足稻田条件（Inada condition）。稻田条件有两个含义。其一，当资本和劳动要素趋于无穷大时，其边际产出趋于 0。反过来，当资本和劳动趋于 0 时，其边际产出趋于无穷大。其二，只有资本或劳动一种生产要素，产出为 0。这意味着资本与劳动存在严格的替代关系。

$$\frac{\dot{K}}{N} = sf(k) - \delta k$$

对人均资本存量的表达式 $k = \frac{K}{N}$ 两边同时对时间微分，得到：

$$\dot{k} = \frac{\dot{K}N - \dot{N}K}{N^2} = \frac{\dot{K}}{N} - nk$$

将上述两式合并，得到以人均资本表示的资本积累方程：

$$\dot{k} = sf(k) - (n+\delta)k$$

这表明，人均资本存量的增加由人均储蓄减去新增人口（新增劳动力）和资本折旧对储蓄的需求后的余额。其中新增人口和资本折旧对储蓄的需求有时又被称为持平投资。

人均资本存量的变化 = 人均储蓄的变化 – 持平投资

持平投资就是用于满足劳动力增长和资本折旧需要的投资。也就是说，社会的投资首先用于资本折旧和新增劳动力需要之后的余额才能真正用于人均资本存量的增加。而人均资本的增加就会带来人均产出的增加。因此，索罗模型的基本结论是说，在不考虑技术进步的条件下，投资和资本积累是人均产出（人均收入）增长的关键因素。

（二）模型的稳态

从概念上说，经济增长理论对稳态（steady state）最通常的解释是，在不考虑技术进步的情况下人均收入处于静止不变的水平①。这意味着人均收入（或人均产出）不再随着时间的变化而变化。根据集约形式的生产函数 $y = f(k)$，人均收入水平取决于人均资本存量。当经济处于稳态时人均收入不变，意味着人均资本存量也是静止不变的，即 $\Delta k = sf(k) - (n+\delta)k = 0$。由此得到稳态的条件：

$$sf(k^*) = (n+\delta)k^*$$

为便于区分，我们使用 k^* 表示稳态的人均资本存量。这一条件意味着在稳态的条件下，新增投资是用来满足新增人口和现有资本折旧的需要，使人均资本存量保持不变。

对于索罗模型而言，稳态可用人均资本存量和人均收入来反映。在储蓄率、人口增长率和折旧率给定的条件下，模型存在唯一的稳态水平。我们以柯布 – 道格拉斯生产函数为例加以分析。

假设经济中的总量生产函数为 $Y = K^\alpha N^{1-\alpha}$，其人均形式相应地为 $y = f(k) = k^\alpha$。将其代入稳态方程，得到稳态人均资本存量：

$$k^* = \left(\frac{s}{n+\delta}\right)^{\frac{1}{1-\alpha}}$$

相应的，模型中的稳态人均产出为：

---

① 宏观经济学对稳态的一般表述是，当某一变量不再随着时间的变化而变化，我们就说该变量处于稳态。对稳态另一个稍微不同的表述是变量的增长率保持稳态不变。当不同变量在同一时期的增长率相同时，我们称之为平衡增长（balanced growth）路径。

$$y^* = \left(\frac{s}{n+\delta}\right)^{\frac{\alpha}{1-\alpha}}$$

很显然，在索罗模型中人均资本存量及人均产出水平与储蓄率正相关，同时人均产出随着资本的产出弹性（收入份额）α 而增加。这也是索罗模型对各国经济增长差异的基本解释。一方面，储蓄率更高的国家，其人均收入水平会更高；另一方面，资本的收入份额 α 部分地取决于资本的边际效率，进而取决于技术进步的速度。技术进步越快和资本边际产出更高的国家或地区，其人均收入水平也会更高。

图 7-5 显示，索罗模型的稳态位于 k^* 和 sy^*，即持平投资曲线 $(n+\delta)k$ 与储蓄曲线 $sf(k)$ 的交点所对应的人均资本存量和人均产出。所谓稳态状态，意味着无论经济从何处开始，最终都将收敛到稳态。推动经济之所以必然收敛于稳态，其根源在于生产要素的边际产出递减这一新古典性质。

关于索罗模型一定会收敛于稳态这一特点，也可以使用一个数字例子来加以说明。假设生产函数为 $Y = K^{\frac{1}{2}}N^{\frac{1}{2}}$，因此人均产出 $y = k^{\frac{1}{2}}$。另外，假设储蓄率 $s = 0.3$，资本折旧率 $\delta = 0.1$，初始人均资本存量 $k = 4$，并忽略人口增长率。该数字模型展示了每一期资本存量、人均收入、消费、储蓄和投资水平的动态变化过程。通过计算表明，该经济最终将收敛于稳态，此时人均资本存量为 9，人均产出为 3，人均消费水平为 2.1，人均资本存量的净增加为 0（见表 7-4）。

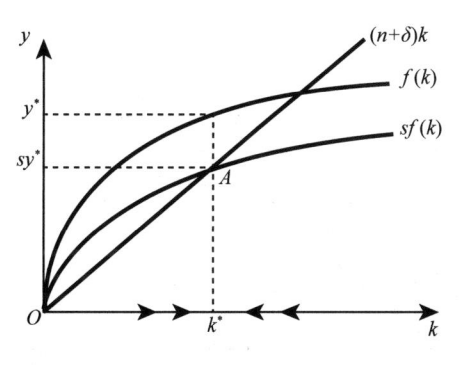

图 7-5 索罗模型中的稳态

表 7-4　　　　　　　　　　　向稳态水平趋近的一个数字例子

年份	k	y	c	i	δk	Δk
1	4.000	2.000	1.400	0.600	0.400	0.200
2	4.200	2.049	1.435	0.615	0.420	0.195
5	4.768	2.184	1.529	0.655	0.477	0.178
10	5.602	2.367	1.657	0.710	0.560	0.150
25	7.321	2.706	1.894	0.812	0.732	0.080
100	8.962	2.994	2.096	0.898	0.896	0.002
∞	9.000	3.000	2.100	0.900	0.900	0.000

与稳态相关的另一个重要概念就是平衡增长（balanced growth）。在没有技术进步的条件下，当经济处于稳态时人均产出水平是不变的，即人均收入的增长率为 0。但这并不意

味着整个社会总产出的增长率为0。事实上,索罗模型中当经济处于稳态时,总产出的增长率等于人口增长率。此时,整个经济就进入所谓的平衡增长路径。

(三) 模型中主要外生变量的影响

建立经济模型的一个主要用途是探讨模型中外生变量的变化对于内生变量的影响。索罗模型中涉及的主要外生变量有储蓄率、人口增长率和折旧率,可用来解释不同国家或地区之间的经济增长差异。我们主要讨论储蓄率和人口增长率的影响。

1. 储蓄率

储蓄率是影响人均资本存量和人均产出的主要因素。根据索罗增长模型的稳态条件 $sf(k^*) = (n+\delta)k^*$,更高的储蓄率意味着更高的资本—劳动比率和人均产出。图7-6表明,如果储蓄率从 s_1 上升到 s_2,则稳态的人均资本存量和人均产出分别增加至 k_2^*、y_2^*,整个经济将达到更高的稳态水平。经验证据表明,欠发达国家经济发展迟缓的一个重要原因就是储蓄率和投资率过低,使固定资本形成和生产能力的建设十分缓慢,社会产出的增加受到极大限制。而改革开放以来中国经济增长之所以一直保持较高的速度,较高的储蓄率水平起着十分关键的作用。中国经济增长的奇迹在很大程度上是由高储蓄率推动的。

需要注意的是,如果经济中的储蓄率只是一种暂时性增加(相当于发生了一次外生冲击),比如从 s_1 上升到 s_2,只能将整个经济的稳态水平从 y_1^* 提高到 y_2^*。这意味着储蓄率的暂时性增加只有水平效应,而没有增长效应。也就是说,经济在达到新的稳态水平之后,在不考虑技术进步的情况下,经济在新的稳态水平上人均资本存量和人均产出的增长率为0。图7-7描述了储蓄率变化的这种动态影响。

2. 人口增长率

人口增长率是索罗模型中另一个主要的外生变量。根据索罗模型的稳态条件 $sf(k^*) = (n+\delta)k^*$,更高的人口增长率将降低人均资本存量和人均产出的稳态水平。这是因为,过快的人口和劳动力增长,将消耗更多的社会储蓄资源,使人均资本存量"摊薄",从而降低人均收入水平。图7-8描述了人口增长率上升对模型稳态的

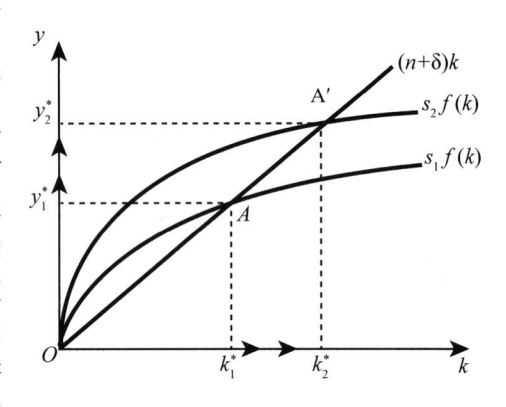

图7-6 储蓄率变化的影响

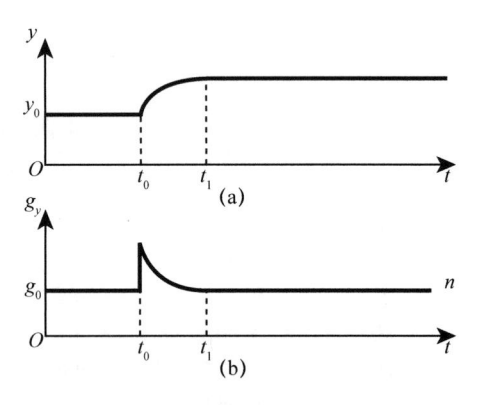

图7-7 储蓄率变化的动态影响

影响。如果人口增长率从 n_1 上升到 n_2，则稳态的人均资本存量和人均收入分别下降至 k_2^*、y_2^*。资本折旧率对索罗模型稳态的影响与人口增长率相同，这里不再赘述。

（四）资本积累的黄金率标准

如上所述，索罗增长模型中的储蓄率是外生的，并且储蓄率的外生变化会改变模型的稳态水平。也就是说，有一个储蓄率就对应着一个稳态水平。那么，在众多的稳态中，是否存在一个最优的储蓄率？正是对这个问题的研究和回答，产生了资本积累的黄金率标准。

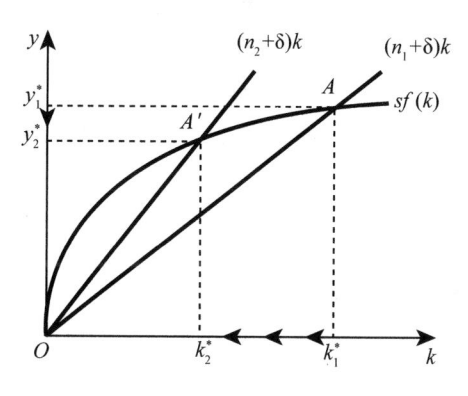

图 7-8 人口增长率变化的影响

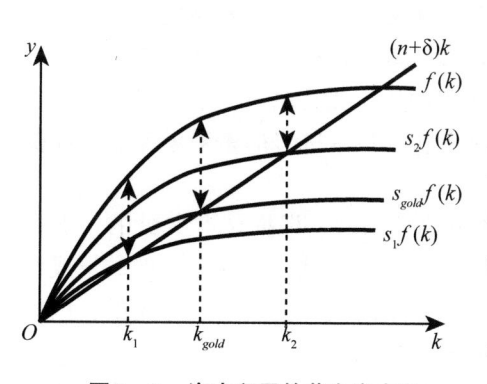

储蓄率或资本积累的黄金率水平是诺贝尔经济学奖获得者美国著名经济学家埃德蒙·菲尔普斯（Edmund S. Phelps）提出的一个重要概念，在宏观经济政策分析中具有广泛的影响。经济增长的最终目的不是为了产出的增加，而是为了居民消费的增长和福利水平的提高。正是根据经济增长的这一目标，菲尔普斯提出了储蓄率的黄金率标准，即满足居民消费最大化条件下的储蓄率水平。其推导过程如下。

根据两部门经济的均衡条件 $y = c + i$，则有人均消费 $c = y - i$。由于均衡时储蓄等于投资，引入稳态条件 $sf(k^*) = (n+\delta)k^*$，可得到人均消费水平为：

$$c^* = f(k^*) - (n+\delta)k^*$$

该式两边同时对 k^* 微分，得到满足消费最大化的一阶条件为：

$$f'(k^*) = (n+\delta)$$

上式表明，满足黄金率标准的储蓄率水平的最优条件是，资本边际产出应等于人口增长率与折旧率之和。这个黄金率标准意味着，资本的净边际产出 $[f'(k^*) - \delta]$ 等于人口增长率。也就是说，如果一个经济的资本回报率水平能够足以支撑其人口增长速度，那么该资本回报率条件下的储蓄率就是最优储蓄率。

图 7-9 描述了资本积累的黄金率标准。最优条件 $f'(k^*) = (n+\delta)$ 意味着持平投资曲线的斜率与生产函数曲线的斜率相等，满足该条件时人均消费将达到最大化。换而言之，离开这一位置，

图 7-9 资本积累的黄金率水平

储蓄率无论是上升还是下降，人均消费水平都将减少。储蓄率的黄金率标准表明，高于或低于黄金率水平的储蓄率都将降低家庭的福利水平。过高的储蓄率水平意味着资本的过度积累，将产生动态无效率。这正是菲尔普斯提出黄金率标准的意义所在。

黄金率水平的储蓄率也可以通过数字模拟（simulation）的方法获得。假设集约形式的生产函数为 $y = \sqrt{k}$，折旧率 $\delta = 0.1$，并忽略人口增长率。由此我们可以得到不同储蓄率水平下的人均资本存量、产出水平和消费水平。数字模拟的结果显示，黄金率水平的储蓄率 $s_{gold}^* = 0.5$。此时，资本净边际产出等于人口增长率（本例中人口增长率 $n = 0$），满足索罗模型中的黄金率标准（见表7-5）。

表 7-5　　　　　　　　　寻找黄金率的一个数字例子

s	k^*	y^*	δk^*	c^*	MPK	$MPK - \delta$
0	0	0	0	0	∞	∞
0.1	1.0	1.0	0.1	0.9	0.500	0.400
0.2	4.0	2.0	0.4	1.6	0.250	0.140
0.3	9.0	3.0	0.9	2.1	0.167	0.067
0.4	16.0	4.0	1.6	2.4	0.125	0.025
0.5	25.0	5.0	2.5	2.5	0.100	0.000
0.6	36.0	6.0	3.6	2.4	0.083	-0.017

四　索罗模型中的技术进步

按照上述不存在技术进步的新古典增长模型，当经济处于稳态时，人均收入水平是静止不变的。这显然不符合经济增长的典型事实，实际上大多数国家和地区在长期中人均收入水平是不断增长的。也就是说，如果不考虑技术进步，索罗模型只能解释经济为什么最终将收敛于稳态，而不能解释长期中经济为什么会实现增长！究其原因在于，我们之前在模型中忽略了技术进步的作用。现在我们将模型扩展到包括技术进步的索罗模型，从而探讨技术进步对于经济增长的重要影响。

将技术进步引入索罗模型是从改变生产函数的设定开始的。根据现有文献的一般做法，我们假设经济中的总量生产函数为 $Y = F(K, AN)$，其中 AN 代表效率工人的数量或有效劳动单位。由于这种性质的技术进步是通过提高劳动要素的生产率水平来体现的，因此被称为劳动增强型技术进步（labor-augmenting technological progress）[1]。

为了分析技术进步对人均产出水平的影响，我们首先需要将总量生产函数转换为集约

---

[1] 按要素投入相对变动区分，技术进步分为资本或劳动节约型或中性的技术进步。中性的技术进步有三种类型：$Y = AF(K, N)$ 是希克斯中性；$Y = F(K, AN)$ 是哈罗德中性，又叫劳动增进型；$Y = F(AK, N)$ 为索罗中性，又叫资本增进型。

形式的生产函数。对总量生产函数两边同时除以 AN，得到集约形式的生产函数：

$$\hat{y}=f(\hat{k})$$

其中，$\hat{y}=\dfrac{Y}{AN}$，$\hat{k}=\dfrac{K}{AN}$ 分别表示有效劳动单位或效率工人的产出水平和资本存量。该式表明，有效劳动单位的产出或收入水平取决于每个效率工人的资本存量，并随着后者增加而增加。

由于生产函数的设定有所变化，索罗模型中的资本积累方程修改为：

$$\dot{\hat{k}}=sf(\hat{k})-(n+\delta+g)\hat{k}$$

很显然，这个积累方程中多了一项技术进步的增长率 g。其他各项与之前的资本积累方程相同。

根据稳态的定义，当 $\dot{\hat{k}}=0$ 时模型处于稳态。图 7-10 描述了存在技术进步时索罗模型的稳态。稳态位于持平投资曲线与储蓄曲线的交点，在该点效率工人的资本存量和产出水平保持稳定不变，不再随着时间的变化而变化。

与没有技术进步的索罗模型相比，在考虑了技术进步的条件下稳态的含义有了很大的区别（见表 7-6）。在这一条件下，当经济处于稳态时，尽管效率工人的资本存量和产出水平保持稳定不变，但人均收入（产出）的增长率不再为 0，而是等于技术进步的增长率 g。也就是说，人均收入的增长率等于外生的技术进步率。只要存在一个外生的技术进步水平，人均收入就存在一个相应的增长率，经济就会永远保持增长！

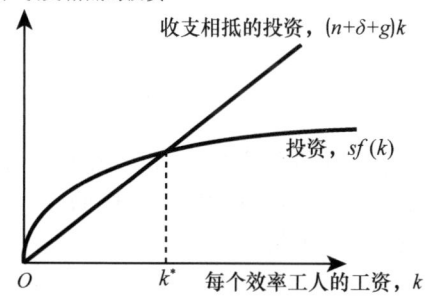

图 7-10 存在技术进步时的稳态

表 7-6　　　　　　　　存在技术进步的索罗模型中的稳态增长率

变量	符号	稳态增长率
每个效率工人的资本存量	$\hat{k}=\dfrac{K}{AN}$	0
每个效率工人的产出水平	$\hat{y}=\dfrac{Y}{AN}$	0
人均（劳均）产出	$y=\hat{y}\times A$	g
总产出	$Y=\hat{y}\times(AN)$	$g+n$

最后，在考虑技术进步的条件下还需要对储蓄率的黄金率标准进行修正。当模型处于

稳态时，每个效率工人的消费水平为：

$$\widehat{c}^* = f(\widehat{k}^*) - (n+\delta+g)\widehat{k}^*$$

因此，储蓄率的黄金率标准相应地修正为：

$$f'(\widehat{k}^*) = (n+\delta+g)$$

换而言之，在满足资本积累黄金率的条件下，资本的净回报率等于总产出的增长率。

第三节 趋同与内生增长

索罗模型的一个主要贡献是描述了经济实现稳态的条件。但索罗增长模型存在的一个问题在于，模型中那个外生的技术进步率是从何产生的，却没有进一步论证。对于这一问题的研究和回答成为内生增长理论的任务。

一 收入差距与经济趋同

目前，世界各国的人均收入存在很大的差距。在中国这样的人口众多、地理范围广泛的国家，不同地区的人均收入水平也存在不小的差距。那么，不同国家或地区的收入差距能否缩小呢？这就是经济增长理论中的趋同（convergence）问题。

所谓趋同或收敛，是指初始人均收入水平较低的国家或地区，其增长率更高，随着时间的推移其人均收入水平将达到或接近人均收入高的国家或地区。因此，收敛或趋同的本质是初始人均收入水平较低的国家或地区，其经济增长率会更高。

为什么会产生经济趋同这一现象呢？从根本上说，这是根源于资本的边际产出递减这一经济规律。高收入国家人均资本存量水平更高，其边际产出更低，在趋向稳态过程中人均收入增长率更低。

回到人均资本积累方程 $\Delta k = sf(k) - (n+\delta)k$，对该式两边同时除以 k，得到人均资本的增长率：

$$\gamma_k = \frac{\Delta k}{k} = s\frac{f(k)}{k} - (n+\delta)$$

该式可以解释为什么会发生经济趋同。首先，由于 $y=f(k)$，因此人均收入的增长轨迹是通过人均资本存量的增长轨迹来刻画的。其次，$f(k)/k$ 表示经济中资本的平均产出，受资本边际产出递减的影响其平均产出也是递减的，因此，人均资本存量的增长率 γ_k 随着 k 增加呈下降趋势。也就是说，初始的人均资本水平（人均收入水平）越高，其增长率更低。

图 7-11 描述了经济趋同或收敛的过程。由于模型中的参数 s、n、δ 均为常数，曲线 $sf(k)/k$ 的斜率为负，而 $(n+\delta)$ 则为一条水平线。人均资本存量的增长率 γ_k 可用曲线 $sf(k)/k$ 到 $(n+\delta)$ 的垂直距离表示。显然，人均资本初始水平更低、离稳态越远的国家

或地区（k_0）比初始水平更高的国家或地区（k_1），其人均资本（人均收入）的增长率更高一些。

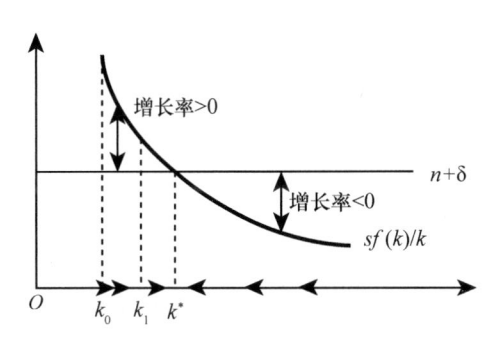

图 7-11 经济增长理论中的趋同问题

这样的经济趋同被称为绝对趋同。绝对趋同是指不同经济体之间，除了初始水平不同，其他条件完全相同（包括生产函数、技术水平、储蓄率、人口增长率等）。由于初始水平更低的经济体其增长率更高，那么随着时间的推移，初始水平更低、离稳态越远的经济体其人均收入就会越来越趋近于初始水平更高的经济体，实现收入水平的趋同，消除收入差距！

绝对趋同是同质经济体之间的趋同。另一种趋同被称为有条件趋同①。有条件趋同是指不同经济体之间，不仅初始水平存在差异，其他条件（包括生产函数、技术水平、储蓄率、人口增长率等）也存在差异，那么在这种条件下不同经济体的人均收入水平是否也会最终达到趋同呢？结论是否定的！不同经济体只会收敛到各自的稳态，而不是收敛到同一稳态水平。但对于不同的经济体而言，经济趋同的现象仍然存在，即初始水平更高、离稳态越近的国家或地区，其增长率更低。

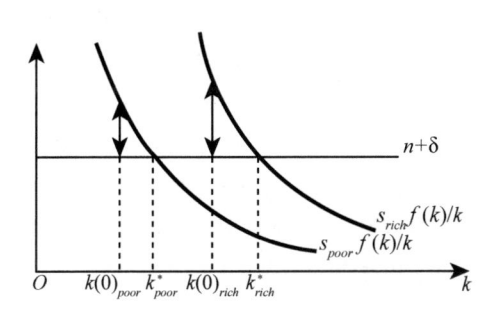

图 7-12 经济增长理论中的有条件趋同

为简化起见，全球经济体分为低收入国家组和高收入国家组，高收入国家组代表更高的初始水平、更高的技术水平、更高的储蓄率以及效率更高的生产函数等。图 7-12 表明，即使处于稳态，不同经济体的人均收入水平总是存在差距的。但对于不同的经济体而言，随着时间的推移，其初始水平更低、离稳态越远的国家或地区，其人均收入的增长率会更高。即经济中依然存在经济趋同的现象。这就是有条件趋同的含义。

二 内生增长的含义

收入差距是当前经济增长理论的热点问题。根据索罗模型，如果时间足够长，不同国家的人均收入将收敛到同一水平，产生收入趋同。但实际经验数据表明，各国的人均收入差距仍然很大，并没有出现所谓的趋同。如何解释不同国家或地区之间的收入差距，成为

---

① 介于绝对趋同与有条件趋同两者之间的趋同被称为俱乐部趋同（club convergence）。它是指技术水平、经济发展条件、经济体制甚至历史文化环境大致相近的国家或地区之间，其人均收入水平就较为接近。

经济增长理论的重要任务。

各国的收入差距，主要不是因为储蓄率的差异导致的，而是根源于全要素生产率的差距。索罗模型中储蓄率只有水平效应，而没有增长效应。根据生产函数 $y = AF(K, N)$，经济中的技术水平 A 才是决定产出水平的关键因素。因此，在有技术进步的索罗模型中，长期均衡中稳态的人均 GDP 增长率等于技术进步率。那么经济中的技术进步来自何处，这就是内生增长理论要研究的问题。

所谓内生增长就是把索罗模型中的技术进步因素内生化，也就是说要阐明一个经济中的技术进步是怎么来的、如何产生的。这是新古典增长理论之后经济增长理论的重要发展，称为新增长理论（New Growth Theory）。

新增长理论主要包括以保罗·罗默（Paul Romer）和罗伯特·卢卡斯（Robert Lucas）等为代表的内生增长模型，自 20 世纪 80 年代中期以来内生增长模型影响力凸显。其核心思想是经济能够不依赖外力推动实现持续增长，内生的知识积累、技术进步才是保证经济持续增长的决定因素。具体而言，知识积累、技术进步不再是外生的、人类无法控制的因素，而是人类出于自身利益而进行投资的产物。在劳动投入过程中包含着因正规教育、培训、在职学习等而形成的人力资本，在物质资本积累过程中包含着因研究与开发、发明、创新等活动而形成的技术进步，从而把知识积累、技术进步等要素内生化，得到因知识积累、技术进步的存在而使要素收益不变或递增，进而人均产出可以无限增长的结论。

如何实现技术进步的内生化？其通常是从三个角度展开的。第一，人力资本积累模型。即技术进步主要通过发展正规教育、在职培训以及提高家庭健康保健水平等人力资本的积累途径来体现。人力资本增加将提高劳动生产率水平，从而提高人均产出水平。这方面著名的理论模型有巴罗的"干中学"（learning by doing）等。第二，研发投资——R&D 的增长模型。即通过研发投资的增加来促进技术进步。技术进步体现为研发的成果，如更多的专利技术、新产品等。第三，在开放经济条件下还包括技术引进或技术的外溢效应，即国际贸易导致的技术进步。这主要从技术的外部性或溢出效应去分析。

三 AK 模型

AK 模型是最常见、最简单的内生增长模型。模型是从生产函数的修正开始的。即生产函数为 $Y = AK$，而不是 $Y = F(K, AN)$ 或其他别的形式。AK 模型具有如下几个特点。

首先，这个生产函数不是新古典生产函数，所以不是新古典增长模型。这个生产函数的一个重要特征是要素（资本）的边际产出不再递减，而是一个不变的常数。由于资本的边际产出不再递减，AK 模型不再具有索罗模型的收敛性质，也就是说没有索罗模型的稳态，在图形中就没有储蓄曲线与持平投资线的交点。

其次，AK 模型描述了实现经济增长的条件。根据资本积累方程 $\dot{k} = sf(k) - (n+\delta)k$，利用 AK 模型中集约形式的生产函数 $y = Ak$，得到：

$$\dot{k} = sAk - (n+\delta)k$$

写成增长率的形式,则有:

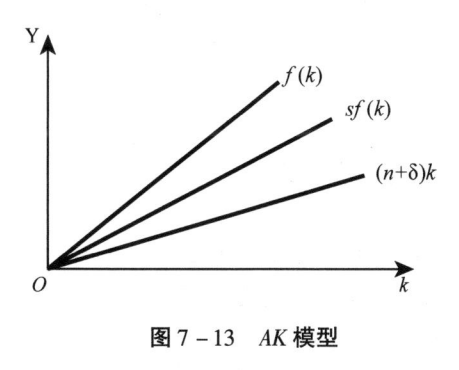

$$\gamma_k = sA - (n+\delta)$$

人均收入的增长轨迹是由人均资本存量的增长轨迹来决定的。由于人均资本存量的增长率 $= sA - (n+\delta)$,AK 模型表明,技术水平 A 和储蓄率 s 共同决定了人均收入的增长率。只要 $sA > \delta$,人均产出就会实现持续的增长。图 7-13 描述了 AK 模型中人均产出的增加轨迹。

AK 模型中技术水平 A 是怎么产生的?可能来自技术创新的研发投入、人力资本积累,也可能来自对外贸易产生的技术溢出和学习效应。正是对这些问题的继续探讨,促进了内生增长理论的进一步发展,产生了多个具有重要影响的内生增长模型。

图 7-13 AK 模型

四 人力资本积累模型

从研究方法上看,内生增长模型始于英国经济学家马尔萨斯。他在其所著的《人口原理》一书中,首次将整个经济划分为产品生产部门和人口生产部门,从而奠定了内生增长理论研究方法的基础。目前,两部门模型广泛应用于内生增长理论的相关研究。这里,我们以人力资本积累模型为例对两部门模型做一简要分析。

人力资本是指劳动者在某一时点所积累的技能和教育存量。工人拥有的人力资本水平越高,其生产的产出就越多。因此,较高的人力资本水平就意味着经济能以较快的速度增长。但消费者拥有的时间资源是有限的和既定不变的,用于生产人力资本的时间越多,用于生产物质产品和服务的时间就会越少。因此,消费者需要在人力资本生产和产品生产之间进行选择和平衡。

关于内生增长中的人力资本积累模型,可用三个关键方程来描述:

$Y = F(K, (1-u)EN)$——企业(产品)生产函数 (7-1)

$\Delta E = g(u)E$——人力资本积累(或知识生产)方程 (7-2)

$\Delta K = sY - \delta K$——物质资本积累方程 (7-3)

(7-1)式为产品的生产函数。其中,u 表示消费者用于人力资本积累的时间,如用于学习新知识和技能培训的时间;(1-u)则表示用于产品的生产时间;EN 称为有效劳动单位(efficiency units of labor),不仅取决于投入的劳动时间(用 N 表示),还取决于工人的人力资本水平(用 E 表示)。(7-2)式表示人力资本的积累方程。人力资本的增长既取决于人力资本的生产函数 $g(u)$,还取决于消费者既有的人力资本存量水平 E。有时候也把该方程看成知识生产函数,因为新知识的生产也与现有的知识存量密切相关。

(7-3)式则为常见的物质资本积累方程,这里不再赘述。

站在经济学的立场上看,人力资本积累是一种投资,就像对厂房和机器设备的投资一样,因此具有当前成本(机会成本)和未来收益。当期用于学习和培训的时间增加虽然会减少当期的产出,但由于劳动者积累了更多的技能,在未来可以创造更多的产出。关于人力资本积累模型更深入地学习和研究,可以参考更高一级的其他宏观经济学教材①。

专栏 7-1　　中国的人力资本积累与内生增长

内生增长的一个核心要素是人力资本的积累,而具有公共品性质的教育部门的规模不断扩张,成为中国人力资本增长的重要源泉。比如九年义务教育制度的实施使中国儿童入学率与小学升学率接近或达到 100%,初中升学率达到 75.7%[2],基础教育得到普及。高等教育发展更快。与 1978 年相比,2006 年普通高等教育学校数量增加了两倍,专任教师增加了 4 倍,在校生数量增加了 19 倍[3]。

高等教育的加快发展为劳动力质量的提高发挥了重要作用。1994—1998 年中国高校录取人数的增长非常缓慢,年均增长率不足 5%。1999 年中国开始实施大学扩招政策。1998—1999 年高校录取人数从 108 万人增加到 155 万人,增长了 40%。其后一直保持较高的增长速度,2010 年高校录取人数已超过 660 万人[4]。从 2003 年开始,扩招后的大学毕业生正式进入劳动力市场,增加了人力资本的有效供给。

人力资本的快速积累直接推动了中国的科技进步和产业的科技发展水平。科技人员数量大规模增加,研发费用支出快速增长,占 GDP 的比重不断上升,高科技产品出口增长迅速,技术市场规模不断扩大,受理和授权专利实现了较快增长。2018 年,中国 R&D 经费投入总量为 19677.9 亿元,比上年增加 2071.8 亿元,增长 11.8%,连续 3 年保持了两位数增速,延续了"十三五"规划以来较快的增长势头。R&D 经费投入强度(R&D 经费与 GDP 的比值)为 2.19%,比上年提高 0.04 个百分点,连续 5 年超过 2%,并再创历史新高[5]。这些表明,中国科技自主创新能力不断增强,对经济持续增长起到了重要的支撑作用。

---

① 如[美]斯蒂芬·D. 威廉森《内生增长:人力资本积累模型》,载《宏观经济学》(第五版),郭庆旺译,中国人民大学出版社 2015 年版,第 220 页。
② 郭金兴:《中国经济增长 30 年:经济奇迹的解释与展望》,《政治经济学评论》2008 年第 2 期。
③ 国家统计局编:《中国统计年鉴 2007》,中国统计出版社 2007 年版,表 21-3、表 21-4、表 21-6。
④ 张明昂、施新政、纪珽:《人力资本积累与劳动收入份额:来自中国大学扩招的证据》,《世界经济》2021 年第 2 期。
⑤ 《我国研发经费投入强度连续 5 年超 2%》,《经济日报》2019 年 8 月 31 日。

第四节 经济增长核算和中国奇迹

经济增长是一个复杂的系统，有多个直接和间接的因素都参与了产品和服务的生产过程。为了评价各要素对于经济增长的相对贡献，需要使用一定的方法来进行这种评价。这就是增长核算（growth accounting）问题。

一 经济增长的决定因素

经济增长是指总产出（包括有形产品和服务）的增长，其生产过程我们使用生产函数来描述。总量生产函数一般表示为 $Y = AF(K, N)$。该生产函数表明，决定一国产出水平的主要因素有三个：劳动投入、资本存量和技术水平。

劳动投入。劳动投入是决定一个经济总产出增长的基本因素之一。劳动投入一般使用总的劳动小时数表示，而不是劳动力的数量表示。由于劳动投入的边际产出是递减的，因此要解释一个社会总产出的持续增长，还需要引入决定经济增长的其他因素。

资本存量。资本存量是每年的固定资产投资扣除资本折旧后逐年累积的结果，是决定一个时期生产能力的主要因素。资本积累之所以能够促进经济增长，有两个主要途径。一是提高劳动生产率。这是由于资本存量的增加会提高劳动的边际产出，从而增加总产出水平。二是通过物化的技术进步（embodied technological progress）。所谓物化的技术进步，是指技术进步是蕴含在企业投资形成的厂房、机器设备及生产工具中，新的机器设备和生产工具意味着更先进的技术水平和更高的生产效率。

技术水平。在经济增长理论中，技术进步是一个含义非常广泛的概念，既包括像新能源汽车、智能手机这些新技术的应用，也包括企业生产组织方式的改变，比如福特汽车发明的流水生产线。经济学家有时会区分发明和技术创新，发明是指新知识和新原理的发现（如电），而技术创新往往是指新的知识被用于新的产品上（如电灯）。因此，新知识的发明是技术创新的源泉，而众多的技术创新汇聚成一个社会的总体技术水平。技术进步是现代社会推动经济增长的主要引擎。

经济增长是一个复杂的系统，决定经济增长的因素除了这些基本的生产要素，还包括其他一些间接因素，比如自然资源、社会文化环境或社会能力（制度能力）等。这些间接因素中，社会能力因素尤其重要，其反映了一个社会对生产要素的组织和动员能力，在很大程度上决定了现有生产要素（资本、劳动和技术）的使用效率。

当然，宏观经济学中的经济增长理论主要还是关注资本存量、劳动投入和技术水平这些直接决定因素。因此，经济增长核算主要阐述资本、劳动和技术进步这三大要素对经济增长的相对贡献。

二 经济增长核算的原理和核算方程

由于经济中的总产出是各生产要素综合作用的结果,各要素都参与了生产过程,进行增长核算的目的就是要运用一定的方法计算出各生产要素对于产出增长的相对贡献。

回到基本的生产函数 $Y = AF(K, N)$。对该生产函数进行全微分,得到:

$$\Delta Y = \Delta K \times F_k(K,N) + \Delta N \times F_N(K,N) + \Delta A F(K,N)$$

两边同时除以 Y,得到:

$$\frac{\Delta Y}{Y} = \frac{\Delta K\, F_k(K,N)}{Y} + \frac{\Delta N\, F_N(K,N)}{Y} + \frac{\Delta A}{A}$$

进一步整理,我们得到:

$$\frac{\Delta Y}{Y} = \frac{\Delta K}{K} \times \frac{K F_k(K,N)}{Y} + \frac{\Delta N}{N} \times \frac{N F_N(K,N)}{Y} + \frac{\Delta A}{A}$$

上式就是进行经济增长核算的基本方程。那么如何运用这个方程来进行经济增长的核算呢?

首先,进行经济增长核算的关键是确定资本和劳动的产出弹性,分别使用资本和劳动的收入份额表示。上式中,$\frac{K F_k(K, N)}{Y}$ 表示资本这个生产要素获得的收入占国民收入的份额,$\frac{N F_N(K, N)}{Y}$ 表示劳动投入这个要素获得的收入占国民收入的份额。在规模收益不变的新古典假设下,如果资本要素的收入份额用 α 表示,劳动的收入份额就为 $(1-\alpha)$,则增长核算方程可表示为:

$$\frac{\Delta Y}{Y} = \alpha \frac{\Delta K}{K} + (1-\alpha) \frac{\Delta N}{N} + \frac{\Delta A}{A}$$

这就是我们常见的关于增长核算的方程。该方程表明,总产出的增长率等于资本存量的增长、劳动的增长率与技术进步率的总和。资本和劳动的收入份额作为参数一般假设是不变的常数,它们可以通过 GDP 核算中的收入法得到。

其次,在上述方程中,总产出、资本和劳动的增长率都可以通过实际数据得到,而技术进步的增长率却无法直接得到,因此进行经济增长核算的一个重要目的就是要估计出技术进步对于经济增长的相对贡献。很显然,技术进步的增长率等于总产出的增长率减去资本和劳动的加权增长率的余额:

$$\frac{\Delta A}{A} = \frac{\Delta Y}{Y} - \left[\alpha \frac{\Delta K}{K} + (1-\alpha) \frac{\Delta N}{N}\right]$$

换句话说,在经济增长核算中,技术进步的增长率是一个余值,一般被称为索罗余值或索罗残差 (Solow residual)。由于索罗余值在总产出的增长中已经扣除了资本和劳动要素的增长,索罗余值又被经济学文献称为"全要素生产率" (total factor productivity,

TFP)。在今天的经济增长理论中，通常使用 TFP 的增长率表示技术进步的快慢及其对于经济增长的相对贡献。

最后，需要指出的是，经济增长核算是以实际发生的真实数据为基础的计算，即使用会计的方法进行的计算，而不是模型估计。模型估计则是利用实际数据或参数进行模型模拟的一个结果，模型和参数的设定不同，模型估计的结果就有很大差异。而增长核算是使用同一方法和计算规则进行的，因此其核算结果应该是一致的。

三 经济增长核算的经验结果

运用上一小节提供的核算方法，经济学家对各国经济增长的实际情况进行了分析和总结。总体而言，发达经济体中 TFP 对经济增长的贡献率较高，表明技术进步对经济持续增长的作用越来越明显。

（一）美国经济增长核算的估计结果

表 7-7 是运用美国 1948—2013 年的数据得到的经济增长核算结果，仅包括非农产业的要素投入和产出数据。通过数据分析，可以得到以下几个基本结论。

第一，这一时期总产出的年平均增长率为 3.5%，其中资本存量的增长率为 1.3%，劳动投入的增长率为 1.0%，TFP 的增长率为 1.2%。也就是说，在美国的经济增长中，资本积累、劳动投入和技术进步对产出增长的贡献大体相当。

表 7-7　　　　　　　　　　　　美国经济增长核算　　　　　　　　　　　　单位:%

年份	增长的源泉			
	产出的增长 $\Delta Y/Y =$	资本 $a\Delta K/K +$	劳动 $(1-a)\Delta L/L +$	全要素生产率 $\Delta A/A$
1948—2013	3.5	1.3	1.0	1.2
1948—1972	4.1	1.3	0.9	1.8
1972—1995	3.3	1.4	1.4	0.5
1995—2013	2.9	1.1	0.6	1.1

注：年均增长百分比。

资料来源：美国劳工部，转引自［美］N. 格里高利·曼昆《宏观经济学》（第九版），卢远瞩译，中国人民大学出版社 2016 年版，第 210 页。

第二，经济增长率存在阶段性差异。1948—1972 年的平均增长率高达 4.1%，但 1995—2013 年的平均增长率只有 2.9%。此外，不同时期劳动投入的增长基本保持稳定，但资本存量的增长率波动较大。

第三，在这三个时期中，1972—1995 年美国 TFP 较前期呈下降趋势，从 1948—1972

年的 1.8% 下降到 1972—1995 年的 0.5%。TFP 对经济增长的相对贡献也下降了，从 1948—1972 年的 44% 下降至 1972—1995 年的 15%，但 1995 年之后 TFP 开始回升，对美国经济增长形成支撑。

对于 20 世纪 70 年代 TFP 下降，经济学界进行了广泛的讨论和深入研究。有研究认为 GDP 核算的度量问题是产生全要素生产率下降的主要原因，即由于当今的生产体系由主要生产产品转向了服务业，容易低估 GDP 的增长。另有一种观点则认为，20 世纪 70 年代石油价格的上涨使非节能性的老旧设备变得不可使用或效率低下，拖累了生产率的增长。而最近 10 年来美国的能源革命则显著促进了美国经济的复苏和生产率的上升。这种更加微观的研究方法为 TFP 研究提供信息更加丰富的研究结果。从微观单个企业层面的研究发现，资源错配即资本和劳动等生产要素的配置不当和扭曲是导致生产率下降的重要原因。完善的竞争机制将保证资本和劳动流向效率更高的企业，从而提高相关产业和整个经济的全要素生产率。

（二）丹尼森的经济增长因素分析

平均而言，全要素生产率促成的经济增长约占美国经济增长的 1/3。但 TFP 所表示的技术进步是一个"黑箱"，代表了除资本积累和劳动投入增长以外的所有因素。在经济增长核算的基础上，美国经济学家丹尼森把影响经济增长的因素进一步进行了细分，以便找到真正的、直接的技术进步对于经济增长的贡献。

1985 年丹尼森在出版的《1929—1982 年美国经济增长趋势》一书中，把经济增长因素分解为要素投入增长率和全要素生产率的增长率两大部分。其中，前者又分为劳动、资本和土地，而土地是固定不变的。与索罗的经济增长核算相比，丹尼森的经济增长因素分析主要贡献在于，丹尼森把全要素生产率的增长源泉进一步分解为知识进展、资源配置效率和规模经济。其中，知识进展被看成直接的技术进步，而资源配置效率和规模经济则被看成要素使用效率提高的结果，而非直接的技术进步。这样，丹尼森把经济增长的源泉归结为资本和劳动的增长、知识进展、资源配置效率、规模经济和其他六大因素，从而丰富和深化了人们对于经济增长促进因素的认识。

根据丹尼森的分析，直接的技术进步可以使用知识进展来衡量，也就是我们今天所说的技术创新。技术创新就是一个社会生产出来的新知识、新技术，通常使用企业的专利数量、研发投资 R&D 以及新产品发布数量

表 7-8　丹尼森的经济增长因素分析

增长因素	增长率（%）
总要素投入	1.90
劳动	1.34
资本	0.56
单位投入的产量	1.02
知识	0.66
资源配置	0.23
规模经济	0.26
其他	-0.13
国民收入	2.92

资料来源：Edward Denison, *The Trends in American Economic Growth, 1929-1982*, Washington, D. C.: The Brookings Institute, 1985。

等来衡量。根据丹尼森的上述研究，1929—1982 年美国的经济增长率为 1.92%，其中全要素生产率（TFP）的增长率为 1.02%，意味着美国经济中直接的技术进步——知识进展（技术创新）占总增长的比例约为 23%（0.66/2.92），占整个技术进步的比例约为 60%。

专栏 7-2　　　　　　　中国经济增长中的全要素生产率估计

全要素生产率（TFP）的提高对于中国经济的持续增长起着至关重要的作用。根据麦迪逊①的估算，1952—1978 年中国全要素生产率的年均增长率为 -1.37%，而同期韩国、日本和美国全要素生产率的年均增长率分别为 1.48%、3.32% 和 1.28%。1978—2003 年中国全要素生产率的年均增长率上升为 2.95%，而同期韩国、日本和美国的年均增长率则有较大幅度的下降，分别为 0.93%、0.36% 和 0.69%。全要素生产率的提高对中国经济高速增长起到了关键的作用。

帕金斯考察了资本、劳动与生产率的提高对中国经济增长的贡献②。他将中国经济发展分为三个阶段，其中 1953—1957 年生产率增长对经济增长的相对贡献最大，资本、劳动和全要素生产率的年均增长率分别为 2.142%、2.016% 和 2.972%，GDP 增长率为 6.4%。但在 1958—1978 年的 20 年间，全要素生产率急剧下降，拖累经济的总增长率，资本、劳动、全要素生产率和 GDP 的增长率分别为 2.34%、2.124%、-0.582% 和 3.9%。1979—2003 年，由于经济转型和制度创新释放了生产要素的活力，生产率得以极大提高，推动了整个经济的快速增长。GDP 的平均年增长率高达 9.1%，全要素生产率的增长率达到了 2.676%，资本和劳动的增长率分别为 4.108% 和 2.316%。

表 7-9　　　　　　　　　　中国不同地区的全要素生产率

	全要素生产率增长率	生产效率贡献（%）	技术进步贡献（%）	规模效率贡献（%）
东部	0.0367	27.2450	67.8939	4.8611
中部	0.0470	12.4037	82.9795	4.5893
西部	0.0472	15.4467	79.3340	5.2193

资料来源：王志刚、龚六堂、陈玉宇：《地区间生产效率与全要素生产率分解（1978—2003）》，《中国社会科学》2006 年第 2 期。

---

① Maddison, A., Chinese *Economic Performance in the Long Run*, 2nd ed, Paris: Development Center of OECD, 2007.
② 德怀特·帕金斯：《从历史和国际的视角看中国的经济增长》，《经济学（季刊）》2005 年第 4 期。

> 王志刚等分析了1978年以来中国不同地区间全要素生产率的变化[①]。他们根据丹尼森的增长因素分析，进一步将全要素生产率分解为生产效率的变化、技术进步和规模效率的变化。结果发现，东部地区的生产效率显著高于中西部地区，而中西部地区技术进步得更快，技术进步对全要素生产率的贡献更大。

四 中国经济增长的奇迹

自1978年改革开放以来，中国经济保持了极快的增长速度，使中国迅速成长为世界第二大经济体。中国经济的重新崛起引起了中外学术界对中国经济增长之谜的极大关注，被恰当地概括为"中国奇迹"[②]。帕金斯指出，改革开放之前中国经济已经具备了一些实现快速增长的条件，但特殊的国内和国际政治环境限制了恰当的经济政策的制定与实施，而改革开放以后的经济政策使经济增长的潜力转变为现实[③]。根据麦迪逊的估算，按1990年不变价格计算，1978年中国人均GDP仅相当于欧洲和美国的8.9%和5.2%，而在2003年这一比例上升到28.7%和16.5%[④]。截至2020年，中国的GDP总量已达到100万亿元人民币，人均GDP上升到1万美元，正向高收入国家迈进。

对于中国经济增长的奇迹，学术界主要从要素投入、技术进步和制度变革三个方面展开分析。其中，中国的高储蓄率以及由此带来的资本积累的快速增长受到广泛关注。按照早期的经济发展理论，资本积累是经济发展成功的关键，投资占收入的比重必须从5%提高到12%或更高水平，才能实现自我增强的经济增长[⑤]。1978年以来中国的储蓄率平均为38.7%。2002年以来中国储蓄率持续上升，到2006年达到50.1%[⑥]。这一比例显著高于同期发达国家和新兴工业化国家的储蓄率水平。

高储蓄率被经济学家认为也是以"亚洲四小龙"为代表的东亚奇迹的一个主要原因。比如，日本经济起飞阶段的储蓄率达到35%，韩国、泰国、马来西亚等国家在经济起飞时储蓄率在30%，甚至40%以上[⑦]。世界银行一系列的研究表明，亚洲奇迹包含着一些基本因素，如稳定的宏观经济环境、高储蓄率和投资率、高质量的人力资本、收入不平等程度

[①] 王志刚、龚六堂、陈玉宇：《地区间生产效率与全要素生产率分解（1978—2003）》，《中国社会科学》2006年第2期。

[②] 林毅夫、蔡昉、李周：《中国的奇迹：发展战略与经济改革》（增订版），生活·读书·新知三联书店上海分店、世纪出版集团、上海人民出版社1999年版。

[③] 德怀特·帕金斯：《从历史和国际的视角看中国的经济增长》，《经济学（季刊）》2005年第4期。

[④] Maddison, A., Chinese *Economic Performance in the Long Run*, 2nd ed, Paris: Development Center of OECD, 2007.

[⑤] [美] 克里斯托夫·克拉格主编：《制度与经济发展：欠发达和后社会主义国家经济增长与治理》，余劲松、李玲、张龙华译，法律出版社2006年版，第78页。

[⑥] 郭金兴：《中国经济增长30年：经济奇迹的解释与展望》，《政治经济学评论》2008年第2期。

[⑦] 郭金兴：《中国经济增长30年：经济奇迹的解释与展望》，《政治经济学评论》2008年第2期。

的降低和减少贫困，以及促进出口和成功的工业化等①。

林毅夫等从比较优势的角度分析了经济发展战略对于中国经济增长奇迹的影响②。中国作为资金匮乏并存在大量剩余劳动力的发展中国家，资源禀赋的特点决定了其比较优势在于发展劳动密集型产业。由于1978年以来的改革遵循了比较优势战略，使人均收入水平随着资本积累和人均资本数量的增加而不断提高，资源禀赋结构得到提升。此外，在中国渐进式转型过程中，市场化程度不断提升，整体经济的效率得到了不断提高。樊纲等的研究表明，各地区的市场化指数与当地人均GDP存在显著的正相关关系③。

本章小结

1. 经济增长是指一国或地区实际产出的增加，一般使用GDP或人均GDP的年增长率表示。经济增长是经济发展的物质基础，强调的是"量"。经济发展是指在经济增长的基础上经济更加发达和人们生活更加健康、富裕，强调的是"质"。历史的经验事实表明，各国人均收入水平存在较大的差距，人均收入的增长率与投资率正相关，与人口增长率负相关。

2. 索罗增长模型是新古典增长模型的代表。根据索罗模型，储蓄率是决定人均收入水平的关键因素，但储蓄率只有水平效应而没有增长效应。在索罗模型的稳态下，人均收入的增长率是由外生的技术进步率决定的。如果不考虑技术进步，稳态下人均收入的增长率为0。黄金率是指满足消费最大化的储蓄率和人均资本存量。

3. 新古典增长模型可以用来解释各国或地区间的增长差异。经济趋同分为绝对趋同和有条件的趋同。绝对趋同是指同质经济体之间的趋同，即初始收入水平不同的经济体，随着时间的推移将最终收敛于相同的稳态。有条件趋同是指异质经济体之间随着时间的推移将收敛到各自不同的稳态。

4. 内生增长就是把索罗模型中的技术进步因素内生化，这是新古典增长理论之后经济增长理论的重要发展。AK模型的重要意义在于强调了资本的边际产出不再递减，而资本的边际产出递减是新古典增长理论的基石。人力资本积累模型强调了人力资本生产和新知识的生产对于长期增长的重要意义，摆脱了物质资本积累对于经济增长的制约。

5. 增长核算的基本原理和方法是建立在索罗增长模型基础之上的，其目的是估算出资本、劳动和技术进步对于经济增长的相对贡献。其中，技术进步对经济增长的贡献用全要素生产率（TFP）表示。全要素生产率也称"索罗余值"。

---

① [美] 约瑟夫·E. 斯蒂格利茨、沙希德·尤素福编：《东亚奇迹的反思》，王玉清、朱文晖等译，中国人民大学出版社2003年版，第128页。
② 林毅夫、蔡昉、李周：《中国的奇迹：发展战略与经济改革》（增订版），生活·读书·新知三联书店上海分店、世纪出版集团、上海人民出版社1999年版。
③ 樊纲、王小鲁、张立文等：《中国各地区市场化相对进程报告》，《经济研究》2003年第3期。

6. 自 1978 年改革开放以来，中国经济保持了极快的增长速度，使中国迅速成长为世界第二大经济体。中国经济的快速崛起引起了学术界的广泛兴趣，被称为"中国奇迹"。"中国奇迹"在较长时期内成为全球宏观经济研究的一个热点问题，也充分显示了中国特色社会主义制度的优越性。

思考题

1. 在索罗模型中，决定人均收入的关键因素是什么？又是什么决定了稳态的人均收入增长率？

2. 你怎么判断一个经济的资本存量是大于小于黄金率水平？资本积累的黄金率水平对于评价一国的经济增长有什么意义？

3. 假设某经济的生产函数为 $Y = K^{\alpha}(EN)^{1-\alpha}$。进一步假设该经济中资本的收入份额为 1/3，储蓄率为 24%，折旧率为 3%，人口增长率为 2%，劳动增强型技术进步率为 1%。该经济处于稳态。求解下列问题：

(1) 经济中的总产出、人均产出和有效工人人均产出的增长率分别是多少？

(2) 该经济中有效工人人均资本存量、有效工人人均产出以及资本的边际产出各是多少？

(3) 该经济中满足黄金率水平的资本存量是多少？为了满足黄金率标准，该经济中现有的储蓄率应该上升还是下降？

4. 举例说明不同经济体的收入差距是怎样产生的？你认为缩小收入差距有哪些有效途径？

5. 请利用相关国家或地区的实际数据估算出资本存量、劳动力和技术进步对于经济增长的相对贡献，分析全要素生产率变化的主要原因。

第八章 开放条件下的中国宏观经济模型

视频讲解

学习目标

1. 熟悉国际收支基本内容，理解贸易余额与资本流动的关系。
2. 理解影响国际收支的因素。
3. 掌握 BP 曲线的含义和曲线的推导。
4. 熟悉名义汇率、实际汇率，以及名义汇率与实际汇率之间的关系。
5. 理解实际汇率与贸易余额之间的关系。
6. 掌握 $IS-LM-BP$ 模型含义，运用模型分析在不同汇率安排下小国开放经济的宏观财政和货币政策效果。
7. 掌握蒙代尔—弗莱明模型的含义，运用模型分析在不同汇率安排下小国开放经济的宏观财政政策和货币政策效果。

当今世界是开放的世界。虽然各国的开放程度存在差异，但严格意义的封闭经济是不存在的。在前面的各个章节中，为了简化分析并得出相关结论，我们假设经济是封闭的。事实上，一国既可能向国外出口产品与服务，也能从外国进口产品与服务。对应产品与服务流动的是国际间的资本流动。本章从开放经济视角说明什么是国际间的产品与资本流动，分析影响产品与资本国际流动的因素，进而构建开放经济下的宏观经济模型，说明宏观经济均衡条件。同时，运用开放经济下的宏观经济模型，说明宏观财政政策和货币政策的效应。

第一节 中国产品与资本的国际流动

在开放经济下，一国与其他国家或地区的经济往来体现为产品流动以及资本流动。本节将以国民收入核算为基础，说明开放经济下国际收支的内容和影响国际收支的因素。

一 国际收支

国际收支是开放经济下国民经济核算体系的重要组成部分，反映了一定时期内一国

(或地区) 与外国 (或地区) 的全部经济往来。一国的国际收支状况通过国际收支平衡表体现出来，国际收支平衡表按照"有借必有贷，借贷必相等"的复式记账原则记录全部国际经济交易，包括经常项目和资本项目两个基本组成部分，此外还包括遗漏与误差项。

与GDP核算相同，国际收支反映了一定时期以内（如一年）一国与他国（或地区）的全部经济往来，所以国际收支是一个流量；同时，国际收支是一个地理概念，国际收支平衡表记录了本国范围以内的所有居民与非居民之间的经济往来。这里的居民既包括自然人也包括法人。按照国际货币基金组织的定义，自然人居民是指在本国居住一年以上时间的个人，所以一国的居民包括了常住本国的外国公民。法人居民也包括了常住本国的外国企业和其他机构与组织。当然，国际性机构如国际奥委会等不属于任何一个国家的居民。

1. 经常项目。经常项目是国际收支中最基本、最重要的项目，包括贸易项目、收入项目和经常性转移支付项目。在贸易项目中，既包括商品的进口和出口贸易，也包括劳务贸易。收入项目是一国与他国之间发生的要素报酬的支付，如支付的劳动报酬和投资利得等。在经常项目中，还包括国家（或地区）之间的转移支付，如政府之间的捐赠、战争赔款等。

2. 资本项目。资本项目反映了国际资本的流动。包括长期与短期的资本流出与流入，是国际收支中的第二大项目。资本项目涵盖内容十分复杂，简单概括有：资本转移和非生产性、非金融性资产的获得和转让（如债务豁免、投资捐赠、固定资产所有权转移、专利商标等权利价值的获得和转让等），金融项目的交易（如直接投资、债券投资和其他金融投资等）。

3. 国际收支平衡。回顾第二章内容，在四部门经济下，按照收入法，一国GDP为：

$$GDP = C + S^p + T - NFP$$

其中，C为消费，S^p为私人储蓄，T为政府税收，NFP为净要素收入，即国际收支平衡表中的收入项目，是本国要素从外国取得的收入与外国要素从本国取得的收入差值。

按照支出法，一国GDP为：

$$GDP = C + I + G + NX$$

其中，$NX = X - M$，NX为净出口，等于出口与进口的差值，即国际收支平衡表中的贸易项目。所以：

$$C + S^p + T - NFP = Y = C + I + G + NX$$

移项有：

$$S^p + (T - G) - I = NX + NFP$$

其中，$T - G$为政府储蓄或者公共储蓄，表示为S^g，用S表示国民储蓄，那么有：

$$S = S^p + S^g$$

代入上式有：

$$S - I = NX + NFP$$

其中，$S - I$为国际收支中的资本项目，$NX + NFP$为国际收支中的经常项目，通常表示为

CA，即 $CA = S - I$。为了方便模型建立，我们假设净要素报酬为 0，即 $NFP = 0$，这样就将经常项目简化为贸易项目：

$$S - I = NX$$

该式具有十分重要的意义，体现了国际收支平衡的基本原理。其中，NX 为经常项目中的净出口，$S - I$ 为资本项目中的净资本流动，二者之间始终存在着平衡关系。

首先，NX 为净出口，反映了国际间的产品与服务流动，对应国际收支平衡表的经常项目。当 $NX > 0$ 时，一国居民向非居民的出口大于从非居民的进口，这时有贸易顺差；当 $NX = 0$ 时，一国居民向非居民的出口等于从非居民的进口，这时有贸易收支平衡；当 $NX < 0$ 时，一国居民向非居民的出口小于从非居民的进口，这时有贸易逆差。

其次，$S - I$ 为国际资本流出，反映了国际间的资本与金融流动，对应国际收支平衡表的资本项目。在封闭经济下，一国总储蓄一定等于一国总投资。换句话说，封闭经济下一国总债权与总债务之和必然等于 0。开放经济下，总储蓄是不一定等于总投资的。当 $S - I > 0$ 时，$S > I$，说明国内储蓄中的一部分没有被投资所吸收，国内供给大于国内需求，一部分国内储蓄将会流向国外，体现为资本的净流出为正；当 $S - I = 0$ 时，$S = I$，全部国内产出为国内需求所吸收，资本净流出为 0；$S - I$ 小于 0 时，$S < I$，国内投资大于国内储蓄，储蓄不足，因此必然有资本的流入补足储蓄缺口，资本净流出为负或者资本净流入为正。

最后，开放经济下资本净流出必然等于净出口。在一个开放经济中，当 $S > I$ 时，国内储蓄将会以商品和服务的形式输往国外。如果贸易余额为正，则贸易顺差，本国将会在境外购置资产或者直接投资，或者本国外汇储备增加，所持有的外汇形成他国的负债；当 $S < I$ 时，国内储蓄不能满足投资需求，必然导致资本流入，弥补国内储蓄的不足，本国负债增加。与此对应的是，由于 $S < I$，国内产品和服务供给小于对产品和服务的需求，通过增加进口以满足投资需要。所以，资本净流入对应的是进口大于出口或者净出口为负，贸易逆差；当 $S = I$ 时，资本净流出为 0，对应净出口余额为 0，贸易平衡。

可见，净出口为顺差、逆差或者为 0，对应的净资本流动是净流出、净流入和 0。表 8-1 概括了净出口与资本净流动之间的关系。

表 8-1　　　　　　　　　　　贸易余额与资本流动

贸易盈余	贸易平衡	贸易赤字
出口大于进口	出口等于进口	出口小于进口
净出口 > 0	净出口 = 0	净出口 < 0
$Y > C + I + G$	$Y = C + I + G$	$Y < C + I + G$
$S > I$	$S = I$	$S < I$
资本净流出大于 0	资本净流出等于 0	资本净流入大于 0

改革开放以来特别是党的十八大以来，按照使市场在资源配置中起决定性作用和更好

发挥政府作用的要求，中国逐步建立起适应中国特色社会主义市场经济要求的外汇管理体制。外汇管理改革开放以服务实体经济和开放型经济新体制为宗旨，以防范跨境资本流动风险为底线，以统筹兼顾便利化和防风险为基本原则，经过40多年的努力，在外汇市场建设、经常项目改革开放、资本项目可兑换、外汇储备经营管理等重要领域和关键环节取得突破性进展，经受住了1998年东南亚金融危机、2008年国际金融危机等一系列高强度、区域性、全球性外部冲击的严峻考验。

中国自1982年开始编制国际收支平衡表。1982年中国货物和服务进出口总额为404亿美元，在全球范围内位居20多位。此后到2001年加入世界贸易组织的近20年间，货物和服务贸易总额年均增长15%；2001—2008年，对外贸易进入高速发展期，年均增速达26%；2009—2017年，对外贸易在波动中逐步趋稳，年均增长10%；从国际比较看2019年中国货物和服务进出口总额为4.51万亿美元（按当期汇率计算），在全球范围内居第二位，其中货物贸易总额居全球第一。

改革开放以来，跨境直接投资先行先试，债券投资和贷款逐渐放开，证券投资随着合格机构投资者制度的引入实现了从无到有的突破。中国对外金融资产和负债规模稳步增长。

二 影响国际收支的因素

影响一国经常项目和资本项目往来的因素十分复杂。为了简化分析，这里主要讨论引起资本流动和进出口变化的因素。

（一）世界利率与资本流动

在封闭经济中，一国储蓄必然等于投资。当储蓄大于投资或者小于投资时，通过市场利率的作用将会使经济恢复到均衡状态。假设储蓄是外生的，即 $S = \bar{S}$，所以在图 8-1 中储蓄独立于利率并垂直于横轴。投资是利率的函数。利率越高，投资需求越低，利率下降，投资需求增加。当利率为 r_0 时，有 $S = I$。

为了分析世界利率与一国资本流动之间的关系，我们假设一国为小型开放经济（SOE）。小型开放经济适用于描述多数国家的实际情形。如果放松模型假定，同样可以解释大型经济的商品与资本国际流动特点。

小型开放经济有几个特征。首先，由于小型经济的产出水平只占世界经济的一个很小的部分，权重很小，因此其经济行为如投资与储蓄的变化、进口与出口的变化将不会对全球利率、汇率构成明显的影响。由于世界利率由世界储蓄与世界投资决定，小国经济行为对世界利率的影响是微小的，这

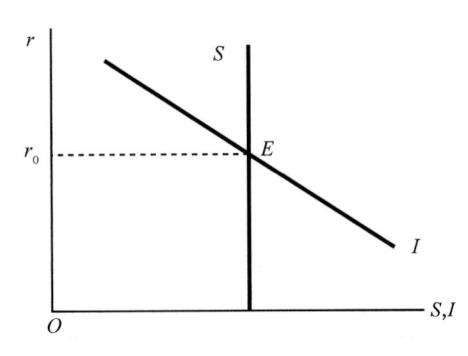

图 8-1 封闭经济下的储蓄与投资

样就可以将小国经济看成世界利率的接受者而不是影响者和决定者。其次，假设小国经济完全开放。小国的储蓄与投资行为完全受世界利率的影响。世界利率的上升或者下降将会引起小国资本的自由流动，可以完全自由进入世界金融市场借款或者贷款，没有阻止上述行为的各种限制条件的存在。

由于经济完全开放，资本完全流动，所以小国利率将会等于世界利率。如果小国均衡利率低于世界利率，那么将会导致投资需求下降，储蓄上升，资本流出。由于资本流出降低了国内储蓄，结果国内利率将会上升并趋于和世界利率相等；反之，如果小国均衡利率高于世界利率，由世界利率决定的国内投资需求大于储蓄，那么将会导致资本流入。资本流入增加了国内储蓄，国内利率将会下降，结果国内利率还是会趋于和世界利率相等。所以，在经济完全开放假定下，资本完全流动，一国与世界利率的微小的利差都会由于国际资本的流动而消失。所以小型开放经济中的利率 r 不是独立的，或者说必然就是世界利率。设小国利率为 r，世界利率为 r^*，对于小国开放经济有：

$$r = r^*$$

上述分析表明，小型开放经济中的居民永远不需要以任何高于 r^* 的利率借入资金，也不需要以低于 r^* 的利率贷出资金，世界利率决定了小型开放经济中的利率。在小型开放经济模型中，我们将世界利率作为一个给定的外生变量看待。

现在假设小国储蓄决定于世界利率，即 $S = S(r^*)$。投资是世界利率的函数，投资需求随着世界利率的变化而变化，有 $I = I(r^*)$。在不同世界利率下，该国的资本流动情形就十分不同。在图 8-2 中，由小国储蓄和投资所决定的利率为 r_0，当世界利率为 r_0^* 且 $r_0^* = r_0$ 时，$S = I$，小国的净资本流出为 0，由于 $S - I = NX$，净出口为 0，贸易收支平衡。假设世界利率为 r_1^*，世界利率高于小国国内利率，投资需求下降，储蓄增加，将会有 $S > I$，小国资本净流出。由于 $S - I = NX$，这时该国有净出口 $NX > 0$，国际贸易顺差。假设世界利率为 r_2^*，世界利率低于小国国内利率，投资需求增加，储蓄下降，将会有 $S < I$，小国资本净流入。由于 $S - I = NX$，这时该国有净出口 $NX < 0$，国际贸易逆差。

我们虽然说明了小国资本流动与贸易盈余受世界利率的影响，但是我们并没有说明世界利率的决定。世界利率的决定原理和封闭经济下一国利率的决定原理是相同的。将世界看成一个整体，那么世界利率就决定于这个整体的投资和储蓄。均衡世界利率就是世界投资等于世界储蓄时的利率。问题在于，所有的国家不可能同时协调行动。世界是由不同主权的 200 多个国家和地区所构成的，国家之间的经济地位大不一样，大国的产出水平远远高于小国，占世界经济的总权重更大，所以大国的投资与储蓄变化对世界利率的影响就更加直接，所以世界利率往往更加接近大

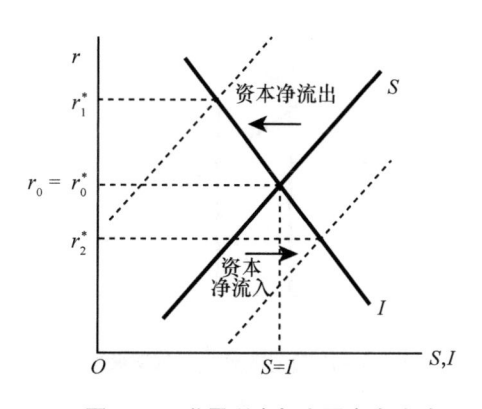

图 8-2　世界利率与小国资本流动

国利率水平。

世界各国人均收入水平差异很大。如果一国人均资本存量低，那么人均收入水平低。如果开放小国是一个低收入国家，当在某一世界利率水平上储蓄小于投资时，该国将会有贸易赤字，伴随赤字的是资本流入，以弥补储蓄不足的投资需求缺口。实际上，现实与理论可能会不一致，资本往往并不流向穷国。穷国不仅有较低水平的人均资本存量，生产的技术水平、教育水平也处于劣势。这些差别可能意味着，虽然理论上较低的人均资本有更高的边际产量，但穷国给定的资本和劳动投入只能生产出较少的产出，或者说，穷国的全要素生产率是低于富国的。同时，在一些落后国家产权常常没有保障，部分原因在于一些穷国政治腐败和政策的高度不连贯，外国资本投资于穷国将面临更大的风险。这种现象在非洲一些小国尤为突出。

(二) 财政政策与贸易余额

假定在某一世界利率上，一国经济的初始状态为储蓄 S 等于投资 I，净出口 NX 等于零。以此为基础，可以讨论一国国内财政政策与外国财政政策对小国贸易余额和资本流动的影响。

首先，国内财政政策与国际收支。以财政扩张为例，如果税收不变，通过增加政府购买来扩大国内支出。G 的增加降低了国民储蓄，在世界实际利率不变的情况下，投资保持不变。因此，国民储蓄下降将不能满足投资需要，一些投资必须通过从国外借款融资，导致资本净流入为正。国外资本流入将会导致进口增加，贸易将会出现赤字并满足 $NX = S - I$。

同样的逻辑适用于税收的减少。假设一国通过减税进行财政扩张，在其他条件不变下，同样导致国民储蓄降低，减税对国际收支的影响方向与购买支出相同。不过，由于减税增加了家庭可支配收入，在家庭边际消费倾向小于1的情形下，私人储蓄可能会增加，但是税收减少所导致的公共储蓄下降大于私人储蓄增加，所以国民储蓄的减少将会小于等量政府支出增加所导致的国民储蓄下降。

图 8-3 说明了上述效应。在世界利率外生条件下，初始状态下国民储蓄为 S_1，投资为 I，在世界利率为 r_0^* 时，$S_1 = I$，资本净流出为 0，净出口为 0。如果政府购买支出增加或者税收减少，国民储蓄下降为 S_2，$S_2 - I < 0$，国内利率高于世界利率，资本将会流入本国，直到本国利率等于世界利率为止。伴随资本净流入的是进口增加、国际贸易逆差。扩张性财政政策减少了国民储蓄 $Y - C - G$，因此，储蓄曲线从 S_1 移动到 S_2。由于 NX 是在世界利率水平时的储蓄曲线和投资曲线的距离，所以，这种移动就减少了 NX。世界利率不变，$S_2 < I$，NX 为负。因此，从平衡贸易出发，一项减少国民储蓄

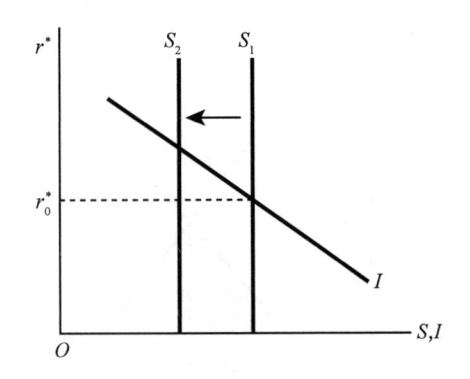

图 8-3 小国财政扩张与国际收支

的财政政策变动引起贸易赤字。

其次是国外的财政政策。现在考虑当外国政府增加其政府购买时,小型开放经济会发生什么变动。如果这里的外国是其他的小型经济体,那么它们的财政政策变动对世界利率的影响是微不足道的。但是,如果这里的外国是占世界经济权重较大的经济体,其财政政策变化将会改变世界利率水平。如果大国财政扩张,世界利率将会上升,小国是世界利率的接受者,其国际收支变化将会是储蓄增加,投资下降,资本净流出。同时,净出口增加。如果大国的财政政策是紧缩的,比如减少政府购买支出或者增加税收,那么世界储蓄将会增加,世界利率将会下降,对小国的国际收支影响刚好与大国财政扩张的情形相反,即将会导致资本净流入增加,进口增加,净出口减少。

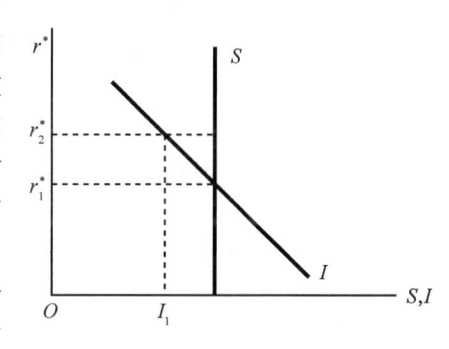

图 8-4 外国财政扩张下的小国国际收支

图 8-4 说明了一个从储蓄等于投资、贸易平衡出发的小型开放经济如何对国外财政扩张做出反应。由于政策变动发生在外国,所以小国国内储蓄与投资曲线保持不变。假设外国财政扩张使世界利率从 r_1^* 上升到 r_2^*。小国投资需求下降为 I_1,这时将会有储蓄大于投资,净资本流出,净出口增加。

从上述分析可以看出,小国的财政扩张将会导致国民储蓄下降,净资本流入,净出口下降;大国的财政政策变化将会通过世界利率的变化改变小国的国际收支。如果大国财政扩张,世界利率上升,投资需求下降,净资本流出增加,净出口增加。

最后,投资需求的变化。在世界利率外生下,如果小国储蓄不变,投资变化,国际收支将会改变。假设小国投资支出增加,由于储蓄不变,国内利率将会上升。在世界利率不变条件下,净资本流入增加。由于投资增加使 $S<I$,进口将会增加以满足投资增加的需要,这时净出口将会为负,贸易逆差将会出现。

图 8-5 表明,一国储蓄为 S_0,投资为 I_0。当投资增加为 I_1,国内利率将会由 r_0 上升为 r_1。世界利率为 r_0^* 下,$S_0<I_1$,资本将会净流入以弥补储蓄缺口。进口增加以满足投资增加的需要。

如果外国投资增加,特别是大国投资增加,将会改变世界利率。在世界储蓄不变的情况下,大国投资增加会导致世界利率上升。对于小国而言,世界利率上升将会使投资需求下降,储蓄大于投资,净资本流出,净出口增加。

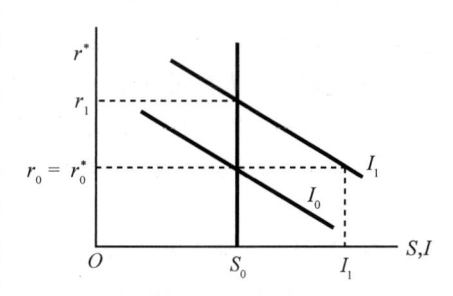

图 8-5 小型开放经济中的投资增加

从上述分析可以看出,在世界利率外生、储蓄既定下，小国的投资增加（减少）将会导致净资本流入（流出），净出口下降（增加）。大国投资需求的变化对小国国际收支的影响是通过世界利率变化而产生作用的。大国投资需求上升（下降），世界利率上升（降低），小国投资需求下降（上升），净资本流出增加（减少），净出口增加（减少）。

三　汇率及其决定

与产品和资本在国际之间的流动高度相关的一个问题是，一国的产品和服务的贸易以及资本流动的计价基础问题。一国向其他国家出口产品，他国应该向本国支付什么样的货币，支付多少，一国向他国进行直接投资又该如何计价——这些问题涉及不同国家或地区之间的货币换算关系即汇率问题。本小节讨论汇率的基本概念和影响，从而使了解产品与资本流动的视野更加开阔。

（一）汇率、名义汇率与实际汇率

汇率是不同国家或地区之间的资产汇算比率。通常，汇率用来衡量不同货币之间的汇算比率或者不同国家或地区商品之间交换的比率。前者为名义汇率，后者为实际汇率。

名义汇率。名义汇率是两个国家或地区之间货币交换的比率，即两种不同货币的相对价格。所以名义汇率是用一种货币标价的另外一种的货币的价格。例如，如果美元和人民币的汇率是 1 美元兑换 6.5 元人民币，那么，当你出国旅行需要持有美元时，你可以在中国银行用 650 元人民币兑换 100 美元。来到成都的美国留学生可以用 100 美元换到 650 元人民币。虽然用人民币标价美元和用美元标价人民币是等价的，但是区分标价方式十分重要。汇率有两种基本标价方法。一是直接标价法，以一定数量本国货币标价单位外国货币的方法。直接标价又叫应付标价，其含义为购买 1 单位外国货币所支付的本国货币。如果单位外国货币的标价上升，表明外国货币升值，本国货币贬值。反之，如果衡量单位外国货币的本国货币减少，表明外国货币贬值，本国货币升值。人民币汇率采用的是直接标价法，即直接用人民币表示固定数量的外国货币价格，如 1 美元兑换 6.5 元人民币。当汇率由 1 美元 = 6.5 元人民币上升为 1 美元 = 6.6 元人民币时，说明汇率上升，美元升值，人民币贬值；当汇率由 1 美元 = 6.5 元人民币下降为 1 美元 = 6.3 元人民币时，说明汇率下降，美元贬值，人民币升值。汇率的另一种标价方法为间接标价法，即用外国货币表示本国货币的价格。间接标价法又叫应收标价法，其含义为购买 1 单位本国货币所收取的外国货币。如 1 元人民币 = 0.15 美元就是间接标价法。当汇率由 1 元人民币 = 0.15 美元上升为 1 元人民币 = 0.16 美元时，说明汇率上升，人民币升值，美元贬值；当汇率由 1 元人民币 = 0.15 美元下降 1 元人民币 = 0.14 美元时，说明汇率下降，人民币贬值，美元升值。在本章中，我们使用间接标价法，即以外国货币标价单位人民币的价格，如 1 元人民币 = 0.15 美元，那么人民币的汇率就是 0.15 美元。

实际汇率。名义汇率只是反映了两个国家之间通货的相对价格，由于各国的价格差异，名义汇率本身并不能反映货币的实际购买力。通过价格水平进行调整的汇率就是实际汇率。为了说明什么是实际汇率，这里假设某款华为手机与某款苹果手机为同质产品。假定华为手机的国内价格为每部3000元人民币，苹果手机在美国的售价为每部1000美元。在联系价格因素下所得出的两种手机的交换比率就是实际汇率。使用间接标价法，设1元人民币=0.2美元，那么国内消费者将3000元人民币兑换为美元，可以获得600美元。由于苹果手机价格为每部1000美元，所以只能购买0.6部苹果手机，或者说，1部华为手机的价格就是0.6部苹果手机。对于美国消费者而言，花费0.6部苹果手机的价格就可以购买到一部华为手机。从上述例子可以看出，实际汇率是两国产品的相对价格。也就是说，实际汇率告诉我们，我们能按什么比率用一国的产品交换另一国的产品。实际汇率表明了一国商品与服务在国际市场中是否具有价格优势，因而又被称为贸易条件（TOT）。需要再次说明的是，我们在这里使用间接标价方法表示名义汇率。设名义汇率为e，国内产品的价格为P，国外同质产品的价格为P_f，实际汇率为ε，那么实际汇率与名义汇率的关系可以表示为：

$$\varepsilon = e \times \frac{P}{P_f}$$

根据上述例子，将相关条件代入实际汇率公式，就会有：

$$\varepsilon = \frac{0.2\text{ 美元}}{1\text{ 元人民币}} \times \frac{\dfrac{3000\text{ 元人民币}}{\text{每部华为}}}{\dfrac{1000\text{ 美元}}{\text{每部苹果}}} = \frac{0.6\text{ 部苹果}}{1\text{ 部华为}}$$

结果表明，对于消费者而言，购买一部华为手机的花费只能购买0.6部苹果手机，或者出售单位华为手机应收0.6部苹果的价格。所以在国际贸易中华为手机的贸易条件将会优于苹果手机。需要注意的是，如果使用直接标价法，设1美元=5元人民币，那么名义汇率为5，实际汇率与名义汇率关系的表达将会有所不同，为：

$$\varepsilon = e \times \frac{P_f}{P}$$

按照上述华为手机交换苹果手机的举例，将相关数据代入实际汇率公式，将会有：

$$\varepsilon = \frac{5\text{ 元人民币}}{1\text{ 美元}} \times \frac{\dfrac{1000\text{ 美元}}{1\text{ 部苹果}}}{\dfrac{3000\text{ 元人民币}}{1\text{ 部华为}}} \approx \frac{1.67\text{ 部华为}}{1\text{ 部苹果}}$$

对于消费者而言，购买一部苹果手机的花费能购买1.67部华为手机，或者购买单位苹果手机应付1.67部华为手机的价格。从两种不同的标价方法运算的结果看，所反映的贸易条件是相同的。

（二）汇率制度安排：固定汇率与浮动汇率

汇率制度包括固定汇率和浮动汇率两种不同的安排。固定汇率是将本国货币与其他货币之间的相对价格维持在一个固定比率的汇率制度安排。19世纪占主导地位的汇率安排是固定汇率体系，各种类型的金本位制是固定汇率体系的基础。在这种体系下，中央银行要保证国内货币与黄金之间的固定价格关系。以美国为例，1879—1933年可以按照18.85

美元向中央银行购买 1 盎司黄金。由于主要货币与黄金挂钩，所以主要货币之间也就可以按照固定汇率进行兑换。直至大萧条时期，金本位制开始崩溃。第二次世界大战以后，布雷顿森林体系协定在国际货币基金组织成员国之间确定了固定汇率体系，在这个体系下，这些国家都用美元来确定它们的货币价值，而美元又与黄金挂钩，可以按照每 1 盎司 35 美元的价格兑换黄金，但美国公民不允许拥有货币黄金。20 世纪 70 年代初，美国取消了美元对黄金的可兑换性，从而使布雷顿森林协定瓦解。1973 年以后，虽然一些发展中国家依然实行固定汇率制，但主要国家货币实际上在按照有管理的浮动汇率运行。在固定汇率体系中，中央银行固定本国货币与一种外国货币的相对价格。如果货币是可兑换的，当市场汇率偏离了固定汇率安排时，中央银行将会对这种偏离进行干预。

浮动汇率是按照外汇市场中货币的供求关系决定一国货币与其他国家货币相对价格的汇率制度安排。浮动汇率又叫弹性汇率制。在弹性汇率制或者是浮动汇率之下，中央银行没有任何支撑一个给定汇率的承诺，不规定本币与外币的相对价格比率和变化区间。外国货币供求的所有波动都可以反映在本国相对于外国货币的价格变化上。如果中央银行不通过外汇的买卖干预外汇市场，这时本国货币汇率完全由外汇市场中的货币供求关系决定，这种浮动汇率安排就是一种"清洁浮动"。事实上，使用弹性汇率制的国家，常常试图通过外汇操作来影响它们的货币价值，我们将这种情况叫作"肮脏浮动"。往往，有管理的弹性汇率制度就是一种肮脏浮动。1978 年至今，全球大多数国家都实行浮动汇率制，中国的浮动汇率制就是钉住以美元为主的一篮子货币的浮动汇率安排。当然，即使在浮动汇率制下，中央银行往往会根据国际货币市场变化和国内的宏观经济指标变化对汇率的过度波动进行干预。

（三）浮动汇率制下汇率的决定

首先讨论名义汇率决定问题。如果将货币看成一种资产或者产品，国际货币市场对本国货币的需求是货币价格（汇率）的函数。假设中央银行的货币供给是外生的，那么在浮动汇率制下，汇率由该国的货币供给和外汇市场对本国的货币需求关系决定。

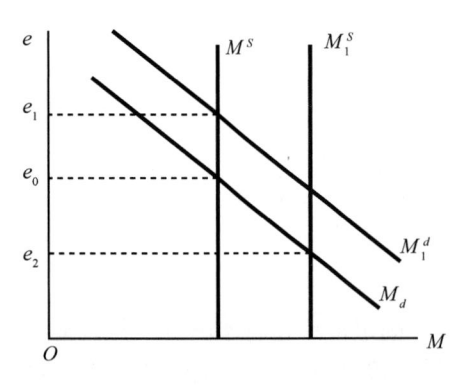

以人民币为例。在图 8-6 中，假设货币供给 M^s 是外生的，e 为间接标价的人民币汇率，即 1 单位人民币的美元价格，国际货币市场对人民币的需求 M^d 为人民币汇率的函数。当货币供给和货币需求均衡时，均衡利率为 e_0。

从图 8-6 中可以看出，如果货币供给不变，当国际货币市场对人民币的需求增加时，货币需求曲线将会向右移动为 M_1^d，间接标价方式下，均衡汇率将会由 e_0 上升为 e_1，人民币升值。如果货币需求不变，中央银行增加货币供给为 M_1^s，那么均衡汇率将

图 8-6 货币供求均衡与浮动汇率的决定

会下降为 e_2，人民币贬值。运用相同的原理，可以分析外汇市场中外国货币供求关系的变化对本国汇率的影响。如果外国货币供给增加，以本国货币表示的外国货币价格下降，外国汇率下降，货币贬值。相对于外国货币贬值，以间接标价法表示汇率，单位本国货币价格上升，汇率上升，本币升值。其中包含的最基本原理在于，相对于外国货币供给的增加，本国货币供给相对减少，从而使本国货币升值。

由于实际汇率与名义汇率的关系为：

$$\varepsilon = e \times \frac{P}{P_f}$$

调整上式，可以把名义汇率写为：

$$e = \varepsilon \times \frac{P_f}{P}$$

如果已知实际汇率（贸易条件）和同质产品在两个国家的价格，就可以得到名义汇率。在华为手机交换苹果手机的例子中，一部华为手机可以交换 0.6 部苹果手机。华为手机在国内的售价为 3000 元人民币，苹果手机在美国的售价为 1000 美元，代入上式可以得到名义汇率为 1 元人民币 = 0.2 美元的名义汇率。如果实际汇率给定，苹果手机价格上升为 1500 美元，那么人民币汇率将会上升为 1 元人民币 = 0.3 美元，人民币升值。

$$\varepsilon = \frac{0.6 \text{ 部苹果手机}}{1 \text{ 部华为手机}} \times \frac{\dfrac{1500 \text{ 美元}}{1 \text{ 部苹果手机}}}{\dfrac{3000 \text{ 元人民币}}{1 \text{ 部华为手机}}} = \frac{0.3 \text{ 美元}}{1 \text{ 元人民币}}$$

同理，如果华为手机在本国的价格上升，意味着汇率下降，人民币贬值。所以，名义汇率与两国产品价格水平相关。在价格水平不变的情况下，实际汇率上升，名义汇率上升。

考虑汇率随着时间的变动是有启发性的。根据名义汇率方程，有：

$$\ln e = \ln \varepsilon + \ln P_f - \ln P$$

以时间为自变量求导有：

$$e' = \varepsilon' + P'_f - P'$$

该式表明：

名义汇率变化率 = 实际汇率变化率 + 外国通货膨胀率 − 本国通货膨胀率

汇率的决定和波动是极其复杂的。因为汇率的决定和波动不仅涉及本国的货币政策，同时还涉及他国的货币政策及其变化。上式说明了外国货币政策和本国货币政策如何影响名义汇率。如果外国进行货币扩张，增加货币供给，在其他条件不变下，本国汇率将会上升，货币升值。如果本国货币供给增加，通货膨胀率上升，本国货币名义汇率下降，货币贬值。当一国汇率是有管理的浮动汇率安排时，如果其他主要国家实行货币量化宽松政策，为了避免本国货币的快速升值，本国往往会通过增加货币供给稳定币值，从而避免贸易条件的迅速恶化。

其次讨论实际汇率的决定问题。实际汇率决定了一国的贸易条件，所以实际汇率与净出口相关。当实际汇率较低时，国内产品相对于国外产品较为便宜，出口增加，进口减少，净出口增加。如果实际汇率上升，贸易条件恶化，净出口将会下降。所以，净出口与实际汇率呈负相关关系。

由于贸易余额（净出口）必须等于资本净流出：

$$NX = S - I$$

因此，当 $S-I$ 确定时，就有确定的 NX。在图 8-7 中，净出口与实际汇率呈负相关。当 $S-I$ 确定时，NX 确定，这时的汇率就是均衡实际汇率。在这个基本模型下，可以分析相关变量变化对实际汇率的影响。

由于净资本流出等于国民储蓄减去投资，国民储蓄包括私人储蓄和公共储蓄，分别决定于私人消费和政府财政政策。本国投资水平由投资需求函数和世界利率确定。所以国内和外国的财政政策以及引起世界利率变化的其他因素都会导致一国实际汇率的变化。

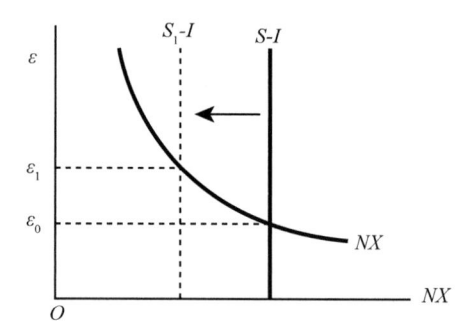

图 8-7 储蓄与投资变化对实际汇率的影响

国内的财政政策。如果政府的财政是扩张性的，即通过增加政府购买支出或者减税降低了国民储蓄，实际汇率会发生什么变动呢？正如前面所讨论的，国民储蓄的减少使资本净流出降低。如图 8-7 所示，如果经济的初始状态是净资本流出为0，净出口为0，由于储蓄下降将会导致净资本流入，在外汇市场中本国货币汇率上升，本币升值。正是因为本币升值，贸易条件恶化，净出口将会为负。当一国财政扩张时，净资本流出减少，净出口下降，实际汇率上升。

国内投资需求的移动。如果本国预期全要素生产率上升、投资税收减免、当期资本存量下降等，都将导致国内投资需求增加。由于投资需求增加将会导致国际资本的净流入增加，$S-I$ 下降，本国货币汇率上升，货币升值。当然，由于汇率上升，货币升值，贸易条件恶化，净出口将会下降。不难看出，一国投资需求的增加与财政扩张所引起的国民储蓄下降对汇率影响的作用方向是相同的。

外国财政政策和投资需求变化。如果外国政府增加政府购买或减税，这种变动降低了世界储蓄，使世界利率上升。世界利率的上升减少了国内投资，使净资本流出增加，在外汇市场中本国货币供给增加，汇率下降，本币贬值。由于实际汇率下降，贸易条件改善，本国净出口增加。同理，如果外国投资需求增加，世界利率将会上升。其他条件不变下，对本国的实际汇率影响与国外财政扩张对实际汇率的影响方向是相同的，即世界利率上升，本国资本净流出增加，外汇市场本国货币供给增加，汇率下降。同时，净出口增加。

> **专栏 8-1**   **"一带一路"倡议**
>
> 1. "一带一路"倡议简介
>
> "一带一路"(the Belt and Road, B&R)是"丝绸之路经济带"和"21世纪海上丝绸之路"的简称，2013年9月和10月，中国国家主席习近平分别提出建设"新丝绸之路经济带"和"21世纪海上丝绸之路"的合作倡议。依靠中国与有关国家和地区既有的双边多边机制，借助既有的、行之有效的区域合作平台，"一带一路"旨在借用古代丝绸之路的历史符号，高举和平发展的旗帜，积极发展与共建国家的经济合作伙伴关系，秉持"共商、共建、共享"原则，共同打造政治互信、经济融合、文化包容的利益共同体、命运共同体和责任共同体。经过近十年的发展，"一带一路"合作主体不断扩大，成员国广布亚非拉欧和大洋洲，为促进世界贸易发展、国际资本流动、国际文化交流合作做出了杰出贡献。
>
> 2. "一带一路"倡议的核心内容
>
> (1) 开放性、包容性区域合作倡议
>
> 当今世界是一个开放的世界，开放带来进步，封闭导致落后。中国认为，只有开放才能发现机遇、抓住用好机遇、主动创造机遇，才能实现国家的奋斗目标。"一带一路"倡议就是要把世界的机遇转变为中国的机遇，把中国的机遇转变为世界的机遇。
>
> (2) 务实合作平台
>
> "和平合作、开放包容、互学互鉴、互利共赢"的丝路精神成为人类共有的历史财富，"一带一路"就是秉承这一精神与原则提出的重要倡议。通过加强相关国家间的全方位、多层面交流合作，充分发掘与发挥各国的发展潜力与比较优势，彼此形成了互利共赢的区域利益共同体、命运共同体和责任共同体。
>
> 3. 共商共建共享的联动发展倡议
>
> "一带一路"建设是双边或多边联动基础上通过具体项目加以推进的，是在进行充分政策沟通、战略对接以及市场运作后形成的发展倡议与规划。建设的核心主体与支撑力量并不在政府，而是企业，通过市场化运作模式来实现参与各方的利益诉求，政府在其中发挥构建平台、创立机制、政策引导等指向性、服务性功能。
>
> 4. 促进人文交流的桥梁
>
> "一带一路"跨越不同区域、不同文化、不同宗教信仰，但它带来的不是文明冲突，而是各文明间的交流互鉴。"一带一路"在推进基础设施建设，加强产能合作与发展战略对接的同时，也将"民心相通"作为工作重心之一。
>
> 5. 和现有机制的对接与互补
>
> "一带一路"建设的相关国家要素禀赋各异，比较优势差异明显，互补性很强。有的国家能源资源富集但开发力度不够，有的国家劳动力充裕但就业岗位不足，有的国家市场空间广阔但产业基础薄弱，有的国家基础设施建设需求旺盛但资金紧缺。通过成员国之间的对接互补，目前已经形成良好的产品、资金、市场的对接和互补态势。

第二节 IS – LM – BP 模型

在封闭经济下，联系产品市场和货币市场，通过建立 IS – LM 模型就能够揭示宏观经济均衡条件和经济波动，并可以运用模型分析宏观财政政策和货币政策的效应。但是简单的 IS – LM 模型不能反映开放经济事实，因此有必要对简单模型进行扩展，引入开放变量。为此，本节将引入开放变量，以国际收支平衡为基础，建立 BP 方程，联系国际资本流动和进出口变量，结合产品市场和货币市场，说明开放经济下的均衡条件，这就是 IS – LM – BP 模型。所以，该模型是引入开放变量的 IS – LM 模型的扩展，模型中的内生变量依然是实际收入和实际利率。

一 国际收支平衡与 BP 曲线

在第一节中已经说明，开放经济下宏观经济中必然有 $S - I = NX$ 的恒等关系，即资本净流出等于净出口。在开放经济条件下，净资本流出或者资本净流出是世界利率与国内利率差的函数。净出口是实际汇率的函数。

（一）净资本流动与利差

在封闭经济下，一国经济始终有 $S = I$，即国民储蓄等于总投资。当经济处于开放状态时，这一恒等关系就不再成立。因为本国资本可能会流向外国，外国资本可能会流向本国。一国国际资本流动为 $F = S - I$，如果 $S > I$，意味着国内储蓄没有完全被投资吸收，或者国内供给大于国内有效需求，这时该国为资本净流出国；如果 $S < I$，意味着国内储蓄不能满足投资需求，或者国内有效需求大于国内供给，资本流入可以弥补国内储蓄的不足，这时该国为资本净入国。

虽然影响一国资本国际流动的因素十分复杂，但主要取决于两个因素：一是资本在该国与国际之间流动的难易程度；二是世界利率与该国利率之间的差值。这里用 σ 表示资本流动系数。如果一国资本市场开放程度越高，资本流动就会越快。当资本完全流动时，有 $\sigma = \infty$；而资本完全不流动时，有 $\sigma = 0$；当资本不完全流动时，有 $0 < \sigma < \infty$。

设世界利率为 r^*，国内利率为 r。世界利率与本国利率的差值为 $r^* - r$，在开放经济下，世界利率与国内利率的利差会引起资本的国际流动。如果 $r^* - r > 0$，则 $F(S-I) > 0$，净资本流出为正；如果 $r^* - r < 0$，则 $F(S-I) < 0$，净资本流出为负，或者净资本流入为正；如果 $r^* - r = 0$，则 $F(S-I) = 0$，资本流出等于资本流入。可见，净资本流出与世界利率和本国利率的利差之间存在正方向变化关系。

在图 8 – 8（a）中，一国储蓄曲线为 S，投资曲线为 I，由储蓄和投资决定的国内均衡利率为 r_0。当世界利率等于国内利率时，$S = I$，反映在图 8 – 8（b）中净资本流出为 0；如果世界利率高于国内利率，将会有 $S > I$，净资本流出为正；如果世界利率低于国内利

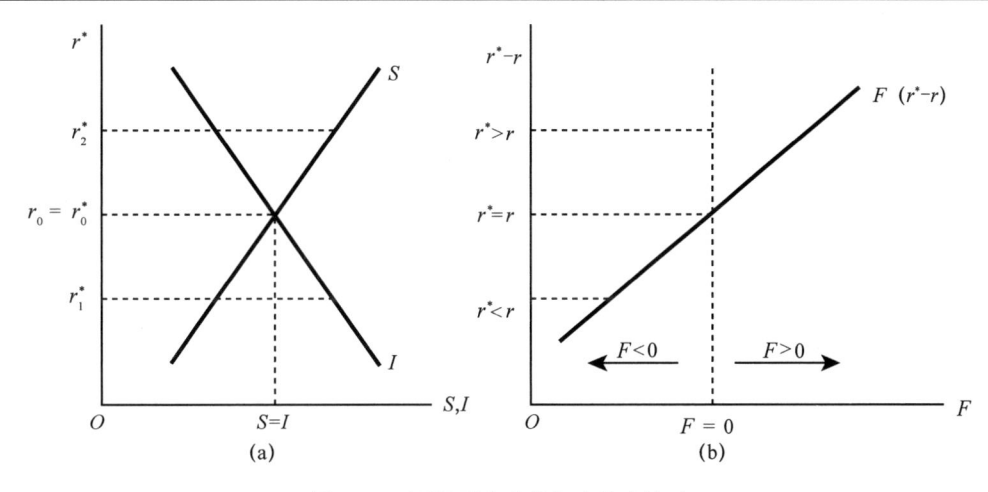

图 8-8 国际利率变化与净资本流动

率，将会有 $S<I$，净资本流出为负或者净资本流入为正。所以，净资本流动与利差的关系可以写成：

$$F(S-I) = \sigma(r^* - r)$$

如果世界利率确定，那么本国利率上升，当本国利率高于世界利率时，净资本流出为负，或者净资本流入为正。如果本国利率低于世界利率，那么净资本流出为正。对图 8-8 稍加转换，就可以得到图 8-9。

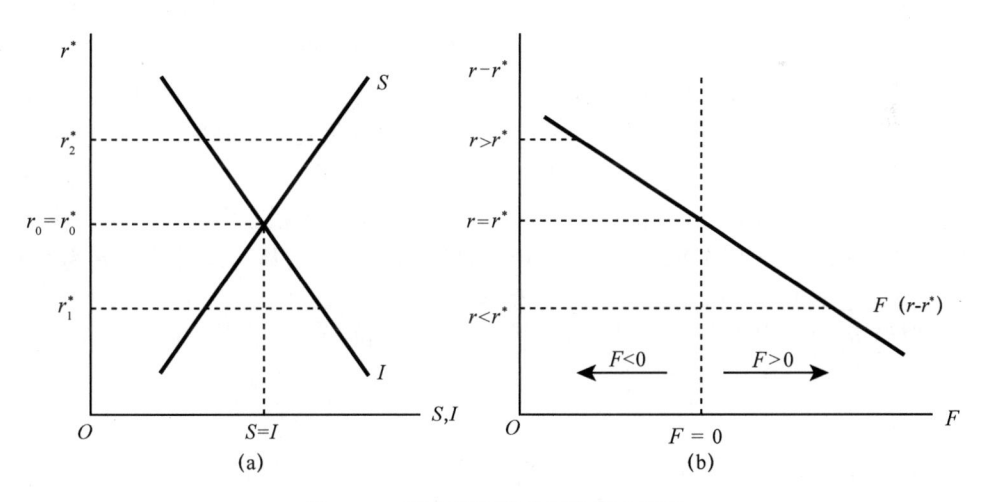

图 8-9 国内利率变化与净资本流出

(二) 净出口与实际汇率

净出口是出口与进口的差额，用 X 代表出口，M 代表进口，净出口为 $NX = X - M$，所以净出口既取决于出口,同时还取决于进口。

影响出口的因素很多,其中最主要的因素为贸易条件即实际汇率。实际汇率为一国商品交换另一国商品的比率。当实际汇率上升时,用外国产品标价的本国商品价格上升,贸易条件恶化,出口减少。实际汇率下降时,贸易条件改善,出口增加。所以,出口与实际汇率之间呈负相关关系,并设 n 为实际汇率对出口的影响系数。除了实际汇率,本国的出口还取决于他国的收入水平等非汇率因素,设非汇率因素所决定的出口以 q 且为常数。用 X 代表出口,一国的出口将由下式决定:

$$X = q - n \cdot e \cdot \frac{P}{P_f}$$

影响进口的因素同样是多方面的,其中最重要的因素是收入水平。进口与收入水平呈正相关关系。设边际进口倾向为 γ,即增加单位收入所增加的进口。用 M 代表进口,一国的进口将由下式决定:

$$M = \gamma Y$$

由于净出口为 $NX = X - M$,所以净出口函数为:

$$NX = q - n \cdot e \cdot \frac{P}{P_f} - \gamma Y$$

其中,$e \times \frac{P}{P_f}$ 为实际汇率 ε,所以上式又可以写为:

$$NX = q - n \cdot \varepsilon - \gamma Y$$

可见,净出口与实际汇率呈负相关关系。

在图 8-10 中,纵轴代表实际汇率,横轴代表净出口。实际汇率越高,净出口越低,实际汇率下降,贸易条件改善,净出口增加。曲线的斜率由弹性系数 n 决定。当汇率变化对净出口影响越大时,曲线越平缓。反之,当进口和出口对汇率变化不敏感时,曲线越陡峭。从图 8-10 可以看出,实际汇率与净出口呈反方向变化关系。但是,汇率下降(本币贬值)对贸易收支的改善具有时滞,反映这一时滞关系的曲线叫"J 曲线",如图 8-11 所示。J 曲线表明,本币贬值引起的净出口变化从时间上看包括三个阶段:合同阶段——国际收支恶化阶段,由于当期贸易的执行价格是以前期订立贸易合同时的汇率为基础的,所以即使当期汇率下降货币贬值,也不会改善贸易逆差,如 $T_0 - T_1$ 期;传导阶段——逆差收窄,由于前期合同陆续执行并到期,以新的汇率基础制定的贸易合同陆续执行,国际收支逆差必然收窄;数量调整阶段——国际收支出现改善,产生顺差。

(三)*BP* 方程

在开放经济下,始终有 $NX = S - I$,即净资本流出等于净出口,国际收支平衡。由于:

$$F(S - I) = \sigma(r^* - r)$$
$$NX = q - \gamma Y - n \cdot \varepsilon$$

所以有:

$$\sigma(r^* - r) = q - \gamma Y - n\varepsilon$$

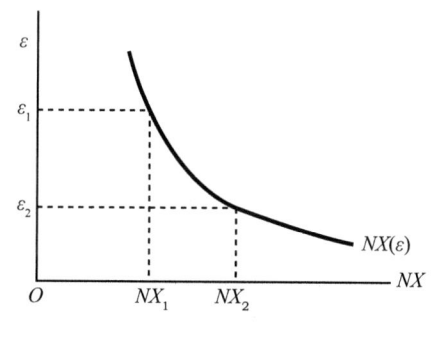

图 8-10 实际汇率与净出口

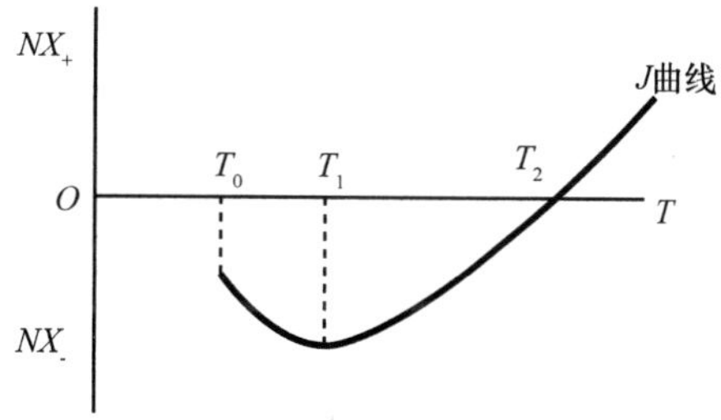

图 8-11 J 曲线

整理上式,有:

$$Y = \frac{\sigma}{\gamma}(r - r^*) - \frac{n\varepsilon}{\gamma} + \frac{q}{\gamma}$$

或者有:

$$r = \frac{\gamma}{\sigma}Y - \frac{q}{\sigma} + \frac{n\varepsilon}{\sigma} + r^*$$

通常,将 $Y = \frac{\sigma}{\gamma}(r - r^*) - \frac{n\varepsilon}{\gamma} + \frac{q}{\gamma}$ 称为 BP 方程①。为了方便,再次回顾式中各字母的含义:Y 为国民收入,即开放经济下的 GDP。σ 为国际资本流动的难易程度,r 为国内利率,r^* 为世界利率,n 为出口对实际汇率的敏感系数,ε 为实际汇率且 $\varepsilon = e \times \frac{P}{P_f}$,$q$ 为非汇率因素所决定的出口,γ 为边际进口倾向。

BP 方程表明,当一国国际收支平衡时,由于 σ、n、ε、q、r^*、γ 等变量确定,国民收入与利率 r 呈正方向变化关系。每一个确定的利率水平将会对应一个确定的收入水平。将 BP 方程用图形表示,就形成了 BP 曲线。

图 8-12 为 BP 曲线的推导。首先,图 8-12 (d) 表明净资本流出与国内利率是负相关的。图 8-9 对此已有解释。本国利率越高,净资本流出越低,国内利率降低,净资本流出增加。其次,图 8-12 (b) 为国际收支平衡条件。将每一利率水平所对应的净资本流出转化为净出口。国内利率越高,净资本流出越小,净出口越低。国内利率下降,净资本流出增加,净出口增加。再次,图 8-12 (a) 表明,一国净出口与收入呈反方向变化关系。由于净出口函数为 $NX = q - \gamma Y - n \cdot \varepsilon$,当净出口较低时,其他条件不变,较低净出口对应更高的收入水平。当国内利率下降,净资本流出增加,净出口增加,其他条件不变,较高净出口对应更低的收入水平。最后,图 8-12 (c) 纵轴对应图 8-12 (d) 利率,图 8-12 (c) 横轴对应图 8-12 (a) 收入,从而得到 BP 曲线。BP 曲线表明,在国际收

---

① BP 为国际收支平衡 Balance of payments 的简称。

支平衡时，如果国内利率较高，净资本流出较低，净出口较低，进口增加。由于进口是收入的函数，所以对应更高的收入水平。如果国内利率降低，在国际收支平衡下，则对应更低的收入水平。所以，BP 曲线表明收入与利率呈同方向变化。

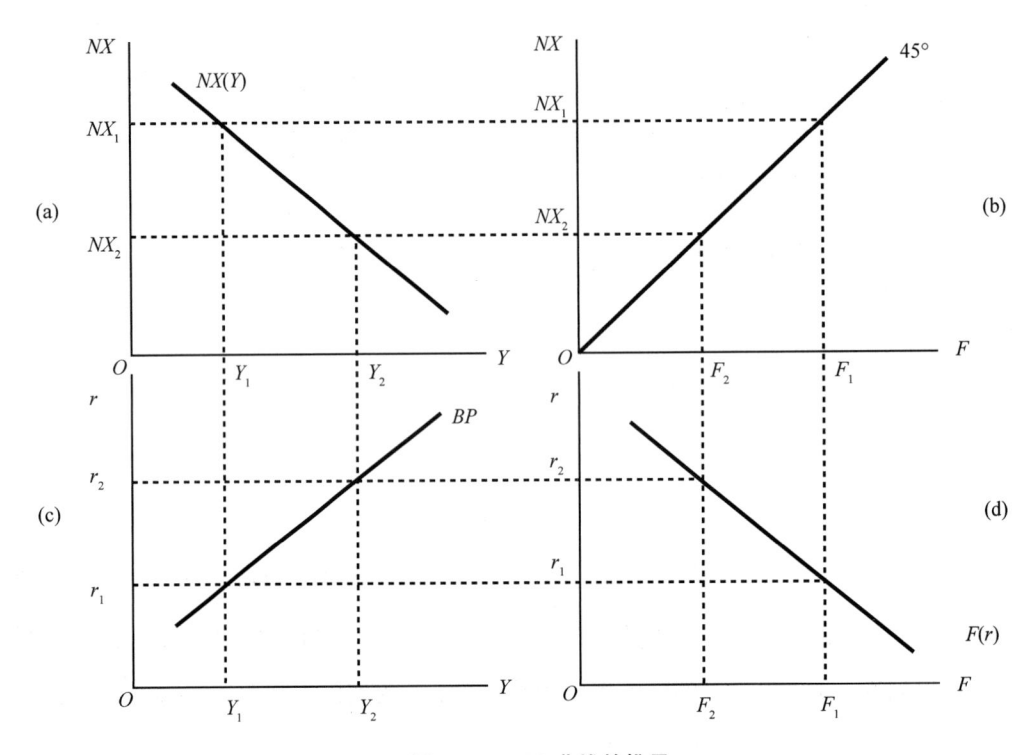

图 8-12 BP 曲线的推导

根据 BP 方程 $Y = \dfrac{\sigma}{\gamma}(r-r^*) - \dfrac{n\varepsilon}{\gamma} + \dfrac{q}{\gamma}$，BP 曲线的斜率为 $\dfrac{\gamma}{\sigma}$。在边际进口倾向为常数下，曲线的斜率将会随着 σ 的变化而变化。σ 为国际资本流动的难易程度，反映了国际资本流动对利差变化的敏感程度。当 $\sigma = \infty$ 时，表明一国国际资本完全流动，微小的世界利率和国内利率利差都会引起无障碍的资本流动，从而使利差消失。在这种情形下，国内利率必然始终等于世界利率，这时 BP 的斜率 $\dfrac{\gamma}{\sigma} = 0$，BP 曲线是水平的。当 $0 < \sigma < \infty$ 时，表明一国资本不完全流动，即介于完全不流动和完全流动之间，这时 BP 的斜率 $0 < \dfrac{\gamma}{\sigma} < \infty$，当国内利率上升时，收入上升，BP 曲线是向右上方倾斜的。当 $\sigma = 0$ 时，表明一国资本与国际资本处于完全不流动状态。出现这种情况的原因可能是由于一国实行完全的资本流出管制，或者是国际市场形成了对该国的资本流动封锁。这时，BP 的斜率 $\dfrac{\gamma}{\sigma} = \infty$，BP 曲线

是垂直于横轴的。图 8-13 分别反映了在资本完全流动、资本不完全流动和资本完全不流动下的 BP 曲线。

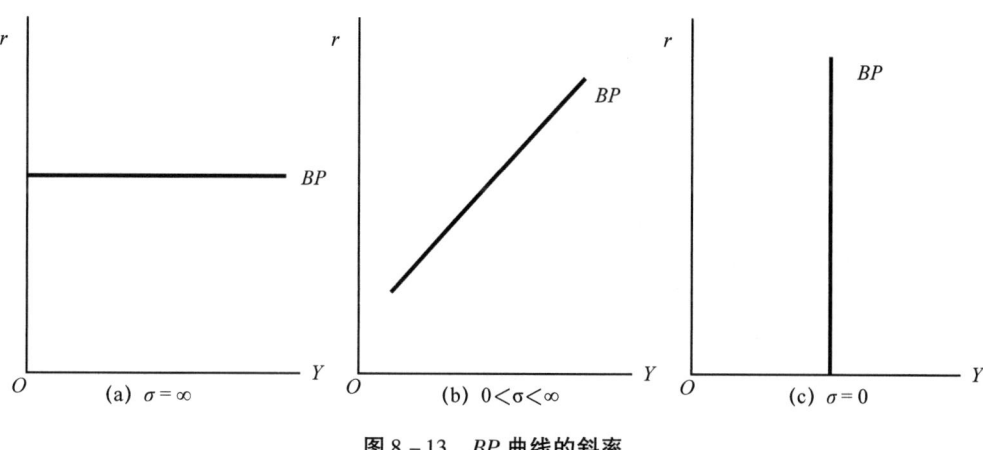

图 8-13 BP 曲线的斜率

BP 曲线的移动是指在每一个确定的利率水平上,由于非利率变量变化所引起的收入改变。所以在 $Y = \frac{\sigma}{\gamma}(r - r^*) - \frac{n\varepsilon}{\gamma} + \frac{q}{\gamma}$ 中,σ、n、ε、q、r^*、γ 任何变量的变化都会引起 BP 曲线的移动。以资本完全流动为例,如果其他变量不变,世界利率 r^* 上升,BP 曲线将会向上移动。在资本不完全流动下,如果实际汇率下降、出口增加,收入都会增加,从而使 BP 曲线向右移动。

二 IS-LM-BP 模型

在前面章节中我们已经知道,IS 方程反映了产品市场均衡时收入与利率之间的关系;LM 方程反映了货币市场均衡时收入与利率之间的关系。开放经济下,BP 方程反映了当国际收支平衡时收入与利率之间的关系。至此,我们就可以将开放经济下的宏观经济均衡条件表达为产品市场均衡、货币市场均衡、国际收支均衡。

当然,下面的一组方程就是开放经济下的宏观经济均衡条件:

$$IS: Y = \frac{1}{1-b} \cdot (C_a + I_a) + \frac{e}{1-b} \cdot r$$

$$LM: Y = \frac{M}{k} + \frac{h}{k} \cdot r$$

$$BP: Y = \frac{\sigma}{\gamma}(r - r^*) - \frac{n\varepsilon}{\gamma} + \frac{q}{\gamma}$$

为了简化分析,假设经济是小型开放经济。由于经济是小型的,所以小国的任何经济行为都不会改变世界利率水平。由于经济是完全开放的,所以资本流动是自由的,任何微小的利差都会导致资本的迅速流动从而使国内利率始终等于世界利率。用纵轴表示国内利率 r，横轴表示收入 Y，由于世界利率是外生的，所以小型开放经济的 BP 曲线是水平的。

与前面章节一致，一国的 IS 曲线反映了当产品市场均衡时收入与利率呈反方向变化，所以 IS 曲线向右下方倾斜。一国的 LM 曲线反映了当货币市场均衡时收入与利率呈正方向变化关系，所以 LM 曲线向右上方倾斜。

在图 8-14 中，当产品市场均衡、货币市场均衡和国际收支平衡时，宏观经济的均衡点为图中的 A 点。这时，经济中的利率必然等于外生的世界利率 r^*，经济中的均衡收入为 Y_0，其他所有点都是经济的非均衡点。

如果经济中出现非均衡情形，如图 8-15 所示，由产品市场和货币市场所决定的国内利率为 r_1，世界利率为 r^*，由于 $r_1 > r^*$，资本流入，货币供给增加，从而 LM 曲线将会向右移动并直到 LM'，经济在 B 点实现产品市场均衡、货币市场均衡、国际收支均衡。

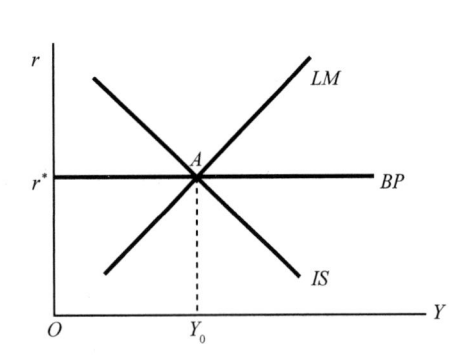

图 8-14 开放经济下的 IS-LM-BP 模型

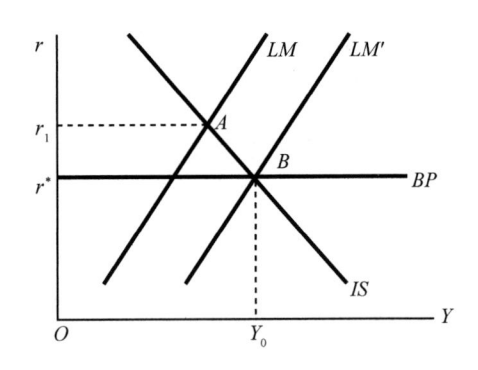

图 8-15 均衡的自动调整

三 IS-LM-BP 模型下的宏观财政政策与货币政策

构建宏观经济模型的一项重要任务，就是确定模型中的内生变量与外生变量。当已知内生变量之间的关系时，就可以利用模型进行试验，解释外生变量变化对内生变量的冲击。在这里，我们将政府支出 G 和中央银行货币供给量 M 作为外生变量，通过改变 G 和 M 解释宏观财政政策和货币政策对其他变量的影响，从而说明政策效果。由于汇率制度安排是存在不同选择的，所以这里将分别讨论浮动汇率制和固定汇率制下财政政策与货币政策的作用，并观察它们的差异。

由于模型构建是以小型开放经济为基础的，所以资本完全流动，BP 曲线是水平的。

(一) 浮动汇率下的小型开放经济

1. 宏观财政政策的运用及效果

假定政府购买支出增加,财政扩张。政府支出增加导致总支出增加,从而提高了国内利率水平。由于国内利率水平的上升,将会引起外国资本的流入,结果是本国汇率上升①,货币升值。货币升值将会导致进口增加,出口减少,贸易状况恶化,经济中的总支出水平将会下降并直到初始的支出水平。可见,在浮动汇率安排下,扩张性财政政策会导致利率上升引起汇率上升,政府购买支出的增加会挤出出口,这一挤出效应导致宏观财政无效。

在图 8-16 中,经济的初始均衡点在 A,由于政府购买支出增加,结果使 IS 曲线向右移动至 IS',实际利率上升为 r_1,r_1 高于世界利率 r^*。由于国内利率上升,国际资本流入,汇率上升,贸易条件恶化,净出口下降,IS' 将向左移动并回到原来的位置 IS,新的均衡与原来的均衡一致,可见宏观财政政策无效。图 8-16 中箭头 1 表明由于政府购买支出 G 增加导致 IS 曲线右移;箭头 2 表明在浮动汇率制下,由于汇率上升、本币升值、净出口 NX 下降导致了 IS 曲线左移。

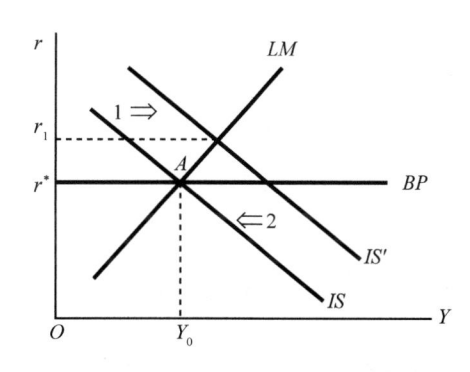

图 8-16 浮动汇率下的财政扩张

2. 货币政策的运用及效果

现在假定中央银行增加了货币供给。由于价格水平被假设为固定的,货币供给的增加意味着实际货币余额的增加。增加货币供给将会导致本国实际利率下降。由于初始均衡状态时国内利率水平等于世界利率,货币供给的增加使国内利率低于世界利率水平,其结果是货币贬值,实际汇率下降,净出口增加。随着净出口增加所引起的总支出增加,国内利率将逐步上升并最终等于世界利率。经济在更高的收入水平上实现均衡。

图 8-17 反映了这一调整过程。经济的初始均衡点在 A,由于实际货币供给增加,结果使 LM 曲线向右移动至 LM',如箭头 1 所示。国内利率下降为 r_1,r_1 低于世界利率 r^*。由于国内利率下降,世界利率高于国内利率,资本流出,本国货币供给增加,汇率下降,货币贬值,贸易条件改善,净出口增加,IS 将向右移动到 IS' 为止,如箭头 2 所示。在新的均衡状态下国内利率等于世界利率,但新的均衡点 B 对应的均衡收入由 Y_0 上升到 Y_1。可见,在浮动汇率安排下,扩张性的货币政策可以改善收入与就业水平,货币政策有效。

(二) 固定汇率下的小型开放经济

现在考虑固定汇率情形。固定汇率是将本国货币与其他国家货币之间的相对价格维持在一个固定比率的汇率制度安排下。在固定汇率下,小型开放经济的财政政策和货币政策

---

① 本章使用间接标价法,即用外国货币表示单位本币的价格。

的效果与浮动汇率大不相同。

1. 宏观财政政策的运用及效果

政府的宏观财政政策工具是多样化的。这里依然将政府购买支出作为政府的主要财政工具看待，并以财政扩张为例，解释在固定汇率安排下小型开放经济的宏观财政政策效果。

图8-18解释了在固定汇率下小国开放经济财政扩张的效果。

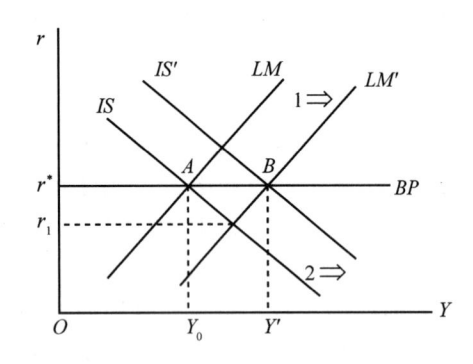

图8-17 浮动汇率下的货币扩张

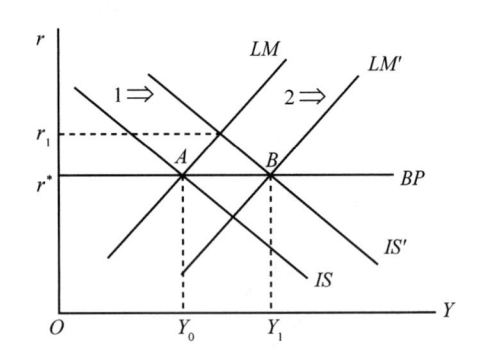

图8-18 固定汇率下的财政扩张

假设经济的初始均衡为A点，经济中的产出为Y_0。如果政府认为实际产出水平低于目标产出，政府可能希望通过增加政府支出G实现产出与就业目标。G的增加将会使IS右移至IS'，国内利率r_1将会高于世界利率r^*，资本流入，本币升值。由于汇率制度安排为固定汇率，中央银行为了稳定汇率，货币供给将会内生增加，LM将会右移至LM'，并直到本国利率r等于世界利率r^*为止。这时，利率不变，汇率不变，收入增加为Y_1，就业对应增加。可见，在固定汇率下小型开放经济的宏观财政政策可以改变收入与就业水平，财政政策有效。

2. 货币政策的运用及效果

在固定汇率下，中央银行增加货币供给，其结果与财政扩张十分不同。在图8-19中，货币供给量的增加使LM曲线向右移动为LM'，如箭头1所示。货币供给增加，导致汇率下降。固定汇率是中央银行的一种汇率承诺，由于本币市场汇率下降，将会产生套利行为。套利者以市场汇率购买本币，然后按照中央银行的固定汇率向中央银行出售本币以实现套利，结果中央银行对固定汇率的承诺操作使货币供给下降，从而对货币扩张形成了"冲销"，LM'将会迅速向左移动到原来的LM水平，如箭头2所示。最终，均衡收入不变，汇率水平不变，利率水

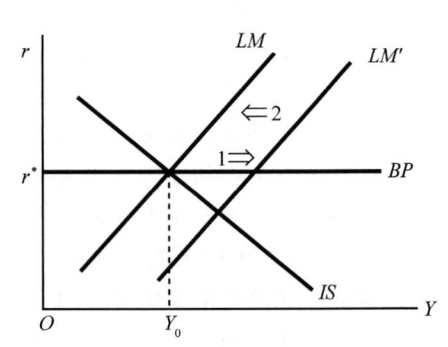

图8-19 固定汇率下的货币扩张

平不变。因此，在固定汇率下实施货币扩张政策通常是无效的。同理，如果中央银行认为实际产出高于目标产出，并希望通过紧缩的货币政策实现该目标，由于固定汇率和套利行为的存在，同样不能改变收入与就业水平。

第三节 蒙代尔—弗莱明模型

$IS-LM-BP$ 模型联系产品市场、货币市场和国际收支反映了宏观经济均衡条件。通过模型，我们说明了均衡的改变和宏观财政政策与货币政策在不同汇率制度下的政策效果。在 $IS-LM-BP$ 模型中，内生变量是收入和利率。蒙代尔—弗莱明模型将汇率变量内生化，构建产品市场和货币市场均衡模型，说明均衡收入和汇率的关系，并利用模型解释来自财政政策、货币政策和贸易政策的冲击对宏观经济均衡的影响，解释政策效果。所以，与 $IS-LM-BP$ 模型比较，蒙代尔—弗莱明模型同样是 $LS-LM$ 模型的扩展，不同之处在于模型中的被解释变量由利率改变为汇率。

一 蒙代尔—弗莱明模型的假设条件

与凯恩斯支出—收入模型、$IS-LM$ 模型、$IS-LM-BP$ 模型相同，蒙代尔—弗莱明模型是关于收入决定与波动的短期宏观经济模型，联系开放变量，说明了支出水平如何决定均衡收入水平。蒙代尔—弗莱明模型的关键假设如下。

首先，蒙代尔—弗莱明模型经济是一个资本完全流动的小型开放经济。也就是说，该经济可以在世界金融市场上借入或贷出它想要的任意数量资本。由于小型经济对世界利率影响是忽略不计的，所以，该经济的利率 r 是由世界利率 r^* 决定的，世界利率 r^* 外生，小国只是世界利率的接受者。所以，小型经济中有：$r=r^*$。

其次，短期价格水平不变。由于实际汇率等于名义汇率乘以两国商品的价格比，即 $\varepsilon = e \times \dfrac{P_f}{P}$，当价格水平不变时，实际汇率等于名义汇率，即 $\varepsilon = e$。

最后，假设经济中的实际货币需求与收入呈正相关关系，与实际利率呈负相关关系，所以，货币需求函数的建立完全基于凯恩斯货币需求理论。

二 蒙代尔—弗莱明模型的建立

现在联系产品市场和货币市场，在上述假设条件下构建蒙代尔—弗莱明模型，简称 IS^*-LM^* 模型。

（一）IS^* 方程

蒙代尔—弗莱明模型对产品与服务市场的描述与 $IS-LM$ 模型大致相同，但增加了净出口变量，该变量内生化地受实际汇率影响。令产品市场中支出决定收入，所以有：
$$Y = C(Y-T) + I(r^*) + G + NX(e)$$
其中，左端为总收入 Y，右端为总支出。开放经济下的支出包括了消费支出、投资支出、政府购买和净出口。消费支出正向地取决于可支配收入 $Y-T$，其中税收是外生的。投资负相关地取决于利率 r，由于小国开放经济是世界利率 r^* 的接受者，所以投资外生。政府购买支出为外生变量。净出口反向地取决于汇率 e。当产品市场均衡时，反映收入与汇率之间关系的方程为 IS 方程。为了与传统的 IS 方程相区别，将包含开放变量的 IS 方程称为 IS^* 方程①。

如果经济中的消费函数为：
$$C = C_a + b(Y-T)$$
其中，C 为消费支出，C_a 为自主性消费，b 为边际消费倾向，T 为政府税收。

投资外生，且 $I = I^*$。政府支出外生，且 $G = G$。净出口为：
$$NX(\varepsilon) = q - n \cdot \varepsilon - \gamma Y$$
由于价格水平不变，所以 $\varepsilon = e$，有：
$$NX(e) = q - n \cdot e - \gamma Y$$
其中，q、n、γ 为常数。

当产品市场均衡时有：
$$Y = C(Y-T) + I(r^*) + G + NX(e)$$
将各项代入上式有：
$$Y = C_a + b(Y-T) + I^* + G + (q - n \cdot e - \gamma Y)$$
整理上式有：
$$Y = \frac{1}{1-b+\gamma}(C_a + I^* + G + q) - \frac{b}{1-b+\gamma}T - \frac{n}{1-b+\gamma}e$$

该式为导入各项支出函数的 IS^* 方程，反映了当产品市场均衡时收入 Y 与名义汇率 e 之间的关系。在其他变量不变下，当名义汇率越高时，实际收入水平越低。如果汇率下降，实际收入增加。所以，开放经济下的 IS^* 方程反映了当产品市场均衡时收入水平与汇率之间的反方向变化关系。

将 IS^* 方程以图形表示，横轴表示收入 Y，纵轴表示汇率 e，开放经济下的 IS^* 曲线如图 8-20 所示。

IS^* 曲线的斜率。根据方程，IS^* 曲线的斜率为 $-\dfrac{1-b+\gamma}{n}$，如果出口对汇率变化的敏感程度越

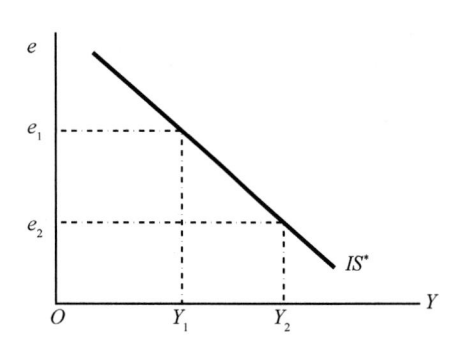

图 8-20　开放经济的 IS^* 曲线

---

① *号提示我们该方程将利率保持在不变的世界利率 r^* 的水平上。

高，弹性系数 n 越大，曲线就会越平缓。如果边际进口倾向上升，曲线就会越陡峭。如果边际消费倾向越高，曲线也将更加平缓。

IS^* 曲线的移动。根据方程，如果消费增加、政府购买支出增加或者税收减少、投资需求增加、出口增加，曲线将会向右移动。这里需要指出的是，如果世界利率变化，国内利率将会相同变化，这时投资将会变化，曲线会发生移动。比如世界利率的降低将会导致曲线向右移动。但是与传统 IS 曲线不同，这里的利率变化所引起的是 IS^* 曲线的移动，在传统 IS 曲线中，利率变化所引起的变化是曲线上的点的变化。

（二）LM^* 方程

蒙代尔—弗莱明模型的货币需求函数与凯恩斯货币需求函数一致。实际货币供给为 M/P，货币需求函数为 $L = L(Y,r) = kY - hr$，当货币市场均衡时，有：

$$M/P = L(Y,r)，即：\frac{M}{P} = kY - hr$$

实际货币余额的供给 M/P 等于需求 $L(Y,r)$。实际货币余额的需求反向地取决于利率，正向地取决于收入。货币供给是由中央银行控制的外生变量，由于蒙代尔—弗莱明模型旨在分析短期波动，所以假设价格水平也是外生固定的。

在小型开放经济中，有：

$$r = r^* r = r^*$$

所以有：

$$M/P = L(Y, r^*)$$

由于 $\frac{M}{P} = kY - hr^*$，所以：

$$Y = \frac{1}{k} \cdot \frac{M}{P} + \frac{h}{k} r^*$$

假设价格水平固定，所以：

$$Y = \frac{M}{k} + \frac{h}{k} r^*$$

上式为开放经济下的 LM^* 方程。由于货币供给外生，给定世界利率 r^*，无论汇率如何变化，总是有一个确定的收入水平 Y。所以，用纵轴表示汇率 e，横轴表示收入 Y，LM^* 曲线总是垂直于横轴的，因为货币市场均衡与汇率没有关系，图 8-21 反映了当货币市场均衡时收入与实际（名义）汇率之间的关系。

LM^* 曲线的斜率。根据方程，从货币市场看，收入决定与汇率没有关系，所以 LM^* 曲线垂直于横轴。

LM^* 曲线的移动。如果中央银行改变货币供给、价格水平变化，都会导致 LM^* 的移动。货币供给增

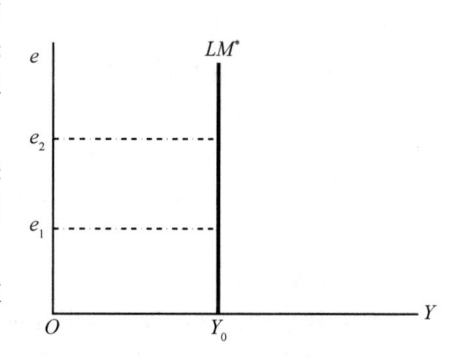

图 8-21　开放经济的 LM^* 曲线

加或者价格水平下降都会导致曲线向右移动。

（三）$IS^* - LM^*$ 模型

根据蒙代尔—弗莱明模型，资本完全流动的小型开放经济均衡可以用两个方程来描述：

$$IS^*: Y = C(Y-T) + I(r^*) + G + NX(e)$$

$$LM^*: M/P = L(Y, r^*)$$

或者：

$$IS^*: Y = \frac{1}{1-b+\gamma}(C_a + I^* + G + q) - \frac{b}{1-b+\gamma}T - \frac{n}{1-b+\gamma}e$$

$$LM^*: Y = \frac{M}{k} + \frac{h}{k}r^*$$

方程 IS^* 描述了开放经济下产品市场的均衡，方程 LM^* 描述了开放经济下货币市场的均衡。外生变量是财政政策 G 和 T、货币政策 M、价格水平 P 以及世界利率 r^* 等。内生变量是收入 Y 和汇率 e。

将产品市场均衡时的曲线和货币市场均衡时的曲线结合，就可用图形反映开放经济下的宏观经济均衡条件。图 8-22 表明，经济的均衡条件是 IS^* 曲线和 LM^* 曲线的交点 E。在 E 点，经济开放，产品市场与货币市场都处于均衡状态并决定了汇率 e 与收入水平 Y。有了这个图形，我们就可以用蒙代尔—弗莱明模型来说明总收入 Y 和汇率 e 会对政策变动做出什么反应。

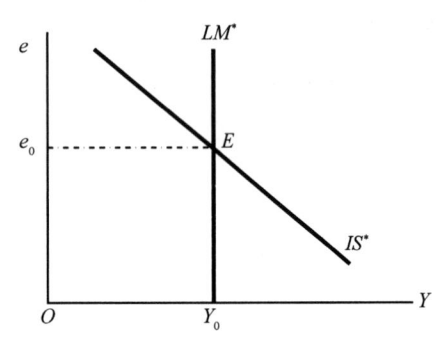

图 8-22 蒙代尔—弗莱明模型

三 蒙代尔—弗莱明模型的运用

本小节以小国开放经济为条件，讨论不同汇率制度下一国财政与货币政策变化是如何影响宏观经济运行的。

（一）浮动汇率下的小型开放经济

在浮动汇率制下，汇率由市场力量决定，即汇率随着本国货币与外国货币的供求关系的变动而波动。在这种情况下，汇率 e 可以进行调整以达到产品市场与货币市场的同时均衡。这里，首先运用蒙代尔—弗莱明模型分析在浮动汇率下财政政策、货币政策和贸易政策的效应。

1. 财政政策

假定政府通过增加政府购买或减税刺激国内支出。由于这种扩张性财政政策增加了计划支出，将会导致 IS^* 曲线向右移动。结果汇率上升而收入水平保持不变。

财政政策在小型开放经济中的效应与在封闭经济中差别巨大。在封闭经济的 $IS-LM$

模型中，财政扩张提高了收入，而在浮动汇率的小型开放经济中，财政扩张使收入保持在不变的水平上。直观上看，这种差异的产生是因为 LM^* 是垂直的，而我们用来研究封闭经济的 LM 曲线是向上倾斜的。其机理在于：在一个小型开放经济中，政府支出增加不可能改变利率水平。这是因为只要国内利率 r 上升到世界利率 r^* 以上，资本就会迅速从国外流入以追求更高的回报。随着资本流入又将使利率恢复到原来的利率水平 r^*。由于国外投资者需要买进本币在国内进行投资，资本流入增加了外汇市场上对本币的需求，抬高了本币汇率。本币的升值使国内产品相对于外国产品变得昂贵，贸易条件恶化，从而降低了净出口。净出口的下降降低了支出水平，正好抵消了扩张性财政政策对收入的增加效应。在图8-23中，箭头1说明政府支出的增加使 IS^* 向 IS'^* 移动，箭头2说明汇率的上升又降低了出口需求，结果均衡收入不变。

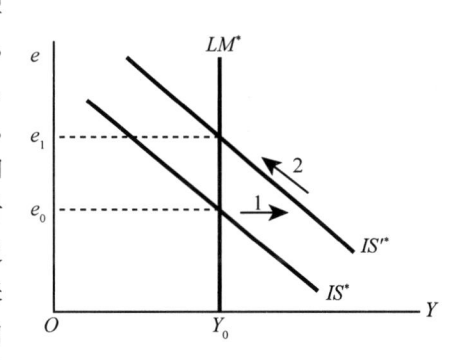

图 8-23 浮动汇率下的财政政策

2. 货币政策

现在假定中央银行增加了货币供给。由于价格水平被假设为固定的，货币供给的增加意味着实际货币余额的增加。实际货币余额的增加使 LM^* 曲线向右移动，如图8-24所示。因此，货币供给的增加降低了汇率，优化了贸易条件，提高了均衡收入水平。

一旦货币供给的增加开始给国内利率以向下的压力，由于投资者会到其他地方寻求更高的收益，所以资本从该经济流出。这种资本流出阻止了国内利率下降到世界利率以下。它还有另外一种效应：由于投资于海外需要把本币兑换成外币，资本的流出增加了国内通货在外汇市场上的供给，引起本币贬值。这一贬值使国内产品相对于国外产品更为便宜，刺激了净出口，从而增加了总收入。因此，在一个小型开放经济中，货币政策是通过改变汇率而不是利率来影响收入水平的。

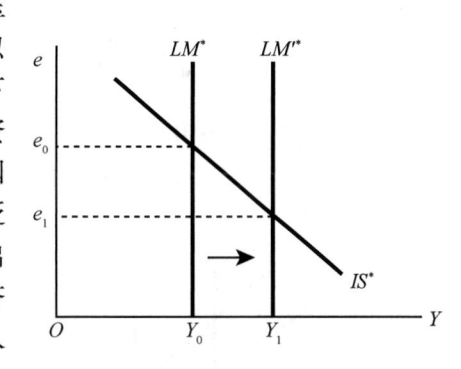

图 8-24 浮动汇率下的货币扩张

3. 贸易政策

如果一国通过关税和非关税壁垒的贸易政策鼓励出口、抑制进口，结果将会导致总支出变化，使 IS^* 向右移动至 IS'^*，由于 LM^* 没有发生变化，结果汇率上升，出口下降，均衡收入不变。

图8-25说明，在初始汇率下，如果一国使用贸易政策鼓励出口抑制进口，浮动汇率制下将会导致汇率上升，出口下降，贸易政策无效。

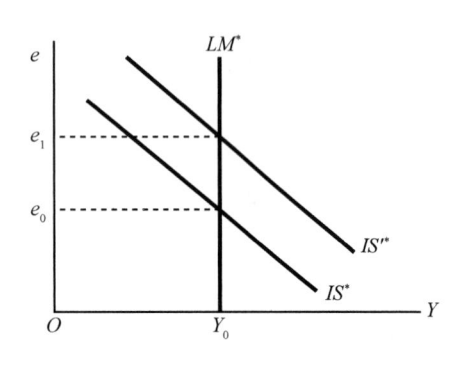

图 8-25 浮动汇率下的贸易政策无效

（二）固定汇率下的小型开放经济

现在假设汇率固定。在固定汇率制下，中央银行宣布一个汇率水平 e_0，并且为了将汇率保持在宣布的水平而随时准备买进和卖出本币以兑现汇率承诺。

1. 财政政策

现在我们考察财政政策如何影响实行固定汇率的小型开放经济。假定政府通过增加政府购买或减税刺激国内支出。这种政策使 IS^* 曲线向右移动为 IS'^*，如图 8-26 中箭头 1 所示。财政扩张使 IS^* 曲线向右移动从而对市场汇率产生了向上的压力。但是，由于中央银行随时准备按固定汇率 e_0 交易外币与本币，套利者通过把外汇卖给中央银行来迅速对汇率上升作出反应，导致货币供给自动扩张。货币供给的增加使 LM^* 曲线向右移动为 LM'^* 并实现了汇率承诺，如箭头 2 所示。因此，在固定汇率下财政扩张增加了总收入。

2. 货币政策

固定汇率下，如果中央银行增加货币供给，使 LM^* 曲线向右移动为 LM'^*，市场汇率下降，本币贬值，如图 8-27 中箭头 1 所示。但是，由于中央银行承诺固定汇率 e_0，套利者通过向中央银行出售本币对汇率下降迅速做出反应，结果导致货币供给曲线迅速回到其初始位置，从而对货币扩张形成了"冲销"，如箭头 2 所示。因此，在固定汇率下实施的货币政策通常是无效的。所以，在实行固定汇率承诺下，中央银行放弃了它对货币供给的控制。在这里，需要大家消除一个认识误区：如果在货币扩张的同时财政扩张，在固定汇率下或许会使收入增加。事实上，如果承诺固定汇率为 e_0，中央银行就不能违背这一承诺；同时，如果中央银行增加货币供给，在固定汇率下市场的反应将会先于财政政策反应。所以，资本流动且固定汇率制下的货币政策缺乏独立性。

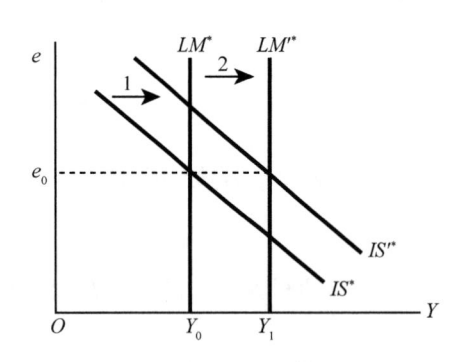

图 8-26 固定汇率下的财政扩张

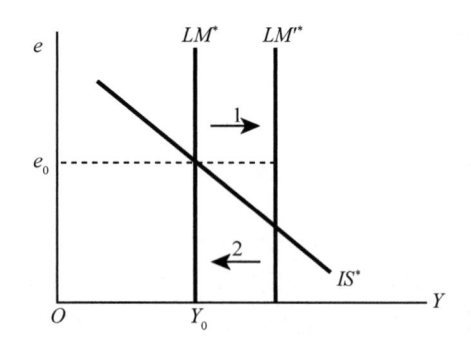

图 8-27 固定汇率下的货币扩张

3. 固定汇率下的贸易政策

在固定汇率制下，如果一国通过关税和非关税壁垒的贸易政策鼓励出口、抑制进口，结果将会导致总支出变化，使 IS^* 向右移动至 IS'^*，结果汇率上升。由于中央银行承诺固定汇率，中央银行将会通过增加货币供给，直到汇率恢复到承诺汇率水平 e_0。这时，IS^* 和 LM^* 由于净出口增加和货币供给增加同时向右移动，在汇率水平不变下收入增加。

图 8-28 说明，在初始汇率下，如果一国使用贸易政策鼓励出口抑制进口，IS^* 向右移动至 IS'^*，如箭头 1 所示。在汇率承诺下，中央银行增加货币供给 LM^* 向 LM'^* 移动，如箭头 2 所示，结果实现汇率承诺，收入增加，贸易政策有效。

运用开放经济下的宏观经济模型，必须充分考虑到模型运用条件，包括一国经济的开放程度、一国经济规模、资本流动限制和汇率制度安排等。改革开放至今，中国已经成为全球第二大开放经济体，跨境资本流动规模逐年增大，建立了市场供求为基础、参考一篮子货币进行调节、有管理的浮动汇率制度。因此，运用开放经济模型分析中国的宏观经济问题，必须联系中国实际。

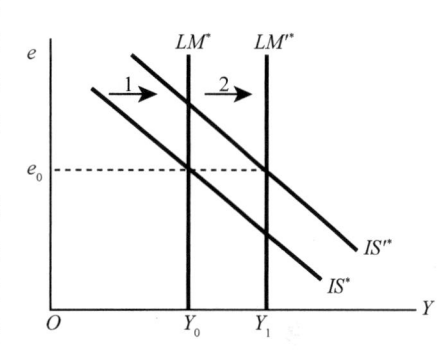

图 8-28 固定汇率下的贸易政策有效

专栏 8-2　　　　　　购买力平价（PPP）及其应用

市场汇率是由国际贸易和国际投资中的货币供给与需求决定的。一些短期因素的波动，比如国际投机资本以及政府干预都会对市场汇率带来强烈的影响。因此，基于市场汇率的国际比较可能是不可靠的甚至具有误导性[1]。学术界普遍认为，市场汇率既不反映不同国家间相对价格的变化，也不会随着国内价格的变化而变化[2]。

购买力平价（Purchase Power Parity，PPP）是基于比较一篮子标准商品和服务在各国的平均价格估计得到的。使用 PPP 可将本国货币标价的商品价格转换成一种通用货币（如美元）标价的"真实价格"。2008 年 2 月，世界银行国际比较项目（ICP）发布了有关国家购买力平价的新数据，包括 GDP、GDP 构成大类以及 GDP 构成中细分项目的 PPP 数据。例如，2005 年使用 1 美元购买的标准商品和服务需要 3.45 元人民币来购买，意味着购买力平价汇率为 1 美元 = 3.45 元人民币。分消费品和投资品看，1 美元购得的个人消费品需要 3.46 元人民币来购买，1 美元购得的投资品需要 3.70 元人民币来购买。

---

[1] Gilboy、钟宁桦：《度量中国经济：购买力平价的适当应用》，《经济研究》2010 年第 1 期。
[2] Chander Datuk R., "The International Comparison and the System of National Accounts", 2002, http://sitereources.worldbank.org/ICPINT/Resources/Chander.doc, 2002.

在 PPP 汇率的估计中，所谓"标准商品"的选择至关重要，同质性是标准商品的重要条件，因此经常被用作"标准商品"的一个例子就是汉堡包。假设购买一只巨无霸在美国需要 3.57 美元，在中国的售价为 12.5 元人民币。按照人民币的"真实"购买力，人民币的美元价格应为 1 美元 = 3.50 元人民币。如果此时的名义汇率（市场汇率）为 6.80，那么就意味着按照购买力平价标准，人民币的实际购买力被低估了 48.5%。换言之，按照一价定律（law of one price）一只巨无霸在中国市场也应卖 3.75 美元，按照名义汇率计算折合 25.5 元人民币，而实际销售价格仅为 12.5 元人民币，因此人民币的实际购买力比名义汇率显示得更高。

购买力平价主要用于各国经济规模的比较研究。若使用市场汇率来转换各国的 GDP 及构成，得到的实际值与真实值就会有较大的偏差。购买力平价则是扣除了各国物价水平的差异，使我们能够比较各国"真实"的经济规模、平均消费水平、经济结构以及各部门的生产率水平。关于中国的 PPP 数据曾在 1986 年基于中美双边物价比较进行过一次估计，但这次估计使用的数据非常有限①。2005 年世界银行购买力平价数据是中国第一次参与国际比较项目（ICP），中国的 PPP 数据是基于对 11 城市的全面调查而估计得到的，其中使用了超过 1000 项细分项目的商品和服务。江小涓、李辉借鉴购买力平价的思路，研究发现中国地区之间的实际收入差距小于名义收入差距②。

对于购买力平价是否能够成为一种实际均衡汇率，学术界是存在争议的。Gilboy、钟宁桦指出，由于决定因素不同，购买力平价与均衡汇率之间没有必然的关联③。他们还提到一个现象，即有关中国经济的研究中对购买力平价的一些误用。例如将中国 GDP 的购买力平价应用到分部门产出值的计算上，高估了中国制造业的相对规模和研发投入。此外，PPP 汇率与市场汇率各自具有不同的用途，市场汇率应该被应用于国际贸易、资本流动和国外债务的度量上④。

本章小结

1. 在开放经济下，一国净出口是储蓄与投资之差。实际汇率是影响净出口的重要因素之一，实际汇率又被称为贸易条件。

---

① World Bank, 2005ICP Regional Summary, East Asia and Pacific, 2007.
② 江小涓、李辉：《我国地区之间的实际收入差距小于名义收入差距——加入地区间价格差异的一项研究》，《经济研究》2005 年第 9 期。
③ Gilboy、钟宁桦：《度量中国经济：购买力平价的适当应用》，《经济研究》2010 年第 1 期。
④ World Bank, 2005ICP Regional Summary, East Asia and Pacific, 2007.

2. BP 方程是一国国际收支平衡时的收入与利率之间的关系式。$IS-LM-BP$ 模型是传统 $IS-LM$ 模型引入开放变量后的扩展。模型中的内生变量依然是实际收入和实际利率在开放经济条件下讨论产品市场和货币市场的均衡,在该模型中分析了一国宏观财政政策与货币政策的效果。

3. 蒙代尔—弗莱明模型将汇率变量内生化,构建产品市场和货币市场均衡模型,说明均衡收入和汇率的决定,并利用模型解释来自财政政策、货币政策和贸易政策的冲击对宏观经济均衡的影响,解释政策效果。

思考题

1. 简述在世界利率不变的条件下,一个小国开放经济的投资和储蓄变化对该国资本流动的影响。

2. 假设有一个小国开放经济。试分析大国财政政策和货币政策变化对小国资本流动的影响。

3. 什么是 J 曲线?请解释 J 曲线的含义。

4. 为什么说实际汇率是一个国家的贸易条件?

5. 什么是 BP 曲线?请解释 BP 曲线的三种形状。

6. $IS-LM-BP$ 模型的含义是什么?

7. 假设一国汇率安排是固定汇率制。在 $IS-LM-BP$ 模型下分析开放小国的宏观财政政策与货币政策效果。

8. 假设一国汇率制度安排是浮动的。在蒙代尔—弗莱明模型下讨论开放小国财政政策和货币政策的效果。